Lüdemann · Metaphern der Gesellschaft

Susanne Lüdemann

Metaphern der Gesellschaft

Studien zum soziologischen und politischen Imaginären

Wilhelm Fink Verlag

Gedruckt mit Unterstützung der Deutschen Forschungsgemeinschaft

Umschlagabbildung:
Henri Michaux, Zeichnung aus: *Par la voie des rythmes* (1974)

Bibliografische Information Der Deutschen Bibliothek

Die Deutsche Bibliothek verzeichnet diese Publikation in der Deutschen Nationalbibliografie; detaillierte bibliografische Daten sind im Internet über http://dnb.ddb.de abrufbar.

ISBN 3-7705-3989-3

Herstellung: Ferdinand Schöningh GmbH, Paderborn

INHALT

„Die Mehrdeutigkeit aller sozialen Erscheinungen ist derart, daß man sie deuten kann, wie man mag. Aber am anfechtbarsten ist der Versuch, sie als Funktionen zu bestimmen und zu erschöpfen. Es wäre nämlich denkbar, daß die Gesellschaft *kein* Organismus ist, daß sie *keinen* Bau hat, daß sie nur vorläufig oder nur scheinbar funktioniert. Die naheliegendsten Analogien sind *nicht* die besten."

(Elias Canetti)

„Die Attraktion der Versöhnung ist der Nährboden falscher Modelle und Metaphern."

(Paul de Man)

„Wer wirklich wüßte, was die Menschen miteinander verbindet, wäre imstande, sie vor dem Tod zu retten. Das Rätsel des Lebens ist ein soziales Rätsel. Niemand ist ihm auf der Spur."

(Elias Canetti)

Vorwort

Die Fragestellung dieser Untersuchung ist im Spannungsfeld von Literatur- und Sozialwissenschaften angesiedelt. Ist deren gemeinsamer *Horizont* darin zu sehen, daß „Sozialwissenschaften (...) im Prinzip ‚Textwissenschaften' (sind) und Literatur- und Sprachwissenschaft (...) weitgehend Sozialwissenschaft (ist)"[1], so ist die Arbeit an einem „gemeinsame(n) wissenschaftstheoretische(n) und methodologische(n) *Fundament*"[2] doch bis heute noch nicht sehr weit fortgeschritten. Im Gegenteil hat die Furcht vor der vermeintlichen Einebnung von Gattungsunterschieden durch den Poststrukturalismus – im Verein mit disziplinären Ordnungs- und Gruppenzwängen – eher dazu geführt, die in den 80er Jahren gepflegten interdisziplinären Kontakte wieder einzuschränken. Kommunikationsstörend wirkt sich die Tatsache aus, daß die von den Philologien in den 80er und 90er Jahren auf breiter Basis betriebene Rezeption des französischen Strukturalismus und Poststrukturalismus in den deutschen Sozialwissenschaften nicht stattgefunden hat bzw. auf die Lektüre Foucaults beschränkt blieb, sodaß ein gemeinsamer Bezugsrahmen für die Verständigung über interpretative Verfahren und ihre sprach- und erkenntnistheoretischen Voraussetzungen kaum noch gegeben ist. Einer Literaturwissenschaft, die sich vom Begriff einer außertextuellen (gesellschaftlichen oder politischen) Referenz literarischer Texte zugunsten variabler Dekonstruktivismen mitunter ganz gelöst hat, steht eine Soziologie gegenüber, die von der Textualität ihrer eigenen Verfahren oft genug nichts mehr wissen will und die ihre Gesellschaftsbeschreibungen zuweilen für den schieren Ausdruck ‚nackter Tatsachen' zu halten scheint. In dieser Situation versuchen die vorliegenden Studien zum soziologischen und politischen Imaginären, neuerlich Vermittlungsarbeit zu leisten, indem sie nach der *spezifischen Textualität soziologischer und sozialphilosophischer Theoriebildung* fragen.

Die Entwicklung dieser Fragestellung ist eng mit dem institutionellen Werdegang der Verfasserin verbunden. Von Haus aus Literaturwissenschaftlerin, war sie einige Jahre lang am Soziologischen Institut der Freien Universität Berlin in der Lehre tätig und hatte dort teil an Forschungszusammenhängen, die für geisteswissenschaftliche Ansätze in der Soziologie offen waren. Diese Situation lud zur ‚externen' Beobachtung soziologischen Unterscheidens, zur Kritik soziologischer Theoriebildung mit literaturwissenschaftlichen Mitteln ein. Das Buch verdankt sich also einem interdisziplinären Experiment, dessen Ertrag, so die Hoffnung der

1 Hans-Georg Soeffner, Interaktion und Interpretation. Überlegungen zu Prämissen des Interpretierens in der Sozial- und Literaturwissenschaft, in: ders. (Hg.), Interpretative Verfahren in den Sozial- und Textwissenschaften, Stuttgart 1979, S. 328.

2 Ebd. S. 350 (Hervorhebung S.L.).

Verfasserin, beiden Wissenschaften zugute kommen könnte: einer Literaturwissenschaft, die ihren Gegenstandsbereich über die Literatur (im Sinne von ‚Dichtung') hinaus auf nicht-literarische Texte ausdehnen und so neue gesellschaftspolitische Relevanz gewinnen will; einer Soziologie, die Anschluß an die aktuelle kulturwissenschaftliche Methodendiskussion sucht.

Unterschiede der beiden Fächer betreffen nicht nur interpretative Verfahren, sondern bereits die Modi der Gegenstandskonstitution. Literaturwissenschaftler/innen bewegen sich gewöhnlich in einem epistemologischen Rahmen, dessen Referentialität keine eigenen Probleme aufzuwerfen scheint. Primärer Gegenstand ist ‚Literatur', mithin ein Korpus von Texten, deren Inhalt dem Reich der ‚Fiktionen' zugerechnet wird (auch wenn diese Fiktionen oft genug Anlaß geben, Gesellschaftliches und Politisches zu verhandeln, bzw. solches selbst verhandeln); sekundärer Gegenstand ist ‚Theorie', die sich interpretierend und/oder interpretative Verfahren problematisierend auf jenes erste Korpus bezieht. Ganz anders die Situation in der Soziologie: Während im Bereich der empirischen Soziologie immerhin noch Einverständnis darüber herrscht, daß ‚die Gesellschaft selbst' deren primären Gegenstand bildet, über den sich mit entsprechenden ‚Methoden' (wie z. B. Statistik) objektives Wissen erheben lasse, kann im Bereich der Kultursoziologie und soziologischen Theorie noch nicht einmal die Frage nach ihrem Gegenstand adäquat beantwortet werden: Ist es ‚die Gesellschaft selbst' oder die Theorie dieser Gesellschaft? Wenn zugestanden wird, daß soziologische Theorie nicht gleichsam im Vogelflug ‚über' die Gesellschaft erschaut wird, wenn es also den archimedischen Punkt nicht gibt, von dem aus eine (*eine*!) verbindliche Theorie der Gesellschaft sich erarbeiten ließe, wie verhalten sich dann die verschiedenen Theorien der Gesellschaft *innerhalb* der Gesellschaft zu ihr selbst und vor allem auch: zueinander? Woher beziehen sie ihre Leitbegriffe und wie begründen sie die Wahl dieser und nicht anderer Begriffe für ihre jeweiligen Gesellschaftsbeschreibungen? Wie soll man die Angemessenheit einer soziologischen Gesellschaftsbeschreibung beurteilen, wenn es eine voraussetzungslose Wahrnehmung der Gesellschaft in der Gesellschaft nicht gibt, man sich aber auch nicht einfach auf vortheoretische Präferenzen zurückziehen will? Andererseits: Wenn ‚die Gesellschaft selbst' im Sinne des radikalen Konstruktivismus unerkennbar ist – wozu braucht man dann überhaupt soziologische Theorie? Und schließlich: Mit welchen rhetorischen Mitteln werben soziologische Theorien für ihre Interpretationsangebote? Welche textuellen Strategien werden aufgeboten, um die Rezipienten – Politiker, Studierende, das ‚gebildete Publikum' – zur Übernahme angebotener „Typisierungsmuster" und „Ordnungsschemata"[3] zu bewegen?

In der Lehre erwies es sich freilich immer wieder als Problem, die Textualität soziologischer Konstruktionen überhaupt zum Thema zu machen. Wer Soziologie studiert – und vielleicht auch allgemeiner: wer soziologische und sozialphilosophische Texte rezipiert –, tut dies in der Regel nicht aus (literaturwissenschaft-

3 Soeffner, Interaktion und Interpretation, S. 333.

lich einschlägiger) „Lust am Text“[4], sondern aus Interesse am Gegenstand, aus „Sorge um die Gemeinschaft“[5]. Er oder sie ist durchaus am „Handlungssinn“ der Texte und nicht an der Dekonstruktion ihrer epistemologischen Voraussetzungen interessiert. Soziologische Gesellschaftsbeschreibungen rechnen mit dieser Leseeinstellung. Sie unterscheiden sich von literarischen Gesellschaftsbeschreibungen unter anderem darin, daß sie ihre Textualität nicht ausstellen, sondern sie im Zeichen der Wissenschaft verhüllen und sich möglichst wirklichkeitsunmittelbar geben: nur so können sie ihre Absicht, die intersubjektive Validierung von Deutungsmustern, verfolgen und auf die „Sorge um die Gemeinschaft“ Antwort geben. Sie arbeiten mit an der Produktion von sozialem Sinn und sind daher nicht einfach deskriptiv, sondern in hohem Maße präskriptiv oder performativ. Sie bringen Begriffe und Bilder der Gesellschaft in Umlauf, die für die sozialen Akteure handlungsleitend sind oder werden können, und zwar umso mehr, als das „Ganze“ der Gesellschaft diesseits seiner darstellenden Vorstellung oder vorstellenden Darstellung *im und als Text* nicht zugänglich ist. Wo es „um's Ganze“ der Gesellschaft – um ihre Konstruktion als Totalität, und das heißt als Gemeinschaft – geht, ist (auch) soziologische Theorie daher auf literarische Elemente angewiesen, auf Metaphern, die der Gesellschaft ihr „als Gegenständlichkeit unerreichbare(s) Ganze(s) ‚vertretend' vorstellig machen.“[6] Solche Metaphern der Gesellschaft, und mithin die literarischen und rhetorischen Elemente soziologischer Theorie, bilden den Ausgangspunkt dieser Untersuchung. Sie ist sozialphilosophisch orientiert, insofern es ihr um einen Begriff von Gesellschaft geht, der ihrer *Undarstellbarkeit* als Werk, als System oder als organischer Körper Rechnung trägt. Sie ist literaturwissenschaftlich, insofern sie rhetorische Verfahren aufzudecken sucht, mit deren Hilfe soziologische und sozialphilosophische Texte die Undarstellbarkeit der Gesellschaft, und das heißt: die grundsätzliche Kontingenz gesellschaftlicher Ordnung übergehen und so ihren eigenen Anspruch hintertreiben. Die Absicht der Studie ist also kritisch, *à la limite* sogar ideologiekritisch, wenn Ideologie „die Verwechslung sprachlicher mit natürlicher Realität, die Verwechslung von Referenz und Phänomenalismus“[7] meint. Solche Verwechslung ist typisch für all jene theoretischen Entwürfe, die, wie implizit auch immer, vom Verlangen nach einer einheitlichen und totalisierenden Darstellung der Gesellschaft getragen sind.

Es ist also nur eine *bestimmte* soziologische und sozialphilosophische Tradition, die im folgenden zur Diskussion steht. Können nämlich zahlreiche Ordnungsbegriffe der Soziologie als Metaphern verstanden werden – die älteren Kategorien „Stand“, „Klasse“, „Schicht“ sind hier ebenso zu nennen wie die neueren

---

4 So der programmatische Titel eines Büchleins von Roland Barthes (Roland Barthes, Die Lust am Text, Frankfurt/M. 1974).

5 Vgl. dazu Jean-Luc Nancy, Die undarstellbare Gemeinschaft, Stuttgart 1988; unten Teil II, Kap. 2.1.

6 Hans Blumenberg, Paradigmen zu einer Metaphorologie, Frankfurt/M. 1998, S. 25.

7 Paul de Man, The Resistance to Theory, in: ders., The Resistance to Theory, Minneapolis 1986, S. 3–20, hier S. 11 [Übersetzung S.L.].

Bezeichnungen „Feld", „Milieu", „Gruppe" und andere mehr –, so interessieren hier doch nur solche Theorietraditionen, die ein Bild für die Gesellschaft als *ganze* und damit für die Totalität der gesellschaftlichen *Beziehungen* suchen. Hier wiederum steht an vorderster Stelle die im 19. Jahrhundert aus der Biologie importierte Organismus-Metapher, die sowohl in ihrer funktionalistischen (Durkheim) als auch in ihrer „pneumatischen" (Tönnies) Variante erlaubt, das gesellschaftliche bzw. das gemeinschaftliche Gefüge *in toto* zu naturalisieren. Aus dem Gegensatz zum Vertragsdenken (Durkheim) bzw. zur Gesellschaft als „Mechanismus" (Tönnies) gedacht, erfüllt die Organismus-Metaphorik in der Soziologie vor allem die Funktion, Kontingenz und Anomie als spezifische Existenzbedingungen moderner Gesellschaften zu invisibilisieren. „Ideologisch" kann sie daher schon insofern genannt werden, als sie von einem gesellschaftlichen Bewußtsein getragen ist, „das in seiner Orientierungsart die neue Wirklichkeit nicht eingeholt hat und sie deshalb mit überholten Kategorien eigentlich verdeckt."[8] Bei einem solchen partikularen oder selbst totalen Ideologiebegriff im Sinne Karl Mannheims bleibt die Untersuchung jedoch nicht stehen. Ist mit der von Max Scheler und vor allem dann Mannheim begründeten Wissenssoziologie diejenige Disziplin genannt, in deren Gestalt die Erfahrung von der Standortgebundenheit aller Beobachtung („Seinsverbundenheit des Wissens" in der Terminologie Mannheims) Einzug in die Soziologie als Wissenschaft hielt, so bleibt der *terminus ad quem* hier doch trotz allem der eines objektiven Erkennens, und zwar zunächst der Standortgebundenheit des Wissens selbst, das gegen ideologische Verzerrungen ebenso gefeit wäre wie gegen puren Pragmatismus. Es bleibt hier, mit anderen Worten, die Vorstellung im Spiel, daß Wissenssoziologie als Beobachtung zweiter Ordnung von den Beobachtungen erster Ordnung jene Standortgebundenheiten quasi „herunterzurechnen" vermöchte, die das Bewußtsein der Beobachter erster Ordnung (der gesellschaftlich handelnden und dabei auch gesellschaftliche Wirklichkeit beobachtenden Subjekte) zu einem partiell „falschen" macht oder wenigstens machen *kann*. Mannheim nennt als Beispiel unter anderen den Fall eines Gutsbesitzers, dessen Gut bereits ein kapitalistischer Betrieb geworden ist, der seine Beziehungen zu den Arbeitern und seine eigene Funktion aber immer noch in patriarchalen Kategorien auslegt.[9] Den Maßstab für eine solche Bewertung des „gegnerischen" Bewußtseins kann aber ersichtlich wiederum nur eine eigene Beobachtung *erster* Ordnung (eine eigene Beobachtung der *gesellschaftlichen Wirklichkeit)* liefern, die nicht darauf rechnen kann, ihrerseits nicht standortgebunden und für diesen ihren „blinden Fleck" nicht selbst blind zu sein. Die Bewertung einer *bestimmten* Konstruktion gesellschaftlicher Wirklichkeit als ideologisch (an „Ideen" ausgerichtet, die den gesellschaftlichen „Tatsachen" nicht mehr entsprechen), bleibt also selbst kontingent: sie bleibt an eine *andere* Konstruktion gesellschaftlicher Wirklichkeit gebunden, die zwar mit Argumenten für sich werben, nicht aber Objektivität *per se* für sich beanspruchen kann. *Diese me-*

---

8 Karl Mannheim, Ideologie und Utopie, 8. Aufl., Frankfurt/M. 1995, S. 85.
9 Ebd.

thodische Einsicht gilt auch für die in dieser Studie durchgeführte Beobachtung der organischen Konstruktion gesellschaftlicher Wirklichkeit durch soziologische Theorie. Diese (hier folgende) Beobachtung macht freilich keinen Hehl daraus, daß sie vom Standpunkt einer *anderen Konstruktion,* nämlich von der Tradition des Vertragsdenkens aus erfolgt, die denn in Kapitel II.4 am Beispiel von Hobbes auch selbst thematisch wird. Erst die *Unterscheidung* der beiden Konstruktionen erlaubt nämlich, deren jeweilige normative Vorentscheidungen sichtbar zu machen (und diese dann, zum Beispiel als Leser/in der folgenden Seiten, annehmen oder ablehnen zu können). Diese Doppelung der Perspektiven ist dem Versuch geschuldet, die Leitunterscheidungen der beiden Konstruktionen als 2-Seiten-Formen im Blick zu behalten und sie so auf das hin transparent zu halten, was sie ausschließen. *These ist, daß jede Konstruktion gesellschaftlicher Totalität nur von dem her verständlich wird, was sie ausschließen will, ja muß,* nämlich eine (jede) andere Konstruktion gesellschaftlicher Totalität. Jede Konstruktion gesellschaftlicher Totalität will in ihrem referentiellen Begehren den ‚Bürgerkrieg' rivalisierender Konstruktionen beenden – ein für alle Mal.

So erweist sich auch die Behauptung, die Gesellschaft sei ein naturwüchsiger Organismus, der in der Realität so und nicht anders immer schon vorzufinden sei, nur als die eine Hälfte einer schon vorangegangenen Unterscheidung vom Typ „Die Gesellschaft ist dies... und nicht das", wobei das Ausgeschlossene dann in ein zeitliches Vorher, in ein räumliches Außen oder eben ins „falsche Bewußtsein" des Gegners projiziert werden kann. Dabei hat nun die Unterscheidung der gesellschaftlichen Totalität als „organisch" allerdings das Besondere an sich, daß sie in der Hypostasierung der Gesellschaft als Naturzusammenhang nicht nur Kontingenz und Anomie als Existenzbedingungen moderner Gesellschaften überspringt, sondern damit zugleich auch ihre eigene Kontingenz als Unterscheidung nicht mehr reflektieren kann: „Ideologisch" ist sie also auch insofern, als sie das Ideologieproblem selbst, die Standortbezogenheit aller Beobachtung, aus dem Theoriezusammenhang elidiert, sodaß sie das ausgeschlossene Problem fortan nur noch als zu behebende Störung, als aufzuklärenden Irrtum der Gesellschaft über ihre wahre Beschaffenheit, dem Einfluß schädlicher Lehren geschuldete Krankheitserscheinung etc. verhandeln kann. Demgegenüber hat das Vertragsdenken den Vorteil – und ist insofern selbst bei Hobbes schon moderner als die organischen Gesellschaftslehren des 19. Jahrhunderts –, daß es nicht nur die als Vertragsverhältnis entworfene gesellschaftliche Totalität, sondern auch diesen Entwurf selbst *als* Konstruktionen herausstellt – bei Hobbes freilich noch unter der Prämisse, daß abweichende Entwürfe ‚Privatmeinung' bleiben bzw. vom Souverän als ‚oberstem Konstruktionsleiter' der Gesellschaft normativ sistiert werden können.

Das heißt freilich nicht, daß der „Gesellschaftsvertrag" als Name für Grund und Wesen der gesellschaftlichen Beziehungen weniger metaphorisch wäre als das Vokabular der organischen Lehren. Es heißt aber, daß das Vertragsdenken *schon in der Wahl seiner Leitmetaphorik* das konstruktive, genauer: das fiktive und *à la limite* performative Element jeglicher Beobachtung gesellschaftlicher Wirklichkeit mitbenennt. Von den organischen Lehren unterscheidet sich das Vertragsdenken also nicht nur insofern, als es seinen Gegenstand unter Bezug auf juridische (und damit explizit nicht-natürliche) Kategorien konstituiert, sondern auch darin, daß bereits in diesen Kategorien selbst das über naturhaft Vorfindliches immer schon Hinausreichende *jeglicher* Konstruktion der Gesellschaft behauptet und anerkannt ist. Zugegeben ist damit auch – und zwar implizit bereits bei Hobbes –, daß es eine „ideologiefreie", sprich: eine *in toto* von den „Tatsachen" gedeckte Beobachtung und Beschreibung der gesellschaftlichen Wirklichkeit nicht geben kann.

Insofern der Ideologiebegriff von seiner Geschichte[10] her stets am Ideal eines schließlich doch erreichbaren wert- und interessefreien Erkennens orientiert blieb, erweist er sich jedoch spätestens an dieser Stelle als unbrauchbar. Die Verfasserin zieht es deshalb vor, statt von „Ideologie" vom sozialen Imaginären zu sprechen, und versteht darunter mit *und* gegen Cornelius Castoriadis (vgl. dazu unten Kap. I.3) eine irreduzible, unhintergehbare Dimension sowohl der gesellschaftlichen Beziehungen selbst als auch ihrer soziologischen und historischen Beschreibungen. Der Begriff wird so auch nicht wissenssoziologisch, sondern anthropologisch fundiert: Er ergibt sich aus der „exzentrischen Positionalität" des Menschen, den schon Plessner als das „ideologische Tier" bezeichnet hat.[11] Imaginationen und Institutionen (bei Plessner: „Kultur") müssen dem Menschen das ersetzen, was ihm an naturhafter Verwurzelung im Da- und Sosein mangelt.

Bei Plessner selbst fehlt aber ein expliziter Begriff des sozialen Imaginären[12] ebenso wie eine Analytik der *rhetorischen* Verfaßtheit von Institutionen. Obwohl er als Kronzeuge einer negativen Anthropologie, wie sie im folgenden entwickelt wird, gleichwohl hätte angerufen werden können, zieht die Verfasserin es daher vor, die Linie der Interpretation von Freud über Castoriadis bis hin zu Blumenberg zu ziehen, der seine negative anthropologische Grundstellung explizit mit einer Theorie der Metapher verbindet und hier schon deshalb ein unverzichtbarer Gewährsmann ist. Mit dieser Auswahl der Bezugs-Theoretiker sei aber nicht behauptet, es handle sich bei den geannnten Autoren um die absoluten oder einzigen Autoritäten in der Behandlung der Sachprobleme.

Wenn die Fragestellung dieser Untersuchung also bis zu einem gewissen Punkt auch aus der Wissenssoziologie abgeleitet ist, so radikalisiert sie deren Ansatz

---

10 Vgl. dazu den kurzen, aber einprägsamen Text von Helmuth Plessner, Abwandlungen des Ideologiegedankens, in: ders., Gesammelte Schriften Bd. X. Schriften zur Soziologie und Sozialphilosophie, hg. v. Günter Dux, Odo Marquard u. Elisabeth Ströker, Frankfurt/M. 1985, S. 41–70.

11 Ebd. S. 49. Vgl. zum Begriff der „exzentrischen Positionalität" Helmuth Plessner, Zur Anthropologie des Schauspielers, in: ders., Gesammelte Schriften Bd. VII. Ausdruck und menschliche Natur, Frankfurt/M. 1982, S. 399–418 und ders., Die Stufen des Organischen und der Mensch, Gesammelte Schriften Bd. IV, Frankfurt/M. 1981, insbesondere Kap. 7, Die Sphäre des Menschen, ebd. S. 360–425.

12 Einen Ansatz zu einem solchen Begriff kann man vielleicht in Plessners Rede von der „Bildbedingtheit" menschlichen Daseins sehen. Vgl. dazu abermals Plessner, Zur Anthropologie des Schauspielers, S. 410 ff.

doch in doppelter Hinsicht. Zum einen wird, wie schon gesagt, der Begriff der Ideologie zugunsten eines Begriffs des sozialen Imaginären aufgegeben, der das „ideologische" Vermögen des Menschen nicht als Mangel oder Hindernis auf dem Weg zur objektiven Erkenntnis begreift, sondern als produktives Prinzip, das die menschliche Wahrnehmung organisiert und strukturiert und so seinen jeweiligen „Gegenstand" für das Bewußtsein erst hervortreten läßt. Zum anderen lag der klassischen Wissenssoziologie eine „Interessenpsychologie" zugrunde, die es erlaubte, individuelle oder kollektive Subjekte (Klassen, Gruppen) als letzte Zurechnungspunkte von Beobachtungen zu bestimmen. So würden im oben genannten Beispiel etwa die – wie auch immer ökonomisch chancenlos gewordenen – Herrschaftsinteressen des Gutsbesitzers den letzten Erklärungsgrund für seine so (und nicht anders) erfolgende Beobachtung der gesellschaftlichen Wirklichkeit abgeben. Die Beobachtung des Subjekts würde also in einem psychologisch und soziologisch definierten und der Beobachtung selbst *vorausliegenden* Standpunkt rückversichert. An einer solchen Zurechnung von Beobachtungen auf Beobachter ist die folgende Untersuchung dagegen desinteressiert, auch wenn *en passant* gelegentlich nach der politischen Position, dem zu lösenden Problem oder der ‚Klassenlage' eines Autors gefragt wird. Beobachtet werden im folgenden aber nicht Relationen von Standpunkten und Beobachtungen, sondern *nur Beobachtungen*. Standpunkte interessieren dagegen nur, insofern sie *als Sekundäreffekte von Beobachtungen* oder besser: von *Beobachtungsschemata* betrachtet werden können. Diese Umkehrung der Zuschreibungsrichtung sucht der Vorgängigkeit überlieferter Beobachtungsschemata einschließlich ihrer metaphysisch-ontologischen Voraussetzungen vor jeder aktualen Klassen- oder Interessenlage Rechnung zu tragen. Daß es die Beobachtung ist, die den Beobachter „macht", und nicht (nur) umgekehrt, läßt sich dabei am besten am Fall der Systemtheorie selbst demonstrieren, deren Terminologie hier vorläufig aufgegriffen wurde.

Die Systemtheorie, wie sie von Niklas Luhmann entwickelt wurde, ist ein in sich zwiefältiges Unternehmen: Einerseits Theorie der Beobachtung zweiter Ordnung (also selbst Beobachtung dritter Ordnung), ist sie andererseits Theorie der Gesellschaft (also Beobachtung der Gesellschaft) ausgehend von der Leitunterscheidung „System/Umwelt". Als Theorie der Beobachtung zweiter Ordnung radikalisiert sie die wissenssoziologische Entdeckung der Standpunktbezogenheit jeglicher Beobachtung dahingehend, daß sie die Suche nach einem der Kontingenz der Beobachtungsverhältnisse enthobenen Einheitsbezugspunkt für die Konstruktion gesellschaftlicher Wirklichkeit endgültig aufgibt. In funktional differenzierten und in diesem Sinne „modernen" Gesellschaften, so lautet die Ausgangsthese, kann keine privilegierte Beobachterposition mehr stabilisiert werden, von der aus eine konkurrenzfreie Repräsentation der Gesellschaft in der Gesellschaft möglich wäre. Die damit gegebene „Selbstbeschreibungspluralität" (Peter Fuchs) moderner Gesellschaften führt zu einer *Deontologisierung* des sprachlichen Zugriffs auf soziale Wirklichkeit. Dem muß auch soziologisches Unterscheiden und Bezeichnen Rechnung tragen. „Es gibt", so formuliert einschlägig Peter Fuchs,

> „offenbar keine ausgezeichnete Beobachtungsposition, keine privilegierten Standpunkte, von denen aus sich soziale oder psychische ‚Tatsachen' in ontologischer Manier erfassen ließen. Was an einer Stelle und von einer Stelle aus beobachtet wird, läßt sich an anderen Stellen und von anderen Stellen aus anders beobachten. Es existiert kein archimedischer Punkt, von dem aus beliebige Beobachtungen aus ihren Verankerungen gehebelt, verglichen und aufgrund sozialer oder psychischer Invarianzen ineinander überführt werden könnten."[13]

Das aber heißt, „daß die Einheit der Gesellschaft in der Gesellschaft nur als *imaginäre* Einheit, als semantische Imagination zu haben ist"[14] und daß auch (oder gerade) soziologische Gesellschaftsbeschreibungen mit diesem imaginären *Surplus* ihrer Einheitssemantiken zu rechnen haben.

Als Theorie der Gesellschaft ist die Systemtheorie zwar offiziell an Einheitssemantiken desinteressiert. Im strengen Sinn ist der Begriff des Systems nicht der Name für die Einheit der Gesellschaft, die als das „umfassende Sozialsystem" dann die sozialen Teilsysteme – wie ein Container – in sich enthielte. „Ebendieses Ganzes/Teil-Schema", so wiederum Peter Fuchs, „ist durch die (das Werk Luhmanns organisierende) Annahme erledigt worden, daß alle Aufmerksamkeit der Differenz von System und Umwelt zu gelten habe und dem System als Einheit dieser Differenz."[15] Ist System als „Differenzbegriff" der „(vor dem Hintergrund der klassischen Logik) paradoxe Ausdruck für einen *betriebenen Unterschied*", nämlich für die im Beobachten der Gesellschaft prozessierte Unterscheidung von System und Umwelt[16], so stellt sich doch in der Praxis *desselben* Beobachtens immer wieder der merkwürdige Effekt ein, daß die *andere* Seite der Unterscheidung (die „Umwelt") gleichsam „vergessen" wird und der Systembegriff zur Bezeichnung für das „Ding" Gesellschaft gerinnt:

> „Der Beobachter erster Ordnung wohnt sozusagen in der einen Seite einer Unterscheidung [auf der „Innenseite" des Systems; S.L.], die er nicht noch einmal selbst unterscheiden kann. Er ist ein naturaler oder *naiver* Beobachter; der Beobachter zweiter Ordnung (könnte man ihn sentimentalisch nennen?) sieht stattdessen einen Mißbrauch (eine Katachrese), einen Mangel, der eine eigentümliche Verdinglichung in Gang setzt und zu diesem Zweck die ganze (mitunter groteske) Metaphorik des Raumes entfalten muß."[17]

Damit ist genau jener „Metaphereffekt" bezeichnet, dem auch die folgende Untersuchung gilt und den Peter Fuchs unter dem – metapherntheoretisch gese-

---

13 Peter Fuchs, Die Erreichbarkeit der Gesellschaft. Zur Konstruktion und Imagination gesellschaftlicher Einheit, Frankfurt/M. 1992, S. 7.

14 Ebd. S. 13.

15 Peter Fuchs, Die Metapher des Systems. Studien zu der allgemein leitenden Frage, wie sich der Tänzer vom Tanz unterscheiden lasse, Weilerswist 2001, S. 111.

16 Ebd. S. 242. Systemtheoretisch akkurat formuliert ist der Differenzbegriff des Systems mithin „die Form (...) der Einheit einer Differenz [von System und Umwelt, S.L.], die nur als Differenz und nicht als Einheit zu haben ist." (Ebd. S. 243.)

17 Ebd. S. 244.

hen charakteristischen[18] – Namen eines „Mißbrauchs" des Systembegriffs verhandelt, da dieser Begriff ‚eigentlich' anders gemeint war: ‚Eigentlich' als Differenzbegriff angesetzt (und damit auf der Höhe der Systemtheorie als Theorie der Beobachtung zweiter Ordnung), schlägt der Systembegriff in der Theorie der Gesellschaft doch immer wieder um in eine Metapher der Totalität, die Gesellschaft als das „umfassende Sozialsystem" hypostasiert und reifiziert – und dies sogar bei Luhmann selbst, der seine *Sozialen Systeme* bekanntlich mit der unter Systemtheoretikern heiß umstrittenen Wendung beginnt: „Die folgenden Überlegungen gehen davon aus, daß es Systeme gibt. Sie beginnen also nicht mit einem erkenntnistheoretischen Zweifel. (...) Der Systembegriff bezeichnet also etwas, was wirklich ein System ist, und läßt sich damit auf eine Verantwortung für die Bewährung seiner Aussagen an der Wirklichkeit ein."[19]

Dieser re-ontologisierende Umschlag des Systembegriffs in die Metapher des Systems – als dessen Effekt dann das *Objekt* System kondensieren kann – ist nun aber so unausrottbar hartnäckig, daß mehr dahinterzustecken scheint als bloßer „Mißbrauch" der Sprache, der dann ja leicht zu diagnostizieren und mit entsprechenden Mitteln (etwa einem Mehr an wissenschaftlicher Disziplin) auch zu beheben wäre. *Die Gesellschaft scheint das imaginäre Surplus von Einheitssemantiken durchaus zu brauchen oder zu wollen, und selbst der differenztheoretisch hochinformierte Beobachter kann nicht verhindern, daß das angesetzte Beobachtungsschema (also die Leitunterscheidung System/Umwelt) Effekte zeitigt, die rückwirkend auch seine eigene Position als Beobachter von Differenz auf Einheit zurückstellen.*

Peter Fuchs macht für diesen „lebensweltlichen" Durchschlag des Systembegriffs als Metapher letztlich das zum festen Bestand des kollektiven Unbewußten abgesunkene cartesianische Denken mit seinem Hang zur Verräumlichung verantwortlich. Addieren sich System und Umwelt zur „Welt" (die nach Wittgenstein bekanntlich alles ist, was der Fall ist), so wird das System dann auf „klassische" Weise erzeugt, indem man die Umwelt von der Welt abzieht:

> „Es wird keine krasse Fehleinschätzung sein, wenn man sagt, daß sehr viel von dem, was auf dem Markt der Systemtheorien gehandelt wird, (...) seine Attraktion ebendadurch gewinnt, daß in der Idee des Abzugs (...) ein Rest von Ontologie, von Substanzdenken überwintert. Man könnte geradezu von einem mengentheoretischen Systemsyndrom sprechen. Das System ist die Menge, die bleibt (die einen in sich zurücklaufenden Rand stabilisiert), wenn die Umwelt von der Weltmenge entfernt wird. Die Systemmenge liegt wie die Umweltmenge in der Weltmenge: Viele Kreise liegen in vielen Kreisen in einem Superkreis, oder (um eine weitere Jahrhundertmetapher zu bemühen) viele Felder in vielen Feldern in einem Superfeld."[20]

---

18 Vgl. dazu unten Teil I, Kap. 2.1.

19 Niklas Luhmann, Soziale Systeme. Grundriß einer allgemeinen Theorie, Frankfurt/M. 1984, S. 30.

20 Fuchs, Die Metapher des Systems, S. 24.

Solche „Container"-Modelle des Welt-Raums und damit auch der irgendwie „in der Welt" vorkommenden sozialen Systeme sind in der Tat (nicht nur) in der Soziologie weit verbreitet. Neben logischen und neurologischen[21] Gründen *lassen sich als Erklärung dafür allerdings auch politische Denktraditionen anführen, die – wie immer unbewußt – bis in die Systemtheorie hineinreichen.* Das ist zum einen das Faktum, daß der emphatische soziologische (und bürgerliche) Gesellschaftsbegriff sich der im 19. Jahrhundert vollzogenen begrifflichen und juridischen Differenzierung von Staat und Gesellschaft verdankt. Da der Staat als territoriales Prinzip gedacht wird, muß „die Gesellschaft" in diesem Rahmen fast zwangsläufig als die das Territorium eines Staates besiedelnde Population, als das „Staatsvolk" unter dem Aspekt seiner bürgerlichen Freiheit gedacht werden. Der gängigen *nationalen* Differenzierung von Sozialsystemen – die deutsche, die französische, die chinesische Gesellschaft etc. – liegt die Vorstellung von der politischen Aufteilung des Raums irreduzibel zugrunde. Zum anderen kommt die von den frühen Soziologen betriebene *Naturalisierung* des gesellschaftlichen Gefüges – seine metaphorische Implementierung als „Organismus" – dieser Tendenz zur Verräumlichung entgegen: Die in der Organismus-Metapher beschlossene Vorstellung vom „gegliederten Ganzen", das stets „mehr" ist als die Summe seiner Teile, läßt sich nur als korporeales Prinzip, als funktionales *und zugleich in einer gemeinsamen Substanz vermitteltes* Außereinander im Raum schematisieren.

Die Vorstellung vom Ganzen, das mehr ist als die Summe seiner Teile, liegt aber auch – und das ist hier entscheidend – dem modernen Systembegriff (den ja nicht Niklas Luhmann erfunden hat) noch zugrunde. In der kybernetisch überformten Biologie des 20. Jahrhunderts, aus der Luhmann ihn bezieht, war er der unmittelbare Nachfolger des älteren Organismus-Begriffs. Er ist also nicht erst nachträglich, durch „Mißbrauch", zur *Metapher des Systems* (im Sinne Peter Fuchs') geworden, sondern war *Metapher der Gesellschaft* schon, *bevor* er zum Differenzbegriff der Gesellschaft sublimiert werden konnte. These ist daher, daß der Systembegriff als Differenzbegriff der Gesellschaft untauglich ist. Er führt Einheitssemantiken mit, die dazu führen, daß der systemtheoretischen Gesellschaftsbeschreibung das „Ganze" und die „Eins" – imaginäres *Surplus* und ungedachte metaphorische Erblast ihrer eigenen Leitunterscheidung – immer wieder in den Rücken fallen. *Es ist die Beobachtung, die den Beobachter macht, und nicht umgekehrt.*

Auch wenn es im folgenden nicht mehr (oder nur noch in einzelnen Fußnoten) um Systemtheorie geht, kann die vorliegende Untersuchung daher *auch* als Beitrag zur Genealogie des Systembegriffs in der Soziologie gelesen werden. Die Verfasserin macht sich – nicht der Terminologie, wohl aber der Sache nach – die Theorie der Beobachtung zweiter Ordnung zunutze, um (mit Luhmann gegen Luhmann) Einheitssemantiken herauszupräparieren, die das soziologische und politische Imaginäre bis in das zeitgenössische Systemdenken hinein modellieren.

---

21 Immerhin ist, wie Peter Fuchs ebenfalls bemerkt, die Externalisierung und räumliche Projektion von Daten eine elementare Leistung des Systems Wahrnehmung-Bewußtsein.

Ob das politische (und mit ihm das soziologische) Imaginäre auf Einheitssemantiken, genauer: auf Metaphern für das als Reales unerreichbare „Ganze" der Gesellschaft verzichten kann (oder auch nur können sollte), ist indes eine Frage, die hier offenbleiben muß. Zwar geht es durchaus darum, die uneingestandenen biologistischen und holistischen Konnotationen kurrenter Gesellschaftsmodelle aufzuzeigen und solche Modelle als obsolet zurückzuweisen. Damit ist jedoch noch nichts über das Bedürfnis (vielleicht sogar: den anthropologischen Bedarf) gesagt, die Einheit der Gesellschaft in der Gesellschaft in (anderen) Metaphern und Modellen zu repräsentieren und so die Vorstellung wachzuhalten, daß es schließlich und endlich eine *gemeinsame Veranstaltung* ist, an der wir teilnehmen – selbst wenn wir von Einheits- auf Differenzsemantiken umstellen und statt vom Gesellschaftsvertrag vom Klassenkampf, vom Antagonismus von Individuum und Gesellschaft oder, zeitgemäßer, mit Lyotard vom „Widerstreit" sprechen. Modelle für das „Trennende" zu finden, das doch „zusammenhält" (Maurice Blanchot), tut in der ‚multikulturellen Gesellschaft' zweifellos not. Über die fachwissenschaftlichen Belange hinaus möchten die folgenden Seiten dazu beitragen, das Problem, vor dem wir stehen und das mit den überlieferten Semantiken nicht zu lösen ist, klarer zu formulieren.

Danksagung

Die Niederschrift der folgenden Seiten wurde während meiner Assistenzzeit am *Soziologischen Institut* der *Freien Universität Berlin* begonnen. Ich möchte allen Kollegen und Kolleginnen danken, die die Entstehung der Arbeit gefördert und begleitet haben, besonders Hans-Peter Dreitzel und Michael Makropoulos. Dank gebührt jedoch vor allem Albrecht Koschorke, durch dessen Initiative die Arbeit am *Zentrum für Literaturforschung Berlin* und schließlich an der Universität Konstanz eine zweite (und dritte) Heimat bekommen hat. Sie wurde im Sommer 2003 von der Geisteswissenschaftlichen Sektion der Universität Konstanz als Habilitationsschrift angenommen.

Meine Kollegen im Forschungsprojekt „Poetologie der Körperschaften" am *Zentrum für Literaturforschung,* Thomas Frank und Ethel Matala de Mazza, haben große Teile des Manuskripts gelesen und kritisch kommentiert. Wichtige Anregungen und Hinweise verdanke ich Walter H. Lokau und Clemens Pornschlegel. Ulrike Heinrich, Thomas Frank und Anna Keck danke ich für ihre unschätzbare Hilfe bei der Einrichtung des Manuskripts, der *Deutschen Forschungsgemeinschaft* für die großzügige Gewährung einer Publikationsbeihilfe. Schließlich danke ich meinen Studentinnen und Studenten der Jahre 1994 bis 2000, deren Fragen mich immer wieder gezwungen haben, meine Gedanken zu präzisieren und ihnen eine faßliche Form zu geben. Ihnen sei dieses Buch gewidmet.

Berlin, den 10.3.2004 *Susanne Lüdemann*

Teil I

Das Reale und das Imaginäre

1 Einleitung

Als Hans Blumenberg 1960 seine *Paradigmen zu einer Metaphorologie* veröffentlichte, galt Metapherngeschichte bestenfalls als historische Hilfswissenschaft, vergleichbar etwa der Numismatik. An nicht mehr als an eine „subsidiäre Methodik für die gerade ausholende Begriffsgeschichte“[1] dachte ihr Autor selbst, als er erste Längs- und Querschnitte durch die Geschichte politischer und philosophischer Metaphoriken legte. Die strenge Trennung von Begriff und Metapher, Vernunft und Imagination, Logos und Mythos, wie sie die Rhetorik der Aufklärung seit jeher als möglich verkündet und gefordert hatte, ließ Metaphorik in der Wissenschaft allenfalls „als Vorfeld der Begriffsbildung, als Behelf in der noch nicht konsolidierten Situation von Fachsprachen“[2] erscheinen. Diese Situation hat sich seither teilweise, wenn auch nicht grundlegend, geändert. Zwar hat die Metaphernforschung in den 70er und 80er Jahren einen beispiellosen Boom erlebt[3], die daran anschließenden epistemologischen Diskussionen sind jedoch, jedenfalls in Deutschland, weitgehend auf die sprach- und literaturwissenschaftliche Fachöffentlichkeit beschränkt geblieben.[4] Wenn Hans Blumenberg 1979 konstatiert, „nicht mehr vorzugsweise als Leitsphäre abtastender theoretischer Konzeptionen (...), sondern als eine authentische Leistungsart der Erfassung von Zusammenhängen“[5] werde Metaphorik mittlerweile gesehen; wenn Herfried Münkler 1994 bereits als selbstverständlich voraussetzt, „daß wir auf Metaphern und Bilder angewiesen sind, wenn wir etwas als etwas erkennen wollen“[6]; wenn schließlich Francesca Rigotti, ebenfalls 1994, das Ergebnis der „allgemeinen epistemologischen Diskussion“ in dem Satz resümiert, die Metapher sei „definitiv aus dem Status eines literarischen Ornaments in den eines alltäglichen, fundamentalen und essentiellen Moments der Konstruktion von Welt durch Sprache auf(gerückt)“[7], so ist damit ein Diskussionsstand bezeichnet, der keineswegs

---

1 Hans Blumenberg, Ausblick auf eine Theorie der Unbegrifflichkeit, in: ders., Schiffbruch mit Zuschauer, Frankfurt/M. 1979, S. 77–93, hier S. 87.

2 Ebd.

3 Francesca Rigotti, Die Macht und ihre Metaphern. Über die sprachlichen Bilder der Politik, Frankfurt/M. 1994. Rigotti, die auch einen kursorischen Überblick über die Forschungsgeschichte gibt, spricht geradezu von einer „Metaphoromanie“ (ebd. S. 26).

4 Vgl. dazu exemplarisch die beiden Sammelbände von Anselm Haverkamp (Hg.), Theorie der Metapher, 2., um ein Nachwort zur Neuausgabe und einen bibliographischen Nachtrag ergänzte Auflage, Darmstadt 1996, und Die paradoxe Metapher, Frankfurt/M. 1998. Beide Bände dokumentieren differenziert die sprachanalytische, (post)strukturalistische und hermeneutische Diskussion zum Thema Metapher.

5 Blumenberg, Ausblick, S. 87.

6 Herfried Münkler, Politische Bilder, Politik der Metaphern, Frankfurt/M. 1994, S. 7.

7 Rigotti, Die Macht und ihre Metaphern, S. 26.

common knowledge ist und aus dem die epistemologischen Konsequenzen zu ziehen sich die Autoren oft selbst scheuen.[8] Insbesondere in den (deutschen) Sozialwissenschaften hat ein Nachdenken über die eigene Produktion unter dem Aspekt ihrer Metaphoriken bis jetzt überhaupt noch nicht stattgefunden. Die hauptsächlich von Jürgen Habermas betriebene, fast schon phobisch zu nennende Abwehr der (angeblichen) poststrukturalistischen Einebnung des Gattungsunterschieds von Literatur und Philosophie (bzw. Wissenschaft) scheint hier seit den 80er Jahren ein stabiles Denkverbot errichtet zu haben.[9] Dabei wäre Gesellschaftswissenschaft vielleicht mehr als jede andere Wissenschaft gehalten, sich selbst als Teil jenes sozialen Imaginären zu begreifen, dessen Existenz sie zwar anerkennt, ohne sich jedoch zu ihm ins Verhältnis zu setzen.[10] Denn erstens arbeitet(e) Soziologie stets an und mit den metaphorischen Beständen der älteren philosophischen und theologischen Tradition, indem sie Gesellschaft als Organismus und als Mechanismus, als Vertragsverhältnis und als Familie konzipiert, und zweitens konstituierte sich Soziologie *als Wissenschaft* schlechthin über den Metapherntransfer. Comtes ‚Statik' und ‚Dynamik', Spencers ‚Differenzierung' und ‚Integration' sind, neben der für die Soziologie des 19. Jahrhunderts zentralen Organismus-Analogie und der bis heute in Ansehen stehenden Evolutionstheorie, Importe aus der zeitgenössischen Biologie, die im 19. Jahrhundert die Physik als Leitwissenschaft ablöste. Drittens – und das ist vielleicht am wichtigsten – steht Gesellschaftswissenschaft der Gesellschaft nicht gegenüber wie einem („ihrem") Gegenstand, den sie bloß abzubilden oder zu vermessen hätte, sondern unter dem Namen Soziologie erarbeitet die Gesellschaft Selbstbeschreibungen („Repräsentationen der Gesellschaft innerhalb der Gesellschaft"), die ihr Objekt –

8 Während Münkler, dessen Buch allerdings ursprünglich als eine Reihe von Essays für die Frankfurter Allgemeine Zeitung geschrieben wurde, die Behandlung der „methodischen Fragestellungen, die sich mit dem Gebrauch von Metaphern und Bildern in der Politik sowie in politischen, schließlich in politisch-wissenschaftlichen Texten verbinden" (Münkler, Politische Bilder, S. 9), auf eine andere Gelegenheit verschiebt, begnügt sich Rigotti, nach kurzem theoretischem Exkurs, doch wieder mit einer Minimaldefinition der Metapher als ein „Sprachbild", bei dem „eine Bedeutungsverschiebung aus einem bildspendenden zu einem bildempfangenden Feld stattfindet" (Rigotti, Die Macht und ihre Metaphern, S. 17), die in ihrer unverbindlichen Allgemeinheit nicht mehr überzeugen kann.

9 Zur Kritik an diesem Habermasschen Mißverständnis vgl. Rodolphe Gasché, Eine sogenannte „literarische Erzählung". Derrida über Kafkas „Vor dem Gesetz", in: Bernhard Waldenfels, Hans-Dieter Gondek (Hg.), Einsätze des Denkens. Zur Philosophie von Jacques Derrida, Frankfurt/M. 1997, S. 256–286.

10 Eine Ausnahme bilden die Forschungen Dietmar Kampers zur „Geschichte der Einbildungskraft" bzw. zur „Soziologie der Imagination". Zwar konstatiert auch Kamper die „Abwehrhaltung" der Soziologie gegenüber dem Imaginären und kritisiert den „dummen Zwang einer Alternative von Rationalität und Irrationalität" (Dietmar Kamper, Zur Soziologie der Imagination, München/Wien 1986, S. 12/11); seine „archäologische Arbeit an verschütteten Fundamenten der Gegenwart" (ebd. S. 11) ist jedoch der zivilisationskritischen Absicht untergeordnet, „durch eine entschiedene Darstellung der Macht der Bilder die Ohnmacht des Denkens zu überwinden" (ebd. S. 12), und übernimmt insofern die Antithese von Imagination und Wissenschaft mimetisch ins eigene Denken. Demgegenüber geht es auf den folgenden Seiten darum, die Wirkungsweise des Imaginären in den wissenschaftlichen Texten selbst aufzuzeigen.

„sie selbst" – *für* sie selbst erst erzeugen: Metaphorisch ist also der Selbstbezug der Gesellschaft bereits *vor* der Entscheidung für dieses oder jenes bestimmte Bildfeld schon insofern, als sie sich ihr als Gegenständlichkeit unerreichbares Ganzes ‚vertretend' (Blumenberg) vorstellig machen muß, um als *diese bestimmte Gesellschaft* sein zu können. Diese epistemologisch paradoxe, letztlich performative und damit – direkt oder indirekt – politische Funktion ihrer Gesellschaftsbeschreibungen entgeht Soziologen bis heute weitgehend.

Entsprechend wenig Interesse haben die Metaphern der Gesellschaft, die sozialisierten und sozialisierenden Bilder, in denen Gesellschaften sich ihre ‚Seinsart' interpretierend vergegenwärtigen, bisher in der wissenschaftlichen Literatur gefunden. Die existierenden Untersuchungen stellen im wesentlichen Materialsammlungen dar. Neben den schon erwähnten Arbeiten von Herfried Münkler und Francesca Rigotti, die, wenngleich mit fließenden Grenzen, überdies mehr an Staats- als an Gesellschaftsmetaphorik interessiert sind[11], sind für den hier in Rede stehenden Zusammenhang vor allem die Untersuchung von Ahlrich Meyer[12] und der umfangreiche Lexikonartikel von Ernst Wolfgang Böckenförde und Gerhard Dohrn-van Rossum[13] zu nennen. Ebenso wie bei dem inzwischen schon klassisch zu nennenden, handbuchartigen Werk Alexander Demandts[14] und Dietmar Peils Untersuchungen zur Staats- und Herrschaftsmetaphorik[15] handelt es sich jedoch in allen diesen Fällen vorwiegend um ausladende Zitat- und Quellensammlungen, die das umfangreiche Material weitgehend unbearbeitet der Leserin übergeben.

Im folgenden wird, umgekehrt, der theoretischen Durcharbeitung vor der Ausbreitung einer größtmöglichen Fülle von Material der Vorzug gegeben. Untersucht werden lediglich zwei Metaphern, „Organismus" und „Vertrag" (mit gewissen Einschränkungen kommt auch noch die des „Mechanismus" hinzu), deren Bedeutung für das Selbstverständnis abendländischer Gesellschaften allerdings kaum überschätzt werden kann und an denen sich erweist, daß Metapherngeschichte, wie übereinstimmend auch Münkler und Rigotti feststellen[16], zu den Geschichten langer Dauer gehört. Dabei ist die Organismus-Metaphorik in der

11 Fließend sind die Grenzen hier natürlich schon insofern, als vormoderne Gesellschaften zwischen Staat und Gesellschaft nicht trennen. Überschneidungen ergeben sich aber auch im Bezug auf moderne Gesellschaften, etwa wenn es um Metaphern aus dem Bereich der Familie geht, insbesondere um die der Brüderlichkeit (Rigotti, Die Macht und ihre Metaphern, S. 77 ff.; Münkler, Politische Bilder, S. 35 ff.) oder um „Bilder vom inneren Frieden" (Münkler, Politische Bilder, S. 35 ff.).

12 Ahlrich Meyer, Mechanische und organische Metaphorik politischer Philosophie, in: Archiv für Begriffsgeschichte XIII (1969), S. 128–199.

13 Ernst Wolfgang Böckenförde / Gerhard Dohrn-van Rossum, Organ, Organismus, politischer Körper, in: Otto Brunner, Werner Conze u. Reinhart Koselleck (Hg.), Geschichtliche Grundbegriffe. Historisches Lexikon zur politisch-sozialen Sprache in Deutschland, Bd. 4, Stuttgart 1978, S. 519–621.

14 Alexander Demandt, Metaphern für Geschichte. Sprachbilder und Gleichnisse im historisch-politischen Denken, München 1978.

15 Dietmar Peil, Untersuchungen zur Staats- und Herrschaftsmetaphorik in literarischen Zeugnissen von der Antike bis zur Gegenwart, München 1983.

16 Münkler, Politische Bilder, S. 9; Rigotti, Die Macht und ihre Metaphern, S. 193.

Literatur sehr viel besser dokumentiert als die Vertrags-Metaphorik, weil sie sich einerseits im Verlauf der abendländischen Geschichte institutionell durchgesetzt hat (sie liegt dem juristischen, zuerst im Bereich der christlichen Kirche formulierten Körperschafts-Begriff zugrunde) und weil andererseits der Gesellschaftsvertrag oft gar nicht als Metapher wahrgenommen wird.[17] Beide Metaphern werden dabei als „Paradigmen" im Sinne Blumenbergs behandelt, d.h. als „Modelle in pragmatischer Funktion", die eine präskriptive Regel an die Hand geben, über die Gesellschaft und ihre Kausalität zu reflektieren.[18] „Inkommensurabel" im Sinne Kuhns[19] und Blumenbergs sind die beiden Paradigmen dabei insofern, als „Organismus" die Metapher der Natürlichkeit, „Vertrag" die Metapher der Künstlichkeit der Gesellschaft heißen kann. Ihnen entsprechen zwei anthropologische Grundoptionen, die Blumenberg als die Option des ‚reichen' und die des ‚armen' Menschen einander gegenübergestellt hat. Diesen beiden grundlegenden Optionen lassen sich dann weiter Dialektik und Rhetorik als verschiedene Verfahren der Erzeugung von Evidenz zuordnen.

Die Konkurrenz der beiden inkommensurablen Paradigmen läßt sich von der Antike bis in die jüngste Kommunitarismusdebatte hinein verfolgen, was im zweiten Teil der vorliegenden Arbeit freilich nur anhand exemplarischer Lektüren geleistet werden kann. Wie Blumenberg können auch wir nur „eine Reihe von Punkten" angeben, „durch die eine Kurve mag gezogen werden können."[20] Zudem gilt auch hier, daß die historischen „Längsschnitte" eigentlich durch „Querschnitte" zu ergänzen wären, denn die Bedeutungen der betrachteten Metaphern changieren je nach den sie umgebenden Diskursformationen. Daß die Metaphoriken von Organismus und Vertrag sich seit der Antike „mitsamt ihren spezifischen Implikationen forterben, immer wieder aufgegriffen, modifiziert und variiert werden, sich in ihrem substantiellen Kern aber erhalten"[21], bestätigt freilich ihre Existenz als Paradigmen, als „historische Aprioris" (Foucault) oder „Grundmuster" (Wittgenstein) in denjenigen „Sprachspielen", in denen abendländische Gesellschaften sich ihre Identität repräsentieren.[22] Wenn die abendländische Geschichte Kontinuität aufweist, so handelt es sich wesentlich um die Kontinuität eines sozialen Imaginären. Erkennbar wird das als solches freilich erst heute.[23] Ein „Euro-

17 Eine Ausnahme bildet Rigotti, Die Macht und ihre Metaphern, S. 109 ff., die „Brüderlichkeit und Gesellschaftsvertrag" in einem gemeinsamen Kapitel abhandelt.

18 Vgl. dazu Hans Blumenberg, Paradigmen zu einer Metaphorologie, Frankfurt/M. 1998, S. 12.

19 Thomas S. Kuhn, Die Struktur wissenschaftlicher Revolutionen, 2. Aufl., München 1995.

20 Blumenberg, Paradigmen, S. 49.

21 Münkler, Politische Bilder, S. 9.

22 Zum mittelalterlichen Begriff der *repraesentatio identitatis* vgl. Hasso Hofmann, Repräsentation. Studien zur Wort- und Begriffsgeschichte von der Antike bis ins 19. Jahrhundert, Berlin 1974, Kap. 5, S. 191 ff. Zur besonderen Problematik von Identitätsrepräsentation in der modernen, d.h. primär an Funktionen orientierten Gesellschaft vgl. Niklas Luhmann, Tautologie und Paradoxie in den Selbstbeschreibungen der modernen Gesellschaft, in: ders., Protest. Systemtheorie und soziale Bewegungen, hg. v. Kai-Uwe Hellmann, Frankfurt/M. 1996, S. 79 ff.

23 Hofmann, Repräsentation, S. 216, weist darauf hin, daß das Konzept der Identitätsrepräsentation selbst eine Antwort auf das Kontinuitätsproblem, diese „Frage aller juristischen Fragen", darstellt: „Die korporationstheoretische ‚Repräsentation der Identität' ist das Stichwort für die

pa der Metaphern", schreibt Francesca Rigotti, wäre „leichter zu vereinen (...) als ein Europa der Nationen: Die [politischen, S.L.] Metaphern der einzelnen westlichen Sprachen wären in der Tat den Bürgern aller entsprechenden Länder verständlich."[24]

Über die engeren Belange einer Analytik und Typologie gesellschaftlicher Leitmetaphern hinaus gilt das Interesse der vorliegenden Arbeit denn auch der (Weiter-)Entwicklung eines tragfähigen Begriffs des sozialen Imaginären. Zwar ist postmoderne „Vernunftkritik" seit Jahren von einer manchmal geradezu euphorischen Aufwertung jenes, in der Geschichte des abendländischen Denkens stets als zweitrangig behandelten, menschlichen „Vermögens" der Einbildungskraft begleitet[25], was aber (wie um Habermassche Vorurteile zu bestätigen) leider oft dazu führt, nun auch gleich die Arbeit des Begriffs zugunsten eher rhapsodischer Spekulationen über das Ende der Philosophie etc. einzustellen. Auch Imagination und Wissenschaft einfach als „die zwei Arten des Wissens" zu behandeln, die obendrein noch „in einer gemeinsamen Philosophie konvergieren" sollen, „ohne sich zu vermischen"[26], kann nicht genügen, wo, unter dem vorläufigen Namen einer Metaphorologie, gerade der imaginäre Anteil der Wissenschaft (oder auch der Anteil der Wissenschaft an einem imaginären Wissen – dem ‚Sich-Wissen' der Gesellschaft) in Frage steht. Wenn Pierre Legendre schreibt, daß wir „in unseren rationalisierten Gesellschaften (...) zwar die Idee eines sozialen Imaginären (akzeptieren), aufgrund der Zensuren der modernen Denkpolizei (...) aber weit davon entfernt (sind), alle Schlußfolgerungen aus diesem Begriff tatsächlich auch

---

Bemühungen, die Korporation als abstrakte Einheit in der Zerstreuung und vor allem, zeitlich gesehen, im Wechsel der Mitglieder gleichwohl als gliedschaftliche, genossenschaftliche Einheit zu identifizieren, den abstrakten Begriff der idealen Rechtspersönlichkeit mit einer Vielzahl von Menschen zu vermitteln" (ebd. S. 214).

24 Rigotti, Die Macht und ihre Metaphern, S. 196. Harald Weinrich nannte das Abendland bereits 1958 eine „Gemeinschaft von Bildfeldern". Vgl. Harald Weinrich, Münze und Wort. Untersuchungen an einem Bildfelde, in: ders. u. Heinrich Lausberg (Hg.), Romanica. Festschrift f. Gerhard Rohlfs, Halle 1958, S. 508–521.

25 Auf diese „Steigerung" des Imaginären zur *„materia prima"* und zum „Endhorizont, von dem her gedacht wird", verweist auch Wolfgang Iser: „Solange es als Phantasie oder Imagination in die Vermögenspsychologie eingebunden blieb, mußte sich das anfänglich niedere Vermögen allmählich hochdienen, um dann bei Hume und Kant als mysteriös bzw. unbegreifbar zu erscheinen – nicht zuletzt, weil die anderen Vermögen verstärkt der Imagination bedurften. Das Imaginäre also machte Karriere und hat seither Konjunktur, was sich nicht zuletzt darin ausdrückt, daß man es in den verschiedensten Bereichen – wie dem der Psychoanalyse, der Anthropologie und neuerdings auch dem der Gesellschaftstheorie – zu einer Art materia prima gesteigert hat." (Wolfgang Iser, Das Fiktive und das Imaginäre. Perspektiven literarischer Anthropologie, Frankfurt/M. 1993, S. 351) Das „basale Oppositionsverhältnis" von Fiktion und Wirklichkeit, das die historische Dialektik wechselseitiger Abwertung der „Vermögen" untergründig steuert, versucht er aufzusprengen, indem er es durch die Triade des Realen, des Fiktiven und des Imaginären ersetzt, wobei das Fiktive (in Isers Zusammenhang vor allem die Literatur) als intentionale „Aktivierung" und „Mobilisierung" von Imaginärem gefaßt wird.

26 Rigotti, Die Macht und ihre Metaphern, S. 27, unter Verweis auf Gilbert Durand, Le Grand Changement ou l'après-Bachelard, in: Cahiers de l'imaginaire 1 (1988), S. 5–14.

zu ziehen"[27], so muß eine dieser Schlußfolgerungen sicher darin bestehen, das Verhältnis von Wissenschaft und Imagination, Logos und Phantasie neu zu durchdenken, wie Blumenberg schon 1960 vorschlug.

Der folgende erste Teil der Arbeit versucht in diesem Sinne, eine methodische Grundlegung für die Lektüren des zweiten und dritten Teils zu leisten. Dabei gibt das folgende Kapitel („Zur Performanz politischer Metaphern") unter dem Titel „Metapher und Begriff" zunächst einen konzentrierten Überblick über die neuere sprach- und literaturwissenschaftliche Metaphernforschung, insofern diese dazu führt, die einfache Unterscheidbarkeit von Metapher und Begriff, „imaginären" und „rationalen" Verfahren der Erzeugung von Evidenz in Frage zu stellen. Unter dem Titel „*Effets de réel:* Metapher und Ideologie" wird anschließend die Frage nach der Performanz von Metaphern im Allgemeinen, speziell aber auch schon von Metaphern der Gesellschaft behandelt. Besteht ihre Funktion einerseits darin, „durch die Begründung eines Ordnungsgefüges Klassifikationen zu erstellen"[28], so geht ihre „präskriptive" (Rigotti) oder eben performative Kraft doch über die bloße Klassifikation hinaus: Als Paradigma bestimmt die „schon dem Erfahrungsmodus implizite Metapher"[29] nicht nur die *Wahrnehmung* des Gegenstands, der durch sie angeblich nur beschrieben wird, sondern sie begünstigt den Schluß von der sprachlichen auf die materielle Realität, einen *effet de réel* [30], der diesen Gegenstand als solchen geradezu erst konstituiert. Die „Tendenz, Metaphern in Objekte zu verwandeln", situiert „im logischen (bzw. unlogischen) Sprung, der sich vollzieht, wenn man vom metaphorischen Begriff zur wörtlichen Übernahme fortschreitet", ist dabei aber nicht nur einem „pervertierten Gebrauch"[31] der Metapher inhärent, der sich von ihrem „Normalgebrauch" bündig unterscheiden ließe – man müßte denn konstatieren, daß im Bereich politischer Metaphorik „Perversion" das Normale ist. Vielmehr verweist die „wörtliche Übernahme" von Metaphern, „der Schluß auf Identität und Totalität, der konstitutiv für die Metapher ist"[32], auf einen Prozeß der *Institutionalisierung,* in dem ‚gesellschaftliche Realität' ihrer metaphorischen Präfiguration erst nachfolgt. Sind Begriffe institutionalisierte Metaphern, so können Institutionen umgekehrt als inkorporierte Begriffe verstanden werden. Das metaphorische Performativ läßt „Gesellschaft als imaginäre Institution" erkennen, freilich in etwas anderem Sinn, als Castoriadis vermutet. In einem längeren Exkurs über „Gesellschaft als imaginäre Institution" wird daher im dritten Kapitel zunächst Castoriadis' Begriff des sozialen Imaginären einer immanenten Kritik unterzogen, bevor im vierten Kapitel unter Rekurs auf Freud, Blumenberg und Pierre Legendre eine eigene Fas-

27 Pierre Legendre, Das Verbrechen des Gefreiten Lortie. Abhandlung über den Vater, Freiburg 1998, S. 118.
28 Rigotti, Die Macht und ihre Metaphern, S. 190.
29 Ebd. S. 208.
30 Vgl. dazu Roland Barthes, L'effet de réel, in: Communications 11 (1968), S. 84–89.
31 Rigotti, Die Macht und ihre Metaphern, S. 211.
32 Paul de Man, Semiologie und Rhetorik, in: ders., Allegorien des Lesens, Frankfurt/M. 1988, S. 31–51, hier S. 45.

sung dieses Begriffs erarbeitet wird. Ist Castoriadis' umfangreicher Entwurf wertvoll, weil er, funktionalismuskritisch, das Imaginäre als irreduzible, unhintergehbare Dimension der instituierenden und instituierten Gesellschaft zeigt, so greift er doch insofern zu kurz, als er jede Beziehung zwischen (radikaler) Imagination und Rhetorik kappt und so die Instanz der Vorstellung gegenüber ihren Produktionen in gewisser Weise autonom setzt: Symbolisierung (in Metaphern *oder* Begriffen, in Mythen *oder* Theorien) ist für Castoriadis stets ein nachgeordneter Vorgang, sekundärer symbolischer „Ausdruck" einer rein imaginären „Innerlichkeit", deren selbst erst qua Metapherneffekt Konstituiertes er auf diese Weise nicht zu denken vermag. Demgegenüber wird im Rekurs auf Freuds Konzepte der „Urverdrängung" und der „Urphantasie" gezeigt, daß das metaphorische, oder allgemeiner: das rhetorische Performativ (der Freudsche „Primärprozeß") gerade darin besteht, Imaginäres als immer schon symbolisch organisiertes, dem Imperativ der Differenzierung unterworfenes, zu erzeugen.

2 Zur Performanz politischer Metaphern

2.1 Metapher und Begriff

In klassischer Definition ist die Metapher bekanntlich ein „verkürzter Vergleich, der auf außersprachliche Ähnlichkeit rekurriert."[33] Eine vorsprachlich wahrgenommene Ähnlichkeit zweier Gegenstände oder Sachgebiete würde in dieser Auffassung die *Übertragung* eines Worts aus dem einen in den anderen Bereich motivieren und es so etwa erlauben, vom Alter als dem Abend des Lebens, von der Sprache als dem Haus des Seins oder vom Menschen als des Menschen Wolf zu reden. Verbunden ist damit die Ansicht, daß es sich bei der Metapher um einen poetischen Sonderfall der Sprache handelt, der erstens von der buchstäblichen Verwendung eines Worts wohlzuunterscheiden und zweitens jederzeit in den zugrundeliegenden Vergleich und damit in das ‚eigentlich Gemeinte' auflösbar sei. Als ‚Zweck' der Verwendung von Metaphern erscheint dann – je nachdem – die Herausarbeitung von Ähnlichkeiten zwischen Sachgebieten, die Verdeutlichung abstrakter Begriffe durch Anschauungen oder schlicht die Erbauung, Unterhaltung oder Verführung des Publikums durch „fröhliche Wortspielerei"[34], von der freilich seit Platon feststand, daß sie in der Wissenschaft nichts oder allenfalls als stilistische Zutat zum Zweck der *captatio benevolentiae* etwas zu suchen habe. In der Opposition von Mythos und Logos, Metapher und Begriff, Kunst („Dichtung") und Wissenschaft sah sich Erkenntnis, zumal in der Neuzeit, stets auf das Prinzip (angeblich) bildloser Buchstäblichkeit der Bedeutungen verpflichtet, das Metaphern, Analogien und Modelle lediglich als Hilfsmittel und Vorstufen „reiner", d.h. im cartesianischen Sinne klarer und bestimmter (ein-eindeutiger) Begriffe toleriert – als „Restbestände" oder „Residuen" auf dem Weg vom Mythos zum Logos, wie Hans Blumenberg formuliert.[35] Die Einbildungskraft, Phantasie oder Imagination als die vermeintliche Quelle jener Formen und Elemente übertragener Rede mußte entsprechend gegenüber der Vernunft als dem Vermögen des Begriffs stets als zweitrangig, „unrein" und *à la limite* (bis hin zu Marx) als das erscheinen, was die *Aufklärung* der Menschen über ihre „wahren Verhältnisse" (sei's ihre Stellung in der Natur oder im Produktionsprozeß) stört und behindert.

Nun ist diese klassische Auffassung der Metapher, und mit ihr die der Teilung und Teilbarkeit der menschlichen „Vermögen" wie auch ihrer Produkte, seit den

33 Anselm Haverkamp, Einleitung in die Theorie der Metapher, in: ders. (Hg.), Theorie der Metapher, S. 1–30, hier S. 19.

34 Ivor Armstrong Richards, Die Metapher, in: Haverkamp (Hg.), Theorie der Metapher, S. 31–54, hier S. 32.

35 Blumenberg, Paradigmen, S. 10.

Tagen Nietzsches und Freuds auf vielfältige Weise ins Wanken geraten. Nietzsche war dabei wohl als erster der Einsicht auf der Spur, daß die Metapher kein poetischer „Sonderfall", sondern das „allgegenwärtige Prinzip der Sprache"[36] ist und daß insofern auch der Begriff als das „Residuum einer Metapher" zu gelten habe, von der wir lediglich „vergessen" haben, daß sie eine ist.[37] Diese Einsicht markiert auch den Beginn der modernen Theorie der Metapher in der Sprach- und Literaturwissenschaft des 20. Jahrhunderts. „Die traditionelle Theorie", so heißt es bei I.A. Richards bereits 1936, „hat nur einige wenige Spielarten der Metapher zur Kenntnis genommen und beschränkte sich bei der Anwendung des Terminus *Metapher* auf ganz wenige Arten. Die Metapher erschien dabei als eine auf Verschiebung und Verdrängung von Wörtern beschränkte Angelegenheit, wogegen sie doch in allererster Linie Austausch und Verkehr von *Gedanken*, eine *Transaktion zwischen Kontexten*" [Hervorhebung S.L.] sei. Denken, so Richards, sei generell metaphorisch und verfahre vergleichend; „daraus leiten sich die Metaphern der Sprache her."[38] Die Erkenntnis von Ähnlichkeiten, schon bei Aristoteles Voraussetzung der „guten" Metapher, avanciert dabei sowohl bei Nietzsche als auch bei Richards zum – keineswegs auf den besonders Begabten oder den Dichter beschränkten – anthropologischen Grundbestand, zur „Fähigkeit der Lebensbewältigung"[39], zu einem „Vermögen, (...) ohne das wir bald zugrunde gehen würden."[40] Dieses „Vermögen" der Ähnlichkeit insistiert Richards zufolge in der Sprache schon insofern, als „ein Wort normalerweise kein Ersatz *[substitute]* für einen isoliert dastehenden Eindruck ist (oder diesen bedeutet), sondern eine Kombination allgemeiner Aspekte."[41] Das gilt für den Begriff, der, um den Preis der „individuellen Verschiedenheiten", unbegrenzt viele „isoliert dastehende Eindrücke" unter ihn zu subsumieren erlaubt, ist aber zugleich „selbst eine Kurzfassung des Prinzips der Metapher. Auf die einfachste Formulierung gebracht, bringen wir beim Gebrauch einer Metapher zwei unterschiedliche Vorstellungen in einen gegenseitigen aktiven Zusammenhang, unterstützt von einem einzelnen Wort oder einer einzelnen Wendung, deren Bedeutung das Resultat der Interaktion beider ist."[42] Nicht in der *Substitution* oder der „Verdrängung" eines Worts

36 Richards, Die Metapher, S. 33.

37 Vgl. Friedrich Nietzsche, Über Wahrheit und Lüge im außermoralischen Sinn, in: Werke III, hg. v. Karl Schlechta, München 1969, S. 309–322.

38 Richards, Die Metapher, S. 35.

39 Ebd.

40 Ebd. S. 31.

41 Ebd. S. 34.

42 Ebd. Die Ausführungen Richards' lesen sich teilweise wie eine Paraphrase dessen, was Nietzsche in „Über Wahrheit und Lüge im außermoralischen Sinn" geltend macht: „Denken wir besonders noch an die Bildung der Begriffe. Jedes Wort wird sofort dadurch Begriff, daß es eben nicht für das einmalige ganz und gar individualisierte Urerlebnis, dem es sein Entstehen verdankt, etwa als Erinnerung dienen soll, sondern zugleich für zahllose, mehr oder weniger ähnliche, das heißt streng genommen niemals gleiche, also auf lauter ungleiche Fälle passen muß. (...) Das Übersehen des Individuellen und Wirklichen gibt uns den Begriff, wie es uns auch die Form gibt, wohingegen die Natur keine Formen und Begriffe, also auch keine Gattungen kennt, sondern nur ein für uns unzugängliches und undefinierbares X. Denn auch unser Ge-

durch ein anderes, sondern in der *Interaktion* von Kontexten, der „Vermittlung zweier Vorstellungen in einer" sieht Richards das poietische Vermögen der Metapher. Dabei rückt bereits in den Blick, daß die „Ähnlichkeit", die die metaphorische Verdichtung „zweier Vorstellungen in einer" anleitet, nicht die außersprachlich wahrnehmbare, „naturgegebene" Ähnlichkeit von Dingen, sondern eben die von Kontexten ist; daß es, wie Max Black zwanzig Jahre später formuliert, Fälle gibt, „in denen es uns vor der Konstruktion der Metapher sehr schwergefallen wäre, irgendeine wörtlich zu nehmende Ähnlichkeit *[resemblance]* zwischen M *[dem metaphorisch gebrauchten Ausdruck, S.L.]* und L *[dem wörtlichen Ausdruck, S.L.]* zu finden." Es sei daher „in einigen dieser Fälle aufschlußreicher zu sagen, die Metapher *schafft* Ähnlichkeit *[similarity]*, statt zu sagen, sie formuliert eine bereits vorher existierende Ähnlichkeit."[43]

Auf der Basis der von I.A. Richards und Max Black formulierten Interaktionstheorie dreht sich die metapherntheoretische Diskussion dann vor allem um drei zentrale Fragen: die Frage nach der Unterscheidbarkeit (resp. Ununterscheidbarkeit) buchstäblicher und metaphorischer Rede; die Frage nach der Ähnlichkeit bloß abbildenden oder Ähnlichkeit schaffenden Potenz der Metapher (dies ist ersichtlich die Frage nach der ‚kreativen', poietischen oder eben *performativen* Funktion metaphorischen Sprechens, wobei der Begriff der Ähnlichkeit allerdings zu klären bleibt); und schließlich die Frage nach der Beherrschbarkeit (resp. Unbeherrschbarkeit) von Metaphern und ihren performativen Effekten in der diskursiven Produktion.

Heideggers ebenso schroffe wie vielzitierte Bemerkung: „Das Metaphorische gibt es nur innerhalb der Metaphysik"[44] zielt auf die onto-theologischen Voraussetzungen des Vertrauens in die einfache Unterscheidbarkeit buchstäblichen und metaphorischen Sprechens.[45] Zugrunde liegt diesem Vertrauen ein Begriff der Sprache, der diese als eine „Nomenklatur" begreift, als „eine Liste von Ausdrücken, die ebensovielen Sachen entsprechen."[46] Dabei ist vorausgesetzt, daß die *Vorstellungen,* die

---

gensatz von Individuum und Gattung ist anthropomorphisch und entstammt nicht dem Wesen der Dinge. (...) Was also ist Wahrheit? Ein bewegliches Heer von Metaphern, Metonymien, Anthropomorphismen, kurz eine Summe von menschlichen Relationen, die, poetisch und rhetorisch gesteigert, übertragen, geschmückt wurden und die nach langem Gebrauch einem Volke fest, kanonisch und verbindlich dünken: die Wahrheiten sind Illusionen, von denen man vergessen hat, daß sie welche sind, Metaphern, die abgenutzt und sinnlich kraftlos geworden sind, Münzen, die ihr Bild verloren haben und nun als Metall, nicht mehr als Münzen, in Betracht kommen" (Nietzsche, Über Wahrheit und Lüge, S. 313–314).

43 Max Black, Die Metapher, in: Haverkamp (Hg.), Theorie der Metapher, S. 55–79, hier S. 68.

44 Martin Heidegger, Der Satz vom Grund, 6. Aufl., Pfullingen 1986, S. 89.

45 Zu diesen Voraussetzungen gehört für Heidegger vor allem die „Unterscheidung, wenn nicht gar Trennung des Sinnlichen und Nichtsinnlichen als zweier für sich bestehender Bereiche", auf der „die Vorstellung von ‚übertragen' und von der Metapher beruht" (ebd. S. 88–89). Mit der Einsicht in das Unzureichende dieser Unterscheidung „verliert die Metaphysik den Rang der maßgebenden Denkweise"; damit wird aber „auch die maßgebende Vorstellung von der Metapher hinfällig" (ebd. S. 89).

46 Ferdinand de Saussure, Grundfragen der allgemeinen Sprachwissenschaft, 2. Aufl., Berlin 1967, S. 76.

zwischen „Ausdruck" und „Sache" *(Signifikant* und *Referent* in der Terminologie Saussures) vermitteln, einfache *Abbilder* der Dinge sind, „die schon vor den Worten vorhanden waren"[47] und von diesen erst nachträglich bezeichnet werden, ohne sie zu verändern oder gar als distinkte erst zu erzeugen. „Metaphysisch", d.h. an metaphysische Denkvoraussetzungen gebunden, ist diese Auffassung insofern, als sie mit der *adaequatio rei et intellectus (sive repraesentationis)* die Möglichkeit behauptet, das „Wesen" der Dinge ohne Rest in der Sprache abzubilden, das Sein des Seienden in seiner Fülle in „wahren Sätzen" auszusagen. Die unter dem Namen „Metapher" immer schon auffällige und stets mit Mißtrauen bedachte Möglichkeit, Ausdrücke entgegen den Regeln der Nomenklatur, also für „Sachen" zu verwenden, die sie „eigentlich" nicht bezeichnen, mußte aus dieser Perspektive als ‚Mißbrauch der Sprache' erscheinen, positiv gewendet: als ‚dichterische Freiheit', die indes das Projekt der Wissenschaft als das Projekt voller (i.e. buchstäblicher) Vergegenständlichung des Seienden in Begriffen seit jeher zu bedrohen und zu gefährden schien. Weswegen denn auch „Metaphern, Tropen und figürliche Sprache überhaupt (...) ein dauerndes Problem und eine zuweilen anerkannte Quelle der Verwirrung für den philosophischen Diskurs und darüber hinaus für jeden diskursiven Gebrauch der Sprache gewesen (sind)."[48] Die „Absicht, die Figuration zu kontrollieren", d.h. „ihrem Einfluß Grenzen (zu setzen) und derart den epistemologischen Schaden, den sie verursachen könnte, (einzuschränken)", steht so auch „hinter der immer wiederholten Anstrengung, die Unterschiede zwischen philosophischem, wissenschaftlichem, theologischem und poetischem Diskurs festzuschreiben, und sie ist es auch, welche institutionellen Fragen wie der Fächer- und Fakultätenstruktur der Schulen und Universitäten zugrundeliegt."[49] Ersichtlich erlaubt aber erst die Fiktion einer möglichen Buchstäblichkeit, „die die Präsenz und Präzision der Gegebenheit in definierten Begriffen auffängt"[50], das Projekt einer „Kontrolle der Figuration" zu entwerfen. Nur wer sich am „Ort der Wahrheit", auf dem „festen Boden" der Buchstäblichkeit wähnt, kann hoffen, Begriff und Metapher, „eigentliches" und „uneigentliches" Sprechen, Wahrheit und Schein bündig voneinander unterscheiden und Figuration als „vorläufige" und „logisch überholbare" (Blumenberg) rhetorische Zutat an die Ränder wahrheitsfähiger Diskurse verbannen zu können. Gerät der ‚feste Boden der Buchstäblichkeit' ins Wanken, steht folglich nicht nur der Begriff des Begriffs, sondern auch der Begriff der Metapher (der selbst eine Metapher ist) auf dem Spiel. Die Dekonstruktion der Buchstäblichkeit, die in der Philosophie seit Nietzsche, in der modernen Linguistik seit Saussure sich ereignet, dekonstruiert (verschiebt) die Opposition von Begriff und Metapher selbst in Richtung eines ‚Überbordens' der Figuration über die ihr – qua Begriff – gesetzten Grenzen. Die Dekonstruktion entdeckt die „Uneigentlichkeit" der Figuration als unhintergehbare, ins Herz der „Eigentlichkeit" und des „Eigenen" der Begriffe eingeschriebene

47 Ebd.

48 Paul de Man, Epistemologie der Metapher, in: Haverkamp (Hg.), Theorie der Metapher, S. 414–437, hier S. 414.

49 Ebd.

50 Blumenberg, Paradigmen, S. 7.

Voraussetzung allen Sprechens und inauguriert so jenen von Nietzsche antizipierten Prozeß, in dem „die wahre Welt endlich zur Fabel wurde." Was freilich den Entzug *(retrait)* des Begriffs ebenso wie den Entzug der Welt und den „Entzug der Metapher" (so der programmatische Titel eines Aufsatzes von Jacques Derrida) bedeutet: Wenn „alles" (Denken, Erkennen, Begreifen) „mit der Metapher geschieht", wenn es „nichts", kein Sprechen, kein Nennen gibt, „was nicht mit der Metapher und durch die Metapher geschähe", dann führt paradoxerweise gerade das in den Entzug der Metapher, „man müßte sagen in ihre Entzüge; sie zieht sich zurück von der Szene der Welt, sie entzieht sich ihr im Moment ihrer übermäßigen Ausbreitung, im Augenblick, in dem sie jede Grenze überschreitet. Ihr Entzug hätte somit die paradoxale Form einer unbotmäßigen und überbordenden Insistenz, einer überschwenglichen Remanenz, einer eindringlichen Wiederholung."[51] Das „alte Thema" (Derrida) der Metapher hätte sich, so scheint es, dann erledigt, und auch nach der Performanz politischer Metaphern ließe sich sinnvoll nicht mehr fragen (jedenfalls nicht im Vertrauen auf den ‚festen Boden' politischer Begriffe und nicht innerhalb der Opposition von Begriff und Metapher). Indes läßt sich, was Derrida unter der Metapher des „Entzugs" verhandelt, auch nüchterner („wissenschaftlicher", „linguistischer"; wir sagen nicht: weniger metaphorisch) beschreiben. Die Rede von der „überbordenden Insistenz", von der „überschwenglichen Remanenz" der Metapher besagt zunächst nichts anderes, als daß, wie oben schon dargelegt, die Metapher oder das Metaphorische als das „allgegenwärtige Prinzip der Sprache" entdeckt wird, daß es also nicht länger als abgeleitete, sekundäre Verwendung von Worten gelten kann. Linguistisch ist dieser Stand der Erkenntnis mit Saussures *Cours de linguistique générale* erreicht, dessen wesentliche Innovation darin besteht, die Vorstellung (einer Sache), die vom Ausdruck (dem Signifikanten) bezeichnet wird, nicht länger als vorsprachliches, natürliches Abbild der Sache zu behandeln, sondern als Signifikat zu einem Teil des Zeichens zu machen. Die Arbitrarität und Konventionalität, die die abendländische Tradition seit Aristoteles den Signifikanten (den Lautbildern der verschiedenen Sprachen) zuerkennt, dehnt sich so auch auf die Signifikate aus: die Vorstellung, die man sich von einer Sache (sei es ein Tisch, ein Mensch oder ‚die Gesellschaft') macht, erscheint nicht länger als natürliche Entität, Abbild der ‚Sache selbst', sondern ist determiniert von dem, was, mit einer poststrukturalistischen Metapher, das „Spiel der Signifikanten" heißt. Erst die Differenz der Signifikanten wäre es demnach, die eine Differenzierung der Signifikate erlaubt. Die Identität der Vorstellungen und Begriffe erscheint nicht länger ontologisch, d.h. in der natürlichen Adäquation von Wahrnehmung und Wirklichkeit verankert, sondern tritt selbst erst als der *nachträgliche Effekt* einer primären, innersprachlichen Differenzierung hervor. In der „Radikalisierung der Differenz als konstitutivem und immanentem Prinzip des sprachlichen Zeichens" sieht denn auch Samuel Weber die eigentlich innovative Leistung Saussures:

---

51 Jacques Derrida, Der Entzug der Metapher, in: Haverkamp (Hg.), Die paradoxe Metapher, S. 197–234, hier S. 200.

„Bei Saussure (...) ist die Differenz nicht eine der Repräsentation zwischen Zeichen und Referent noch eine innerhalb des Zeichens, zwischen Signifikant und Signifikat: Vielmehr wird sie zum Prinzip, das Signifikant und Signifikat als solche überhaupt erst erzeugt. Was Saussure die ‚zwei amorphen Massen' des Laut- und Gedankenmaterials nennt, kristallisiert sich als Signifikant und Signifikat erst durch die Unterschiedlichkeit der Elemente unter sich: ein Laut kann nur als Signifikant funktionieren, sofern er sich von anderen unterscheidet; und ein Gedanke [eine Vorstellung, S.L.] wird zum Signifikat erst durch einen Gegensatz zu anderen Gedanken [Vorstellungen, S.L.]. Damit wird der Begriff der Signifikation [der Bezeichnung, S.L.] nicht mehr als Repräsentation gedacht, sondern als Artikulation. Die Sprache als Artikulation geht nicht von einer vorgeordneten Präsenz aus, sondern wird durch eine Differenz bestimmt, die erst *nachträglich* Identitäten – die jeweiligen konkreten Signifikanten und Signifikate – als ihre *Effekte* produziert."[52]

Die Sprache als Artikulation, d.h. als lineare Verkettung differentieller Elemente (Laute und Vorstellungen) erzeugt zwar Referenz (Repräsentation) und damit auch die *Illusion der Buchstäblichkeit;* diese stellt sich aber erst als der sekundäre Effekt jener differentiellen Primärprozesse ein, die sich, radikal betrachtet, als figurativ, und zwar in erster Linie als metaphorisch und metonymisch erweisen. Wie Roman Jakobson im Anschluß an Saussure zeigen konnte, vollzieht sich die Differenzierung der Laute und Vorstellungen im Sprachprozess in Form zweier Grundoperationen: der *Selektion* (Auswahl, Entscheidung) auf der Basis von *Similarität* und der *Kombination* auf der Basis von *Kontiguität.*[53] Die Similaritätsoperation bezeichnet Jakobson als den „metaphorischen Weg", die Kontiguitätsoperation als den „metonymischen Weg" der Sprache:

„Eine Rede kann sich in zwei verschiedenen semantischen Richtungen entwickeln: der Gegenstand der Rede kann sowohl durch die Similaritätsoperation als auch durch die Kontiguitätsoperation in einen anderen Gegenstand überführt werden. Den ersten Weg könnte man als den metaphorischen, den zweiten als den metonymischen Weg bezeichnen, da diese Wege durch die Metapher bzw. die Metonymie am besten zum Ausdruck kommen. (...) Auf das Stichwort *hut* [Hütte] antwortet das eine Kind mit *burnt out* [ist abgebrannt] und ein anderes Kind mit *is a poor little house* [ist ein ärmliches kleines Haus]. Beide Reaktionen sind prädikativ, aber die erste bildet nur einen metonymischen Kontext, während die zweite die Stellungs-Kontiguität mit einer metaphorischen Substitution verbindet."[54]

Ebenso (und um in unser eigentliches Thema einzuführen): Auf das Stichwort „Gesellschaft" antwortet die eine Sorte von Theoretikern mit „gibt es nicht" (F.A. Kittler) bzw. „muß verteidigt werden" (M. Foucault), eine andere Sorte mit „ist eine ideelle und mechanische Bildung" (F. Tönnies) bzw. „ist ein soziales System"

---

52 Samuel Weber, Rückkehr zu Freud. Jacques Lacans Ent-stellung der Psychoanalyse, Frankfurt/M. / Berlin / Wien 1978, S. 28.

53 Roman Jakobson, Der Doppelcharakter der Sprache und die Polarität zwischen Metaphorik und Metonymik, in: Haverkamp (Hg.), Theorie der Metapher, S. 163–174, hier S. 165–166.

54 Ebd. S. 168.

(N. Luhmann). Beide Reaktionen sind prädikativ, aber die erste (Kittler, Foucault) bildet nur einen metonymischen Kontext, während die zweite (Tönnies, Luhmann) die Stellungs-Kontiguität mit einer metaphorischen Substitution verbindet.[55]

Ersichtlich ist nun der Unterschied zwischen Aussagen vom Typ „Die Gesellschaft ist eine ideelle und mechanische Bildung / ein soziales System" auf der einen und Sätzen wie etwa „Die Liebe ist ein Kiesel, der in der Sonne lacht" auf der anderen Seite rein gradueller Natur, obwohl der erste Typ definitorischen Status beansprucht, während man den zweiten nach herkömmlichen Kriterien als metaphorisch bezeichnen müßte. Im Gegensatz zur metonymischen Verkettung, die die Intension des Ausdrucks offenläßt, verfahren sowohl die Begriffsdefinition als auch die metaphorische Aussage *substitutiv* oder *interaktiv,* d.h. sie erläutern die Bedeutung der Ausdrücke „Gesellschaft" oder „Liebe", indem sie andere Ausdrücke an ihre Stelle setzen. Es ist jeweils ein anderer Signifikant oder eine Reihe von Signifikanten („ideelle oder mechanische Bildung", „soziales System", „Kiesel, der in der Sonne lacht"), der den Effekt der Signifikanz für den ersten Signifikanten („Gesellschaft", „Liebe") erzeugt – ein Sachverhalt, der Jacques Lacan dazu veranlaßt zu sagen, daß ein Signifikat, um Signifikat sein zu können, immer schon zuerst Signifikant gewesen sein muß.[56] Damit, so Samuel Weber, „kann von einem Primat des Signifikanten über das Signifikat", des „Ausdrucks" über die „Vorstellung" gesprochen werden.[57]

Erweist die neuere Metapherntheorie die Metapher insofern als das „allgegenwärtige Prinzip der Sprache", als sie im dargestellten Sinn auch unsere Begriffe als Metaphern entdeckt (oder wiederentdeckt), verliert die Unterscheidung von Begriffen und Metaphern ihren Wert. Genauer: ihren ontologischen Wert. Begriffe und Metaphern unterscheiden sich nicht dadurch, daß die einen das ‚Seiende selbst' aussagen, ‚wie es ist' (also „buchstäblich", *à la limite* „wissenschaftlich"), während die anderen es bloß „im übertragenen Sinn" („poetisch") umschreiben. Beide sind metaphorisch in dem präzisen Sinn, daß sie unsere Vorstellungen von den Dingen durch die Kombination von Kontexten prägen; daß sie Signifikanten – und erst dadurch auch Vorstellungen – „in einen gegenseitigen aktiven Zusammenhang bringen" (Richards), wobei der ‚zweite' Signifikant die Übersetzung oder Übertragung des ‚ersten' ist. Auch Begriffe müssen daher als *Metaphern der Erfahrung,* können dagegen nicht als *Abbilder des Realen* verstanden werden. Dennoch kann die Unterscheidung von Begriffen und Metaphern einen heuristi-

55 Was Jakobson an den Reaktionen von Kindern und den Präferenzen von Schriftstellern exemplifiziert, daß nämlich „unter dem Einfluß von Kultur, Persönlichkeit und Stil" entweder dem metaphorischen oder dem metonymischen Weg der Sprache „ein gewisser Vorzug gegeben wird" (Jakobson, Der Doppelcharakter, S. 168), ließe sich auch auf die Theoretiker übertragen. Freilich muß hier noch der Einfluß der bevorzugten Theorierichtung selbst auf den „Stil" des jeweiligen Autors berücksichtigt werden.

56 Vgl. Weber, Rückkehr zu Freud, S. 52.

57 Ebd. S. 54. Was nicht heißen soll, daß sich unsere Vorstellungen unabhängig von unserer Wahrnehmung bilden würden – wenn wir auch offenkundig die Vorstellung aufgeben müssen, wir könnten unabhängig von unseren Vorstellungen etwas wahrnehmen.

schen Wert behalten (und in diesem Sinn wird sie im folgenden auch verwendet): Daß sie nämlich überhaupt getroffen wird, sagt etwas darüber aus, was zu einem bestimmten Zeitpunkt von einem bestimmten Leser (oder einer Gruppe von Lesern) als „buchstäblich wahre", was dagegen als „bloß übertragene" Sprechweise ohne ontologischen Gehalt (entweder als „Poesie" oder als „falsche Wissenschaft") *wahrgenommen* wird. Als Determinanten dieser Wahrnehmung kommen institutionelle Voraussetzungen, diskursive Traditionen und der Widerstand gegen diese ebenso in Betracht wie metaphysisch-ontologische Rahmenbedingungen (einschließlich der Unterscheidung von Begriff und Metapher selbst). So dürfte innerhalb der uns bekannten zoologischen Klassifikation – und das heißt zugleich: innerhalb des Projekts der Wissenschaft – die Aussage: „Ein Kamel ist ein Säugetier" kaum als metaphorisch aufgefaßt werden, was sie, insofern sie keineswegs das ‚Sein' des Kamels aussagt, sondern lediglich unsere Art, es mit anderen Tieren zu gruppieren und es von wieder anderen zu unterscheiden, gleichwohl ist.[58] Hingegen würden wir jemanden, der die nach unseren Konventionen metaphorische Aussage „Ein Kamel ist ein Wüstenschiff" wörtlich nähme und etwa daranginge, unter dem Oberbegriff „Schiff" eine Klassifikation von Wüsten-, Staats- und Segelschiffen zu erstellen, entweder zum Poeten oder umstandslos für verrückt erklären (i.e. aufs Narrenschiff verweisen). Mit anderen Worten: Wie jeweils zwischen buchstäblichem und metaphorischem Sprechen unterschieden wird, verrät etwas über die *kulturelle Kompetenz* eines Lesers (oder einer Gruppe von Lesern) und über *seine Bereitschaft, eine bestimmte Konstruktion der Realität als verbindlich anzuerkennen* (böswilliger und wiederum mit Nietzsche: über seine Bereitschaft, „nach einer festen Konvention zu lügen" – und damit „anschluß-" und kommunikationsfähig zu bleiben). Es ist klar, daß *diese* Kompetenz, die Kompetenz, *nach bestimmten Regeln* zu unterscheiden und zu vergleichen, in der Tat eine „Fähigkeit der Lebensbewältigung" ist, ohne die „wir bald zugrundegehen würden" und tatsächlich auch zugrundegehen, sofern wir sie nicht erwerben.

Daß es nicht so leicht sei, zu erkennen, was eine Metapher ist und was nicht, konzedieren indes selbst Linguisten: „Jedes noch so einleuchtende Kriterium für das Vorliegen einer Metapher ist unter besonderen Umständen anfechtbar."[59]

---

58 Wir leihen uns dieses Kamel wiederum bei Nietzsche: „Wenn jemand ein Ding hinter einem Busch versteckt, es ebendort wieder sucht und auch findet, so ist an diesem Suchen und Finden nicht viel zu rühmen: so aber steht es mit dem Suchen und Finden der ‚Wahrheit' innerhalb des Vernunftbezirks. Wenn ich die Definition des Säugetiers mache und dann erkläre nach Besichtigung eines Kamels: ‚Siehe, ein Säugetier', so wird damit zwar eine Wahrheit ans Licht gebracht, aber sie ist von begrenztem Werte, ich meine, sie ist durch und durch anthropomorphisch und enthält keinen einzigen Punkt, der ‚wahr an sich', wirklich und allgemeingültig, abgesehen von dem Menschen wäre. Der Forscher nach solchen Wahrheiten sucht im Grunde nur die Metamorphose der Welt in den Menschen (...). Sein Verfahren ist, den Menschen als Maß an alle Dinge zu halten: wobei er aber von dem Irrtum ausgeht, zu glauben, er habe diese Dinge unmittelbar, als reine Objekte, vor sich. Er vergißt also die originalen Anschauungsmetaphern als Metaphern und nimmt sie als die Dinge selbst." (Nietzsche, Über Wahrheit und Lüge..., S. 316)

59 Max Black, Mehr über die Metapher, in: Haverkamp (Hg.), Theorie der Metapher, S. 379–413, hier S. 404.

Unbestritten können Metaphern den Status von Begriffen erlangen (d.h. als Metaphern „vergessen" werden) und ihn wieder verlieren, wenn die diskursiven und/oder institutionellen Rahmenbedingungen ihrer Verwendung sich ändern.[60] Zeiten, in denen über den buchstäblichen oder metaphorischen Status gesellschaftlich bedeutsamer Zeichen Streit oder Unklarheit herrscht, können als Zeiten institutionellen Umbruchs oder diskursiver Paradigmenwechsel gelten. Das berühmteste und folgenreichste Beispiel ist hier vielleicht der im Verlauf der christlichen Kirchengeschichte mehrfach neu aufgelegte Abendmahlsstreit als Streit um die Frage, ob die Bezeichnung von Brot und Wein als Leib und Blut Christi in der Eucharistie buchstäblich oder metaphorisch zu begreifen sei. (Hier spielt auch die Frage der *Performanz* eine entscheidende Rolle, insofern sich der Streit um Buchstäblichkeit oder Metaphorizität dabei ja an die Frage knüpft, ob die Bezeichnung in der Konsekration die Macht habe, Brot und Wein in Leib und Blut zu transsubstantiieren und damit ihre eigene Buchstäblichkeit zu erzeugen oder nicht.) Ein weiteres Beispiel ist die Bezeichnung von Staat oder Gesellschaft als Organismus oder Mechanismus, die heute (zumeist) mühelos als metaphorisch entziffert wird, während das noch im 19. Jahrhundert durchaus nicht der Fall war. Umgekehrt dürfte es zur Zeit wenige geben, die bereit sind, die Rede von den sozialen Systemen und ihrer Autopoiesis als metaphorisch zu bezeichnen, obwohl sie soziologie- und begriffsgeschichtlich in die Tradition der Organismus-Metaphern bzw. ihrer Umbauprodukte gehört.[61] Da das systemtheoretische Vokabular derzeit in weitere Kreise der Gesellschaft diffundiert, wird es zunehmend als selbstverständlicher und adäquater Ausdruck gesellschaftlicher Realität empfunden und leicht und gerne für buchstäblich gehalten – ungeachtet freilich der Tatsache, daß Luhmann selbst es zunächst als diskursive Konstruktion präsentiert hatte.[62]

Bei der Lektüre wissenschaftlicher Texte wird, so scheint es, auf die Kategorie ‚Metapher' immer dann rekurriert, wenn es darum geht, eine Bezeichnung als ‚uneigentlich', das Wesen der Sache nicht (nicht mehr oder noch nicht) treffend etc. geltend zu machen, d.h. wenn eine bestimmte Interaktion von Kontexten als nicht (mehr) überzeugend, ontologisch unbegründbar etc. dargestellt werden soll oder empfunden wird. „Ideologiekritik" besteht wesentlich in solchem Abtragen überlebter Metaphoriken (imaginärer Bedeutungen), freilich nicht, um diese durch ‚wahre Sätze', sondern um sie durch andere Metaphoriken zu ersetzen, die

60 Vgl. dazu auch Blumenberg, Paradigmen, S. 117.

61 Vgl. dazu Niklas Luhmann, Soziale Systeme. Grundriß einer allgemeinen Theorie, Frankfurt/M. 1987, S. 15 ff.

62 Die Tatsache, daß gerade der radikale Konstruktivismus, zumindest in der Generation der Luhmann-*Schüler,* immer wieder in schlechte Metaphysik zurückfällt, in eine Auffassung also, die das Wesen der zeitgenössischen Gesellschaft im Begriff des sozialen Systems tatsächlich *auf den Begriff gebracht* wähnt, mag zu denken geben. Sie zeigt zum mindesten, daß es nicht genügt, gleichsam vor der Klammer die Undarstellbarkeit der ‚Welt' in begrifflichen Distinktionen zu konzedieren, um dann in der Klammer, auf dem künstlichen Boden der Systemtheorie, den Status der eigenen Begrifflichkeit und der Modi ihrer diskursiven Verkettung nicht mehr mitzuthematisieren. Vgl. dazu bereits oben S. 15 ff.

sich *als solche* indes zumeist nicht wissen oder sich aus strategisch-politisch-institutionellen Gründen als solche nicht wissen wollen (können, dürfen).

Demgegenüber wäre ein Begriff der Wissenschaften an der Zeit, der eingesteht, daß den wissenschaftlichen diskursiven Produktionen nicht ‚Erkenntnis der Realität' zugrundeliegt, sondern daß sie auf heuristischen oder tropischen Fiktionen aufbauen[63] („Hintergrundmetaphoriken" in der Terminologie Blumenbergs), die ihrerseits die gesellschaftlichen imaginären Bedeutungen regulieren (so, wie umgekehrt auch die tropischen Fiktionen der Wissenschaften von den gesellschaftlichen imaginären Bedeutungen reguliert werden). Diese tropischen Fiktionen, und in der Konsequenz auch die auf ihnen aufbauenden Begriffs- und Klassifikationssysteme, wirken, um eine Metapher Max Blacks[64] aufzugreifen, wie „Filter", die die Struktur der Wahrnehmung organisieren, die also die Wahrnehmung des jeweiligen Gegenstands eher determinieren als daß sie von ihm determiniert werden – und dies zumal, wenn der ‚Gegenstand', um den es sich handelt, keiner ist, wie etwa im Fall der Gesellschaft.[65]

63 Vgl. dazu Hans Vaihinger, Die Philosophie des Als-Ob. System der theoretischen, praktischen und religiösen Fiktionen der Menschheit auf Grund eines idealistischen Positivismus, (Nachdruck) Aalen 1986; Haverkamp (Hg.), Paradoxe Metapher, S. 284.

64 Black, Die Metapher, S. 72.

65 Ein klares Bewußtsein von der Wirkmächtigkeit solcher Hintergrundmetaphoriken besitzt Jean-François Lyotard: „Man kann nicht wissen", schreibt er, „was mit dem Wissen geschieht (...), wenn man nichts von der Gesellschaft weiß, in der es seinen Platz einnimmt. Und über sie etwas zu wissen heißt, heute mehr denn je, zuerst die Weise ihrer Befragung wählen, die auch jene ist, in der sie Antworten liefern kann. Man kann nur dann die Hauptrolle des Wissens als unentbehrliches Element des Funktionierens der Gesellschaft bestimmen und entsprechend handeln, wenn man beschlossen hat, daß diese eine große Maschine ist. Umgekehrt kann man nur dann mit seiner kritischen Funktion rechnen und daran denken, seine Entwicklung und Verteilung in diesem Sinne zu steuern, wenn man beschlossen hat, daß sie kein integriertes Ganzes bildet und vom Prinzip der Infragestellung beherrscht bleibt. Die Alternative zwischen einer dem Sozialen innewohnenden Homogenität oder Dualität und zwischen einem Funktionalismus oder einem Kritizismus des Wissens erscheint klar, die Entscheidung aber schwierig oder bloß willkürlich zu treffen." (Jean-François Lyotard, Das postmoderne Wissen, Wien 1994, S. 49–50.) Lyotard selbst verwirft die Alternative von Homogenität und Dualität zugunsten der Metapher der „Sprachspiele", die für ihn „gewissermaßen das Minimum an Beziehungen darstellen, das für das Bestehen einer Gesellschaft erforderlich ist" (ebd. S. 56).

2.2 *Effets de réel:* Metapher und Ideologie

Die performative Funktion von Metaphern ginge entsprechend weit über das übliche Set zugestandener Effekte (Überraschung, ästhetischer Genuß an sprachlicher Artistik etc.) hinaus. Sie bestünde darin, Ähnlichkeiten nicht abzubilden, sondern vielmehr erst zu erzeugen. Die bereits zitierte, in diese Richtung sich vorwagende Bemerkung Max Blacks, es wäre in einigen Fällen „aufschlußreicher zu sagen, die Metapher *schafft* Ähnlichkeiten, statt zu sagen, sie formuliert eine bereits vorher existierende Ähnlichkeit" (s.o. S. 32), stieß freilich unter Linguisten nicht auf ungeteilte Zustimmung. Keine andere Bemerkung in seinem Text von 1954, so Black rückblickend 1977, habe „zu mehr Meinungsverschiedenheiten Anlaß gegeben"[66], während die Interaktionstheorie im übrigen weitgehend Unterstützung erfahren habe. Diese Sachlage verwundert insofern nicht, als die „starke Kreativitätsthese" (Black) von 1954 eben jenen Punkt der Interaktionstheorie markiert, an dem diese implizit dazu führt (oder hätte führen müssen), die Abbildtheorie der Sprache und mit ihr die Unterscheidung von buchstäblichem und übertragenem Ausdruck im zuvor erläuterten Sinn in Frage zu stellen. Hier nämlich würden epistemologische Grundlagen des Wissenschaftsbetriebs ebenso erschüttert wie die Gewißheiten des alltäglichen „Wahrnehmungsglaubens" (Maurice Merleau-Ponty), dem jene aufruhen. „Wäre es nicht ein beunruhigender Gedanke", schreibt Max Black selbst, „wenn man annehmen müßte, eine Metapher legitimiere sich von selbst, indem sie eben jene Realität, auf die sie die Aufmerksamkeit zu lenken scheint, selbst herstellt?"[67] Die Beunruhigung ist indes so wenig von der Hand zu weisen wie der Gedanke. Um seine Plausibilität zu verfechten, muß man allerdings nicht, wie manche Forscher zu denken scheinen, einem magischen oder sakramentalen Realismus verfallen sein, der an die transsubstantiierende Macht der Worte glaubt. Es genügt, dem Katalog von Beispiel-Fragen, anhand derer Black seine These erörtert – „Hat die andere Seite des Mondes existiert, bevor man sie gesehen hat?" – „Haben die Gene existiert, bevor ihre Existenz von Biologen festgestellt wurde?" – „Hat die Sicht auf den Mount Everest aus einer Höhe von 100 Fuß über dem Gipfel existiert, bevor sie irgend jemand gesehen hat?" – die eine entscheidende, von Black selbst nicht gestellte Frage hinzuzufügen: Können Ähnlichkeiten existieren, ohne daß jemand sie wahrnimmt? Da das Vergleichen und Unterscheiden, das Gruppieren und Klassifizieren von Dingen nach bestimmten Merkmalen, die sie einander ähnlich und unähnlich erscheinen lassen, stets Menschenwerk ist, läßt sich diese Frage schwerlich mit „ja" beantworten. Ähnlichkeit, als Beziehungskategorie, ist eine

66 Black, Mehr über die Metapher, S. 405.
67 Ebd.

Kategorie der Wahrnehmung, nicht eine Eigenschaft des Realen. Sie erfordert zudem ein *Kriterium des Vergleichs,* das, als Kriterium, immer schon von der Ordnung des Signifikanten ist. Um etwa eine Reihe von Gegenständen nach Form, Farbe oder Struktur gruppieren zu können, müssen Form, Farbe und Struktur bereits „abstrahiert", als signifikante Elemente von der Wahrnehmung, auf die sie dann wieder bezogen werden, „abgezogen" worden sein. Was dergestalt verglichen wird, sind überdies oft gar nicht Wahrnehmungen, sondern Vorstellungen oder Schemate, die entweder von Wahrnehmungen abstrahiert sind oder gar nicht auf Wahrnehmungen rekurrieren. So kann beispielsweise die Ähnlichkeit zwischen einer Gesellschaft und einem Organismus nicht sinnlich wahrgenommen werden, weil weder „die Gesellschaft" (in ihrer Totalität) noch ein Organismus an sich (im Gegensatz zu einem Hund oder einer Katze) sinnlich wahrnehmbar sind. Das Studium tierischer und menschlicher Organismen, ihrer Bewegungen und Lebensäußerungen, führt aber zur abstrakten Vorstellung eines geregelten Zusammenspiels von Gliedern, die gemeinsam ein Ganzes bilden, und diese Vorstellung (die stets auch Wunschbilder reibungslosen Funktionierens, konfliktfreier Arbeitsteilung und sprachlosen Einverständnisses implizierte) wurde dann mit der Vorstellung (besser: dem Wunschbild), die man sich von der Gesellschaft machte, assoziiert. Wie wenig diese Assoziation von Kontexten mit realer oder wahrgenommener Ähnlichkeit zu tun hat, wie sehr sie Ähnlichkeit bis hin zur völligen Verdrängung abweichender Wahrnehmungen vielmehr erst erzeugt, mag schon daran deutlich werden, daß die organischen Staats- und Gesellschaftslehren ausgerechnet im 19. und frühen 20. Jahrhundert eine letzte Hochblüte erlebten, zu einer Zeit also, als die gesellschaftliche Realität von Maschinen, Kriegen und Wirtschaftskrisen dominiert war und für die Diagnose eines organischen Zusammenspiels ihrer Teile wenig Anlaß bot. (Die Organismus-Analogie erlaubt es aber, die genannten Erscheinungen als akzidentell, vorübergehende „Krankheiten", nicht zum Wesen der Gesellschaft gehörig etc. abzutun.) Eine ganz andere Vorstellung *und Wahrnehmung* gesellschaftlicher Vorgänge ergibt sich, wenn man als Leitmetapher nicht den Organismus, sondern eine andere Metapher, den Klassenkampf etwa, wählt. Performativ ist die Organismus-Metapher (die hier vorläufig nur als Beispiel unter anderen fungiert) also insofern, als sie, wissenschaftlich und politisch aufbereitet, unsere Vorstellung von der Gesellschaft und damit auch unsere Wahrnehmung gesellschaftlicher Vorgänge prägt (bestimmte Wahrnehmungen privilegiert und andere unterdrückt).[68]

Max Black würde unsere Darstellung vermutlich zu weit gehen. Obwohl er im Anschluß an seine etwas bizarren Beispiel-Fragen von „generativen Metaphern" spricht, die als „kognitive Instrumente" fungieren, bleibt er dabei, daß Metaphern schließlich doch nur sagen, „wie die Dinge sind", also gleichsam eine höhere Art von Buchstäblichkeit darstellen. Obwohl er dergestalt die Konsequenz aus der Brisanz

68 Wirklich brisant wird die Frage nach der Performanz sprachlicher Analogiebildungen allerdings erst, wenn man einbezieht, daß Vorstellungen und vorstellungsgeleitete Wahrnehmungen schließlich auch handlungsleitend sind. Vgl. dazu unten Kap. 4.2.

seiner eigenen Thesen scheut, bleibt die Interaktionstheorie auch und gerade für eine politische Metaphorologie von Bedeutung. Das gilt insbesondere für den älteren Text (von 1954), der in mancher Hinsicht radikaler ist als die spätere Revision.

Zu fragen bleibt nun erneut nach dem, was Richards und Black die „Interaktion zweier Vorstellungen" in der Metapher nennen, und damit nach der *Instanz der Vorstellung,* insofern diese nicht von den Dingen, sondern von der Sprache reguliert wird. Wir verlassen damit bereits das Feld linguistischer Forschungen im engeren Sinn und integrieren psychoanalytische Erkenntnisse einerseits, Untersuchungen zum politischen Imaginären andererseits. Diese Erweiterung ist insofern notwendig, als die linguistische Forschung, wie beschrieben, in letzter Instanz am Abbildcharakter der Sprache und (damit auch) an der Unterscheidbarkeit von buchstäblichem und metaphorischem Sprechen festhält, also die Konsequenzen aus ihren eigenen Ergebnissen scheut.

Zu den festgehaltenen, im Rahmen klassischer Metaphysik verbleibenden Annahmen gehört auch die, daß der Sprachprozeß, einschließlich der metaphorischen Vorstellungsverknüpfung, sich ausschließlich im Bewußtsein abspielt und daher auch prinzipiell und jederzeit vom Subjekt kontrollierbar sein muß. Damit verbunden ist dann ferner die Auffassung, Metaphern seien nur wirkmächtig, wenn sie vom Leser oder Hörer als solche erkannt würden. So schreibt z.B. Ina Loewenberg: „Jede Art von befriedigender Formulierung des Prinzips der Metapher erfordert die Identifizierbarkeit von Metaphern, weil sie weder verstanden noch erzeugt werden können, wenn man sie als solche nicht erkennt."[69] Max Black geht sogar noch einen Schritt weiter, wenn er behauptet, daß sich ein Produzent „notwendigerweise seiner Verwendung einer Metapher bewußt ist", weil er sie sonst gar nicht produzieren könne.[70] Ohne nun darüber streiten zu wollen, ob z.B. der Apostel Paulus, als er zum ersten Mal von der Kirche als dem Leib Christi sprach, sich bewußt war, eine Metapher zu verwenden, ist dagegen gar nicht zu leugnen, daß wir alle ständig Metaphern verwenden und auch verstehen, ohne sie als solche zu erkennen. Und das gilt nicht nur für einfache Katachresen wie „Orange" oder „Tischbein", sondern auch für Aussagen wie „Der Herr ist mein Hirte", „Er wirkt in letzter Zeit sehr niedergeschlagen" oder „Da hast du aber den Nagel auf den Kopf getroffen!". Das Bewußtseinskriterium ist allenfalls auf „neue", zumal poetische Metaphern anwendbar, die zum ersten Mal oder nur im Werk eines bestimmten Dichters auftauchen, durch ihre Fremdheit und Ungewöhnlichkeit verblüffen und daher ohne großen analytischen Aufwand als Metaphern identifiziert werden können. Es bedeutet jedoch nichts als eine *petitio principii,* den Bewußtseinseffekt der Verblüffung und Überraschung im Umkehrschluß zur notwendigen Bedingung für das Vorliegen einer Metapher zu erklären und damit bewußtseinsunabhängige Verwendungen und Wirkungen von Metaphern von vorne herein von der Untersuchung auszunehmen. *Möglich* ist das ohnehin nur, solange

69 Ina Loewenberg, Identifying Metaphors, in: Foundation of Language 12 (1975), S. 315–338, hier S. 316.

70 Black, Mehr über die Metapher, S. 402.

stillschweigend vorausgesetzt wird, daß auch das Imaginäre, die Instanz der Vorstellung, schlechterdings dem Bewußtsein unterworfen, daß das Subjekt seinen Vorstellungen ebenso vorgeordnet sei wie seiner Sprache und sich beider wie eines Instruments bediene. Ebenso wie die behauptete Unterscheidbarkeit von buchstäblichem und metaphorischem Sprechen ist daher auch die Möglichkeit einer „Kontrolle der Figuration" (s.o.) an das Bewußtseinskriterium gebunden.

Daß es metaphorische Vorstellungsverknüpfungen gibt, die als solche nicht mehr auffallen, weil sie eingeübt sind, zum festen Bestand der Sprache gehören, war freilich auch der traditionellen Metapherntheorie nicht entgangen. Sie faßt den Unterschied von als solchen auffallenden und als solchen nicht (mehr) auffallenden Metaphern in den Gegensatz von „lebendiger" („echter") und „toter" („trivialer") Figuration und verknüpft damit die Annahme, nur die „lebendige" Metapher könne „wirken". So erklärt z.B. Paul Ricoeur, der die Metapher als „kontextuelle Bedeutungsveränderung" definiert, den „Fall der echten Metapher" zum „allein paradigmatisch(en)", weil nur im Fall der echten – und das heißt hier: der neuen – Metapher „die kontextuelle Wirkung über eine bloße Verwirklichung der potentiellen Skala von Gemeinplätzen oder Konnotationen hinaus(geht)", die mit einem Wort oder einer Wortverknüpfung ohnehin verbunden sind.[71] Allein die kontextuelle Wirkung *(contextual action)* der echten Metapher, so Ricoeur,

> „schafft eine Wortbedeutung, die ein Ereignis ist, da sie nur in diesem Kontext existiert; sie kann jedoch als dieselbe identifiziert werden, wenn sie wiederholt wird. Insofern kann man die Innovation einer ‚neuentstehenden Bedeutung' (Beardsley) als Sprachschöpfung ansehen. Wird diese nun von einem einflußreichen Teil der Sprachgemeinschaft übernommen, dann kann sie sogar zu einer Standardbedeutung werden und in die Polysemie der lexikalischen Einheiten eingereiht werden und so einen Beitrag zur Sprache als *langue,* Code oder System leisten. Aber in diesem letzten Stadium ist die Metapher nicht länger eine lebende, sondern eine tote Metapher. Nur echte Metaphern sind gleichzeitig Ereignis und Bedeutung."[72]

Die Wirkung von Metaphern wird hier also sprachintern, als Schöpfung einer neuen Bedeutung verhandelt. Wo und wie diese „Bedeutung" sich realisiert, zu welchen Hypostasierungen und Vorstellungsverknüpfungen sie Anlaß geben kann, bleibt außer Betracht: „Echte" Metapher, und das heißt Metapher *tout court,* ist sie nach Ricoeur nur im epiphanischen Moment ihres ersten Erscheinens.

Die Unterscheidung von echten und trivialen, lebendigen und toten Metaphern scheint uns nun jedoch ebensowenig haltbar wie die zuvor schon kritisierte von metaphorischem und buchstäblichem Sprechen (mit der sie in gewissem Sinn zusammenfällt), und zwar aus zweierlei Gründen: Zum einen verkennt Ricoeur, daß auch die sprachliche „Innovation", die ungewöhnliche, so noch nicht dagewesene Verknüpfung, nur auf der Basis der allgemeinen („trivialen") Iterierbar-

71 Paul Ricoeur, Die Metapher und das Hauptproblem der Hermeneutik, in: Haverkamp (Hg.), Theorie der Metapher, S. 356–378, hier S. 361.

72 Ebd.

keit oder „Zitathaftigkeit" der Zeichen funktioniert, ohne die es weder metonymische Verschiebung noch metaphorische Verdichtung gäbe. Diese allgemeine Zitathaftigkeit bewirkt, daß das reine Ereignis einer Wortbedeutung, die „nur in diesem Kontext existiert", ein Ding der Unmöglichkeit ist: Das „System der assoziierten Gemeinplätze" oder Konnotationen und damit die „Kraft des Bruches" mit jedem beliebigen Kontext (Satz, Text oder Werk) liegen dem metaphorischen „Ereignis" je schon als die Bedingung seiner Möglichkeit voraus. Insofern ist der „Tod" oder das „Sterben" nicht etwas, was dem lebendigen Ereignis der Metapher nachträglich und akzidentell erst dadurch zustößt, daß sie von der Sprachgemeinschaft übernommen und „in die Polysemie der lexikalischen Einheiten eingereiht" wird, sondern – triviale oder nicht-triviale – Polysemie und Wiederholbarkeit haben das Zeichen und die Metapher immer schon ‚von innen her' ergriffen. Anders formuliert: Auf dem Feld der Sprache schließen „Ereignis" und „Bedeutung" einander aus. Je frappanter, ungewöhnlicher, kurz: ereignishafter Signifikanten, z.B. in der modernen Lyrik, aufeinandertreffen, desto mehr geschieht das um den Preis der Bedeutung, ja es spricht manches dafür, gerade das *blackout* der Bedeutung für das Ereignis der (poetischen) Metapher zu halten – die dann aber keine Metapher mehr wäre, weil sie nicht mehr Vorstellungen verknüpft, sondern solche Verknüpfung, und damit eben die Konstitution von Bedeutung, gerade unterbricht.

Entschieden ist zum anderen der Vorstellung entgegenzutreten, die „tote", von der Sprachgemeinschaft übernommene Metapher sei die „unwirksame" Metapher. Im Gegenteil: Was Freud vom getöteten Vater sagt („Der Tote wurde nun mächtiger, als der Lebende gewesen war"), gilt auch für die Metapher – erst die „tote" Metapher ist die eigentlich wirkmächtige Metapher. Erst sie erzeugt jenen *effet de réel* (Roland Barthes), jene Illusion der Buchstäblichkeit, von der man sagen kann, daß sie zugleich Grund und Folge ihrer Unwahrnehmbarkeit als Metapher ist: Die Metapher „stirbt" *als Metapher* in dem Augenblick, in dem die durch sie konstituierte sprachliche Realität für natürliche, materielle Realität gehalten wird. Eben darin liegt, mit einem Ausdruck Jacques Derridas, die „epistemologische Ambivalenz der Metapher"[73], ihre mythopoietische Gewalt der Ideologisierung. „Was wir Ideologie nennen", so auch Paul de Man, „ist die Verwechslung sprachlicher mit natürlicher Realität, die Verwechslung von Referenz und Phänomenalismus."[74] Die Metapher, und zwar gerade und in erster Linie die triviale Metapher, ist das bevorzugte Vehikel solcher hypostasierenden Naturalisierung. Ein Musterbeispiel dafür liefert ein kurzer Text Otto von Gierkes über *Das Wesen der menschlichen Verbände*. Darin heißt es:

> „Indessen wird der organischen Theorie (...) von ihren Gegnern eine Überschreitung der Grenzen der Wissenschaft vorgeworfen. Die Annahme von

73 Jacques Derrida, Die weiße Mythologie. Die Metapher im philosophischen Text, in: ders., Randgänge der Philosophie, Wien 1988, S. 205–258, hier S. 250.

74 Paul de Man, The Resistance to Theory, in: ders., The Resistance to Theory, Minneapolis 1986, S. 3–20, hier S. 11 [Übers. S.L.].

> Lebenseinheiten jenseits der Lebenseinheit des Individuums sei Mystizismus. Unsere sinnliche Wahrnehmung zeige uns nur einzelne Menschen. Wer den unsichtbaren Verbänden ein selbständiges Leben zuschreibe, trage in die sichtbare Wirklichkeit ein übersinnliches Element hinein.
> Diese Argumentation ist, so häufig sie begegnet, bei aller ihrer Seichtigkeit durch und durch unklar. Es ist zunächst unrichtig, daß die sinnliche Wahrnehmung uns nichts über das Dasein von Verbänden sagen soll. Auch das Verbandsleben spielt sich in körperlichen Ganzen ab, die in die äußere Erscheinung treten. Wir sehen ein Regiment mit klingendem Spiel marschieren; wir erblicken Wähler, die ihre Stimmzettel in die Urne werfen; wir werden bei einem öffentlichen Aufzuge vom Schutzmann unsanft zurückgedrängt, – und wir wissen bei diesen und hundert anderen Sinneseindrücken sofort, daß es sich um Vorgänge handelt, die dem Zusammenhange des Staatslebens angehören. Freilich sehen wir immer nur einzelne Stücke des Staatskörpers. Während wir das Körperbild des einzelnen Menschen als Ganzes in uns aufnehmen, vermögen wir das Körperliche des Staats nicht als Ganzes zu erschauen. Darum kann die Kunst den Staat nicht gleich dem einzelnen Menschen leibhaft darstellen; sie greift zum Symbol und führt uns eine erhabene Frauengestalt als Germania oder Borussia vor. Indessen kann hieraus ein Einwand gegen die Wirklichkeit der gesellschaftlichen Körper nicht hergeleitet werden. Denn die Unzulänglichkeit der Sinne für den Totaleindruck beweist nichts gegen die äußere Gegenständlichkeit. Wir bezweifeln ja auch nicht, daß die Erde ein kugelförmiger Körper ist, obschon wir nur winzige Stücke davon unmittelbar wahrnehmen."[75]

Die Verwechslung von sprachlicher und natürlicher Realität ist hier durch die Metapher vom Staatskörper induziert. Diese Metapher ist insofern „trivial" im Sinne Ricoeurs, als sie eine lange Geschichte hat: Die Organismus-Analogie in der Staatslehre reicht bis in die Antike zurück; sie wird gestützt von dem, im übrigen aus ihr hervorgegangenen, juristischen Begriff der Körperschaft als Verbands-Person und erlebt im 19. Jahrhundert infolge des Aufstiegs der Biologie zur Leitwissenschaft der Epoche eine beispiellose Inflation (vgl. dazu unten Teil II). Was sich in Gierkes Text ereignet, läßt sich nun als eine Art Wörtlich- oder Buchstäblichnehmen der Metapher beschreiben: In dem Augenblick, in dem das klingende Regiment, die ihre Stimmzettel abgebenden Wähler, die Rangelei mit dem Schutzmann als „Stücke des Staatskörpers" nicht nur *vorgestellt,* sondern *wahrgenommen* werden, ist die Metapher als Metapher gestorben, der Staat dagegen als „lebendiger Organismus" hypostasiert: Der einzige Unterschied zwischen dem Körperbild des einzelnen Menschen und dem Körperbild des Staats ist hinfort der, daß letzteres, infolge der puren Größe des Staats, „nie als Ganzes zu erschauen" ist (ebenso wie die Erde, infolge ihrer Größe, nie „als Ganze zu erschauen" ist, ohne daß wir doch darum je daran zweifeln würden, daß etwa die Landschaft, die wir betrachten, ein „Stück" dieser Erde ist). Entscheidend für die „Gewalt der Ideologisierung", die die „tote" Metapher ausübt, ihre „Wiederkehr im Realen", ist dabei der Übergang von der *Vorstellung* („Wir können

75 Otto von Gierke, Das Wesen der menschlichen Verbände. Rede bei Antritt des Rektorats am 15. Okt. 1902, Leipzig 1902, S. 16–17.

uns den Staat wie einen großen Körper vorstellen") zur *Wahrnehmung* (Im klingenden Regiment etc. nehme ich das Dasein des Staatskörpers sinnlich wahr; „Die Unzulänglichkeit der Sinne für den Totaleindruck beweist nichts gegen die äußere Gegenständlichkeit" etc.), die dann wiederum die Vorstellung stützt. Dem Autor-Subjekt Gierke hier souveräne Kontrolle über das zuzugestehen, was sich sprachlich in seinem Text vollzieht, hindert der Autor selbst. Daß er sich auf „unsere sinnliche Wahrnehmung" beruft, um dem Mystizismus-Vorwurf zu begegnen, daß er „Stücke des Staatskörpers" ins Feld führt, um seinen Gegnern, die überall „nur einzelne Menschen" wahrnehmen wollen, ihre Wahrnehmung (und damit dann freilich auch ihre Vorstellung) der Gesellschaft zu bestreiten, zeigt zur Genüge, daß seine Wahrnehmung von der „toten" Metapher beherrscht, seine Erkenntnis von der Figuration strukturiert wird und nicht umgekehrt. Nicht (nur) politische Propaganda ist sein Ziel, sondern die (Neu-)Begründung einer Wissenschaft, der organischen Staatslehre nämlich als einer Teildisziplin der Wissenschaften vom Leben: „Wir betrachten das soziale Ganze gleich dem Einzelorganismus als ein Lebendiges und ordnen die Gemeinwesen zusammen mit den Einzelwesen dem Gattungsbegriff des Lebewesens unter."[76] Kürzer läßt sich der Sprung von der metaphorischen zur begrifflichen Prädikation, vom Betrachten als... zur begrifflichen Subsumtion und zum Existenzurteil nicht fassen. Was diesen Kurzschluß ermöglicht, ist aber wesentlich die zur „Standardbedeutung" gewordene, triviale Metapher. Man lasse sich nicht von der Art des gewählten Beispiels täuschen, davon, daß die Metapher vom Staatskörper für uns, nach 1945, eine „lebendige" Metapher in dem Sinne ist, daß wir sie als „bloße" Metapher leicht durchschauen und als unwissenschaftlich aus dem Reich der Erkenntnis verbannen können (was noch lange nicht heißt, daß der mit der Organismus-Analogie verbundene Biologismus in den Sozialwissenschaften überwunden ist). Das Beispiel soll an dieser Stelle lediglich den Mechanismus der Figuration und seine performative (psychische und sinnliche Realität erzeugende) Kraft im allgemeinen demonstrieren. Erkennt man die (ontologische, wenngleich nicht heuristische) Ununterscheidbarkeit von Begriffen und Metaphern an; erkennt man an, daß Metaphern und Begriffe Ähnlichkeiten nicht abbilden, sondern für das wahrnehmende Bewußtsein herstellen, und daß die Illusionen der Buchstäblichkeit, die *effets de réel,* erst als Sekundäreffekte symbolischer und imaginärer Produktion auftreten, dann kann man nicht mehr hoffen, Figuration schlechterdings kontrollieren oder sogar ganz vermeiden zu können. Kritik und Kontrolle bestimmter Figurationen, wie z.B. der Organismus-Analogie, können nicht vom „festen Boden" der Buchstäblichkeit und der im wissenschaftlichen Fortschritt endlich gewonnenen Wahrheit aus erfolgen, sondern nurmehr vor dem Hintergrund anderer Figurationen und anderer Metaphoriken. „Gesellschaft als imaginäre Institution" ist also ernster zu nehmen, als Castoriadis selbst es getan hat. Daß die „Wahl" der Figuration, die Präferenz für dieses oder jenes Gleichnis, trotzdem nicht beliebig, daß es nicht „egal" ist, ob Gesellschaft als Organismus, als System oder als Vertragsverhältnis imaginiert und instituiert wird, ist im folgenden zu zeigen.

---

76 Ebd. S. 16.

3 Gesellschaft als imaginäre Institution – Exkurs zu Cornelius Castoriadis

„Wir sind nicht direkt an die Dinge angeschlossen, zwischen die Wahrnehmung der Dinge und das Subjekt schiebt sich die Vorstellung, eine psychische Instanz mit all ihren unbewußten Implikationen."[77] So hätte auch Cornelius Castoriadis den Ausgangspunkt seines Versuchs formulieren können, „Gesellschaft als imaginäre Institution" zu denken. Und ähnlich wie zuvor schon im Zusammenhang der Metapherntheorie beschrieben, folgt auch dieser Versuch der Einsicht in die Notwendigkeit einer radikalen Kritik metaphysisch-ontologischer Denkvoraussetzungen. Deren kleinsten gemeinsamen Nenner, die oben schon aufgezeigte „Illusion der Buchstäblichkeit", formuliert Castoriadis folgendermaßen:

> „Seit fünfundzwanzig Jahrhunderten beruht, arbeitet, entfaltet und verfeinert sich das griechisch-abendländische Denken auf der Grundlage dieser These: ‚Sein' heißt ‚etwas Bestimmtes sein' *(einai ti);* ‚sagen' heißt ‚etwas Bestimmtes sagen' *(ti legein);* und, natürlich, ‚wahr sagen' heißt, das Sagen und das Gesagte den Bestimmungen des Seins gemäß zu bestimmen und am Ende festzustellen, daß die einen und die anderen Bestimmungen zusammenfallen."[78]

Auf der Basis dieser doppelten Hypothese – das Seiende sei ‚von sich her' Bestimmtes und die Bestimmungen des Sagens seien ‚von sich her' geeignet, die Bestimmungen des Seienden, die „Ordnung der Dinge", abzubilden[79] – entfaltet sich das abendländische Denken, nach Castoriadis, als „Identitätslogik" *(logique identitaire)* und als „Mengenlogik" *(logique ensembliste),* das heißt als eine wesentlich klassifizierende Tätigkeit auf der Basis von Selektion (Unterscheidung, Auswahl) und Kombination (Klassen- oder Mengenbildung). Von diesem Denken und dieser Logik heißt es,

> „daß sie eine wesentliche und unzerstörbare Dimension nicht nur der Sprache, sondern des gesamten Lebens und des gesellschaftlichen Handelns begründet. Sie ist selbst noch in solchen Diskursen am Werk, die sie umschreiben, relativieren oder gar in Frage stellen möchten. Auch wir müssen also, wie so viele andere vor uns, ihre Mittel gebrauchen (...), um ihre Unzulänglichkeit in bezug auf die anstehenden theoretischen und praktischen Aufgaben aussprechen zu können."[80]

---

77 Pierre Legendre, L'image ou la division sacré/profane, in: Quantara. Magazine des cultures arabe et méditerranéenne 15 (1995), S. 23.

78 Cornelius Castoriadis, Gesellschaft als imaginäre Institution. Entwurf einer politischen Philosophie, Frankfurt/M. 1990, S. 372.

79 „Bestimmtheit" dabei verstanden „als innere Möglichkeit, definiert und unterschieden zu werden." Vgl. Cornelius Castoriadis, Durchs Labyrinth, Frankfurt/M. 1981, S. 180.

80 Castoriadis, Gesellschaft als imaginäre Institution, S. 373.

Die anstehende *theoretische* Aufgabe besteht nun für Castoriadis zunächst darin, das Gesellschaftlich-Geschichtliche jenseits der traditionellen Modelle auf der Basis einer „Ontologie der Unbestimmtheit" neu zu denken. In einer Figur, die an Heideggers Fundamentalontologie erinnert, attestiert er dem traditionellen Denken zwar nicht Seins-, wohl aber Gesellschafts- und Geschichtsvergessenheit. Denn der

> „Umfang und die Qualität der Reflexionen auf diesem Gebiet wenigstens seit Platon und ganz besonders im Verlauf des letzten Jahrhunderts" könnten nicht darüber hinwegtäuschen, daß sie „nicht so sehr darauf (zielten), die Frage von Gesellschaft und Geschichte zu eröffnen oder zu erweitern, sondern darauf, sie gleich nach ihrer Entdeckung [im Athen des 5. Jh. v. Chr., S.L.] wieder zu verbergen, gleich nach ihrem Auftauchen wieder versinken zu lassen. Bei diesem Verbergen und Versenken waren dieselben Mechanismen und dieselben Beweggründe im Spiel, die auch schon dafür gesorgt haben, daß die Frage der Imagination und des Imaginären verborgen und versunken blieb – und zwar letztlich aus denselben Gründen."[81]

Die „Entdeckung" der Frage von Gesellschaft und Geschichte wäre demnach wesentlich die Entdeckung ihrer ontologischen Unbestimmtheit, die Entdeckung der Arbitrarität und Konventionalität, kurz: der Kontingenz gesellschaftlicher und politischer Ordnung, wie sie sich im griechischen Denken vor allem in der Philosophie der Sophisten niederschlägt. „Verborgen" und „versenkt" wird diese Frage von und in den „Schemata der Koexistenz und der Sukzession", wie sie das abendländische Denken von Platon bis in die modernsten Varianten des Funktionalismus hinein bestimmen: Ob die Ordnung der Gesellschaft nun „physikalistisch" aus der Ordnung der Natur oder „logizistisch" aus der Ordnung der Vernunft abgeleitet wird, „in beiden Varianten [des traditionellen Denkens, S.L.] ist die Identitäts- oder Mengenlogik am Werk. Beidesmal wird die Gesellschaft als Menge bestimmter, wohlunterschiedener Elemente gedacht, die durch wohlbestimmte Relationen aufeinander bezogen sind."[82] Der Streit, ob die Elemente oder „Teile" der Gesellschaft dem „Ganzen", dieses erst konstituierend, vorausgehen (Liberalismus, Vertragstheorie), oder ob nicht vielmehr umgekehrt die gesellschaftliche Totalität das ‚Erste' sei, das die Konstitution der Elemente erst erlaubt (Organizismus, Kommunitarismus), verdeckt dabei nach Castoriadis nur die tieferliegende Gemeinsamkeit, die darin besteht, Gesellschaft überhaupt als zum determinierten Ganzen sich schließende Menge bzw. Hierarchie von Mengen (Klassen, Ständen, Geschlechtern usw.) zu denken. Die Antithetik von „Atomismus" (Individualismus) und „Holismus" erscheint aus dieser Perspektive als Streit um des Kaisers Bart – als ein Streit, dessen Ausgang, wie man allerdings sagen muß, für die Institutionen der jeweiligen Gesellschaft und ihr Selbstverständnis sehr reale und sehr distinkte Folgen hat.

Ist die Gesellschaft „weder ein Ding noch ein Subjekt noch eine Idee – und genausowenig eine Zusammenfassung von Subjekten, Dingen oder Ideen"[83], gibt es

81 Ebd. S. 285.
82 Ebd. S. 301.
83 Ebd. S. 303.

„weder auf der Oberfläche noch in der Tiefe weder eine reale noch eine abstrakte, ein für allemal gültige Gliederung eines gesellschaftlichen Ganzen“[84], müssen schließlich die Schemata der Koexistenz und der Sukzession als selbst historisch kontingente Hervorbringungen bestimmter Gesellschaften gelten, als Hervorbringungen zudem, in denen und durch die diese Gesellschaften sich ihr eigenes gesellschaftlich-geschichtliches Sein als Frage beständig „verbergen“ – dann muß die Frage nach der Herkunft gesellschaftlicher Ordnung (sowohl realer als auch symbolischer Gliederung) offenbar ganz anders beantwortet werden als bisher. Klassifikationskämpfe als Variante von Klassenkämpfen (Bourdieu); Autopoiesis (Luhmann); Prozeduren der Kontrolle und Einschränkung, aber auch der Produktion und Ritualisierung von Diskursen (Foucault) – diese und andere Konzepte suchen Antworten auf die Frage nach der Herkunft gesellschaftlicher Ordnung jenseits traditioneller Erklärungen. Castoriadis dagegen macht die Wurzeln dieser Ordnung bekanntlich in dem aus, was er das „radikale Imaginäre“ nennt. Dessen Begriff gilt es hier zunächst einer kritischen Analyse zu unterziehen.

Das „radikale Imaginäre“ als Herkunftsort gesellschaftlicher Ordnung darzustellen, bedeutet zunächst, die Gesellschaft auf sie selbst als den Ursprung ihrer Ordnung *und* der Repräsentationen dieser Ordnung zurückzuverweisen. Bestand ein grundlegender Zug des traditionellen Denkens darin, den Ursprung gesellschaftlicher Ordnung (heiße er nun Gott, transzendentale Vernunft oder Natur) heteronom zu setzen (eben diese Aufgabe erfüllen auch die Schemata der Koexistenz und Sukzession), so geht es nun umgekehrt darum, diesen entfremdeten Ursprung der Gesellschaft wiederanzueignen. In einem gewissen Grad bleibt Castoriadis, der sich selbst einen Aufklärer nennt, den klassischen Figuren von Entfremdungstheorie und Ideologiekritik verhaftet. „Entfremdung“, so heißt es auf gut marxistisch, „ist die Verselbständigung und Vorherrschaft des imaginären Moments der Institution, deren Folge wiederum die Verselbständigung und Vormachtstellung der Institution gegenüber der Gesellschaft ist. (...) Anders gesagt, die Gesellschaft vermag im Imaginären der Institutionen nicht mehr ihr eigenes Produkt zu erkennen. Marx wußte das...“[85] Marx habe sich allerdings geirrt, als er das Imaginäre (als Ideologie) „auf den funktionalen Gesichtspunkt eines ‚nicht-ökonomischen‘ Kettenglieds innerhalb der ‚ökonomischen‘ Kette“ reduzierte“, als er die Macht der imaginären Schöpfungen der Menschen zum „Spiegelbild ihrer realen Ohnmacht“ degradierte.[86] Wollte man das Projekt, dem Castoriadis' ganze Anstrengung gilt, von diesem Punkt – seiner Kritik an Marx *und* seiner Fortführung marxistischer Kritik – her charakterisieren, so könnte man sagen: *gegen* Marx wird das Imaginäre als irreduzible, unhintergehbare Dimension der instituierenden und instituierten Gesellschaft behauptet, *mit* Marx (oder jedenfalls in Abwandlung der marxistischen ideologiekritischen Figur) wird die Möglichkeit eines nicht-entfremdeten Imaginären, die Möglichkeit autono-

84 Ebd. S. 307.
85 Ebd. S. 226.
86 Ebd. S. 227.

mer Wiederaneignung der gesellschaftlichen imaginären Bedeutungen durch die Gesellschaft behauptet. „Kritik an Marx" bedeutet das insofern, als gezeigt wird, daß auch Marx der traditionellen Onto-Logik und ihren Schemata, und das heißt insbesondere einem bestimmten ökonomischen Funktionalismus und Finalismus verhaftet bleibt. Denn die ökonomisch-funktionale Auffassung der Gesellschaft und ihrer Institutionen, so Castoriadis, stellt selbst bloß ein bestimmtes Wunschbild der kapitalistischen Gesellschaft dar, und zwar eines, das die imaginäre und symbolische Seite der Institutionen gerade verkennt:

> „Die moderne Betrachtungsweise der Institutionen, die deren Bedeutung auf die funktionale Seite beschränkt, ist nur zum Teil richtig. Sofern sie sich als *die* Wahrheit des Institutionenproblems darstellt, ist sie bloße Projektion. Sie projiziert auf die Gesamtgeschichte eine Idee, die nicht einmal der institutionellen Wirklichkeit der westlichen kapitalistischen Welt entspricht (denn trotz der außerordentlichen Bemühungen um ‚Rationalisierung' waren und sind die kapitalistischen Institutionen bis heute allenfalls zum Teil funktional), sondern nur dem *Wunschbild*, das der Kapitalismus von seinen Institutionen entwirft. (...) Die Institution ist ein symbolisches, gesellschaftlich sanktioniertes Netz, in dem sich ein funktionaler und ein imaginärer Anteil in wechselnden Proportionen miteinander verbinden."[87]

Der ökonomische Funktionalismus, jenes „Schema der Koexistenz", das die Merkmale einer Institution aus der *Rolle* erklären will, die diese Institution in der *Gesamtökonomie* des gesellschaftlichen Lebens spielt, wäre selbst, so müßte man mit Castoriadis sagen, das *entfremdete Imaginäre* der abendländischen kapitalistischen Gesellschaft, und zwar insofern, als die Gesellschaft in der funktionalistischen Selbstbeschreibung ihre eigene phantasmatische, im Ökonomisch-Funktionalen nicht aufgehende Dimension verkennt. „Entfremdet" wäre die Gesellschaft in dem Augenblick, in dem sie dem „Metapherneffekt" erliegt und von ihrem Wunschbild aufs Reale schließt. Der Funktionalismus, ebenso wie seine ‚Gründungsmetapher', der Organismus, ist das artikulierte Phantasma, daß es kein Phantasma (kein Imaginäres) gebe.

Was heißt es nun aber, gegen Funktionalismus und Rationalismus Gesellschaft als imaginäre Institution zu behaupten? Zunächst, nach Castoriadis, auf einer ‚Seinsweise' der Gesellschaft oder des Gesellschaftlichen zu bestehen, die sich den identitäts- und mengenlogischen Schemata des Denkens entzieht, die in diesen Schemata nicht aufgeht (und die folglich auch die Ordnung dieser selben Gesellschaft beständig unterläuft). Die Gesellschaft ‚ist', so müßte man sagen, in einer Weise, daß sie ihre bestimmte Ordnung stets nur ‚gegen sich selbst', in Verkennung ihres notwendigen Unbestimmtseins, behaupten und instituieren kann. Um diese ‚Seinsweise' zu benennen, führt Castoriadis nun interessanterweise eine Metapher ein, die auch für seine Auffassung des Imaginären und des Unbewußten von zentraler Bedeutung ist: Nicht als bestimmbare Menge bestimmter Elemente, sondern als *Magma* haben wir das Gesellschaftliche zu denken:

---

87 Ebd. S. 224–225; 226.

„Wir können das Gesellschaftliche als Koexistenz nicht mit den Mitteln der überkommenen Logik denken, das heißt: wir können es nicht als Einheit einer Mannigfaltigkeit (im üblichen Sinne dieser Ausdrücke), nicht als bestimmbare Menge bestimmter und wohlunterschiedener Elemente begreifen. Wir haben es vielmehr als ein Magma zu denken, als Magma von Magmen sogar – worunter ich nicht das Chaos verstehe, sondern eine nicht-mengenförmige Organisationsweise einer Mannigfaltigkeit, für die das Gesellschaftliche, das Imaginäre und das Unbewußte als Beispiel dienen können."[88]

„Magma": eine nicht-mengenförmige Organisationsweise einer Mannigfaltigkeit, eine Organisationsweise gleichwohl, z.B. von Bedeutungen und Vorstellungen – auch von „Individuen"? „Magma": ein geologischer Begriff, der die flüssige Lava, die Masse teilweise oder vollkommen geschmolzener Silikate mit gelösten Gasen im Innern der Erde bezeichnet; „Magma": das griechische Wort für „gekneteten Teig" (auch der geologische Begriff also eine Metapher), schließlich im Französischen ein Wort zur Bezeichnung jedes *melange confus* (der Petit-Robert zitiert Daniel-Rops: *„ceux qui nous affirment que la conscience est un magma de données confuses"*). Nietzsche verwendet die Metapher nicht, hätte sie aber verwenden können, als er von jener „ursprünglichen, in hitziger Flüssigkeit aus dem Urvermögen menschlicher Phantasie hervorströmenden Bildermasse" schrieb, die erst in den Schemata des Begriffs „hart und starr" wird.[89] Und auch Castoriadis geht es darum, in der Metapher des Magma ein ‚Urvermögen menschlicher Phantasie', ein radikales Imaginäres zu behaupten, das er als *creatio ex nihilo,* als „unaufhörliche und (gesellschaftlich-geschichtlich wie psychisch) wesentlich *indeterminierte* Schöpfung von Gestalten/Formen/Bildern" versteht, die jeder begrifflichen Rede *von* etwas zugrundeliegen: „Was wir ‚Realität' und ‚Rationalität' nennen, verdankt sich überhaupt erst ihnen."[90]

Uns allerdings scheint die auffällige geologische Metapher in Castoriadis' Entwurf eine zentrale Verlegenheit zu verdecken, die sich vor allem aus seiner polemischen Abwehrhaltung gegen den Strukturalismus und gegen die strukturale Psychoanalyse (vor allem Lacans) ergibt: Er muß (fast möchte man sagen: um jeden Preis, jedenfalls aber um den Preis der Kohärenz des eigenen Entwurfs) das Imaginäre vom Symbolischen, die ‚magmatischen' Seinsweisen des Gesellschaftlichen, des Imaginären und des Unbewußten gegen die Infektion durch Signifikanten immunisieren. Dort, wo Nietzsche „ein bewegliches Heer von Metaphern und Metonymien" ausmacht; dort, wo Freud den Traum mit einem Bilderrätsel vergleicht, das sich nicht auflösen läßt, wenn man „diese Zeichen [die Bilder des Traums, S.L.] nach ihrem Bilderwert anstatt nach ihrer Zeichenbeziehung lesen

88 Ebd. S. 310.

89 Nietzsche, Über Wahrheit und Lüge, S. 316. Vgl. auch ebd. S. 315: „Im Bereich jener Schemata nämlich ist etwas möglich, was niemals unter den anschaulichen ersten Eindrücken gelingen möchte: eine pyramidale Ordnung nach Kasten und Graden aufzubauen, eine neue Welt von Gesetzen, Privilegien, Unterordnungen, Grenzbestimmungen zu schaffen, die nun der anderen anschaulichen Welt der ersten Eindrücke gegenübertritt als das Festere, Allgemeinere, Bekanntere, Menschlichere und daher als das Regulierende und Imperativische."

90 Castoriadis, Gesellschaft als imaginäre Institution, S. 12.

wollte“[91]; dort, wo Lacan (im Anschluß an Jakobson) die Freudschen unbewußten Primärprozesse, Verdichtung und Verschiebung, als metaphorische und metonymische Operationen entziffert; kurz: dort, wo Metaphysikkritik, Strukturalismus und strukturale Psychoanalyse *Rhetorik* als den beweglichen, ins Unbewußte der Subjekte eingelassenen Unterbau von identitäts- und mengenlogischen „Sekundärprozessen“ (Freud) (wieder)entdecken, statuiert Castoriadis einen „Sinn“ und eine „Bedeutung“ (besser: ein Magma von Bedeutungen), das angeblich von jeder Rede, jeder Symbolisierung und jeder Rhetorik unabhängig sein soll. Das Imaginäre – das individuelle wie das gesellschaftliche, das bewußte wie das unbewußte – ist nach Castoriadis ein Magma nicht klar gegeneinander abgegrenzter, vielfach aufeinander verweisender Vorstellungen (Signifikaten), „die von ihren Trägern – den Signifikanten – relativ unabhängig sind und die bei der Wahl und Anordnung dieser Signifikanten eine Rolle spielen.“[92] Die Vorstellung geht hier ihrer Repräsentation oder Symbolisierung voraus, ohne doch darum – wie in der traditionellen Sprachphilosophie – in irgendeiner Weise Widerspiegelung oder Abbild der Realität sein zu sollen. Woher stammt sie dann? *In letzter Instanz* bleibt Castoriadis die Antwort schuldig. Auch die Einführung der Unterscheidung von „radikalem“ und „aktualem“, „zentralem“ und „peripherem“ Imaginären, die weitgehend mit der Unterscheidung von Unbewußtem und Bewußtem zusammenzufallen scheint[93], hilft hier letztlich nicht weiter. Zwar kommt der Symbolismus, oder allgemeiner: kommen beliebige (materiale) Träger von Bedeutungen für Castoriadis auf der Ebene des aktualen, peripheren und so auch dem Bewußtsein mindestens zugänglichen Imaginären durchaus ins Spiel, aber das radikale Imaginäre wie das Unbewußte werden weiter als „ungeteilter Strom“ affektbesetzter Vorstellungen *vor jeder Repräsentation* verstanden, der aus der ‚Tiefe‘ der Psyche als *creatio ex nihilo* hervorquillt:

> „Denn die Psyche *ist* eben genau das Auftauchen von Vorstellungen, die mit einem Affekt geladen sind und in einem intentionalen Vorgang [dem unbewußten Wunsch, S.L.] stehen. (...) Man muß also notwendig, zumindest implizit, unterstellen, daß die Psyche die Fähigkeit ist, eine ‚ursprüngliche‘ Vorstellung, Verbildlichung *(mise en image)*, Bildung* und Einbildung* auftauchen zu lassen. (...) Die Psyche ist ein Formant, der nur in dem von ihm Geformten, durch es und als dieses besteht. Sie ist Bildung* *(formation)* und Einbildung* *(imagination)*, radikale Imagination, die aus einem Nichts an

91 Sigmund Freud, Die Traumdeutung, Sigmund Freud Studienausgabe, hg. v. Alexander Mitscherlich, Angela Richards u. James Strachey, Frankfurt/M. 1972, Bd. II, S. 280.

92 Castoriadis, Gesellschaft als imaginäre Institution, S. 241.

93 Wir sagen „scheint“, denn wie in vielen anderen Punkten – insbesondere auch, was die semiologische Analyse angeht – zeichnen sich Castoriadis' Unterscheidungen auch hier durch mangelnde Trennschärfe aus. Inwiefern diese „magmatische“ Schreibweise dem Versuch geschuldet ist, auch auf der Ebene der Theoriebildung identitäts- und mengenlogische Schemata zu unterlaufen, kann hier nur als Frage aufgeworfen werden. Sie scheint uns jedenfalls weniger zu einer ‚Verflüssigung hart und starr gewordener Begriffe‘ als vielmehr zum Aufstellen von Pseudo-Begriffen zu führen, deren bestimmter (und rigoros vorgetragener) begrifflicher Anspruch mit der Vagheit ihrer Bestimmungen merkwürdig kontrastiert.

Vorstellung, das heißt *aus nichts* eine ,ursprüngliche' Vorstellung auftauchen läßt."[94]

Die Psyche als Sitz der „elementare(n) und nicht weiter zurückführbare(n) Fähigkeit, ein Bild hervorzurufen", das radikale Imaginäre als reine Virtualität, die dann allerdings „das Symbolische benutzen" muß, „nicht nur um sich ,auszudrücken' – das versteht sich von selbst –, sondern um überhaupt zu ,existieren', um etwas zu werden, das nicht mehr bloß virtuell ist"[95]: Das in der Fußnote auftauchende Hegelzitat[96] wäre nicht nötig, um zu verdeutlichen, daß Castoriadis hier letztlich doch dem sehr traditionellen, idealistischen Modell der Psyche und der Einbildungskraft als *reiner Innerlichkeit* folgt, die sich setzen („ausdrücken") muß, um zu ,sein'[97]; in der antihegelischen, sprich: romantischen Variante allerdings, die besagt, daß dieses so sich setzende Imaginäre in der unvermeidlichen Unterwerfung unter den Symbolismus nicht etwa zu seiner Wahrheit kommt, sondern in der (Selbst-)Bestimmung sich immer schon notwendig verfehlt. Sind die Bedeutungen einmal instituiert, das heißt an kollektiv verfügbare Signifikanten geheftet, so verkennen Subjekt und Gesellschaft notwendig den imaginären (,magmatischen') Untergrund symbolischer (,identitätslogischer') Fixierung und damit ,sich selbst' (ihre ,magmatische Innerlichkeit') als Ursprung und Quelle der Instituierungen sowohl als auch ihrer möglichen Unterwanderungen, und das bedeutet Entfremdung.

Auffällig ist, daß sich diese Fassung des Imaginären bei Castoriadis mit einer Polemik gegen den Strukturalismus verbindet, die weitgehend nicht von Argumenten, sondern von Affekten getragen ist (weswegen sie auch nur insofern ,widerlegt' werden kann, als sie auf offenkundigen Fehllektüren strukturalistischer Texte beruht). Bevor wir, diesen Exkurs abschließend, unseren Begriff des Imaginären teils mit, teils gegen Castoriadis exponieren, muß daher auf dessen „Kritik" am Strukturalismus kurz eingegangen werden.

Zu den gröbsten antistrukturalistischen Klischees, die Castoriadis – zur Freude vor allem seiner deutschen Rezensenten – repetiert, gehören vor allem drei Behauptungen: 1. die „extremen Richtungen des Strukturalismus" verfielen der

94 Castoriadis, Gesellschaft als imaginäre Institution, S. 469; 471.

95 Ebd. S. 218.

96 Ebd. Anm. 25: „Der Mensch ist jene leere Nacht, dies leere Nichts, das alles in ihrer Einfachheit enthält, ein Reichtum unendlich vieler Vorstellungen, Bilder, deren keines ihm gerade einfällt oder die nicht als gegenwärtige sind. Dies (ist) die Nacht, das Innre der Natur, das hier existiert – *reines Selbst.* In phantasmagorischen Vorstellungen ist es ringsum Nacht; hier schießt dann ein blutiger Kopf, dort ein(e) andere weiße Gestalt plötzlich hervor und verschwinden ebenso. Diese Nacht erblickt man, wenn man dem Menschen ins Auge blickt – in eine Nacht hinein, die *furchtbar* wird; es hängt die Nacht der Welt hier einem entgegen. – *Macht, aus dieser Nacht die Bilder hervorzuziehen oder sie hinunterfallen zu lassen: Selbstsetzen, innerliches* Bewußtsein, *Tun,* Entzweien." (Georg Wilhelm Friedrich Hegel, Jenenser Realphilosophie II, hg. v. Johannes Hoffmeister, Leipzig 1931, S. 180 f.)

97 Dasselbe gilt – trotz seiner Ablehnung der klassischen „Vermögenslehre" – auch für Wolfgang Isers Begriff des Imaginären, dem als einem „Unbestimmten" erst konkrete Akte des Fingierens „Bestimmungen auferlegen". (Iser, Das Fiktive und das Imaginäre, S. 393.)

„Utopie des Jahrhunderts", die darin bestehe, „überhaupt *den Sinn abzuschaffen* – und damit, in anderer Form, den Menschen"[98]; 2. der Strukturalismus reduziere die Sprache auf eine „identitätslogische Designation", einen Code, der „die Menge der Wörter (...) auf die Menge der Bedeutungen abbilde(t)"[99], und schließlich 3.: der Strukturalismus erfasse, weil er dem Symbolismus alles, dem Imaginären hingegen nichts zutraue, letzteres lediglich als „Spekulare(s), Spiegelhafte(s), das offensichtlich nur ein Bild *von,* ein reflektiertes Bild ist, anders gesagt: das *Widerspiegelung* und damit ein Abfallprodukt der platonischen Ontologie (des *eidolon)* ist."[100]

Alle drei Behauptungen sind nun nicht nur an keinem uns bekannten strukturalistischen Text (mit Ausnahme vielleicht gewisser extremer Formen der Mathematisierung bei Claude Lévi-Strauss) wirklich zu belegen, sondern sie sind auch noch in sich widersprüchlich, und wenn der Autor in einer ziemlich verräterischen Fußnote darauf hinweisen zu müssen meint, daß er mit der dergestalt „angedeuteten Kritik des ‚Strukturalismus' (...) keinem ‚inneren Drang'" folge, „sondern dem Bedürfnis, eine Mystifikation zu bekämpfen"[101], so geht diese Mystifikation zu einem Gutteil auf seine eigene Rechnung. Auch daß „diese Kritik (...) ohne weiteres verlängert und erweitert werden (könnte)"[102], bleibt bloße Behauptung, sodaß die Kritik dieser Kritik auf bloße Vermutungen angewiesen bleibt.[103]

Vermuten läßt sich – um mit der dritten Behauptung zu beginnen –, daß sich der zentrale und hier besonders interessierende Vorwurf der Reduktion des Imaginären aufs Spekulare und Spiegelhafte auf Lacans vielgelesenen Text über *Das Spiegelstadium als Bildner der Ichfunktion* bezieht. Überlesen läßt sich schwerlich, daß dieser Text, was immer man sonst von ihm halten mag, das Spiegelbild gerade nicht als Bild *von,* als bloße Widerspiegelung einer ihm vorausliegenden Wirklichkeit beschreibt, sondern daß Lacan es als ein „Abbild" einführt, das sein „Urbild" (die erste Vorstellung seines Ich für ein Subjekt, das sich zum ersten Mal

98 Castoriadis, Gesellschaft als imaginäre Institution, S. 238; 239.
99 Ebd. S. 577.
100 Ebd. S. 12.
101 Ebd. S. 240.
102 Ebd.
103 Daß, wie Hans Joas meint, „little can be added to Castoriadis' critique of structuralism" (Hans Joas, Institutionalization as a Creative Process: The Sociological Importance of Cornelius Castoriadis's Political Philosophy. Review Essay, in: American Journal of Sociology, Vol. 94, 5 (1989), S. 1190), ist daher eine relativ kühne These, die in Deutschland wieder einmal die Funktion erfüllt, sich schon die bloße Rezeption des Strukturalismus zu ersparen, von seiner Kritik ganz zu schweigen. Der ‚antistrukturalistische Affekt', der in Frankreich als Gegenreaktion auf den strukturalistischen Exzeß der 60er und 70er Jahren allenfalls noch verständlich scheint, ist in Deutschland auf bloßes Hörensagen hin übernommen worden. Als besondere Pointe kann dabei gelten, daß Castoriadis' Behauptungen zwar nicht ‚den Strukturalismus' treffen (wenn er denn als einheitliche theoretische Formation je existiert hat), wohl aber gewisse in Deutschland entwickelte Formen von Diskursanalyse, die sich ihrerseits als maßgebliche Rezeption des französischen Strukturalismus und Poststrukturalismus aufgespielt hat. Vgl. z.B. Norbert Bolz, Stop Making Sense, Würzburg 1989.

im Spiegel ‚erkennt') rückwirkend erst erzeugt. Kann man das Imaginäre „radikaler" (nämlich ursprungs- und voraussetzungsloser im Sinne Castoriadis') fassen, als Lacan es hier tut, wenn er sagt, daß sich das menschliche Ich, bevor ihm die Sprache den Status des Subjekts wiedergibt, uranfänglich als eine imaginäre Funktion, als ein *Bild seiner selbst* konstituiert, dem der Symbolismus, das *Sagen* dieses Ich, in gewisser Weise immer hinterherhinkt? Gäbe es ein besseres Paradigma für die *performative,* nämlich (psychische) Realität erst *erzeugende* Kraft des Imaginären als dieses berühmte Spiegelstadium, das die platonische Ontologie des *eidolon* sprengt? Lacan definiert es in einem späteren Text „als eine Identifikation (...) im vollen Sinne, den die Psychoanalyse diesem Terminus gibt: als eine beim Subjekt durch die Aufnahme eines Bildes ausgelöste Verwandlung."[104]

Castoriadis hätte sich, um seine Auffassung des radikalen Imaginären vorzutragen, ohne weiteres auf diesen Text berufen können, der ihm sicherlich bekannt war. Wenn er es nicht tut, so liegt das, wie weiter zu vermuten ist, daran, daß Lacan dieses radikale Imaginäre, in dem und durch das sich das Ich konstituiert, zugleich als das Element einer notwendigen *Verkennung,* einer ursprünglichen, nie wieder einholbaren *Entfremdung* des Ich ins Bild (seiner selbst) bezeichnet. Die Theorie des radikalen Imaginären nach Lacan bricht die Illusion einer möglichen Autonomie des Subjekts, weil sie umgekehrt die Abhängigkeit dieses Ich von der Instanz der Vorstellung (die im Spiegelstadium vorwiegend noch narzißtisches Allmachtsphantasma ist) entdeckt.

Ebenso unhaltbar ist der Vorwurf, ‚der Strukturalismus' reduziere die Sprache auf einen Code und arbeite derart (wir ziehen die beiden Behauptungen zusammen) an der „Abschaffung des Sinns", ja des Menschen. Castoriadis läßt auch hier offen, auf welche Texte welcher Strukturalisten er sich bezieht. Bezüglich der „Abschaffung des Menschen" mag man sich an das auch hierzulande als Beweis des (post)strukturalen „Antihumanismus" endlos wiederholte Foucault-Zitat erinnert fühlen, demzufolge, gewisse Veränderungen in den Dispositionen des Wissens vorausgesetzt, der Mensch verschwinden werde „wie am Meeresufer ein Gesicht im Sand."[105] Abgesehen davon, daß mit dieser Prophezeiung zweifellos nur ein bestimmter Begriff und ein bestimmtes Bild des Menschen gemeint waren, die mit der Formation einer bestimmten Sorte Humanwissenschaften, wie sie *Die Ordnung der Dinge* beschreibt, verbunden und von ihr abhängig sind (daher auch möglicherweise mit ihr verschwinden werden), darf man freilich auch nicht vergessen, daß gerade Foucault sich gegen seine Etikettierung als Strukturalist stets gewehrt hat.[106]

---

104 Jacques Lacan, Das Spiegelstadium als Bildner der Ich-Funtkion, in: ders., Schriften I, Olten / Freiburg 1973, S. 64.

105 Michel Foucault, Die Ordnung der Dinge, Frankfurt/M. 1974, S. 462.

106 So gerade auch im Vorwort zur deutschsprachigen Ausgabe der „Ordnung der Dinge", ebd. S. 15–16: „In Frankreich beharren gewisse halbgewitzte ‚Kommentatoren' darauf, mich als einen ‚Strukturalisten' zu etikettieren. Ich habe es nicht in ihre winzigen Köpfe kriegen können, daß ich keine der Methoden, Begriffe oder Schlüsselwörter benutzt habe, die die strukturale Analyse charakterisieren."

Bezüglich der „Abschaffung des Sinns" bringt Castoriadis nun jedoch einen Begriff des Codes ins Spiel, den als strukturalistischen *Sprachbegriff* hinzustellen von einem fundamentalen Mißverständnis zeugt. Die Polemik konzentriert sich hier auf Claude Lévi-Strauss, der in der Tat bei der Übernahme der Strukturanalyse aus der Sprachwissenschaft in die Anthropologie in erster Linie auf die Phonologie (Trubetzkoi, Helmslev) rekurriert und in seinen eigenen Analysen mit zunehmend formalisierten Modellen arbeitet. Der Begriff des Codes gewinnt seine Bedeutung bei Lévi-Strauss auf der Ebene dieser formalisierten Modelle, auf der Ebene der wissenschaftlichen Beschreibung in einer formalen Sprache also, die auf sehr abstrakte Weise Gemeinsamkeiten zwischen verschiedenen Gesellschaftsformationen (Mythen, Denksystemen, Verwandschaftsregeln) erfassen soll. So heißt es etwa in *Mythos und Bedeutung:*

> „Ich würde vielmehr sagen, daß ich mit dem *Wilden Denken* das System der Postulate und Axiome bezeichne, die zur Begründung eines Code nötig sind, der es gestatten würde, unter dem geringsten möglichen Verlust *das andere* in *das unsere* und umgekehrt zu übersetzen, also die Gesamtheit der Bedingungen, unter denen wir einander am besten verstehen können; dabei bleibt natürlich stets ein Rest."[107]

Sowohl Lévi-Strauss als auch Castoriadis beziehen sich bei der Definition des Codes auf Claude Shannon und Warren Weaver[108], denen zufolge ein Code eine künstliche Sprache darstellt (wie etwa ein Zahlencode oder Geheimcode), dessen Terme sich eindeutig auf die eines anderen Code abbilden lassen, und zwar deswegen, weil die Konventionen des Code (die Bedeutungen seiner Symbole) im Gegensatz zu denen der natürlichen Sprachen explizit sind. Die von Castoriadis Shannon zugeschriebene Formel: „Der Sinn ist das, was invariant bleibt, wenn man von einem Code zu einem anderen übergeht"[109], definiert den Code geradezu über dieses formal festgelegte, das heißt ein-eindeutige Verhältnis von Signifikant und Signifikat. An keiner Stelle seines Werks behauptet nun Lévi-Strauss, die ‚natürlichen' Sprachen, das heißt die Sprachen, die die Menschen sprechen, seien im Sinne dieser Definition ein Code, und vollends die Unterstellung, ‚der Strukturalismus' (genannt wird Saussure) reduziere die Sprache auf einen Code im Sinne der ein-eindeutigen Zuordnung von Signifikanten und Signifikaten, erweist sich bei Lektüre der in Frage kommenden Texte als gegenstandslos. Was Saussure betrifft, so gewinnt er seinen Sprachbegriff sogar in ausdrücklicher Absetzung von dieser Auffassung der Sprache als einer „Nomenklatur".[110]

Auch von der „Abschaffung des Sinns" als polysemischem Verweisungszusammenhang und un-eindeutiger Zuordnung von Signifikant und Signifikat

---

107 Claude Lévi-Strauss, Mythos und Bedeutung. Vorträge, Frankfurt/M. 1980, S. 81.

108 Claude Shannon / Warren Weaver, Mathematische Grundlagen der Informationstheorie, München 1976.

109 Castoriadis, Gesellschaft als imaginäre Institution, S. 400. Castoriadis zitiert diese „bekannte Formel" (ebd.) ohne Stellenangabe. Es gelang der Verfasserin nicht, sie in den Schriften Shannons aufzuspüren.

110 Vgl. dazu schon oben S. 33.

durch den Strukturalismus kann also keine Rede sein – im Gegenteil. Warum legt Castoriadis so großen Wert darauf, das „radikale Imaginäre" von jeder Form signifikanter Organisation freizuhalten, daß ihm im Bemühen darum derartig signifikante *misreadings* unterlaufen? Was wird hier abgewehrt – oder anders herum: welche „mit Affekt besetzte Vorstellung" muß verteidigt werden? Letzten Endes findet man sich hier auf die Entfremdungsproblematik zurückverwiesen. Abgewehrt bzw. zurückgewiesen wird die – im psychoanalytischen Zusammenhang vor allem mit dem Namen Lacans verbundene – Vorstellung einer *unaufhebbaren* Heteronomie und Sichselbstfremdheit der Subjekte wie der Gesellschaften, ausgedrückt in den ebenso oft zitierten wie selten verstandenen Formeln vom ‚Begehren als dem Begehren des Anderen', dem ‚Unbewußten als dem Diskurs des Anderen' etc. Insofern diese Formeln sich als Schlußfolgerungen aus Lacans Signifikantentheorie präsentieren, die ihrerseits in dem Befund kulminiert, das Unbewußte sei „strukturiert wie eine Sprache", zielt die Zurückweisung der Signifikantentheorie des Unbewußten in letzter Instanz auf die damit verbundene Heteronomievorstellung. Castoriadis' Begriff des „radikalen Imaginären" ist nicht zuletzt Kampfbegriff gegen die von Lacan und den Lacanianern zeitweise gewiß überprivilegierte Dimension des Symbolischen.[111] Verteidigt wird dagegen mit dem Konzept des radikalen Imaginären als unstrukturiertem, i.e. ursprünglich keinem Gesetz und keiner signifikanten Organisation unterworfenen „Strom von Vorstellungen / Affekten / Strebungen"[112] die Möglichkeit der Überwindung von Heteronomie als Abhängigkeit vom Diskurs des Anderen, die Möglichkeit der Autonomie der Subjekte und der (Selbst-)Instituierung einer nicht-entfremdeten Gesellschaft. Dabei muß Castoriadis selbst zugeben, daß letztlich keine irgendwie wahrnehmbare imaginäre Produktion – ob Halluzination oder Traum, Phantasma, Mythos oder Literatur – der signifikanten Organisation entgeht.[113] Seine „Lösung" besteht in der Setzung einer angeblich noch vor die Freudschen „Ur-

111 Vgl. dazu auch Alexandra Papageorgiou-Legendre: „Der Akzent, den Lacan auf das Symbolische gesetzt hat, stellt die sprachliche Natur des Menschen in den Vordergrund. Wichtig jedoch ist, sich eine klare Vorstellung von der Zusammengehörigkeit der drei Register [des Symbolischen, Realen und Imaginären, S.L.] zu machen. Das Imaginäre zielt wesentlich auf die Konstitution des Selbstbildes und vor allem auf den Zugang zu diesem Bild ab. Das Reale läßt sich ebenso schematisch definieren als das, was außerhalb der Vorstellung und des Feldes des Sprechens bleibt. Zum Realen gehört also das, was zum Register des Körpers gehört, das, was von der Vorstellung abgetrennt bleibt, und das, was in der Rede *verschwiegen* oder *nicht-gesagt* ist. Man muß freilich darauf hinweisen, daß die Instanz der Vorstellung – die auf der Grundlage des Identifikationsmechanismus die Bildung des Ich ermöglicht – bei weitem über die bloß subjektive Seite der Alienation hinausgeht, also über die strukturale Unmöglichkeit, an seinem eigenen Bild zu kleben und eins damit zu sein. Diese Instanz [der Vorstellung, S.L.] ermöglicht zugleich, und zwar aufgrund des intrinsischen Abstands, den sie impliziert, den subjektiven Zugang zur symbolischen Funktion, *und* sie ist der Sockel jedes symbolischen Systems auf der Ebene der Kultur. Die Dimension des Symbolischen läßt sich also nicht ausschließlich auf einen Formalismus linguistischer oder logisch-mathematischer Natur reduzieren." (Alexandra Papageorgiou-Legendre / Pierre Legendre, Filiation. Fondement généalogique de la psychanalyse, Leçons IV, suite 2, Paris 1990, S. 51).

112 Castoriadis, Gesellschaft als imaginäre Institution, S. 603.

113 Vgl. ebd. S. 468 ff.

phantasien" und sämtliche unbewußten Phantasmen, die die Psychoanalyse als „Kern der Psyche" annimmt, zurückreichenden „Urvorstellung", die „noch der primitivsten Trieborganisation vorausgeht und noch vor dieser existiert."[114] Diese „Urvorstellung", die nach Castoriadis im Unbewußten erhalten bleibt, auch wenn sie dem späteren, wachen und bewußten Denken nicht mehr zugänglich ist, soll nun ausgerechnet „die Vorstellung des *ganzen Selbst* (Selbst als ganzem) und des *Ganzen selbst* (Ganzen als selbst)" sein, „die für die Psyche als einzige *real* ist. Diese Vorstellung", so heißt es weiter,

> „steht automatisch und vollständig unter der Herrschaft des Lustprinzips. Sie geht dem Begehren voraus, weil ein ‚Objekt', das nicht existiert, auch nicht fehlen kann, und weil das, was existiert, auch existieren muß. Sie stellt jenes dem Begehren auf immer unerreichbare Ziel dar: einen Zustand, in dem die Anwesenheit des ‚Objekts' und die Befriedigung *per definitionem* sichergestellt sind, da sich ‚Subjekt' und ‚Objekt' dieses Begehrens genau decken und ganz von selbst zusammenfallen. Die gesamte ‚psychische Energie' des Subjekts kann auf dieser Stufe nichts anderes besetzen als jenes ‚Alles-Selbst', das das Subjekt ist. Sie kann nichts anderes sein als absolut primäre oder, besser noch, ‚autistische' Libido – also ohne jedes reflexive Element, das sogar schon im ‚primären' Narzißmus enthalten ist. Nicht ‚sich' *als* ‚Objekt' nehmen, von sich ausgehend zu sich zurückkehren, sondern unmittelbar bei sich oder in sich bleiben. Schließlich ist jene Vorstellung in ihrer Sinnlosigkeit Matrix oder Prototyp dessen, was für das Subjekt der *Sinn* immer sein wird: unzerstörbare Zusammengehörigkeit, die auf sich selbst gerichtet und auf sich selbst gegründet ist; unbeschränkte Lustquelle, der nichts mangelt und die nichts zu wünschen übrig läßt."[115]

Abgesehen davon, daß die Existenz einer solchen „Urvorstellung" – Castoriadis spricht auch vom „monadischen Kern des ursprünglichen Selbst" – *vor* aller Trennung und Differenzierung reine Hypothese (um nicht zu sagen: Hypostase) bleibt, wird auch im weiteren Verlauf des Textes nicht recht deutlich, wie denn aus dem so verstandenen „radikalen Imaginären", sofern es nicht verdrängt, entzweit, differenziert, signifikanter Organisation unterworfen, kurz: *sich selbst entfremdet* wird, etwas anderes hervorgehen soll als *radikale Zerstörung*. Freud jedenfalls behandelt die Sehnsucht nach Entdifferenzierung, Destrukturierung, „unzerstörbarer Zusammengehörigkeit, die auf sich selbst gerichtet und auf sich selbst gegründet ist", als markantesten Zug des Todestriebs. Und das aggressive Potential von Castoriadis' Entwurf scheint zumindest in seinem Schlußkapitel auf, wenn er die Überwindung jener Heteronomie und Selbstentfremdung der

114 Castoriadis, Gesellschaft als imaginäre Institution, S. 476.

115 Ebd. S. 486–487. Hierbei handelt es sich letztlich um eine recht sentimentale Phantasie vom intrauterinen Leben, dem einzigen denkbaren „Zustand, in dem die Anwesenheit des ‚Objekts' und die Befriedigung *per definitionem* sichergestellt sind. Sentimental deswegen, weil das dem ‚Urselbst' unterstellte Glück (unbeschränkte Lust, unzerstörbare Zusammengehörigkeit) doch erst aus der Perspektive späteren Unglücks (beschränkte Lust, zerstörbare Zusammengehörigkeit) als solches erscheinen kann: als regressive Wunschphantasie über das, wovon man meint, daß es einem selbst fehlt.

Gesellschaft, die „in der konkreten Institution der Gesellschaft materielle Gestalt an(nimmt) und (...) die umso schwerer (wiegt), da sie sich in der konflikthaften Teilung der Gesellschaft verkörpert und von der gesamten gesellschaftlichen Organisation getragen, vermittelt und unbegrenzt reproduziert wird“[116], an die Zerstörung der Institutionen bindet: „Die Überwindung der Selbstentfremdung – die unser Ziel ist, *weil wir es wollen* und weil wir wissen, daß auch andere Menschen diesen Willen haben, (...) setzt eine radikale Zerstörung der bekannten Institutionen der Gesellschaft bis auf die letzten Fundamente voraus.“[117] Wie aus solcher Zerstörung die Selbstschöpfung einer sich selbst setzenden, nicht-entfremdeten Gesellschaft hervorgehen soll, bleibt unverständlich. Den Ursprung gesellschaftlicher Ordnung im radikalen Imaginären zu suchen, wie Castoriadis es tut, läuft darauf hinaus, die Ordnungsgenese als eine Art „Urzeugung“ in ein Terrain zu verlegen, das vielleicht irgendwo, aber sicher nicht von dieser Welt ist.

Wenn wir seinem Entwurf hier trotzdem soviel Aufmerksamkeit geschenkt haben, so geschah das vor allem aus folgenden Gründen: *Gesellschaft als imaginäre Institution* ist einer der wenigen Versuche, psychoanalytische Begriffe und Denkfiguren überhaupt für die Sozialtheorie fruchtbar zu machen. Im Insistieren auf den Dimensionen des Unbewußten, des Imaginären und, mit Einschränkung, auch des Symbolischen, geht Castoriadis weiter als die meisten gängigen Soziologismen und Psychologismen, was zum Teil sicher auch seiner eigenen Praxis als Psychoanalytiker geschuldet ist. Seine aus psychoanalytischer Perspektive artikulierte Kritik des (immer noch) herrschenden Funktionalismus unterschreiben wir uneingeschränkt: mit Castoriadis wird auch auf den folgenden Seiten das Imaginäre als irreduzible, unhintergehbare Dimension der instituierenden und instituierten Gesellschaft, wenngleich nicht als deren Ursprung und schon gar nicht als Ursprung gesellschaftlicher Ordnung überhaupt, behauptet. Daß psychische Realität und soziale Realität einander nicht äußerlich sind, daß die eine ohne die andere nicht zu begreifen ist (am ehesten wäre ihr Verhältnis vielleicht als eine Art Chiasmus, als wechselseitige Eintragung der einen in die andere, zu beschreiben), ist eine Einsicht, die es überhaupt erst erlaubt, nach dem Verhältnis von Imaginärem und gesellschaftlicher Institution zu fragen. Ebenso ist Castoriadis darin zuzustimmen, daß diese Frage im Rahmen gängiger Schemata von Koexistenz und Sukzession nicht angemessen zu stellen oder gar zu beantworten ist, weil diese Schemata, wie Castoriadis am Beispiel Marx‘ sehr einleuchtend zeigt, allein von ihrer bloßen Anlage her den „imaginären Faktor“ immer schon weggekürzt haben bzw. bestrebt sind, ihn nach Kräften zu reduzieren. Das gilt natürlich, wie wir eingangs sahen, auch und gerade für die wissenschaftliche Produktion, die ihre imaginären, figurativen, fiktionalen Anteile, wenn sie sie überhaupt bemerkt, stets nur als vorläufigen Mangel oder Lückenbüßer auf dem Weg zur reinen, bildlosen Diskursivität der Erkenntnis zu begreifen vermag. Gerade die „Illusion der Buchstäblichkeit“, das Festhalten am Phantasma der vollständigen

116 Castoriadis, Gesellschaft als imaginäre Institution, S. 609.
117 Ebd.

Erfaßbarkeit, Beschreibbarkeit und Objektivierbarkeit ihres Gegenstands wäre es hier, die der Wissenschaft – zumal der Gesellschaftswissenschaft – den Zugang zur „Seinsweise" ihres „Gegenstands" immer wieder versperrt. Diese positivistische Illusion mag man tatsächlich das entfremdete Imaginäre der Gesellschaft heißen, insofern sich in ihr das Imaginäre *als* Imaginäres (und das heißt hier nicht zuletzt: als das Allmachtsphantasma rationaler Beherrschbarkeit und Kontrollierbarkeit des „Gegenstands") immer wieder verkennt. Die Alternative dazu, und hier setzt unsere Kritik an Castoriadis ein, wäre aber nicht „Zerstörung" der bestehenden Institutionen der Gesellschaft zugunsten einer *recreatio ex nihilo* aus ihrem magmatisch-imaginären Grund. Bedeutet es nicht wiederum eine wesentliche Verkennung gerade der ‚Seinsart' des Imaginären, es dergestalt als das *Reale* der Gesellschaft zu setzen, als ihren wiederanzueignenden Ursprung *vor* jeder Strukturierung und Instituierung? Abgesehen davon, daß nicht recht einzusehen ist, wie solche Wiederaneignung überhaupt möglich sein sollte, da Castoriadis selbst auf der „Unauslotbarkeit" des radikalen Imaginären besteht – könnte der mit solcher Entdifferenzierung und Desinstitutionalisierung verbundene Strukturverlust etwas anderes zur Folge haben als ein mehr oder weniger psychotisches Delirium, die Regression in jene „Nacht der Welt", die Hegel nicht umsonst „furchtbar" nennt und in der „blutige Köpfe und andere weiße Gestalten"[118] noch zu den harmloseren Erscheinungen gehören dürften? Die gesellschaftlichen Institutionen – allen voran die der Sprache – üben hier gerade jene lebensnotwendige Funktion der Trennung und Entzweiung aus, ohne die der „Schrecken der Anfänge" nicht zu überwinden wäre:

> „Die Sprache trennt uns von den Dingen, indem sie jene benennt. Umgekehrt instituiert unsere Trennung von den unmittelbar präsenten Dingen aber auch die Dinge unter einem Namen für das sprechende Subjekt. Sie instituiert damit das Subjekt selbst – als Subjekt der sozialen Rede (...), von welcher der Name der Dinge und der Grund dessen, was sie voneinander trennt, sich ableiten. Mit Hilfe der Sprache aus der ursprünglichen Opazität finden, den Schrecken der Anfänge überwinden, in den symbolischen Tausch eintreten: Jede menschliche Unternehmung in jeder Gesellschaft spielt das institutionelle Prinzip als Gründungsprinzip der Rede und des Sprechens aus."[119]

Mit jener notwendigen Trennung ist aber unvermeidlich eine gewisse „Entfremdung" und Heteronomie der Subjekte verbunden. Anzumerken bleibt freilich, daß die Alternative von Autonomie und Heteronomie, in deren Rahmen Castoriadis' Entwurf sich bewegt, letztlich ebenso fraglich ist wie die von ihm kritisierte von Holismus und Atomismus. Die Frage ist gar nicht, ob die Gesellschaft – heteronom – ‚von Gott' geschaffen wurde oder ob sie sich – autonom – selbst gesetzt, geschaffen, gegründet hat. Entscheidend ist vielmehr, daß die Autonomie

118 Vgl. oben Anm. 96.
119 Pierre Legendre, Les Enfants du Texte. Étude sur la fonction parentale des États, Leçons VI, Paris 1992, S. 27.

der ‚Selbstschöpfung' jenseits klassischer Identitäts- und Mengenlogik ebenso unausdenkbar ist wie die Heteronomie der Fremdschöpfung, daß beide Pole der Alternative im Rahmen klassischer Subjektphilosophie verbleiben.[120] Sinnvoll anwenden lassen sich diese Begriffe letztlich nur auf Subjekte, die Gesellschaft aber *ist kein solches;* sie verfügt über kein ‚Selbst', kein ‚Ich', kein ‚Wesen', das autonom oder heteronom sein könnte. Die Gesellschaft existiert ‚grundlos'; sie ist in keinem Realen verankert (mit Heidegger könnte man auch sagen: sie eksistiert). Eben deswegen bedarf sie eines „Gründungstheaters" und einer „Gründungsrede", der imaginären und symbolischen Bearbeitung ihres fehlenden Grundes. Ob man diesen fehlenden Grund großartig mythisierend und angstbesetzt als „Abgrund" deklariert, wie z.B. Pierre Legendre es tut, oder, weniger prätentiös, schlicht als notwendige Inkonsistenz und Inkohärenz des sozialen Feldes, ist vielleicht nicht nur eine Frage des Stils, sondern auch der politischen Absicht.

---

120 Wie wäre eine Gesellschaft, die sich selbst setzt, anders zu denken denn als Subjekt-Objekt ihres eigenen Tuns, als eine Gesellschaft also, die ihrem eigenen Ursprung als Gesellschaft je schon vorausliegt? Die hier sich ankündigenden Ursprungsparadoxien werden uns weiter unten noch beschäftigen.

4 Anthropologische Annäherungen an die Rhetorik

4.1 Von Bildern und Trieben. Der Ursprung des Imaginären nach Freud

Wir können nunmehr darangehen, die aus der Diskussion der Metapherntheorie und dem vorstehenden Exkurs über Castoriadis gewonnenen Erkenntnisse zusammenzufügen und für eine Theorie des soziologischen und politischen Imaginären fruchtbar zu machen.

Castoriadis denkt, wie erörtert, die ‚Seinsweise' des Imaginären, des Unbewußten und des Gesellschaftlich-Geschichtlichen auf der Basis einer „Ontologie der Unbestimmtheit", einer Unbestimmtheit, die die klassischen philosophischen und wissenschaftlichen Modelle der Psyche wie der Gesellschaft, die diese als „Ding", „Subjekt" oder „Idee" zu fassen versuchen, notwendig verfehlen. Scheint auf diese Weise ein ‚negativer Horizont' eröffnet, vor dem die nach Castoriadis von der Tradition „verborgene" und „versenkte" Frage von Gesellschaft und Geschichte neu gestellt werden könnte, so schließt Castoriadis diesen Horizont doch alsbald wieder, indem er die „Unbestimmtheit" von Psyche und Gesellschaft als „Magma" bestimmt und diese so bestimmte ‚Seinsweise' des radikalen Imaginären und der gesellschaftlichen imaginären Bedeutungen gegen die bestehende gesellschaftliche Institution verteidigen zu müssen meint. Zu fragen wäre also, wie der konstitutiven Unbestimmtheit und Unbestimmbarkeit von Psyche und Gesellschaft anders Rechnung zu tragen wäre als durch das Setzen von ‚Unbestimmtheit' als positiver Bestimmung (bei Castoriadis zudem noch ausgefüllt durch Spekulationen über unbewußte Urvorstellungen und die Metapher des Magma, die eine schlechte Metapher in dem präzisen Sinn ist, daß sie die unmögliche Vorstellung des Unbestimmten in die distinkte Vorstellung einer „nicht-mengenförmigen Organisationsweise" überführt.) Wie könnte, anders formuliert, eine Selbstbeschreibung der Gesellschaft aussehen, in der sich die Gesellschaft die für sie konstitutive Unbestimmtheit nicht „verbirgt", in der sie – wie wir vorgreifend sagen – das fiktionale (imaginäre) Moment ihrer Selbstbeschreibungen anerkennt und auf diese Weise zwar nicht unentfremdet eins wird mit ihrem ‚Grund' – eben ihrer Unbestimmtheit –, wohl aber der Unbestimmbarkeit dieses Grundes (und damit ihrer notwendigen Sichselbstfremdheit) auf angemessene, d.h. Unbestimmtheit *offenhaltende* Weise Rechnung trägt? Um diese Frage zu beantworten, ist es notwendig, hier zunächst noch die Begriffe des Unbewußten und des Imaginären, in Abgrenzung von Castoriadis, genauer zu erläutern.

Wie wir gesehen haben, besteht eine (wenn nicht *die*) wesentliche Differenz zwischen Castoriadis und Lacan darin, daß Castoriadis das Unbewußte als „radikales Imaginäres", magmatischen Strom „mit Affekt besetzter Vorstellungen" denkt, während Lacan darauf besteht, das Unbewußte sei „strukturiert wie eine Sprache".[121] Beide berufen sich für ihre Auslegung auf Freud. Das ist möglich, weil Freud einerseits, vor allem in den metapsychologischen Schriften von 1915, das „System Ubw" zum Sitz reiner, das heißt von ihren „Wortvorstellungen" abgekoppelten „Sachvorstellungen" erklärt, während er andererseits, z. B. schon in der *Traumdeutung,* auf dem differentiellen und artikulierten Charakter der unbewußten Primärprozesse besteht. In *Das Unbewußte* (1915) schreibt Freud:

> „Was wir die bewußte Objektvorstellung heißen durften, zerlegt sich uns jetzt in die *Wortvorstellung* und in die *Sachvorstellung,* die in der Besetzung, wenn nicht der direkten Sacherinnerungsbilder, doch entfernterer und von ihnen abgeleiteter Erinnerungsspuren besteht. Mit einem Male glauben wir nun zu wissen, wodurch sich eine bewußte Vorstellung von einer unbewußten unterscheidet. (...) Die beiden sind nicht, wie wir gemeint haben, verschiedene Niederschriften desselben Inhaltes an verschiedenen psychischen Orten, auch nicht verschiedene funktionelle Besetzungszustände an demselben Orte, sondern die bewußte Vorstellung umfaßt die Sachvorstellung plus der zugehörigen Wortvorstellung, die unbewußte ist die Sachvorstellung allein. Das System *Ubw* enthält die Sachbesetzungen der Objekte, die ersten und eigentlichen Objektbesetzungen; das System *Vbw* [Vorbewußt, S.L.] entsteht, indem diese Sachvorstellung durch die Verknüpfung mit der ihr entsprechenden Wortvorstellung überbesetzt wird. Solche Überbesetzungen, können wir vermuten, sind es, welche eine höhere psychische Organisation herbeiführen und die Ablösung des Primärvorganges durch den im *Vbw* herrschenden Sekundärvorgang ermöglichen."[122]

Castoriadis interpretiert diese Passage so, daß er dem radikalen Unbewußten jegliche signifikante Organisation (die er einseitig als an Wortvorstellungen gebunden ansieht) abspricht und es ergo mit dem radikalen Imaginären, verstanden als „Magma", identifiziert. Dem steht entgegen, daß die unbewußten Sachvorstellungen (Wahrnehmungsreste, Erinnerungsspuren) schon (oder gerade) im Unbewußten „mit Affekt besetzt" und einem Bearbeitungsprozeß unterzogen werden, für den die Traumarbeit das Paradebeispiel darstellt: Als „Königsweg zum Unbewußten" zeigt der Traum, wie die im Unbewußten befindlichen Sachvorstellungen unter dem Einfluß eines ebenfalls unbewußten (dem Wachbewußtsein nicht zugänglichen, verdrängten) Wunsches „verdichtet" und „verschoben" werden, bis sie eine artikulierte Kette, eben die Bildsequenz des Traums, bilden. Die „nicht-mengenförmige Organisationsweise" des Traums ist eben gleichwohl eine

---

121 Jacques Lacan, Die vier Grundbegriffe der Psychoanalyse. Das Seminar Buch XI, 4. Aufl., Weinheim / Berlin 1996, S. 26.

122 Sigmund Freud, Das Unbewußte, in: Sigmund Freud Studienausgabe Bd. III, Frankfurt/M. 1975, S. 119–174, hier S. 159–160.

Organisationsweise, die voraussetzt (oder darin besteht), daß unbewußte Sachvorstellungen unter dem Einfluß von Wunsch und Zensur in einen wechselseitigen *Verweisungszusammenhang* treten. Organisation und Verweisung aber gibt es erst auf dem Niveau der Sprache (wobei Sprache nicht unbedingt „Wortsprache" heißen muß und schon gar nicht mit identitäts- und mengenlogischen Schemata gleichgesetzt werden darf, wie Castoriadis es tut). Nicht Logik, sondern Rhetorik ist es denn auch, worin Lacan unter Berufung auf die strukturale Linguistik das Spezifische der unbewußten Primärprozesse ausmacht. Hatte bereits Roman Jakobson Freuds „Verdichtung" und „Verschiebung" mit der metaphorischen und metonymischen Achse der Rede verglichen[123], so weist Lacan darauf hin, daß nur in der „Ausarbeitung" des Traums, „das heißt in seiner Rhetorik", die Möglichkeit seiner „Übersetzung", der Verbindung seiner artikulierten Sachvorstellungen mit Wortvorstellungen, gegeben sei:

> „Nimmt man sich das Werk Freuds wieder vor und beginnt bei der *Traumdeutung,* so erinnert man sich, daß der Traum die Struktur eines Satzes hat oder, um dem Buchstaben des Textes zu folgen, eines Rebus, das heißt einer Schrift, deren ursprüngliche Ideographie sich in den Träumen von Kindern darstellen soll und die bei den Erwachsenen eine phonetische und zugleich symbolische Verwendung von signifikanten Elementen *(éléments signifiants)* wieder hervorbringt, wie man sie ganz ebenso in den Hieroglyphen des alten Ägypten und in den in China noch heute gebräuchlichen Schriftzeichen findet.
> Doch bei diesen geht es nur um die Dechiffrierung eines Mittels, während erst mit einer Übersetzung des Textes die Hauptsache beginnt. Von ihr sagt Freud, sie sei in der Ausarbeitung des Traums, das heißt in seiner Rhetorik gegeben. Ellipse und Pleonasmus, Hyperbaton und Syllepsis, Rückgriff, Wiederholung und Apposition sind syntaktische Verschiebungen, Metapher, Katachrese, Autonomasie, Allegorie, Metonymie und Synekdoche sind semantische Verdichtungen, in denen Freud uns die angeberischen und demonstrativen, die heuchlerischen und überzeugenden, die zurückweisenden und verführerischen Intentionen lesen lehrt, mit denen das Subjekt seine Traumrede schmückt."[124]

---

123 Vgl. Jakobson, Der Doppelcharakter der Sprache, S. 173. Vgl. dazu auch bereits oben S. 35 f.

124 Jacques Lacan, Funktion und Feld des Sprechens und der Sprache in der Psychoanalyse, in: ders., Schriften I, S. 107. „Es wäre also völlig verkehrt", so auch Herrmann Lang, „wollte man nach Art eines auf die natürliche Analogie pochenden Symbolismus die Funktion dieser [Traum-, S.L.] Bilder ganz in ihrem unmittelbaren Bildwert aufgehen lassen. Im Gegenteil, das angebliche Idiogramm stellt sich als wirkliches ‚gramma', als Buchstabe, ‚lettre' heraus. (...) Das Bildzeichen geht hier eben nicht in seiner scheinbar unmittelbaren Bedeutung auf, sondern ist, wie Freud sagt, in seiner Zeichenbeziehung selbst zu lesen. (...) Es war ein großer Irrtum, diesen Bereich des Symbolischen von dem der Sprache zu trennen, ein Irrtum, der (...) jede systematische Untersuchung des Symbols zum Scheitern verurteilte, denn für die traditionelle Sichtweise blieb die Wissenschaft von den Symbolen eine Wissenschaft der [Ab-]Bilder. Die Geschichte des bildhaften Symbols findet im Geschick der altägyptischen Hieroglyphen eine bezeichnende Parallele. Diese Ideographie blieb solange ein offensichtlich beliebiges Nebeneinander von unlesbaren Kryptogrammen, ehe nicht Champollion sie als eine Buchstabenschrift zu dechiffrieren gelernt hatte, ehe er nicht aufwies, daß es hier nicht um Bilder, sondern um ‚Phoneme' ging,

Dies bedeutet jedoch keineswegs, wie Castoriadis unterstellt, daß Lacan von der Möglichkeit einer ein-eindeutigen Zuordnung von Wortvorstellungen zu Sachvorstellungen, Signifikanten zu Signifikaten, mithin von einer restlosen Übersetzbarkeit des Traums in die diskursive Sprache des Wachlebens ausgehen würde. Hatte schon Freud betont, daß kein Traum vollständig deutbar sei, daß „jeder Traum mindestens eine Stelle (hat), an welcher er unergründlich ist, gleichsam einen Nabel, durch den er mit dem Unerkannten zusammenhängt“[125], so gewinnt dieser „Nabel des Traums“ gerade bei Lacan systematische Bedeutung für das Verständnis der Traumdeutung und darüber hinaus für das Verständnis des Unbewußten überhaupt. Dieses nämlich spaltet sich auf in ein psychisch Reales, das nicht nur „unerkannt“, sondern unerkennbar bleibt, und die imaginären Produktionen (die psychische Realität im gewöhnlichen Sinn), die dieses Reale umkreisen, die aus ihm entlassen und von ihm angezogen werden, aber nur, *insofern es fehlt.* Das Moment dieser Aufspaltung, Gravitationszentrum der Psyche und Ursprung des psychischen Lebens, hat bereits Freud unter dem Namen „Urverdrängung“ zu fassen versucht und von der gewöhnlichen Verdrängung, die eigentlich nur ein „Nachdrängen“ sei, unterschieden:

> „Wir haben also Grund, eine *Urverdrängung* anzunehmen, eine erste Phase der Verdrängung, die darin besteht, daß der psychischen (Vorstellungs-) Repräsentanz des Triebes die Übernahme ins Bewußte versagt wird. Mit dieser ist eine *Fixierung* gegeben; die betreffende Repräsentanz bleibt von da an unveränderlich bestehen und der Trieb an sie gebunden. (...) Die zweite Stufe der Verdrängung, die *eigentliche Verdrängung,* betrifft psychische Abkömmlinge der verdrängten Repräsentanz oder solche Gedankenzüge, die, anderswoher stammend, in assoziative Beziehung zu ihr geraten sind. Wegen dieser Beziehung erfahren diese Vorstellungen dasselbe Schicksal wie das Urverdrängte. Die eigentliche Verdrängung ist also ein Nachdrängen.“[126]

Egal, wie man dieses „Urverdrängte“ nun faßt, ob als ‚verlorenes Objekt‘, Signifikant, ‚Urvorstellung‘ oder Vorstellungsrepräsentanz des Triebes, entscheidend ist zunächst nur, daß es ein radikal Unbewußtes, einen inneren Ausschluß bildet, der als solcher konstitutives und invariables Element des Unbewußten wird, an das der Trieb fixiert bleibt. Gegen Castoriadis bleibt freilich darauf hinzuweisen, daß Freud, indem er die der Urverdrängung unterliegenden (Sach)Vorstellungen als Triebrepräsentanzen bezeichnet, auf deren signifikantem Charakter besteht: Sie sind das, was ein ursprüngliches Lusterleben in der Psyche an Erinnerungsspuren oder Wahrnehmungsresten hinterlassen hat und was insofern als ursprüngliches Erinnerungszeichen dieses individuierten Lusterlebens fungiert (nur daher auch „mit Affekt besetzt“ ist und den Trieb dauerhaft auf sich, d.h. auf den – unmöglichen – Versuch der Wiederherstellung des ursprünglichen Erlebnisses, festlegen

---

die nur im Ganzen dieser Sprache Sinnerfüllung finden.“ (Herrmann Lang, Die Sprache und das Unbewußte, Frankfurt/M. 1986, S. 115.)

125 Freud, Die Traumdeutung, Studienausgabe Bd. II, S. 130, Anm. 2.

126 Freud, Die Verdrängung, in: Sigmund Freud Studienausgabe Bd. III, Frankfurt/M. 1975, S. 103–118, hier S. 109.

kann). Castoriadis kann – konsequent – am asignifikanten Charakter seiner „Urvorstellung“ auch nur festhalten, indem er gegen Freud behauptet, „daß die ursprüngliche Phantasiebildung – das, was ich radikale Imagination nenne – noch der primitivsten Trieborganisation vorausgeht und noch vor dieser existiert.“[127] Damit ist Freuds Fassung der Phantasie und des Imaginären freilich um ihr Wesentliches gebracht. Mit Freud wäre nämlich darauf zu bestehen, daß die ursprüngliche Phantasiebildung – das, was später als „radikal Unbewußtes“, als Urphantasie oder Phantasma den Kern der Psyche bildet – unmittelbar zugleich „primitive Trieborganisation“ *ist*. Dieser Punkt ist bedeutsam, denn an ihm erhellt auch, daß nach Freud der Trieb (im Gegensatz zum tierischen Instinkt) *keine natürlichen Objekte hat*, sondern der Fixierung an Vorstellungsrepräsentanzen bedarf, um sich auf etwas richten zu können. Diese Gleichursprünglichkeit von Trieborganisation und Phantasiebildung bedeutet aber auch, daß alle späteren und sekundären imaginären Produktionen in gewisser Weise immer von jener primitiven Fixierung, von jenem zentralen Phantasma getragen sind, daß sie auf die urverdrängten Triebrepräsentanzen als ihr Zentrum (ihren „Nabel“) hin gravitieren, ohne es je erreichen zu können (es sei denn in der Psychose). Die ganze Rhetorik der unbewußten wie der bewußten Phantasieproduktion findet sich von diesem Moment der Urverdrängung her organisiert.[128] Die Entkopplung von Phantasiebildung und Trieborganisation bildet so in gewisser Weise den entscheidenden Punkt von Castoriadis' Entwurf: Sie bezeichnet die Stelle, an der sein Begriff des Imaginären in die konventionellen Geleise einer philosophischen „Vermögenslehre“ zurückfällt.

Für das Verhältnis von Imaginärem und Unbewußtem und für die Bestimmung der beiden Begriffe ergibt sich aus dem Gesagten folgendes: Das „radikale Imaginäre“ im Sinne Castoriadis' muß als ein radikal Unbewußtes, strukturell nicht Bewußtseinsfähiges begriffen und kann insofern als psychisch Reales bezeichnet werden. Von ihm allein gilt, was Luhmann, in der ihm eigenen lapidaren Art, vom Unbewußten insgesamt behauptet: „Nun, das Unbewußte ist ja unbewußt. Darüber kann man ja nichts sagen.“[129] Was freilich nicht bedeutet, daß das Unbewußte für die Gesellschaftstheorie eine *quantité* oder *qualité négligeable* darstellen müßte, denn daß man *darüber* nichts sagen kann, hindert nicht, daß es Wirkungen zeitigt: „Zu leicht“, so Freud, vergessen wir, „daß die Verdrängung die Triebrepräsentanzen nicht daran hindert, im Unbewußten fortzubestehen, sich weiter zu organisieren, Abkömmlinge zu bilden und Verbindungen anzuknüpfen. Die Verdrängung stört wirklich nur die Beziehung zu einem psychischen System, dem des Bewußten.“[130] Mit Wirkungen oder „Abkömmlingen“

---

127 Castoriadis, Gesellschaft als imaginäre Institution, S. 476.

128 Vgl. dazu auch Susanne Lüdemann, Jenseits des Realitätsprinzips. Struktur und Funktion des Phantasmas, in: Stephan Porombka u. Susanne Scharnowski (Hg.), Phänomene der Derealisierung, Wien 1999, S. 155–166.

129 „Es gibt keine Biographie.“ Wolfgang Hagen im Gespräch mit Niklas Luhmann, Sendung von Radio Bremen, Okt. 1997.

130 Freud, Die Verdrängung, S. 110.

des radikal Unbewußten haben wir es mithin im Bereich des „aktualen Imaginären" zu tun, d.h. im Bereich derjenigen imaginären Produktionen, die bereits signifikanter Organisation unterworfen und *dadurch* bewußtseinsfähig sind. Wenn wir im gewöhnlichen Sinn vom Imaginären reden, reden wir also von Gebilden, die immer schon strukturiert, immer schon mit Symbolischem legiert sind, und das gilt für Halluzinationen, Träume und Phantasmen ebenso wie – evidenterweise – für ein Gedicht oder einen Mythos. In unterschiedlicher Weise reichen freilich die unbewußten Tendenzen der einzelnen in die Produktion (und Rezeption) dieser Gebilde hinein. Von der „absoluten Egozentrik" (Freud) des Traums, den singulären Produktionen des individuierten Unbewußten, bis hin zum kollektiven Imaginären, wie es sich etwa in Mythen, Legenden, politischen Ideologien, aber natürlich auch in der alltäglichen Produktion der Massenmedien niederschlägt und konstituiert, reicht die Spannweite der primären und sekundären Bearbeitungen unbewußten Materials. Wenn Freud, gegen Jungs Lehre von den Archetypen, immer wieder darauf besteht, daß es ein kollektives Unbewußtes, etwa im Sinne einer feststehenden Reihe kollektiver ‚Urvorstellungen', nicht gibt, so wird indes auch er nicht müde, eine ganze Reihe typischer Themen zu benennen, die er in den „Familienromanen" seiner Neurotiker ebenso auffindet wie in der Dichtung und im Mythos. Unter dem Namen „Urphantasien" hat er versucht, diese Themen zu extrapolieren und sie, da sie individualgeschichtlich nicht ableitbar waren, einer phylogenetischen Erklärung zuzuführen. Wenn nun auch diese phylogenetische Erklärung, die Rückführung jener typischen Phantasien auf etwas, das in der Urzeit der menschlichen Familie einmal Realität gewesen sein soll, selbst nichts anderes als eine sekundäre imaginäre Bearbeitung dieser Phantasien, mithin einen Mythos darstellt[131], so erfüllt dieser Mythos, wie Jean Laplanche und Jean-Bertrand Pontalis zeigen, doch eine sehr genaue Funktion:

> „Wenn sich hinter der Verschiedenheit der individuellen Fabulierungen gewisse ‚typische Phantasien' entdecken lassen, so liegt das daran, daß die Ereignisgeschichte des Individuums nicht das *primum movens* ist; vielmehr muß man ein vorgängiges Schema zugrundelegen, das als ‚Organisator' zu wirken vermag. Um sich über diese Vorgängigkeit klar zu werden, sieht Freud nur ein Mittel: die phylogenetische Erklärung. (...) Man ist versucht, in dieser [von Freud angenommenen, prähistorischen, S.L.] ‚Realität', die das Spiel der Phantasie prägt und ihm ihr Gesetz auferlegt, eine Vorform jener ‚symbolischen Ordnung' zu sehen, wie Lévi-Strauss und Lacan sie bestimmten, wobei sie deren Aufbau und Wirksamkeit auf den Gebieten der Ethnologie und Psychoanalyse nachwiesen. Die in die Prähistorie des Menschen verlegten Szenen, deren Verlauf *Totem und Tabu* nachzuzeichnen beansprucht, und die dem Urmenschen und dem Urvater zugeordnet werden, hat Freud wohl weniger herangezogen, um eine Realität aufzufinden, die sich ihm auf der Ebene der Individualgeschichte entzieht, als vielmehr *um ein Imaginäres zu begrenzen, das sein eigenes Organisationsprinzip nicht in sich selbst enthalten und somit*

131 Vgl. dazu Susanne Lüdemann, Sündenfall und Vatermord. Freuds Rede vom Ursprung, in: dies., Mythos und Selbstdarstellung. Zur Poetik der Psychoanalyse, Freiburg 1994, S. 117–142.

> *auch nicht den ‚Kern des Unbewußten' bilden kann.* (...) In dieser mythischen *Prähistorie* der Gattung kommt der Anspruch auf eine dem Subjekt unzugängliche *Prä-Struktur* zum Ausdruck."[132]

Fragt man sich nun, wovon denn diese Urphantasien (Urszene, Kastration, Verführung) handeln, so stellt man fest, daß sie ihrerseits Phantasien über den Ursprung darstellen (denen Freud gewissermaßen auf den Leim gegangen wäre, indem er den *Inhalt* der Phantasien als eine Art *Abbild* urgeschichtlicher Realität entzifferte):

> „Urphantasien: in der Urszene wird der Ursprung des Individuums [der Moment der Zeugung, S.L.] bildlich dargestellt; in der Verführungsszene ist es der Ursprung, das Auftauchen der Sexualität; in den Kastrationsphantasien ist es der Ursprung des Geschlechtsunterschieds. (...) Konvergenz von Thema, Struktur und zweifellos auch der Funktion: im Hinweis oder Indiz, den das Wahrnehmungsfeld liefert, im konstruierten Szenario, in der jeweiligen Suche nach den Anfängen stellt sich auf der Szene der Phantasie dasjenige dar, was das Individuum selbst ‚urspringt' *(ce qui ‚origine' le sujet lui-même).*"[133]

Die Urphantasien sind darüber hinaus „Strukturphantasien", insofern sie allesamt und über die verschiedenen Inhalte hinweg „das Einfügen der im radikalsten Sinne begründenden Symbolik ins Reale des Körpers ausdrücken", seine differentielle Markierung, und zwar „mittels eines Szenariums des Imaginären, das vorgibt, sich dieses Einfügens wieder zu bemächtigen."[134] Das traumatische Moment der ‚Urverdrängung' – Einbruch der symbolischen Ordnung ins biologisch Reale, Unterwerfung des Körpers unter eine erste Form signifikanter Organisation, erstes Auseinandertreten von Psyche und Soma – wäre es mithin, das den Urphantasien, sie motivierend, zugrundeliegt, ohne jedoch *als solches* symbolisierbar zu werden. Bereits die Urphantasien erscheinen so als sekundäre Bearbeitungen eines Traumas, imaginäre Bemächtigungsversuche eines Ursprungs, der als realer fehlt (nicht symbolisierbar ist) und immer fehlen wird, weil das Reale dem ‚Sprechwesen Mensch' nur auf dem Umweg über nachträgliche „Repräsentanzen" (Triebrepräsentanzen, Vorstellungsrepräsentanzen) zugänglich, und das heißt eben: *als solches unzugänglich* ist:

> „Wir sind nicht direkt an die Dinge angeschlossen, zwischen die Wahrnehmung der Dinge und das Subjekt schiebt sich die Vorstellung, eine psychische Instanz mit all ihren unbewußten Implikationen. Vorstellungen gibt es nur, weil es die Sprache gibt, den Schleier der Worte, der uns von den Dingen trennt. Der Schleier fällt nie, und wenn er fällt, dann befinden wir uns im Diesseits von Vernunft und Sprache, gleich jenem autistischen Kind, das sich in den Spiegel stürzt, um ‚das da' zu fassen – ‚das da', das keinen Namen hat."[135]

---

132 Jean Laplanche und Jean-Bertrand Pontalis, Urphantasie. Phantasien über den Ursprung, Ursprünge der Phantasie, Frankfurt/M. 1992, S. 37–39 (Hervorhebung S.L.).

133 Ebd. S. 42–43.

134 Ebd.

135 Legendre, L'image ou la division sacré/profane, S. 23.

Bereits die „allerursprünglichsten" Triebrepräsentanzen, festgehaltene „Erinnerungsreste" (Freud) von Befriedigungserlebnissen, müssen daher als Metaphern im vollen, ‚unmetaphorischen' Sinn dieses Wortes gelten, sobald sie zu Zeichen dieses Erlebnisses werden, die sich wiederholen lassen. In der „Halluzination der Mutterbrust" etwa, in der das Kind nach Freud auf die „Wiederherstellung von Wahrnehmungsidentität", Wiederholung des Befriedigungserlebnisses in Abwesenheit der Mutter zielt[136], ist die noch namenlose Sachvorstellung (etwa ein Konglomerat von Geruchs-, Geschmacks- und Tastempfindungen) bereits Metapher dessen, was fehlt – worin Objekt (Brust), Subjekt (Mund) und Erlebnis freilich noch ungeschieden sind. Deutlich wird dabei auch, daß das Objekt seinen Objektcharakter erst als Vorstellung, als das Element einer imaginären Komposition gewinnt. Dazu schreibt Lacan:

> „Was auf der Ebene des Lustprinzips abläuft, ist zwischen Wahrnehmung und Bewußtsein angesiedelt. Nämlich was? – die Denkvorgänge, und zwar insoweit sie durch das Lustprinzip die Besetzung der *Vorstellungen* regulieren, und die Struktur, in der sich das Unbewußte organisiert, die Struktur, in der das Unterhalb der unbewußten Mechanismen ausflockt, das, was das Klümpchen Vorstellung macht, nämlich etwas, das dieselbe Struktur hat – auf diesem Punkt beharre ich – wie der Signifikant. Das ist nicht einfach *Vorstellung*, sondern, wie Freud später in seinem Aufsatz *Das Unbewußte* schreibt, *Vorstellungsrepräsentanz*, also das, was aus der Vorstellung ein assoziatives, kombinatorisches Element macht. Damit ist die Welt der *Vorstellung* bereits organisiert nach den Möglichkeiten des Signifikanten als solchen. Bereits auf der Ebene des Unbewußten ist hier Organisation nach Gesetzen, die, wie Freud sehr wohl gesagt hat, nicht unbedingt die Gesetze des Widerspruchs, auch nicht der Grammatik sind, sondern die Gesetze der Verdichtung und Verschiebung, diejenigen, die ich für Sie die Gesetze von Metapher und Metonymie nenne."[137]

Daß bereits die „Urphantasien" als imaginäre Bearbeitungen, *ursprüngliche metaphorische Substitution eines fehlenden Ursprungs,* eines verlorenen oder gerade in seiner Substitution ausgeschlossenen Realen gelten muß, heißt aber umgekehrt auch, daß ein einziger rhetorischer Bogen sich von den „privatesten" unbewußten Phantasien bis hin zu den „öffentlichsten" und offiziellsten Imaginationen, beispielsweise von Staat und Gesellschaft, Geburt und Tod, Geschlechterdifferenz und Herrschaft, spannt. Theorie und Mythos bearbeiten in gewisser Weise dieselben Probleme, dieselben „Rätsel" wie die unbewußten Phantasien der einzelnen: auch sie versuchen, den Grund zu sagen, aus dem etwas ist (oder nicht ist), und auch sie müssen die Arbeit der Begründung nur leisten, weil der Grund als ein realer fehlt. Auch Theoriearbeit ist stets ein Stück „Ursprungskonstruktion" (oder setzt diese, als Axiomatik oder sogenannte „Grundlagenforschung", voraus) und erliegt, wenn sie dies vergißt, nur der positivistischen Illusion, dem *effet de*

---

136 Freud, Entwurf einer Psychologie, Frankfurt/M. 1987, S. 424.

137 Jacques Lacan, Die Ethik der Psychoanalyse. Das Seminar Buch VII, Weinheim / Berlin 1996, S. 77–78.

réel ihrer eigenen konstruierenden Rede. Das heißt aber auch, daß jede wissenschaftliche Theorie mythische oder imaginäre Anteile enthält, die ihr nicht akzidentell sind, sondern gerade ein Wesentliches ihrer gesellschaftlichen Funktion betreffen. Wie Pierre Legendre ausführt, ist die Funktion unserer wissenschaftlichen, ästhetischen und medialen Produktion wesentlich mythologisch:

> „Die Säkularisierung (...) impliziert eine Verschiebung der mythologischen Funktion: vom klassischen Bereich des Religiösen hin zu den modernen Instanzen der inauguralen Rede. (...) Es handelt sich dabei um jenes Bündel nicht-juridischer, dennoch aber normativer Reden, die in der Gesellschaft das Gründungsbild fabrizieren, mit dem die Subjekte dann leben und funktionieren können. In den Industriegesellschaften sind das die Ideologien und die ästhetischen, wissenschaftlichen und medialen Produktionen. Sie haben diese Funktion *institutionell* inne, das heißt sie verdanken sie nicht ihren expliziten Inhalten (die von den Intentionen der jeweiligen Autoren zeugen), sie verdanken diese Funktion vielmehr dem Platz, den sie in einer Gesellschaft symbolisch einnehmen, um dort die Referenz zu repräsentieren. Von der Struktur her gesehen besetzen Ideologie, Kunst, Wissenschaft, Werbung und Medien den Platz, von dem aus die einstigen Theologien und Mythen früher ihr Lehramt ausübten. Sie funktionieren also als Embleme (...), und sie üben dieselben normativen Wirkungen aus."[138]

Wir begreifen diese Ausführungen als Vorschlag, wissenschaftliche Theorien gerade auch von ihrem emblematischen, von ihrem Bild-Wert her zu lesen. Analog zu Freuds Metapher vom „Nabel des Traums" wäre von einem „Nabel der Theorie" auszugehen, jener (mindestens) einen Stelle, durch die sie „mit dem Unerkannten zusammenhängt" und die ihr – organisierendes und strukturierendes – Gravitationszentrum bildet. Das heißt auch, daß jede Theorie – Gesellschaftstheorie zumal – in ihrem Zentrum eine (politische) Ikonographie mit sich führt, eine „Hintergrundmetaphorik", die unbewußte Phantasmen ebenso manipuliert wie sie, von der bewußten Kontrolle der Autoren niemals ganz zu steuern, von ihnen manipuliert wird: Was als „List der Vernunft" gemeint sein kann, schlägt oft genug auf die Struktur der Texte, ja auf die Wahrnehmung des wissenschaftlichen Gegenstands, diesen erst konstituierend, zurück. Es bleibt die Aufgabe der Interpreten (die freilich durch die Brille ihrer eigenen Phantasmen lesen), diejenigen Stellen (wieder)aufzufinden, an denen die Begriffe der Theorie mit den sie motivierenden und unterhalb ihrer „ausflockenden" Phantasmen in Verbindung stehen (was nicht heißt, darauf sei ausdrücklich verwiesen, die phantasmatische Psychoanalyse ihrer Autoren zu betreiben).[139]

---

138 Legendre, Das Verbrechen des Gefreiten Lortie, S. 119, Anm. 18; S. 71. Vgl. auch ders., Le désir politique de Dieu, Leçons VII, Paris 1988, S. 86: „Keine Gesellschaft ist je regiert, keine Menschheit je in Gang gesetzt worden ohne die ästhetische Metapher der Embleme."

139 Natürlich wäre es sehr interessant, unter diesem Aspekt auch die Metapherngeschichte der Psychoanalyse selbst zu schreiben, jene „eigene Bildersprache der Tiefenpsychologie" (Freud) auf die sie motivierenden Phantasmen hin zu befragen. Für das Werk Freuds wäre als „Gravitationszentrum" vermutlich die inaugurale Zentralmetapher vom „psychischen Apparat" anzusetzen, den er vom Entwurf einer Psychologie bis zur Notiz über den Wunderblock und darüber

4.2 Die Metapher als ursprüngliches Supplement. Hans Blumenbergs „Anthropologische Annäherung an die Aktualität der Rhetorik“

In seinen verschiedenen Forschungen zur Metapherngeschichte hat Hans Blumenberg solche Verbindungslinien zwischen Begriffen und Bildern aufgezeigt, wenn auch ohne explizites Interesse an einer Theorie des politischen Imaginären und ohne triebtheoretische Implikationen. Schon in seinen *Paradigmen zu einer Metaphorologie* von 1960 prägte er den Begriff der „absoluten Metapher“ für solche Wortübertragungen, „die sich nicht ins Eigentliche, in die Logizität zurückholen lassen“ und schlug vor,

> „das Verhältnis von Phantasie und Logos neu zu durchdenken, und zwar in dem Sinne, den Bereich der Phantasie nicht nur als Substrat für Transformationen ins Begriffliche zu nehmen – wobei sozusagen Element für Element aufgearbeitet und umgewandelt werden könnte bis zum Aufbrauch des Bildervorrats –, sondern als eine katalysatorische Sphäre, an der sich zwar ständig die Begriffswelt bereichert, aber ohne diesen fundierenden Bestand dabei umzuwandeln oder aufzuzehren.“[140]

Erkenntnisleitend ist dabei auch für Blumenberg das Interesse an der „Substruktur des Denkens“, dem „Untergrund“, der „Nährlösung“[141] begrifflicher Kristallisationen, wenn diese auch als „Lebenswelt“ letztlich unterbestimmt bleibt. Wichtiger als die phänomenologische Auslegung jener „Substruktur“ ist für unseren Zusammenhang zunächst, daß auch Blumenberg den „Motivierungsrückhalt aller Theorie“[142] weder in ihr selbst noch in einem weiter nicht ableitbaren „Willen zur Wahrheit“ vermutet, sondern diesen selbst erst als das abgeleitete Resultat pragmatischer Begründungs- und politischer Handlungszwänge begreift; „Handeln“ dabei verstanden als „die Kompensation der Unbestimmtheit des Wesens Mensch“, seiner „Instinktarmut“ also, die ihn zwingt, an die Stelle fehlender „substantieller Regulationen“ das (Be)Gründungsgefüge von Normen und Institutionen zu setzen.[143] Eben

hinaus als Schreibmaschine konzipiert. (In der Traumdeutung finden sich aber auch häufige Vergleiche mit optischen Apparaten.) Lacans Vorliebe für Mathematisierungen dürfte dagegen dem Versuch geschuldet sein, eine bildlose Sprache zu finden, eine Sprache, die das Band zwischen Phantasma und Begriff gekappt hat. Monique David-Ménard (Les constructions de l'universel. Psychanalyse, philosophie, Paris 1997) entziffert das darin verborgene Phantasma der Universalität.

140 Blumenberg, Paradigmen, S. 10–11.

141 Ebd. S. 13.

142 Blumenberg, Ausblick, in: ders., Schiffbruch mit Zuschauer, S. 87.

143 Hans Blumenberg, Anthropologische Annäherung an die Aktualität der Rhetorik, in: ders., Wirklichkeiten, in denen wir leben, Stuttgart 1993, S. 104–136, hier S. 108; 115.

in dieser „rückwärtigen Verbindung" der Theorie „zur Lebenswelt"[144], zu einem „implikativen Wissensbedürfnis"[145] mithin, das Antwort sucht auf Fragen der Praxis (und deshalb ‚letzte Fragen' stellen muß), sieht Blumenberg denn auch die unaufhebbare Angewiesenheit aller Theorie auf „Rhetorik": „Handeln ist die Kompensation der ‚Unbestimmtheit' des Wesens Mensch, und Rhetorik ist die angestrengte Herstellung derjenigen Übereinstimmungen, die anstelle des ‚substantiellen' Fundus an Regulationen treten müssen, damit Handeln möglich wird. (...) Rhetorik schafft Institutionen, wo Evidenzen fehlen."[146] Evidenzen aber fehlen, weil „der menschliche Wirklichkeitsbezug (...) indirekt, umständlich, verzögert, selektiv und vor allem ‚metaphorisch' (ist)"[147], mit anderen Worten: auf die Instanz der Vorstellung angewiesen bleibt. Das „Prinzip des unzureichenden Grundes *(principium rationis insufficientis)*" als „Hauptsatz aller Rhetorik" verlangt nach einer institutionellen „Substitution" oder „Verkleidung" dessen, was im Realen oder als Reales mangelt; weswegen es denn auch „nicht zu verwechseln (ist) mit einem Postulat des Verzichtens auf Gründe."[148] Im Gegenteil: Daß der Grund fehlt, schafft erst die „Notwendigkeit" – und die Möglichkeit! –, das „Unverfügbare" durch das „Verfügbare" zu ersetzen, im Symbolischen zu (be)gründen, was im Realen grund-los ist. Die Analogie zu Freuds Figur der Urverdrängung ist unübersehbar, wenngleich Blumenberg, anders als Freud, sich jeglicher Spekulation über den Grund dieser Grundlosigkeit enthält: Wo Freud mit der Urverdrängung ein dynamisches Moment einführt und damit, notwendigerweise selbst ursprungsmythisch, jenen ‚Augenblick' zu fassen sucht, in dem das Reale zugunsten seiner ursprünglichen metaphorischen Substitution in Triebrepräsentanzen, Vorstellungsrepräsentanzen oder ‚Urphantasien' verlorengeht, begnügt Blumenberg sich, gestützt auf die Institutionentheorie Arnold Gehlens, mit der einfachen Feststellung „biologischer Indisposition" des „Mängelwesens Mensch". Die daraus folgende Umkehrung des Verhältnisses von Natur und Kultur ist aber hier wie dort dieselbe: Während „eine Anthropologie des ‚reichen' Menschen (...) auf der Basis einer gesicherten, zumindest unbefragten biologischen Existenz Schicht um Schicht das Kulturgehäuse der ‚symbolischen Formen' emporwachsen (läßt)", Kultur mithin als ‚organischen' Ausdruck eines natürlichen, der symbolischen Form invariant je schon vorgegebenen Substrats begreift, folgt eine Anthropologie des ‚armen' Menschen dem Verdacht, daß selbst schon die biologische Existenz des Menschen (mit Freud gesprochen: seine Trieborganisation) „gerade erst das *Resultat* derjenigen [substitutiven, S.L.] Leistungen ist", die ihm „als ‚wesentlich' zugesprochen werden."[149] Daß „es nicht selbstverständlich (ist), daß der Mensch existieren kann", könnte als „erste Aussage einer Anthropologie"[150] ebensogut von Freud wie von Blumenberg stam-

144 Blumenberg, Ausblick, in: ders., Schiffbruch mit Zuschauer, S. 87.
145 Blumenberg, Paradigmen, S. 25.
146 Blumenberg, Anthropologische Annäherung, S. 108; 110.
147 Ebd. S. 115.
148 Ebd. S. 124–125.
149 Ebd. S. 114.
150 Ebd.

men, und der von Blumenberg erhobenen anthropologischen Forderung, „das vermeintlich ‚Natürliche' (...) zu destruieren und seiner ‚Künstlichkeit' im Funktionssystem der menschlichen Elementarleistung ‚Leben' zu überführen"[151], ist Freud zumindest im Bezug auf die menschliche Sexualität sozusagen *avant la lettre* längst nachgekommen. In Einklang mit psychoanalytischen Denkfiguren steht schließlich auch Blumenbergs Zentralbefund, der menschliche Wirklichkeitsbezug sei nicht nur zufällig und gelegentlich, sondern konstitutionell metaphorisch, insofern die Metaphernbildung den Elementarvorgang der ursprünglichen Supplementierung biologischen Mangels durch die Institution von Bildern und Symbolen darstellt:

> „Die Metapher ist nicht nur ein Kapitel in der Behandlung der rhetorischen Mittel, sie ist signifikantes Element der Rhetorik, an dem ihre Funktion dargestellt und auf ihren anthropologischen Bezug gebracht werden kann. (...) Dabei konvergieren die anthropologischen Zugänge zur Rhetorik auf eine zentrale deskriptive Feststellung: der Mensch hat zu sich selbst kein unmittelbares, kein rein ‚innerliches' Verhältnis. Sein Selbstverhältnis hat die Struktur der ‚Selbstäußerlichkeit'",

d.h. die Struktur der „Extimität", um einen gelungenen Ausdruck Lacans zu verwenden. Anthropologie hat demgemäß

> „nur noch eine ‚menschliche Natur' zum Thema, die niemals ‚Natur' gewesen ist und es nie sein wird. Daß sie in metaphorischen Verkleidungen auftritt – als Tier und als Maschine, als Sedimentenschichtung und als Bewußtseinsstrom, in Differenz oder in Konkurrenz zu einem Gott –, berechtigt nicht zu der Erwartung, sie werde am Ende aller Konfessionen und aller Moralistik enthüllt vor uns liegen. Der Mensch begreift sich nur über das, was er nicht ist, hinweg. Nicht erst seine Situation, sondern schon seine Konstitution ist potentiell metaphorisch."[152]

Von hier bis zum Befund Lacans, das Subjekt sei selbst eine Metapher, ist der Weg nicht mehr weit – Blumenbergs Einsicht, daß das Subjekt der Geschichte nicht „entdeckt" oder „bewiesen", sondern „ernannt", d.h. metaphorisch instituiert wird, weist in diese Richtung.[153] Daß Metaphern einerseits, wie Blumenberg betont, selbst Geschichte haben, daß Geschichte sich andererseits in Form metaphorischer „Umbesetzungen" von „Systemstellen" (wie z.B. der des Geschichtssubjekts) vollzieht, müßte freilich eine andere rhetorische Figur ins Spiel bringen, die mindestens der Psychoanalyse teuer ist: neben der „Verdichtung" die „Verschiebung", neben der Metapher die Metonymie. Die „Metakinetik geschichtlicher Sinnhorizonte und Sichtweisen", die „der historische Wandel einer Metapher", mehr aber noch der Metaphern*shift* – die Umstellung etwa von organi-

---

151 Ebd. S. 115

152 Ebd. S. 116; 134–135.

153 Vgl. ebd. S. 129: „Nicht zufällig hat der Akt, durch den das Subjekt der Geschichte bestimmt und legitimiert wird, den Namen einer fundierenden rhetorischen Figur getragen als translatio imperii. ‚Übertragungen', metaphorische Funktionen spielen hier immer wieder eine wesentliche Rolle."

scher auf mechanische Hintergrundmetaphorik in der Gesellschaftstheorie – „zum Vorschein bringt“[154], der *Wechsel* metaphorischer „Verkleidungen“ mithin, muß neben der Frage nach der Semantik auch die nach der Logik solcher „Umbesetzungen“, ihrer „Syntax“, aufwerfen. Daß bestimmte Vorstellungen sich gegenüber anderen Vorstellungen im Bewußtsein durchsetzen und so den jeweiligen Status des *belief* konstituieren, brachte bereits Hume mit einem diesen Vorstellungen anhaftenden „Energiequantum“ in Verbindung: „When I am convinc'd of any principle, 'tis only an idea, which strikes more strongly upon me.“[155] „Nicht mehr die Wahrheit *hat* hier eine Macht“, so Blumenberg, „sondern, was Macht über uns hat, legitimieren wir theoretisch als das Wahre.“[156] Warum eine Vorstellung „Macht“ über uns hat und was das heißt, bleibt hier freilich ungeklärt. Indes verweist Humes „Energiequantum“ zurück – oder vielmehr voraus – auf die von Freud herausgestellte Tatsache, daß Vorstellungen niemals neutral, sondern stets – ob bewußt oder unbewußt – *affektbesetzt* sind. Als „Verschiebung“ (Blumenbergs „Umbesetzung“) bezeichnet Freud die Tatsache, daß das einer Vorstellung anhaftende Affektquantum sich von dieser lösen und auf andere, ursprünglich weniger intensive Vorstellungen übergehen kann, die mit der ersten durch eine Assoziationskette verbunden sind. Die „Macht“, die eine Vorstellung über uns hat, hängt in dieser Perspektive wesentlich von dem Maß an Besetzungsenergie (dem Affektbetrag) ab, den sie über die von ihr ausgehenden oder in sie einmündenden Assoziationsketten auf sich zu bündeln vermag. „Evidenz“ ist hier nicht mehr eine Frage „affektfreier“ Wahrheit, sondern eine Frage der psychischen Energien, die eine Vorstellung mobilisiert. Blumenbergs These einer „rückwärtigen Verbindung“ der Theorie zur „Lebenswelt“, zu jenem „implikative(n) Fragen“, das „sich immer wieder in Metaphern ‚ausgelebt‘ und aus Metaphern Stile von Weltverhalten induziert (hat)“[157], bedarf der Ergänzung um eine „Affektenlehre“, um in Richtung auf einen vollen Begriff des sozialen und politischen Imaginären tragfähig zu werden: Die „*vérité à faire*“[158] der Metapher ist wesentlich eine solche des Affekts. Und wenn Pierre Legendre darauf hinweist, daß wir „in unseren rationalisierten Gesellschaften (...) zwar die Idee eines sozialen Imaginären (akzeptieren), aufgrund der modernen Denkpolizei (...) aber weit davon entfernt (sind), alle Schlußfolgerungen aus diesem Begriff tatsächlich auch zu ziehen“[159], so läßt sich nun ergänzen, daß diese „Schlußfolgerungen“ im wesentlichen „die Zirkulation zwischen Bildern und Trieben“ zum Thema haben müssen. Stellt diese Zirkulation „sozial und politisch ein äußerst wichtiges Phänomen dar“, so müssen „die Techniken der Verschränkung von Kultur und Subjektivität“, der „Zugriff der Institutionalität auf die Triebe“[160]

154 Blumenberg, Paradigmen, S. 13.
155 David Hume, Treatise on human nature (1738), New York 1963, I.3, 7–8.
156 Blumenberg, Paradigmen, S. 22.
157 Ebd. S. 25.
158 Ebd.
159 Legendre, Das Verbrechen des Gefreiten Lortie, S. 118.
160 Ebd. S. 132; 134.

neu und anders bedacht werden als bisher. Als „Denkpolizei" haben sich dabei bis jetzt die wissenschaftliche Disziplinentrennung und ein (immer noch) positivistischer Wissenschaftsbegriff ebenso ausgewirkt wie die klassische Fassung des Imaginären als „Einbildungskraft", ein „Vermögen" also, das nicht nur gegenüber Verstand und Vernunft in der philosophischen Tradition stets abgewertet, sondern dessen für die *physische* Realität des Menschen konstitutive Funktion aufgrund des klassischen Leib/Seele-Dualismus systematisch verkannt wurde. Gegen Foucault wäre einzuwenden, daß Politik nicht erst in der Moderne, sondern immer schon Bio-Politik in dem präzisen Sinne war, daß das menschliche Leben, um gelebt werden zu können, instituiert werden muß. Daß das Imaginäre des Menschen nicht „im Geist", sondern „am Körper" ansetzt (Lacan), wird aber erst mit und nach Freud beschreibbar: Blumenbergs Verdacht, aufgrund seiner „biologischen Indisposition" sei möglicherweise schon die physische Existenz des „Mängelwesens" Mensch das Resultat einer ursprünglichen substitutiven Leistung, findet psychoanalytische Bestätigung in der Entdeckung des *Körperbilds* als Mittler zwischen dem Subjekt und seiner eigenen biologischen „Realität": Im Unterschied zum *Körperschema* handelt es sich dabei um die unbewußte Vorstellung, die jeder einzelne Mensch von seinem Körper hat. Das Körperbild

> „strukturiert sich durch Kommunikation zwischen Subjekten und durch die Tag für Tag erinnerte Spur der frustrierten, unterdrückten oder verbotenen Lust (...). Darin ist es ausschließlich auf das Imaginäre zu beziehen, auf ein intersubjektives Imaginäres, das beim Menschen ganz von der symbolischen Dimension gezeichnet ist."[161]

Man muß sich davor hüten, so wiederum Pierre Legendre, „die Triebe als eine Art Reservoir blinder und roher Energie zu betrachten. Die Psychoanalyse hat gezeigt, daß der Begriff des Triebs dazu zwingt, das Gesamt der menschlichen Konstitution miteinzubeziehen. Das heißt: Das Biologische ist als Instanz der Vorstellung zu betrachten, und folglich geht es um den Bezug zu den Bildern."[162]

---

161 Françoise Dolto, Das unbewußte Bild des Körpers, Weinheim / Berlin 1987, S. 21. Dolto nennt das Körperbild auch „die unbewußte symbolische Verkörperung des begehrenden Subjekts" (ebd. S. 20) und weist darauf hin, daß einem „gesunden" Körperschema durchaus ein beschädigtes Körperbild entsprechen kann und umgekehrt: dem Körperbild kann ein Körperteil „fehlen" (symbolisch nicht repräsentiert sein), der in Wirklichkeit sehr wohl vorhanden ist (was sich dann z.B. in Anästhesien oder hysterischen Lähmungen niederschlagen kann), während eine körperliche Behinderung in der Realität keineswegs einen entsprechenden „Defekt" des Körperbilds nach sich ziehen muß. Die von Psychologen, Phänomenologen und Philosophen so vielfach bedachten „Phantomschmerzen" könnten darin ihren Grund haben, daß das unbewußte Körperbild, etwa eines Beinamputierten, das fehlende Glied nach wie vor einschließt. Klaus Theweleit (Das Land, das Ausland heißt. Essays, Reden, Interviews zu Politik und Kunst, München 1995, S. 18) gibt zu bedenken, daß die Körperimago ebensogut „Körperteile anderer Menschen einschließen" wie „eigene Körperteile ausschließen" kann.

162 Legendre, Das Verbrechen des Gefreiten Lortie, S. 134. Freud begreift den Trieb als „Grenzbegriff des Somatischen gegen das Seelische", als einen „psychischen Repräsentanten organischer Mächte"; vgl. Freud, Über einen autobiographisch beschriebenen Fall von Paranoia, in: Sigmund Freud Studienausgabe Bd. VII, Frankfurt/M. 1973, S. 133–204, hier S. 196; Drei Ab-

Und auch Legendre kommt in diesem Zusammenhang auf den Begriff der Urverdrängung zu sprechen:

> „Wo es um die Frage der Bilder und der Vorstellung geht, kommt man nicht umhin, auch das miteinzubeziehen, was Freud die *Urverdrängung* genannt hat. (...) Hinter diesem dynamischen Begriff verbirgt sich die Idee eines inauguralen Augenblicks für das menschliche Wesen. Und darauf möchte ich insistieren. Das junge Subjekt findet aus der ursprünglichen Dunkelheit heraus, aus der Vorstellung ohne Worte, aus einem Chaos. Was seinen Platz aufgeben muß und dem Wort überlassen wird, ist die opake Sache *(das Ding)*, man könnte auch sagen: die animalische, die instinktuelle Seite des Menschen. Die Urverdrängung läßt sich entsprechend als das Auftauchen oder Auftreten der Vorstellung verstehen. *Das, wovon man nicht sprechen kann,* erobert sich mit den Worten des Ursprungsmythos seinen metaphorischen Status."[163]

Entscheidend dabei ist, daß die „Bilder", durch die das Reale als „opake Sache" verdrängt bzw. als Instanz der Vorstellung, als *Realität*, erzeugt/organisiert wird, „sozialisierte Bilder" sind – „Bilder, aus denen sich zu einem wesentlichen Teil die individuellen Triebe speisen, wobei die Triebe umgekehrt wieder auf die Bilder zurückschlagen."[164] Die Triebökonomie der einzelnen ist an die „Metakinetik" sozialisierter Bilder gebunden.

Die sozialisierten – und sozialisierenden – Bilder, die im folgenden untersucht werden, sind Metaphern der Gesellschaft (im subjektiven wie im objektiven Sinn des Genitivs): Selbstbeschreibungen von Kollektiven, in denen diese sich ihr „als Gegenständlichkeit unerreichbare(s) Ganze(s) ‚vertretend' vorstellig machen."[165]

---

handlungen zur Sexualtheorie, in: Sigmund Freud Studienausgabe Bd. V, Frankfurt/M. 1972, S. 37–145, hier S. 76 f.

163 Legendre, Das Verbrechen des Gefreiten Lortie, S. 135.

164 Ebd. S. 134.

165 Blumenberg, Paradigmen, S. 25.

Teil II

Interpretationen zur Soziologie und Sozialphilosophie

1 Gesellschaftsmetaphorik in der griechisch-römischen Antike und bei Paulus

1.1 Die politische Gesellschaft als *soma* oder *corpus* (Platon, Aristoteles, Stoa)

Organismus-Analogien sind auch der Staatslehre von Alters her nicht fremd: „Vergleiche zwischen dem menschlichen Körper (...) und staatlichen oder anderen sozialen Gebilden gehören mit wenigen Ausnahmen[1] zum festen Bestand der antiken und mittelalterlichen Sozialphilosophie."[2] Der „am besten verwaltete Staat" ist nach Platon derjenige, „der am nächsten der Einheit eines Menschen kommt": „Wenn uns zum Beispiel ein Finger verletzt wird, so merkt das die ganze Gemeinschaft vom Leib bis hinein zur Seele, die einheitlich geordnet ist im Dienst des einen Herrn, und leidet mit als ganze mit dem Schmerz eines Teiles; wir sagen daher: der Mensch hat einen Schmerz am Finger." Ebenso hat auch der vollkommene Staat einen ‚Schmerz' am einzelnen Bürger: „Wenn nun ein einziger Bürger ein (...) Unglück erleidet, dann wird ein solcher [einheitlich geordneter, S.L.] Staat am ehesten es als das seine bezeichnen und als ganzer mitleiden."[3] Der Organismus-Vergleich steht bei Platon also im Dienst der Betonung *psychischer Homogenität* als Voraussetzung politischer Einheit: Das „größte Gut" für den Staat ist „jenes, das ihn zusammenbindet und zur Einheit macht"; was aber vor allem „zusammenbindet", ist „die Gemeinschaft von Freude und Leid", „wenn möglichst alle Bürger bei Werden und Vergehen derselben Dinge gleiche Freude und gleichen Schmerz empfinden." Diese psychische Homogenität ist jedoch für Platon *zumindest auf der Ebene der Polis* nicht naturgegeben; sie muß durch eine geeignete Organisation des Wächterstandes (auf den allein sich das Gemeinschaftsbild bezieht) erst hergestellt werden. Der gemeinsame Besitz der Wächter an Frauen und Kindern erscheint als das Mittel, die angestrebte Gemeinschaft als „Gemeinschaft von Freude und Leid" zu verwirklichen: „Diese Frauen müssen allen Männern gemeinsam angehören. Keine darf mit keinem allein beisammen sein, und ebenso sind die Kinder gemeinsam: weder kennt der Vater sein Kind noch das Kind seinen Vater."[4] Die Frauen- und Kindergemeinschaft soll dazu führen, daß der Wächter „in jedem Menschen, den er trifft,

---

1 Die bedeutendste Ausnahme bildet zweifellos die jüdische Tradition: „Die Verwendung von soma oder eines Äquivalents für soziale Gruppen im Sinne von ‚Einheit' oder ‚Ganzheit' war der jüdischen Überlieferung unbekannt." (Böckenförde / Dohrn-van Rossum, Artikel „Organ, Organismus, politischer Körper", S. 533.)

2 Meyer, Artikel „Organismus", Sp. 1338.

3 Platon, Politeia V, 10, 462 cd.

4 Platon, Politeia V, 7, 457 c.

(...) einen Bruder, eine Schwester, einen Vater oder eine Mutter, einen Sohn oder eine Tochter oder deren Enkel oder Vorfahren anzutreffen glaub(t).“[5] Mit dem verwandtschaftlichen „Benennungssystem“ soll sich so aber auch das entsprechende „Haltungssystem“[6], sollen sich die den Verwandtschaftsnamen korrespondierenden Affekte auf das größere Gemeinwesen ausdehnen; Platon denkt den idealen Staat, d.h. den Staat als politische Gemeinschaft, nach dem Vorbild der Familie oder des Clans. Was ihn „zusammenbindet und zur Einheit macht“, ist die „Gemeinschaft von Freude und Leid“ als „Gemeinschaft von Mein und Nichtmein“, als Ununterscheidbarkeit des Eigenen und des Fremden. So ist das Bindende des sozialen Bandes hier zwar nicht die reale, wohl aber die aufgrund der Frauen- und Kindergemeinschaft stets als möglich zu unterstellende Blutsverwandtschaft.

Ist der vollkommenste Staat der, der „am nächsten der Einheit eines Menschen kommt“ (ohne mit ihr identisch zu sein), so ist diese Einheit auch das Vorbild der göttlichen Schöpfung im *Timaios*. Der Demiurg, so wird berichtet, schafft die Welt „als ein beseeltes und mit Vernunft begabtes Lebewesen“ unter der Prämisse, daß alles „ihm selbst“ als dem „Guten“ und „Besten“ „möglichst ähnlich werde“.[7] In diese als kugelförmiger Leib vorgestellte Welt setzt er zunächst die „übrigen Götter“, die auf seinen Befehl die zunächst ebenfalls kugelförmigen männlichen Menschen schaffen. Ausführlich wird berichtet, wie die „übrigen Götter“ dann die ursprüngliche Kugelgestalt der Menschen verändern, ihnen Kopf, Glieder und Sinnesorgane verleihen. Erst ganz zum Schluß entstehen aus den Männern die Frauen und die „übrigen Lebewesen“: „Unter den als Männer Geborenen gingen die Feiglinge und die während ihres Lebens Unrecht übten, der Wahrscheinlichkeit nach, bei ihrer zweiten Geburt in Frauen über.“ Ebenso gestalten sich die Vögel aus den „Geistesbeschränkten“, die auf dem Land lebenden Tiere aus denen, „die um die Weisheit sich nicht kümmerten“, und die Wassertiere „aus den Allerunverständigsten und Unwissendsten“.[8] Von der Entstehung der Staaten ist im *Timaios* nicht die Rede, obwohl Sokrates zu Beginn des Dialogs die Hauptpunkte seiner Rede über den besten Staat aus der *Politeia* wiederholt und den Wunsch äußert, den von ihm entworfenen Staat auch in (imaginärer) Bewegung und Kampf zu sehen:

> „Denn gern wohl möchte ich etwa von jemandem mir erzählen lassen, wie unser Staat in geziemender Weise die Wettkämpfe mit anderen Staaten besteht und wie er, wenn er in Krieg gerät, auch im Kriege, sowohl im Kampfe durch die Tat als bei Verhandlungen durch das Wort, auf eine der ihm zuteil gewordenen Unterweisung und Erziehung würdige Weise gegen jeden anderen Staat sich benimmt.“[9]

---

5 Platon, Politeia V, 11, 463 c.

6 Zur Unterscheidung von Benennungs- und Haltungssystem vgl. Claude Lévi-Strauss, Die Strukturanalyse in der Sprachwissenschaft und in der Anthropologie, in: ders., Strukturale Anthropologie I, Frankfurt/M. 1991, S. 43–67, hier S. 51 f.

7 Platon, Timaios 5, 29 e und 6, 30 a.

8 Platon, Timaios 44, 90 e und 44, 91 d ff.

9 Platon, Timaios 2, 19 c.

Die Erfüllung dieses Wunsches durch eine – in der Einleitung zum *Timaios* nur in den Grundzügen angedeutete – Erzählung des Kritias wird auf später verschoben: zunächst soll Timaios berichten, wie überhaupt die Welt und die Menschen erschaffen wurden. Der Dialog *Kritias,* der das Ausgesparte nachliefern sollte, ist jedoch Fragment geblieben. Er bietet wenig mehr als die Identifizierung des spekulativen Staatsgebäudes der *Politeia* mit einem sagenhaften Ur-Athen, das in heroischem Kampf das jenseits der Säulen des Herakles (Gibraltar) gelegene Königreich von Atlantis besiegt habe, bevor beide in einer gewaltigen Sintflut untergegangen seien.

Die aristotelische Kritik an Platon entzündet sich am Ideal der – vom Bild des *anthropos* als „beseeltem Lebewesen" abgezogenen – Einheit, wie es uns sowohl in der *Politeia* als auch im *Timaios* entgegentritt:

> „Außerdem ist das Ziel, das seiner [Sokrates', S.L.] Behauptung nach für den Staat vorliegen muß, so wie es erklärt ist, eine Unmöglichkeit; *wie aber differenziert werden soll, ist nicht näher bestimmt.* [Hervorhebung S.L.] Ich meine nämlich den Satz, daß möglichst der ganze Staat *einer* sein soll und daß das das beste wäre. Denn diese Voraussetzung nimmt Sokrates an. Es ist doch offenbar, daß ein Staat, der so fortschreitet und immer mehr *einer* wird, gar kein Staat mehr ist. Denn seiner Natur nach ist der Staat eine Vielheit, wenn er aber immer mehr *einer* wird, wird aus dem Staat ein Haus und aus dem Haus ein Einzelmensch. Wir können nämlich wohl behaupten, daß ein Haus mehr Einheit ist als ein Staat und der Einzelmensch mehr eins als ein Haus. Demgemäß darf man das nicht tun [die Frauen- und Kindergemeinschaft zum Gesetz erheben, S.L.], selbst wenn jemand dazu in der Lage wäre, das zu tun; er würde nämlich den Staat beseitigen."[10]

An die Stelle der ‚gefühlskommunistischen' Einheit als Ununterscheidbarkeit von Mein und Nichtmein bei Platon tritt nun bei Aristoteles *die holistische Überordnung des hierarchisch und funktional differenzierten „Ganzen" über seine „Teile"* – eine Semantik, die fortan mit der Organismus-Analogie fest verknüpft bleiben und die das sozialphilosophische und soziologische Denken bis in die moderne Systemtheorie hinein bestimmen sollte.

Nachdem Aristoteles zunächst die Ordnungen von „Haus", „Dorf" und „Staat" als ungleichartig voneinander unterschieden hat, heißt es in direkter Umkehrung der platonischen Schöpfungsordnung:

> „Auch von Natur ursprünglicher ist der Staat als das Haus und jeder einzelne von uns. Denn das Ganze ist notwendig ursprünglicher als der Teil, weil ja, wenn der ganze Leib dahin ist, auch nicht mehr Fuß noch Hand existiert, außer dem Namen nach, gerade wie man auch eine steinerne Hand noch eine Hand nennt. Jedes Ding wird nämlich durch seine besonderen Fähigkeiten *(ergon)* und Möglichkeiten *(dynamis)* bestimmt; und wenn es diese nicht mehr besitzt, so ist es nicht mehr dasselbe Ding, und es sollte nicht mehr als dasselbe Ding bezeichnet werden, es sei denn im Sinn bloßer Namensgleich-

---

10 Aristoteles, Politik II, 2, 1261 a 10 ff.

heit. Daß also der Staat von Natur aus besteht und natürlicher ist als der einzelne, ist klar."[11]

Nicht, wie man aus der Vielheit Einheit (psychische Homogenität als „Gemeinschaft von Freude und Leid") erzeugt, ist also hier das Problem, sondern das „Ganze" als ein hierarchisch und funktional differenziertes Gebilde wird als „ursprünglich", d.h. immer schon von Natur aus gegeben, vorausgesetzt. Der einzelne als – idealiter – „kugelförmig" in sich abgeschlossenes, nach dem Vorbild des Kosmos (also als Mikrokosmos) subsistierendes Lebewesen, muß aus dieser Sicht als Ding der Unmöglichkeit erscheinen: In aristotelischer Sicht differenziert sich der einzelne zum einzelnen erst in seiner Funktion für das Ganze.[12] Schon aus dem Exkurs über die „steinerne Hand" geht dabei hervor, daß das „Ganze" des Staats mit dem „Ganzen" des Leibs keineswegs auf der Ebene bloßer „Namensgleichheit" korreliert. Für Aristoteles handelt es sich *nicht um eine Analogie* von Staat und Organismus, sondern, in einer „Zusammenziehung" von „metaphysische(n), logische(n) und politische(n) Bestimmungen auf engstem Raum"[13], um „dasselbe Ding": „Aristoteles übersetzt in der oben angeführten Passage die zuvor im politischen Kontext von Verfassungsformen und Recht entwickelte Herrschaftsthematik in die Sprache seiner Metaphysik. (...) Die über die vernünftige Praxis der Bürger als Handlungs- und Zweckzusammenhang zu begründende Polis wird in eine vorpolitische Bewegung aufgelöst, die ihren Anfang, ihren Zweck und ihr Ziel aus ihrer *physis* bezieht." Der Aufbau der Polis wird nicht nur „in ein Entsprechungsverhältnis zur Bauform von Naturdingen gerückt"[14], sondern die Polis wird selbst als „Naturding" begriffen. Im Kontext der *Politik* geht es dabei vor allem um die *Legitimation von Herrschaft*. Anders als Platon betont

---

11 Aristoteles, Politik I, 2, 1253 a 19 ff.

12 Nicht zufällig knüpft noch Talcott Parsons an diese Stelle an: „The concrete entities with which science has to deal possess in varying degrees a property called ‚organic'. That is, the whole which is made up of the parts in question may to a greater or less extent be an organic whole. At one pole or extreme is the ‚mechanistic' case, is where all the important ‚properties' of the concretely functioning parts can be defined independently of their relations to the other parts or to the whole. Above all, it is the case where the part can, in fact, be concretely separated from these relations and still remains ‚the same'. (...) Now precisely in so far as a whole is organic this becomes impossible. The very definition of an organic whole is as one within which the relations determine the properties of its parts. The properties of the whole are not simply a resultant of the latter. *This is true whether it be an organism or some other unit, such as a ‚mind', a ‚society' or what not.* And in so far as this is true, the concept ‚part' takes on an abstract, indeed a ‚fictional' character. For the part of an organic whole is no longer the same, once it is separated factually or conceptually from the whole. *Perhaps the classic statement of this point is that of Aristotle, that a hand separated from the living body is no longer a hand, ‚except in an equivocal sense, as we would speak of a stone hand'.*" (Talcott Parsons, The Structure of Social Action, London / New York 1966, S. 31–32; Hervorhebungen S.L.) Erstaunlich ist, daß Parsons zwar das Fiktionale der Rede vom „Teil" im Zusammenhang der Vorstellung vom organisch Ganzen betont, daß ihm aber das Fiktionale der Rede vom organisch Ganzen selbst im Bezug auf ‚mind' und ‚society' vollkommen zu entgehen scheint.

13 Klaus Müller, Allgemeine Systemtheorie. Geschichte, Methodologie und sozialwissenschaftliche Heuristik eines Wissenschaftsprogramms, Opladen 1996, S. 19–20.

14 Ebd. S. 20–21.

Aristoteles die Ungleichartigkeit der „Teile“, die die als Organismus aufgefaßte staatliche Gemeinschaft konstituieren:

> „Was immer nämlich aus mehrerem besteht und zu einem Gemeinsamen wird, sei es aus eng Zusammenhängendem oder aus Getrenntem, in alledem zeigt sich das Herrschende und das Beherrschte; und dies ist von der gesamten Natur her beim Beseelten vorhanden. (...) Denn die Seele übt über den Körper eine Herrenherrschaft aus, die Verstandeseinsicht aber über das Streben eine staatsmännische und königliche. Dabei ergibt sich offenbar, daß es naturgemäß und zuträglich ist, daß der Körper von der Seele beherrscht wird, und ebenso, daß der affektive Seelenteil von der Verstandeseinsicht und somit von dem Teil, der über Vernunft verfügt, beherrscht wird, daß aber eine Gleichberechtigung oder ein umgekehrtes Verhältnis für alle Teile schädlich wäre.
> (...)
> Weil ferner noch der Staat aus ungleichen Teilen besteht, wie ein Lebewesen ebenso aus Seele und Körper und die Seele aus Vernunft und Begierde und das Haus aus Mann und Frau und der Besitz aus Herrn und Sklaven, so ist auf dieselbe Art und Weise auch der Staat aus all dem und dazu noch aus anderen ungleichen Teilen zusammengesetzt.“[15]

„Daß demnach“, so der Schluß, „von Natur aus die einen Freie sind und die anderen Sklaven, ist offenbar.“[16]

Mit der Herrschaft der Seele über den Körper liefert Aristoteles einen Topos des Organismus-Staat-Vergleichs, der vor allem im Mittelalter weidlich ausgebeutet wurde; zugleich löst er damit das modallogische Problem, wie das Ganze zugleich in seinen Teilen präsent sein könne, durch Verweis auf eine Theorie der Herrschaft: „Das Ganze der Polis wie aller Gemeinschaftsorganisationen ist zugleich Teil und Ganzes, nämlich der beherrschende bzw. entscheidende Teil des Zusammengesetzten *(systema)*“[17]: die Seele respective der Herr.

Sowohl bei Platon als auch bei Aristoteles erscheint mithin die Gemeinschaft *(koinonia)* als *zoon* oder *soma* an dem Punkt, an dem die Probleme von Differenzierung und Integration, von Gleichheit und Ungleichheit der gemeinschaftlich Verbundenen in Rede stehen. Die Organismus-Analogie erfüllt dabei eine dreifache Funktion: Zum einen dient sie als „absolute“ (Blumenberg) oder „konstitutive“ (Rigotti) Metapher dazu, Gemeinschaft als „imaginäre Institution“ (Castoriadis) überhaupt erst herzustellen oder wiederherzustellen. Zum zweiten dient sie dazu, gesellschaftliche Ungleichheit und damit Herrschaft zu legitimieren, indem sie drittens die symbolische Ordnung der Gesellschaft in einer vorsymbolischen, präpolitischen Ordnung verankert oder die politische und symbolische Ordnung

---

15 Aristoteles, Politik I, 5, 1254 a 1, 25 ff. u. 1254 b 1, 5 f.; Politik III, 4, 1277 a 1, 5–10.

16 Aristoteles, Politik I, 5, 1255 a 1.

17 Müller, Allgemeine Systemtheorie, S. 20. Müller weist auch darauf hin, daß dies „der Ansatzpunkt für eine kybernetische Reformulierung herrschaftstheoretischer Begriffe (ist), die Aristoteles' Aussage in den Leitsatz übersetzt, daß jedes gute System ein Modell seiner selbst enthalte.“ (Ebd. S. 20, Anm. 11.)

unmittelbar selbst als Naturordnung ausgibt. Hinter dem Bild vom „großen Ganzen", das „mehr" und ursprünglicher ist als (die Summe) seine(r) Teile, steht jedoch die Figur der Teilung selbst und ihrer „oberflächlichen Verkittung"[18]: Die Paradoxie der konstitutiven Metapher besteht darin, daß sie überhaupt erst und nur deswegen aufgeboten werden muß, wenn und weil das politische Gemeinwesen, anders als der Organismus, permanent von seiner eigenen Spaltung und Teilung bedroht ist. Besonders gut demonstriert das die bei Livius überlieferte, jedoch für die ganze stoische Literatur und weit darüber hinaus bedeutsame Fabel des Menenius Agrippa, in der die griechische Organismus-Analogie fortlebt.

In der Funktion eines Unterhändlers soll Menenius Agrippa im Jahr 494 v. Chr. den Aufstand der Plebejer gegen die Patrizier beendet haben, indem er den Plebejern, die eine Schwurgemeinschaft gebildet und sich auf den Aventin zurückgezogen hatten, folgendes Lehrstück vom ‚Bauch und den Gliedern' erzählte:

> „Einst, als im Menschen noch nicht wie heute alles einheitlich verbunden war, als jedes der einzelnen Glieder des Körpers seinen Willen, seine eigene Sprache hatte, empörten sich die übrigen Glieder, daß sie ihre Sorge und Mühe und ihre Dienste nur aufwendeten, um alles für den Magen herbeizuschaffen. Der Magen aber liege ruhig mittendrin und tue nichts anderes, als sich an den dargebotenen Genüssen zu sättigen. Sie verabredeten sich also folgendermaßen: Die Hände sollten keine Speise mehr zum Munde führen, der Mund nichts Angebotenes mehr annehmen, die Zähne nichts mehr zerkleinern. Während sie nun in ihrer Erbitterung den Magen durch Aushungern bezwingen wollten, kamen die einzelnen Glieder alle zugleich mit dem ganzen Körper an den Rand völliger Entkräftung. Da sahen sie ein, daß sich auch die Aufgabe des Magens durchaus nicht in faulem Nichtstun erschöpfte, daß er ebensosehr andere ernähre, wie er selbst ernährt werde. Er bringe ja das Blut, das durch die Verarbeitung der Speisen gebildet wird und durch das wir leben und bei Kräften bleiben, gleichmäßig auf die Adern verteilt in alle Glieder des Körpers. Indem er durch den Vergleich zeigte, wie dieser Aufruhr Ähnlichkeit hatte mit der Erbitterung des Volkes gegen die Väter, soll er die Gemüter umgestimmt haben."[19]

Diese „beispielhafte Erzählung über die Arbeitsteilung im Gesellschaftskörper"[20] soll, so berichtet Livius, den drohenden Bürgerkrieg in Verhandlungen umgebogen haben, die, wie man weiß, mit der Schaffung der *concilia plebis* und der Wahl der ersten Volkstribunen endeten. Wichtig ist dabei nicht, ob sich dies tatsächlich so zugetragen hat oder haben kann, wie Livius schildert, sondern wichtig ist die *Stelle,* an der die aus dem griechischen Raum stammende und in ihrer Nutzanwendung durch die Stoa geprägte Fabel[21] strategisch interveniert oder von Livius

---

18 Vgl. dazu Jacques Rancière, Die Gemeinschaft der Gleichen, in: Joseph Vogl (Hg.), Gemeinschaften. Positionen zu einer Philosophie des Politischen, Frankfurt/M. 1994, S. 101–132, hier S. 108.

19 Livius, Ab urbe condita, Liber II, 32, 9–12.

20 Rancière, Die Gemeinschaft der Gleichen, S. 107.

21 Die Fabel wird zitiert bei Xen. mem. 2, 3, 18; ähnlich bei Äsop 132 (Hausrath), stoisch bei Cicero off. 3, 22 ff., Seneca de ira 2, 31, 7, Marc Aurel 2, 1 und öfter. Zur Wirkungsgeschichte,

interpoliert wird: Im kritischen Augenblick der bevorstehenden Spaltung, in dem das soziale Band zu zerreißen droht, beschwört sie die imaginäre Einheit des „Ganzen", in der der individuelle Nutzen mit dem Nutzen für die Gemeinschaft zusammenfällt; sie überbrückt imaginär die reale Ungleichheit der „Glieder", die zur Aufkündigung des *contrat social* zu führen droht, indem sie die funktionale Abhängigkeit jedes einzelnen von ihnen vom Zusammenspiel des „Ganzen" betont und insofern an die Stelle einer möglichen Forderung nach Freiheit oder nach Umkehrung der Herrschaftsverhältnisse das ideale Bild einer Gleichheit-in-der-Abhängigkeit projiziert: Die „Väter" brauchen das Volk, wie das Volk die „Väter" braucht. Was dabei für die gesamte antike Sozialphilosophie seit Sokrates, erst recht für die christliche aber undenkbar bleibt, ist *die vergemeinschaftende Kraft des Konfliktes selbst,* das „Band der Teilung" (Nicole Loraux): die Spaltung des Gemeinwesens und die Unterbrechung der Kommunikation als das, was ‚eigentlich' verbindet und „zusammenhält". Denn wenn auch die Organismus-Analogie bei Aristoteles wie in der stoischen Philosophie in erster Linie gesellschaftliche Differenzierung (Arbeitsteilung) plausibel machen soll, so stellt sie diese – und damit soziale Ordnung überhaupt – doch nicht als das historische Resultat sozialer oder politischer Auseinandersetzung dar, sondern als naturgegeben. Was spätestens seit Platon und mindestens bis Ferdinand Tönnies[22] auf der Basis abendländischer Ontologie und Metaphysik nicht mehr gedacht werden kann, ist, in den Worten Nicole Loraux', die „bindende Kraft des Negativen":

> „Im Gegenzug zur klassischen Konstruktion der Ur-Polis, die sich am Modell des Einen orientiert, (werden) unter der schönen Konstruktion immer wieder die Umrisse eines Denkens sichtbar (...), das der offizielle Diskurs über die Gemeinschaft verdeckt, vielleicht sogar verdrängt: unter der Exkommunikation der *stasis* die Gewißheit, daß der Bürgerkrieg wesenseins mit der Polis ist, ja grundlegend für das Politische, gerade insofern dieses auf Gemeinschaft zielt. Aber dieses Politische, in dem die Gemeinschaft unauflöslich verquickt ist mit dem Widerstreit, wurde so nachhaltig vergessen, daß man es nur über eine Art Gegengedächtnis wieder ans Licht heben kann."[23]

---

die bis in die Neuzeit reicht, vgl. Dietmar Peil, Der Streit der Glieder mit dem Magen. Studien zur Überlieferungs- und Deutungsgeschichte der Fabel des Menenius Agrippa von der Antike bis ins 20. Jahrhundert, Frankfurt/M. / Bern / New York 1985.

22 Ferdinand Tönnies beginnt seine Gemeinschaftstheorie mit dem Ausschluß „verneinender" Sozialverhältnisse aus der Untersuchung als schlechthin gemeinschaftszerstörend: „Die menschlichen Willen stehen in vielfachen Beziehungen zueinander; jede solche Beziehung ist eine gegenseitige Wirkung, dies insofern, als von der einen Seite getan oder gegeben, von der anderen erlitten oder empfangen wird. Diese Wirkungen sind aber entweder so beschaffen, daß sie zur Erhaltung, oder so, daß sie zur Zerstörung des anderen Willens oder Leibes tendieren: bejahende oder verneinende. Auf die Verhältnisse gegenseitiger Bejahung wird diese Theorie als auf die Gegenstände ihrer Untersuchung ausschließlich gerichtet sein." (Ferdinand Tönnies, Gemeinschaft und Gesellschaft. Grundbegriffe der reinen Soziologie, Darmstadt 1979, S. 3, § 1). Diese Anfangsentscheidung ist für alles weitere maßgeblich: Daß Gemeinschafts- und Gewaltverhältnisse einander keineswegs ausschließen, kann auf diese Weise nicht mehr in den Blick kommen.

23 Nicole Loraux, Das Band der Teilung, in: Joseph Vogl (Hg.), Gemeinschaften. Positionen zu einer Philosophie des Politischen, Frankfurt/M. 1994, S. 31–64, hier S. 34–35.

„Konstitutiv" nämlich für ein bestimmtes Denken des Politischen ist die Organismus-Metapher also auch insofern, als sie an jenem „nachhaltigen Vergessen" – der *stasis,* des Widerstreits, der Differenz im Allgemeinen als dem ‚Grund' des Politischen und der Gemeinschaft[24] – maßgeblichen Anteil hat: Der Organismus ist dasjenige „Modell des Einen", das politische Identität und Identität überhaupt von ihrem dialektischen Gegenteil abkoppelt und soziale Ordnung nurmehr noch substantialistisch, unter dem Vorzeichen einer absoluten Position, zu denken erlaubt.

Übersprungen oder „nachhaltig vergessen" wird dabei freilich auch, und vielleicht sogar in erster Linie, das Problem der Sprache(n) und der Kommunikation im Allgemeinen. Livius evoziert es zwar gleichsam *ex negativo,* wenn er seine Version der Agrippa-Fabel mit einer Rückprojektion sozialer Verhältnisse auf den Organismus beginnt: „Einst, als im Menschen noch nicht wie heute alles einheitlich verbunden war, als jedes der einzelnen Glieder des Körpers *seinen Willen, eine eigene Sprache* hatte..." Gerade diese Rückprojektion macht jedoch deutlich, daß das Organismus-Modell das politische Problem der Kommunikation (das im *corpus imperii* Roms zur Zeit des Livius ja vor allem ein Problem der „eigenen Sprachen" seiner „Glieder" war und permanente Übersetzung erforderte) als politisches verleugnet. Zur „Arbeitsteilung" des Organismus gehört ja gerade, daß die Organe ihre „Arbeit" „willig und stumm" verrichten, ja mehr noch: die einverständige „Sprachlosigkeit" der Organe ist die Möglichkeitsbedingung für die „Einheitlichkeit" des Organismus. Die Gemeinschaft (den Staat, das Imperium) als Organismus zu denken, bedeutet daher, das Problem der Kommunikation entweder ganz auszublenden (Platon, Aristoteles) oder es ebenfalls substantialistisch, unter Rekurs auf ein sprach-loses „Medium" zu lösen, wie es zum Beispiel

---

24 Folgt man Martin Heidegger, so hat sich dieses Vergessen der Differenz als ‚Grund' nicht nur des Politischen, sondern des Seienden überhaupt, im Übergang von den Vorsokratikern zur „klassischen" Metaphysik Platons vollzogen. Heidegger übersetzt Heraklits Fragment Nr. 53 (Numerierung nach Diels / Kranz) folgendermaßen: „Auseinandersetzung [πόλεμος] ist allem (Anwesenden) zwar Erzeuger [πάτήρ] (der aufgehen läßt), allem aber auch waltender Bewahrer [βασιλεύς]. Sie läßt nämlich die einen als Götter erscheinen, die anderen als Menschen, die einen stellt sie her(aus) als Knechte, die anderen aber als Freie." (Martin Heidegger, Einführung in die Metaphysik, 4. Aufl., Tübingen 1976, S. 47.) Er kommentiert: „Der hier genannte πόλεμος ist ein vor allem Göttlichen und Menschlichen waltender Streit, kein Krieg nach menschlicher Weise. Der von Heraklit gedachte Kampf läßt im Gegeneinander das Wesende allererst auseinandertreten, läßt Stellung und Stand und Rang im Anwesen erst beziehen. In solchem Auseinandertreten eröffnen sich Klüfte, Abstände, Weiten und Fugen. (Die Auseinandersetzung trennt weder, noch zerstört sie gar die Einheit. Sie bildet diese, ist Sammlung (λόγος). Πόλεμος und λόγος sind dasselbe)." (Ebd.) Vgl. ähnlichlautend, allerdings mit leicht veränderter Übersetzung des Heraklit-Fragments, auch Martin Heidegger, Die Selbstbehauptung der deutschen Universität / Das Rektorat 1933/34, Frankfurt/M. 1983, S. 28: „Das Wort πόλεμος, mit dem das Fragment beginnt, bedeutet nicht „Krieg", sondern das, was das von Heraklit im gleichen Sinne gebrauchte Wort ἔρις bedeutet. Aber das bedeutet „Streit" – aber Streit nicht als Hader und Gezänk und bloßer Zwist, erst recht nicht Gewaltanwendung und Niederschlagen des Gegners – sondern Aus-einander-setzung dergestalt, daß in dieser das Wesen derer, die sich aus-einander-setzen, sich aussetzt dem anderen und so sich zeigt und zum Vorschein kommt und d.h. griechisch: ins Unverborgene und Wahre."

im stoischen Begriff der Sympathie geschieht. Sympathie ist in der pantheistischen stoischen Körperlehre sowohl die Symphyie von Mikrokosmos und Makrokosmos als auch diejenige Kraft, die die einzelnen Teile der Lebewesen „zusammenhält" und so bewirkt, daß „die ganze Gemeinschaft vom Leib bis in die Seele hinein" mitleidet „mit dem Schmerz eines Teils", wie es bei Platon hieß. „Das Band der Sympathie schließt endlich" aber auch „die einzelnen Menschen zur Gemeinschaft der Menschheit zusammen; sie bilden ein gesellschaftliches Ganzes, in dem jedem einzelnen ergänzende Bedeutung zukommt."[25] Ernst Käsemann betont, daß „es sich hier nicht nur um ein Bild handelt." Der Lehre vom sozialen Organismus, wie sie sich „rein" in der Fabel des Agrippa ausspreche, liege vielmehr „eine höchst realistische Lehre von der Symphyie zugrunde."[26]

In der Folgezeit werden die verschiedenen *corpora* in einer bis in die Neuzeit wiederholten Einteilung klassifiziert: Unterschieden werden die *corpora continua* (Lebewesen oder Mensch) von den *corpora composita* (Haus und Schiff) und den *corpora ex distantibus* (Herde, Heer, Chor, Versammlung, *ecclesia, societas,* bei Seneca auch *populus* und *senatus*). Seitdem „können einerseits Personengesamtheiten der letzten Beispielreihe unter dem Oberbegriff ‚*corpus*' auftauchen, wobei die Konnotationen der übrigen Bedeutungen von ‚*corpus*' zwangsläufig mitschwingen, und andererseits kann die Art und Intensität der Verbindung in Elementen der letzten Gruppe in Metaphern oder Vergleichen aus den Gruppen der *corpora continua* oder *composita* aktualisiert werden."[27] Trotz dieses metaphysischen Monismus der stoischen Körperlehre bereitet sich im Begriff der Sympathie indes bereits jener Dualismus von Geist und Materie vor, der für den paulinischen Begriff der *ecclesia* als Leib Christi bedeutsam werden sollte.

25 Ernst Käsemann, Leib und Leib Christi. Eine Untersuchung zur paulinischen Begrifflichkeit, Tübingen 1933, S. 46.

26 Ebd.

27 Böckenförde / Dohrn-van Rossum, Artikel „Organ, Organismus, politischer Körper", S. 525.

1.2 Vom Leib Christi zur Körperschaft. Die Durchsetzung der organischen Metaphorik in der paulinischen Theologie

Durch Paulus werden die gängigen antiken Organismus-Metaphern im Bild der christlichen Gemeinde als „Leib Christi" zusammengefaßt:

> „Denn wie der Leib *einer* ist und doch viele Glieder hat, alle Glieder aber, obwohl es viele sind, doch *einen* Leib bilden: so auch Christus. Denn wir sind durch *einen* Geist alle zu *einem* Leib getauft, wir seien Juden oder Griechen, Sklaven oder Freie, und sind alle mit *einem* Geist getränkt. Denn auch der Leib ist nicht *ein* Glied, sondern viele. Wenn aber der Fuß sagen würde: Ich bin keine Hand, darum gehöre ich nicht zum Leib, wäre er deshalb kein Glied des Leibes mehr? Und wenn das Ohr sagen würde: Ich bin kein Auge, darum gehöre ich nicht zum Leib, wäre es deshalb kein Glied des Leibes mehr? Wenn der ganze Leib Auge wäre, wo bliebe das Gehör? Wenn er ganz Gehör wäre, wo bliebe der Geruch? Nun aber hat Gott jedem einzelnen Glied seinen Platz im Leib gegeben, wie er gewollt hat. Wenn aber alle Glieder *ein* Glied wären, wo bliebe der Leib? Nun aber gibt es viele Glieder, aber der Leib ist *einer*. Das Auge kann nicht zu der Hand sagen: Ich brauche dich nicht; oder der Kopf zu den Füßen: Ich brauche euch nicht. Vielmehr sind die Glieder des Leibes, die uns als die schwächsten erscheinen, die nötigsten; und die uns am wenigsten ehrbar erscheinen, die umkleiden wir mit besonderer Ehre; und die, deren wir uns schämen, bedecken wir umso sittsamer. Denn die Glieder, die uns Ehre machen, haben das nicht nötig. Aber Gott hat den Leib zusammengefügt und dem geringeren Glied höhere Ehre gegeben, damit im Leib keine Spaltung ist, sondern die Glieder einträchtig füreinander sorgen. Und wenn ein Glied leidet, so leiden alle Glieder mit, und wenn ein Glied geehrt wird, so freuen sich alle Glieder mit." (1 Kor 12, 12–26)

Auf den ersten Blick erscheint dieser Text als bloße Montage der schon bekannten Motive: Der Hauptteil variiert das Agrippa-Thema vom Aufstand der Glieder, zwar nicht gegen den Bauch, wohl aber gegen den Platz, der ihnen von Gott – nicht von der Natur – im Funktionszusammenhang des „Ganzen" zugedacht ist. Ganz offenkundig geht es auch für Paulus darum, die Einheit der – im römischen Reich verstreuten und zum Teil auch untereinander zerstrittenen – christlichen Gemeinden zu beschwören. Der Schlußsatz zitiert das platonische Motiv der „Gemeinschaft von Freude und Leid". Die ungleiche Verteilung der „Gaben" und „Dienste" ist durch die „Ehrung" aller als unverzichtbare Teile des Ganzen zu kompensieren, „damit im Leib keine Spaltung sei". Durch die stoische Philosophie vorbereitet ist die Ablösung des *corpus*-Begriffs von der nationalen Zugehörigkeit, ebenso der Begriff des Geistes *(pneuma)* als des verbindenden Prinzips. Auch die Konkretisierung der Organismus-Vorstellung zum „großen Menschen" begegnete bereits in den Kosmologien Platons und der Stoa, sodaß wir bei Paulus zunächst nur eine Überblendung platonischer, aristotelischer und stoischer Motive vorfinden. *Neu* freilich ist die *Individualisierung* des „großen Menschen" zum *corpus Christi; neu* ist der eschatologische Gedanke der Erlösung, und *neu* ist schließlich auch die Möglichkeit der Aufnahme in den Christusleib durch das Initiationsritual der Taufe. Diese drei Motive bilden ersichtlich einen Zusammenhang. Von großer Bedeutung für den Status der *ecclesia* ist schließlich auch, daß sie von Paulus nicht als *Gemeinschaft des sozialen oder geographischen Ortes,* sondern als *Gemeinschaft des Geistes* gedeutet wird – der Extremfall eines *corpus ex distantia,* der den Christusleib von vorne herein als imaginären auszuweisen scheint. Nur bedingt ist daher auch der paulinische Leib Christi als „Naturkörper" im Sinne der früheren Stoa zu verstehen: Er ist durch das Opfer eines Gottes gestiftet, der das „Haupt" dieses Leibes bildet und von dem her das „Ganze zusammengefügt" ist, wie der (deuteropaulinische) Brief an die Epheser präzisiert:

> „So ermahne ich euch nun, der Gefangene im Herrn, daß ihr euer Leben führt, wie es der Berufung entspricht, durch die ihr berufen seid in aller Demut und Sanftmut und Geduld. Ertragt einander in Liebe und bemüht euch, die Einigkeit im Geist zu wahren durch das Band des Friedens: ein Leib und ein Geist, wie ihr auch durch eure Berufung zu einer Hoffnung berufen seid; *ein* Herr, *ein* Glaube, *eine* Taufe; ein Gott und Vater aller, der über allen und durch alle und in allen ist. (...) Laßt uns aber wahrhaftig sein in der Liebe und wachsen in allen Stücken zu ihm hin, der das Haupt ist, Christus, von dem aus der ganze Leib zusammengefügt ist und ein Glied am anderen hängt durch alle Gelenke, wobei jedes Glied das andere nach dem Maß seiner Kraft unterstützt. So wächst der ganze Leib und baut sich auf in der Liebe." (Eph 4, 1–6 u. 15–16)

Naturalistisch oder naturalisierend ist die hier entfaltete Vorstellung freilich insofern doch wieder, als sie das Problem der Kommunikation oder Artikulation der verschiedenen Glieder wiederum sprach-los, auf dem Weg über die – abgewandelte – stoische Sympathie-Vorstellung löst: Zwar ist der Leib nicht naturgegeben, sondern gestiftet, aber erst als sprachloser oder übersprachlicher Leib kann die christliche Gemeinschaft auf das Gesetz (die Sprache, den Buchstaben, die Übersetzung) verzichten und ihr Heil allein in der Liebe suchen.[28] Über die „politische Theologie

28 Manfred Schneider weist auf das medientheoretische Paradox hin, das darin besteht, daß gerade die buchstabenfeindliche Theologie des Geistes ihre Effizienz der „Verbindung von Papyrus als modernem Informationsträger mit den für Militärs wie Bürokraten gleichermaßen notwendigen Land- und Seewegen", also der Durchdringung des Raumes durch Schrift verdankt. (Manfred Schneider, Luther mit McLuhan, in: ders. u. Samuel Weber (Hg.), Diskursanalysen 1. Medien, Opladen 1987, S. 13–25, hier S. 14.) „Daß den kanonischen Texten der christlichen Überlieferung auch Briefe angehören", lasse sich in diesem Sinne „als Zeichen der Aufgeschlossenheit und Modernität der frühen christlichen Bewegung erkennen." (Ebd. S. 15.) Dennoch lebe die Theologie des Geistes, die Paulus vor allem in den Korintherbriefen inauguriert hat, „in schwerem Zerwürfnis mit der eigenen medialen Hypostase." (Ebd. S. 16.) „Ganz auf das neue, durch den leichten Papyrus beschleunigte Verfahren der räumlichen Kommunikation setzend, predigte Paulus", der „Medienspezialist unter den Aposteln", die „reine Spiritualität der heiligen Zeichen. Freilich erzielte diese Affirmation der Unsichtbarkeit gerade die bedeutendste Effektuierung der Schrift." (Ebd. S. 17.) So stellt sich das „Spiel der Paulinischen Medientheorie" als

des Paulus“[29] wird man daher kaum sprechen können, ohne die zitierten Stellen einzubeziehen: Das Liebes-Gebot, durch das das Gesetz überwunden werden soll, ist ohne die zentrale Organismus-Analogie nicht zu denken.

Der Streit darüber, wie die für die Entwicklung des Begriffs der Kirche zentrale Leib-Christi-Lehre bei Paulus aufzufassen sei, füllt allerdings Bibliotheken: „Unter den Auslegern tobt der Streit um die Frage, ob man die Leib-Christi-Lehre in I Kor 12 metaphorisch-bildhaft-figurativ oder realistisch-ontologisch-metaphysisch zu verstehen hat.“[30] Diese – auch für den hier untersuchten Zusammenhang ausschlaggebende – Frage: ob nämlich die *ecclesia* sich ihre eigene Ordnung und ihren Zusammenhalt hier lediglich anhand einer Analogie oder eines Modells verdeutlicht oder ob sie sich mit dem Leib Christi mystisch identifiziert (ob sie also die Metapher wörtlich nimmt, d.h. inkorporiert), steht in engem Zusammenhang mit einer zweiten Frage, die für das weitere Schicksal des *corpus*-Begriffs und seine (Re-) Säkularisierung nicht minder bedeutsam ist: der Frage nämlich, ob für die paulinische Leib-Christi-Lehre außer griechisch-hellenistischen auch gnostische Einflüsse anzunehmen seien. Für die Annahme gnostischer Einflüsse spricht dabei sowohl der harte Dualismus von Liebesgebot und Gesetz bei Paulus wie auch die nicht minder ausgeprägte Antithetik von Geist und Fleisch bzw. Geist und Buchstabe. Darüber hinaus ist es möglich, die paulinische Christusmystik in Verbindung mit dem gnostischen Urmensch-Erlöser-Mythos zu bringen:

> „Den aus Iran und Indien stammenden Gott Aion, der das All in sich beschließt, stellte man sich vor wie einen Riesenkörper, der in seinen Gliedern die Welt vereinigt. Die ursprünglich monistische Lehre vom Aion-Gott ist in der Gnosis fortgebildet und umgewandelt worden in den dualistischen Mythos des himmlischen Anthropos, der zugleich Urmensch, Erlöser und die Gesamtheit der Seelen ist. Die in die Welt zerstreuten Teile des Anthropos sind die Glieder des Urmensch-Erlösers, und der herabsteigende Anthropos vereinigt in seinem pneumatischen Leib diese auf der Erde in der Materie gefangenen Seelen, um mit ihnen als Erlöser zum Himmel aufzusteigen. So wird Christus bei Paulus dargestellt als der himmlische Anthropos, der seine Gläubigen in einem himmlischen Leib mit sich vereint und bei seiner Rückkehr in den Himmel die dämonischen Mächte der Erdregion besiegt und die Gläubigen von deren Herrschaft befreit. Dieser Leib des Erlösers ist von ihm

---

Akt der Verleugnung dar: „Effiziente Koordination und Kommunikation zwischen den Gemeinden durch Briefe auf Papyrus; die Heilige Schrift selbst wurde auf Pergamentcodizes fixiert, wo sie im Zeichen der spiritualistischen Metatheorie ihre buchstäbliche Natur verleugnete“ (ebd. S. 18) – und stattdessen Körperbilder verhandelte.

29 Jacob Taubes, Die politische Theologie des Paulus: Vorträge, gehalten an der Forschungsstätte der Evangelischen Studiengemeinschaft in Heidelberg, 23.-27. Feb. 1987, 2. Aufl., München 1995. Taubes streift die Leib-Christi-Lehre nur kurz und konzentriert sich im übrigen auf den Begriff des Gesetzes.

30 Hans-Josef Klauck, Herrenmahl und hellenistischer Kult. Eine religionsgeschichtliche Untersuchung zum ersten Korintherbrief, Münster 1982, S. 346.

> her, als dem Haupt im Gegensatz zu den noch auf der Erde gefangenen Seelen, im Wachsen, im Aufbau zu ihm hin begriffen."[31]

Zum gnostischen Gedankengut gehört freilich nicht nur der Urmensch-Erlöser-Mythos, der Dualismus des „schlechten" Schöpfer- und des „guten" Erlösergottes (bis hin zu Marcion, der die Verbindung von Altem Testament und Evangelium kappt, indem er die Gottessohnschaft Christi bestreitet[32]) und die damit verbundene „Positivierung der Weltfremdheit durch Negativierung der Welt"[33], sondern auch die „Auslassung des eschatologischen Vorbehalts"[34]. Das bedeutet, daß der Gnostiker nicht auf die Erlösung warten muß bis zu seinem Tod oder bis zum Erscheinen des Herrn, sondern daß er mit der ihm durch Offenbarung zuteil gewordenen Gotteserkenntnis „unmittelbar seiner neuen, eigentlichen, transzendenten Heimat an(gehört), aus der sein ‚Selbst' auch herstammt, ohne daß er es bisher wußte. In gnostischen Texten wird das mit den Worten umschrieben: Der Gnostiker ‚entsteht', er ‚wird Pneuma' bzw. ‚Geist', ja er ‚wird Gott'."[35] Eben im Sinne eines solchen instantanen Gott- oder Pneuma-Werdens durch Offenbarung und/oder Taufe kann aber nun die paulinische Leib-Christi-Lehre in ihrer „realistischen" (sprich: ontologisch-metaphysischen) Lesart begriffen werden: Das Sein-in-Christus bedeutet in gnostischer Lesart unmittelbare Teilhabe an der als pneumatischer Leib verstandenen göttlichen Substanz; es bedeutet, Glied dieses Leibs zu *sein,* die Metapher vom Leib Christi zu inkorporieren. Walter Schmithals sammelt unter dem Stichwort „Christusmystik" alle Paulusstellen, die eine solche „gnostische" Lektüre zulassen oder nahelegen. Zum entsprechenden Sprach- oder Bildfeld gehören nach Schmithals im einzelnen:

- die Sammlung und Zusammengehörigkeit der Pneumatiker im ‚Leib Christi' (1 Kor 10,16bf.), in den man hineingetauft wird (1 Kor 12,13; Gal 3,27);
- die Identifizierung von ‚Christus' bzw. ‚Leib Christi' und Pneuma (Röm 8,9f.; 1 Kor 12,13);
- die Gleichsetzung von ‚Kirche' und ‚Christus' als der Summe der Erlösten (1 Kor 1, 13; 12,12; Gal 3,16.29);
- die Anteilhabe der Glaubenden am Geistleib des Christus (2 Kor 13,13; Phil 2,1);
- das dem entsprechende ‚Wir in Christus' bzw. ‚Christus in uns' (Gal 1,22; 2,20; 3,27f.; 4,19; Röm 16,7; 2 Kor 13,5; Kol 1,26f.);

---

31 Jacobus Johannes Meuzelaar, Der Leib des Messias. Eine exegetische Studie über den Gedanken vom Leib Christi in den Paulusbriefen, Assen 1961, S. 8–9.

32 Ein Sachverhalt, der schon Ernst Bloch dazu veranlaßte, vom „metaphysischen Antisemitismus" der Gnosis zu sprechen. Vgl. Ernst Bloch, Geist der Utopie, bearbeitete Neuauflage der 2. Fassung von 1923, in: Gesamtausgabe der Werke Bd. 3, Frankfurt/M. 1964, S. 330.

33 So die Formel Odo Marquards in: Das gnostische Rezidiv als Gegenneuzeit. Ultrakurztheorem in lockerem Anschluß an Blumenberg, in: Jacob Taubes (Hg.), Religionstheorie und politische Theologie, Bd. 2: Gnosis und Politik, München / Paderborn / Wien / Zürich 1984, S. 31–36.

34 Vgl. dazu Barbara Aland, Was ist Gnosis? Wie wurde sie überwunden? Versuch einer Kurzdefinition, in: Taubes (Hg.), Religionstheorie und politische Theologie, S. 54–65, hier S. 60: „Auf eine Kurzformel gebracht, kann man sagen: Gnosis heißt, das ‚extra nos' der Erlösung zu verkündigen, jedoch unter Auslassung des eschatologischen Vorbehalts."

35 Ebd. S. 56.

- das Bild von dem *einen* Geistleib mit den Pneumatikern als den Gliedern (1 Kor 6,15; 12,13.27; Röm 12,5);
- die Formeln der präsentischen Eschatologie, für die das ‚Sein in Christus' schon die totale Wende bedeutet (2 Kor 5,17; Röm 6,23; 8,1), auch wenn die definitive Erlösung ‚vom Leibe' noch aussteht (2 Kor 4,16–18), sowie vom entsprechenden Leben ‚im Geist' statt ‚im Fleisch' (Röm 8,2 ff.; Gal 5,16–6,1);
- die Brotmahl-Formel (1 Kor 10,16b f.), welche die Einheit und das Brechen des Brotes auf die Einheit und Vielheit des ‚Leibes Christi' deutet;
- die Ansage des pneumatischen Universalismus für den, der imstande ist, sich von der Schöpfung und ihren Ordnungen zu emanzipieren (Gal 3,28; 1 Kor 12,13; Kol 3,10f.);
- die dualistisch-enthusiastische Entgegensetzung von Geist und Buchstabe (2 Kor 3,6; Röm 3,29; 7,6).[36]

Ob diese „gnostische" Lesart die Intention des Paulus wiedergibt, ob die Leib-Christi-Lehre gnostisch beeinflußt ist oder nicht, ist dabei letzten Endes für den vorliegenden Zusammenhang belanglos. Wichtig allein ist, wie diese Lehre gelesen werden *kann* und wie sie gelesen *wurde*. Denn „metaphorisch" oder „realistisch" ist hier letzten Endes nicht der Text (das Wort) selbst, sondern „metaphorisch" oder „realistisch" sind allein seine Lektüren. Die verschiedenen Kirchen (die marcionitische, die katholische und schließlich die protestantische) lassen sich förmlich danach unterscheiden, in welchem Maß sie der zentralen Metapher Realität zugestehen. Dem „mythischen Realismus" Marcions und der Marcioniten stehen der sakramentale Realismus der katholischen Kirche und schließlich die rein metaphorische Lesart der protestantischen Kirche gegenüber. „Es ist überhaupt die tragische Entwicklung der ‚Lehre von der Kirche' in den verschiedenen Kirchen", schreibt der protestantische Theologe J.J. Meuzelaar,

> „daß die paulinische Metapher vom Leibe, mit der Paulus die Einheit der messianischen Ecclesia bezwecken wollte und die er gründete auf die Überzeugung, daß die ‚Zwischenwand' zwischen Juden und Griechen weggeschafft worden sei, gerade zu einem der größten Hindernisse auf dem Wege zur Einheit geworden ist. Man streitet sich über das richtige Verständnis des paulinischen Gedankens, und inzwischen sind die Zwischenwände hoch und solid."[37]

Aus protestantischer Sicht erscheint dabei die katholische Lesart selbst als „im Grunde gnostisch"[38], weil mit dem sakramentalen Realismus und der damit verbundenen Vorstellung „einer mystisch-sakramentalen Einheit zwischen Christus und Kirche (...) eine sachliche Analogie zu der gnostischen Vorstellung gegeben"

---

36 Leicht gekürzt zitiert nach Werner Schmithals, Neues Testament und Gnosis, Darmstadt 1984, S. 63–64.
37 Meuzelaar, Der Leib des Messias, S. 171.
38 Ebd.

und „eine Anknüpfung an die gnostische Terminologie möglich" geworden ist.[39] In den protestantischen Kirchen sei dagegen „das Verständnis für die ganzheitliche Struktur des mit der Metapher vom Leibe verknüpften Organismusgedankens nur allzuoft verloren gegangen und ersetzt durch die Vorstellung, daß die einzelnen Glieder das Ganze konstituieren"[40], was Meuzelaar bedauert. Daß die gewollt-gewünschte Ganzheit – nach aristotelischem Vorbild – nur bei realistischer (sprich: sakramentaler oder „gnostischer") Lektüre der Metapher und d.h. bei substantialistischer Auffassung der Gemeinschaft zu haben ist, wird von Meuzelaar nicht problematisiert. Kennzeichnend für den christlich-abendländischen Begriff der Gemeinschaft weit über Paulus und die katholische Kirche hinaus wird gerade jener Substantialismus und Realismus, der die imaginäre, nur metaphorisch vollziehbare Institution der Gemeinschaft verleugnet oder verkennt; „Gemeinschaft", so könnte man sagen, ist das Phantasma, daß es kein Phantasma gebe, sondern daß „Ganzheit" und „Einheit" als gottgegebene oder naturhafte Größen einfach vorhanden seien.

Unterschiedlich sind dabei die Formen, in denen die „Konsubstantialität" der gemeinschaftlich Verbundenen vorgestellt oder hergestellt wird. Für die Gnostiker wie für die katholische Kirche ist sie bekanntlich gebunden an die Eucharistie als einen Akt der rituellen Einverleibung. Die Kirche als *corpus mysticum Christi* reproduziert sich durch das ritualisierte und wiederholte Essen eben jener göttlichen Substanz, die ihre eigene Substantialität begründen und garantieren soll. Schon Freud hat dabei auf die „Übereinstimmung der Robertson Smithschen Totemmahlzeit mit dem christlichen Abendmahl" hingewiesen[41] und betont, daß

> „Gebräuche, die noch heute unter den Arabern in der Wüste in Kraft sind, beweisen, daß das Bindende an der gemeinsamen Mahlzeit nicht ein religiöses Moment ist, sondern der Akt des Essens selbst. Wer den kleinsten Bissen mit einem solchen Beduinen geteilt oder einen Schluck von seiner Milch getrunken hat, der braucht ihn nicht mehr als Feind zu fürchten, sondern darf seines Schutzes und seiner Hilfe sicher sein. Allerdings nicht für ewige Zeiten; strenggenommen nur für so lange, als der gemeinsam genossene Stoff der Annahme nach in seinem Körper verbleibt. So realistisch wird das Band der Vereinigung aufgefaßt; es bedarf der Wiederholung, um es zu verstärken und dauerhaft zu machen. Warum wird aber dem gemeinsamen Essen und Trinken diese bindende Kraft zugeschrieben? In den primitivsten Gesellschaften gibt es nur ein Band, welches unbedingt und ausnahmslos einigt, das der Stammesgemeinschaft *(kinship)*. Die Mitglieder dieser Gemeinschaft treten solidarisch füreinander ein, ein *Kin* ist eine Gruppe von Personen, deren Leben solcherart zu einer physischen Einheit verbunden sind, daß man sie wie Stücke eines gemeinsamen Lebens betrachten kann. Es heißt dann beim Mord eines Einzelnen aus dem *Kin* nicht: das Blut dieses oder jenes ist ver-

---

39 Nils A. Dahl, Das Volk Gottes, Oslo 1941, S. 227 f.

40 Meuzelaar, Der Leib des Messias, S. 171.

41 Sigmund Freud, Der Mann Moses und die monotheistische Religion, in: Sigmund Freud Studienausgabe Bd. IX, Frankfurt/M. 1974, S. 576.

> gossen worden, sondern unser Blut ist vergossen worden. Die hebräische Phrase, mit welcher die Stammesverwandtschaft anerkannt wird, lautet: Du bist mein Bein und Fleisch. *Kinship* bedeutet also Anteil haben an einer gemeinsamen Substanz."

Es sei dann nur „natürlich", so Freud weiter, daß die Stammesverwandtschaft

> „nicht nur auf die Tatsache gegründet wird, daß man ein Teil von der Substanz seiner Mutter ist, von der man geboren und mit deren Milch man genährt wurde, sondern daß auch die Nahrung, die man späterhin genießt und durch die man seinen Körper erneuert, *Kinship* erwerben und bestärken kann."[42]

Dies gilt natürlich vor allem, wenn die Mahlzeit keine beliebige ist, sondern der gemeinsame Verzehr des Totemtiers, das Freud im Anschluß an Robertson Smith als primitiven Gott auffaßt, „durch dessen Tötung und Verzehrung die Clangenossen ihre Gottähnlichkeit auffrischten und versicherten."[43]

Auch die paulinische *ecclesia* wäre nun als eine solche „Gruppe von Personen" zu beschreiben, „deren Leben zu einer physischen Einheit verbunden sind, daß man sie wie Stücke eines gemeinsamen Lebens betrachten kann"[44], und auch in der *ecclesia* spielt der Akt des gemeinsamen Essens die Rolle, die Konsubstantialität des „Kinship" zu erwerben und zu bestärken. Auf die Abhängigkeit der Leib-Christi-Lehre vom Abendmahl weist dabei schon die sprachliche Verdoppelung hin: Durch den gemeinsamen Verzehr des Leibes Christi im Abendmahl konstituiert sich die *ecclesia* selbst als ebendieser Leib. Im Essen des Herrenleibs drückt sich die Überzeugung aus, „von einem Stoff" mit dem Gott, ja mit diesem identisch zu sein. Der Streit um die „Metaphorik" oder den „Realismus" der Leib-Christi-Lehre bei Paulus findet im übrigen sein exaktes Pendant in dem im Verlauf der Kirchengeschichte mehrfach neu aufgelegten Abendmahlsstreit: Auch hier geht es ja um die Frage, ob Brot und Wein nach der Konsekration „nur heilige Zeichen" oder realer Leib und reales Blut Christi seien. Wesentlich elaborierter als im Streit um die Leib-Christi-Lehre wird im Abendmahlsstreit indes auch gleichsam „zeichentheoretisch" um das Verhältnis von Zeichen (Bild) und Wirklichkeit gerungen. Unterscheiden lassen sich, analog zur Leib-Christi-Lehre, auch hier im wesentlichen drei Positionen: Die – nach Hasso Hofmann – „vulgärkatholische Auffassung von der leiblichen Gegenwart Christi im Meßopfer"[45], zugespitzt in der Formel des Kardinals Humbert, wonach der Leib Christi im Abendmahl „von den Priestern berührt und von den Zähnen der Gläubigen zer-

42 Ebd. S. 419–420.

43 Ebd. S. 423.

44 Freuds Formulierung bleibt zwischen „realistischer" und „metaphorischer" Lektüre in der Schwebe: Ihre Leben *sind* (realistisch) so zu einer physischen Einheit verbunden, daß man sie (metaphorisch) *wie* Stücke eines gemeinsamen Lebens *betrachten* kann. „Paulinisch" gewendet müßte es heißen: Ihre Leben sind so zu einer pneumatischen Einheit verbunden, daß sie Glieder eines gemeinsamen (pneumatischen) Leibes sind. Inwiefern auch der paulinische „Geist", das Pneuma, als Substanz zu denken ist, wird unten (S. 97–99) erläutert.

45 Hofmann, Repräsentation, S. 66.

bissen würde"[46]; die katholische Transsubstantiationslehre in ihrer klassischen Ausprägung, wonach in der Eucharistie die sakramentale Vereinigung (mystische Identifizierung) von Bild und Wirklichkeit stattfindet; und schließlich die später auch protestantische Auffassung, „daß das Altarsakrament ein lediglich bildnis- und gleichnishafter Vorgang sei."[47]

Die Geschichte der Organismus-Analogie ist, wie Ernst H. Kantorowicz betont, mit diesen theologischen und zeichentheoretischen Auseinandersetzungen aufs engste verbunden:

> „Der Begriff der Kirche als *corpus Christi* geht natürlich auf Paulus zurück; aber der Ausdruck *corpus mysticum* hat keine biblische Tradition und ist nicht so alt, wie man erwarten könnte. In der Karolingerzeit erlangte er zum ersten Mal größere Bedeutung. Es kam zu einer langjährigen Kontroverse über das Abendmahl zwischen Paschasius Radpertus und Ratramnus, beide vom Kloster Corbie. Ratramnus erklärte einmal, daß der Leib, in dem Christus gelitten hatte, sein *proprium et verum corpus* sei, während das Abendmahl sein *corpus mysticum* sei. Vielleicht stützte sich Ratramnus auf die Autorität des Hrabanus Maurus, der kurz vorher erklärt hatte, in der Kirche stehe die Darreichung des *corpus mysticum*, der Eucharistie, dem Priesteramt zu.
>
> Hier also, im Bereich des Dogmas und der Liturgie, entstand jener Begriff, dessen weitreichende Bedeutung und langfristige Auswirkungen gar nicht überschätzt werden können. *Corpus mysticum* bezog sich in der Sprache der karolingischen Theologen überhaupt nicht auf die Körperschaft der Kirche oder die Einheit der christlichen Gesellschaft, sondern auf die geweihte Hostie. Dies blieb, mit wenigen Ausnahmen, durch viele Jahrhunderte die offizielle Bedeutung des „mystischen Leibes", während Kirche und Christenheit weiterhin *corpus Christi* gemäß Paulus genannt wurden. Es war erst infolge einer merkwürdigen und erstaunlichen Entwicklung – *un curieux chassé-croisé*[48] –, daß diese Bezeichnungen um die Mitte des 12. Jahrhunderts ihre Bedeutung änderten. Der Wechsel mag einen gewissen Zusammenhang mit dem großen Disput des 11. Jahrhunderts über die Transsubstantiation gehabt haben. Als Antwort auf die Lehren Berengars von Tours und ketzerischer Sektierer, die das Sakrament des Altars vergeistigt und mystisch deuteten, betonte die Kirche mit Nachdruck nicht eine geistige oder mystische, sondern die reale Anwesenheit des menschlichen wie des göttlichen Christus in der Eucharistie. Das geweihte Brot erhielt nun den kennzeichnenden Namen corpus verum oder *corpus naturale*, oder einfach *corpus Christi*. Unter diesem Namen wurde auch das Fest *Corpus Christi* von der Westkirche im Jahre 1264 eingeführt. Mit anderen Worten bedeutete der paulinische Ausdruck, der ursprünglich die Kirche bezeichnet hatte, nun die geweihte Hostie.
>
> Umgekehrt wurde der Begriff *corpus mysticum*, der bisher für die Hostie gegolten hatte, nach 1150 allmählich auf die Kirche als die Organisation der Christenheit übertragen, die ja im Zeichen dieses Sakraments geeint war. So nahm der Ausdruck ‚mystischer Leib', der ursprünglich liturgische oder sakramentale Bedeutung gehabt hatte, eine soziologische Konnotation an. In

46 Zitiert nach Hofmann, Repräsentation, S. 65.
47 Ebd.
48 Henri de Lubac, Corpus mysticum, 2. Aufl., Paris 1949, S. 88.

> diesem verhältnismäßig neuen soziologischen Sinne definierte Bonifaz VIII. die Kirche als einen *mystischen* Leib, dessen Haupt Christus ist."[49]

Der neue Ausdruck *corpus mysticum,* so folgert Kantorowicz, baute also eine Brücke zwischen dem *corpus Christi juridicum,* d.h. dem „gigantische(n) juristische(n) und ökonomische(n) Management, auf dem die *ecclesia militans* ruhte", und der „alten liturgischen Sphäre":

> „Gleichzeitig aber stellte er die Kirche als einen politischen Körper, als politischen und rechtlichen Organismus, auf eine Stufe mit den weltlichen politischen Körpern, die um diese Zeit ihre Eigenständigkeit durchzusetzen begannen. In dieser Hinsicht fügte sich die neue ekklesiologische Bezeichnung *corpus mysticum* der allgemeinen Tendenz der Zeit ein: die weltlichen politischen Körper mit ihren administrativen Einrichtungen für heilig zu erklären. Im 12. Jahrhundert etablierte sich die Kirche, einschließlich der klerikalen Bürokratie, als der ‚mystische Leib Christi'; der weltliche Sektor erklärte sich dagegen zum ‚heiligen Reich'. Damit ist keine kausale Beziehung in der einen oder anderen Richtung gemeint. Das Geschehen illustriert nur das tatsächliche wechselseitige Wirken von Impulsen und Ansprüchen, aus denen um die Mitte des 12. Jahrhunderts gleichzeitig das geistliche *corpus mysticum* und das weltliche *sacer imperium* entstanden."[50]

Fragt man nun genauer, worin die „Heiligung" der „weltlichen politischen Körper" – einschließlich des Machtapparats der Kirche – besteht, *was* die Komponente *‚mysticum'* aus der „alten liturgischen" in die politisch-juridisch-administrative Sphäre importiert, so kann die Antwort nur lauten, daß es sich dabei genau um jenes *imaginäre Surplus* handelt, das den abendländischen Begriff der Gemeinschaft insgesamt auszeichnet: Die „Mystifizierung" des *corpus juridicum* besteht darin, die juristische Ordnung der politischen „Körper" aus einer präsymbolischen Substanz, einer imaginären Leiblichkeit, hervorgehen zu lassen, die Gesetz und symbolische Ordnung je nur als abgeleitete, sekundäre Niederschriften „naturhaft" und/oder sakramental je schon *in der Substanz* vollzogener Identifizierungen erscheinen läßt. Daß erst das (gemeinsame) Gesetz, der Symbolismus die Gemeinschaft mache – heiße sie nun *ecclesia* oder Volk – ist ein Gedanke, der dem Christentum schon von seiner metaphysischen Grundstellung gegen die jüdische Gesetzesreligion her fremd sein mußte. Gebannt in die paulinische Antithetik von Liebe (Glaube, Hoffnung) und Gesetz, Geist und Buchstabe, Schöpfung und Erlösung, schlägt sich das christliche Denken des Politischen – im Anschluß an Platon – auf die Seite einer gesetzes- und buchstabenfeindlichen Leiblichkeit, deren Status allerdings noch weiterer Klärung bedarf; ist der paulinisch verstandene Leib doch keineswegs mit jenem „Fleisch" identisch, das nach Paulus' Worten der Sitz der „sündigen Leidenschaften" ist, „die durchs Gesetz erregt werden" (Röm 7,5). Der „Leib" der Gemeinschaft als mystischer oder

49 Ernst H. Kantorowicz, Die zwei Körper des Königs. Eine Studie zur politischen Theologie des Mittelalters, München 1994, S. 207–208.

50 Ebd. S. 209.

pneumatischer Leib soll vielmehr von jener niederen Fleischlichkeit gerade erlösen. Während das *Fleisch* der Sexualität und dem Tod unterworfen ist, zeichnet sich der *Leib* gerade durch die Überwindung des Begehrens und der Sterblichkeit aus. Das nähert ihn vollends jenem narzißtischen Körperbild an, das Lacan im „Spiegelstadium" beschrieben hat (und das vom *symbolischen* Bild des Körpers, wie es Françoise Dolto definiert, wohl zu unterscheiden ist). Der göttliche Geist, das Pneuma, ist dabei „für Paulus eine Kraft (...), die sich, religionsgeschichtlich gesehen, der ‚Mana'-Vorstellung einordnet"; sie ist „stofflich und substanzhaft gedacht. So wird die Verbindung zwischen Pneuma und Sakrament nur von da aus verständlich, daß im Sakrament ein Kraftstrom stofflich in den Menschen dringt."[51] In den pneumatischen Leib wird man durch die Taufe hineingeboren, in ihm befestigt durch Abendmahl und Wortverkündigung: „In der Taufe stirbt der alte, entsteht ein neuer Mensch."[52] „Ganz real und substantiell" verliere der Getaufte den Fleischesleib; „ganz real und substantiell" erhalte er „den in der Himmelfahrt des Christus neugebildeten Leib".[53] Die gnostisch-animistische Ambivalenz des Sakraments zeigt sich darin, daß es auf der einen Seite, unter Auslassung des eschatologischen Vorbehalts, „geradezu physisch-real erlöst, auf der anderen aber nur im Hinblick auf das Kommende ‚versiegelt'."[54] Durch die Taufe steht eine „neue Schöpfung" dem „alten Menschen" gegenüber. Damit ist allerdings gegeben, daß „der von Gottes Geist erfüllte Pneumatiker und der alte Mensch völlig voneinander getrennte, verschiedene Wesen" sind, daß „von dem einen zum andern (...) nur der Weg göttlichen Wunders" führt.[55] „Die Radikalität paulinischer Konsequenz an diesem Punkt", so wiederum Ernst Käsemann, „geht am klarsten daraus hervor, daß dem nunmehrigen ‚in Christus sein' die Aufhebung aller nationalen, ständischen und sogar geschlechtlichen Unterschiede entspricht. Man hat also festzustellen, daß die Taufe nach Paulus den Menschen entindividualisiert; denn Rasse, Stand, Geschlecht bestimmen ja gerade im Sinne dieser Welt das Individuum."[56]

Das ist allerdings nur die halbe Wahrheit. Denn erstens „reindividualisiert" der virtuelle Universalismus des Christentums insofern, als er zwar die Differenz der Rassen aufhebt, sie jedoch als Differenz von Getauften und Ungetauften, Christen und Heiden wiedereinführt. Zweitens schließt die ‚pneumatische' Gleichheit der Christen vor Gott die weltlichen (auch die kirchlichen) Hierarchien nicht aus, sondern ein, wie das ja auch schon die ausgeführte Organismus-Analogie bei Paulus und die Aussagen über die Ungleichheit der Gnadengaben belegen. Besondere Aufmerksamkeit gebührt schließlich dem dritten Punkt, der behaupteten Aufhebung der geschlechtlichen Unterschiede im pneumatischen Leib der *eccle-*

51 Käsemann, Leib und Leib Christi, S. 125.
52 Ebd. S. 134.
53 Ebd. S. 142.
54 Ebd. S. 136.
55 W. Bousset, Kyrios Christos. Geschichte des Christusglaubens von den Anfängen bis zur Gegenwart, 4. Aufl., Göttingen 1935, S. 122.
56 Käsemann, Leib und Leib Christi, S. 127.

sia. Hier gilt zunächst das schon von den übrigen weltlichen Hierarchien Gesagte, daß die Gleichheit vor Gott auch die Hierarchie der Geschlechter nicht aus-, sondern einschließt. In Aufnahme des aristotelischen Topos von der Herrschaft der Seele über den Körper, die in Analogie zur Herrschaft der Vernunft über die Begierde, des Mannes über die Frau und des Herrn über den Sklaven gebracht wird (vgl. dazu oben S. 83), heißt es auch bei Paulus: „Ich lasse euch aber wissen, daß Christus das Haupt eines jeden Mannes ist; der Mann aber ist das Haupt der Frau; Gott aber ist das Haupt Christi"(1 Kor 11,3). Daraus folgt bei Paulus, daß die Frau im Gottesdienst ihr Haupt zu bedecken hat, der Mann dagegen nicht: „Der Mann aber soll das Haupt nicht bedecken, denn er ist Gottes Bild und Abglanz; die Frau aber ist des Mannes Abglanz. Denn der Mann stammt nicht von der Frau, sondern die Frau vom Mann. Und der Mann ist nicht um der Frau willen geschaffen, sondern die Frau um des Mannes willen" (1 Kor 11,7–9). Die göttliche Schöpfung des Mannes durch den Mann und der Frau aus der Rippe des Mannes dominiert somit den natürlichen Vorgang der Geburt auch in der *ecclesia.* Zwar komme, so der Apostel, „wie die Frau vom Mann", auch „der Mann durch die Frau", aber eben doch „alles von Gott" (1 Kor 11,12). Damit ist der entscheidende Hinweis darauf gegeben, daß es der *ecclesia* nicht zuletzt darum geht, auf dem Weg der Taufe als einer Art „zweiten Geburt" die Abstammung des Mannes vom Mann und so auch der Frau vom Mann zu sichern. Schon Freuds Überlegungen zur Analogie von Eucharistie und Totemmahlzeit legten ja nahe, es könne in den Akten ritueller Einverleibung – des heiligen Tieres oder der göttlichen Substanz – darum gehen, der Substanz der Mutter (d.h. dem Fleisch), „von der man geboren und mit deren Milch man genährt wurde", eine „Substanz des Vaters" – Opferfleisch oder eben Pneuma – an die Seite zu stellen. Unzählige Schöpfungs- und Ursprungsmythen bearbeiten dieses Phantasma einer Geburt oder Wiedergeburt des Mannes und der Frau „aus dem Vater"; der oben zitierte gnostische Urmensch-Erlöser-Mythos ebenso wie die platonische Schöpfung der Welt durch den Demiurgen oder eben auch die biblische Schöpfungsgeschichte. Claude Lévi-Strauss betont in anderem Zusammenhang „die Unmöglichkeit, von dieser Theorie zur Anerkennung der Tatsache zu kommen, daß jeder von uns aus der Vereinigung eines Mannes und einer Frau geboren wird."[57] Manche Mythen – z.B. der Ödipus-Mythos – lieferten aber „eine Art logisches Argument, das es ermöglicht, eine Art Brücke zu schlagen zwischen dem Ausgangsproblem – wird man aus einem oder aus zweien geboren? – und dem abgeleiteten Problem, das man etwa so formulieren kann: wird das Selbst aus dem Selbst geboren oder aus dem Anderen?"[58] Auch die paulinische Auslegung schlägt hier „eine Art Brücke": Jedermann wird zwar „aus zweien geboren" („auch der Mann durch die Frau"), aber nur weil und insofern Mann und Frau ursprünglich „aus Einem" (Gottvater) geboren wurden. Die „Geburt aus dem Vater", die Schöpfung, ist dabei die „eigentliche" Geburt, die in der Taufe wiederholt wird. Sie erst konstituiert diejeni-

---

57 Lévi-Strauss, Die Struktur der Mythen, S. 238.
58 Ebd.

ge „Welt", „in die der Mensch sich zurückfindet als in seine Eigentlichkeit"[59]; das „wahre", d.h. das männliche Selbst des Christen wird nicht aus dem Anderen geboren, sondern aus dem Selben. Von dieser Seite her gewinnt der Gemeinschaftsbegriff – wiederum weit über Paulus und die katholische Kirche hinaus – seinen männlich-institutionellen Charakter. Das *corpus mysticum (ecclesiae et imperii)* ist ein männlicher („väterlicher") Körper, der „physisch-real erlöst": von der sexuellen Begierde nach dem anderen Geschlecht, von der „Macht des Fleisches", und der insofern tatsächlich den Unterschied der Geschlechter in gewisser Weise „aufhebt" oder neutralisiert. Durch die Taufe werden nämlich auch die Töchter zu „Söhnen" des Vaters – die antike juristische Tradition spricht von Söhnen „des einen und des anderen Geschlechts", um die Gegenstandslosigkeit der Geschlechterdifferenz für die „Kinder Gottes" zu betonen.[60] *Agape* schließlich ist nicht *Eros,* sondern sein Gegenbild.

Dennoch bleibt auffällig, daß die christliche Tradition im Bezug auf die Gemeinschaft überhaupt von „Geburt" und von der *Leiblichkeit* des Vaters spricht. Nicht durch den Buchstaben des Gesetzes, sondern gleichsam durch ‚pneumatische Interpenetration' (wir in Christus – Christus in uns) konstituiert sich hier die Gemeinschaft als schützendes Bollwerk gegen Geschlechterdifferenz und Sterblichkeit. In dem „Urmenschen" Adam Christus, den der Vater nach seinem Ebenbild geschaffen hat und der in seinem Leib die Gesamtheit der Seelen birgt, erscheint der Gott des Christentums so fast als eine Art ‚männliche Mutter'. Es ist daher auch mißverständlich – oder wiederum nur die halbe Wahrheit – wenn Pierre Legendre in der Erörterung der „Wahrheit der menschlichen Bindung ans Gesetz" eine „somatische Interpretation (die tatsächliche Beschneidung bei den Juden)" und eine „spirituelle Interpretation (die Beschneidung durch die Taufe bei den Christen)" einander gegenüberstellt.[61] Als „somatisch" hat vielmehr die christliche Interpretation zu gelten, während man die jüdische vielleicht als „fleischliche" bezeichnen könnte. Das bestätigt zunächst auch ein etymologischer Befund. Ernst Käsemann beginnt seine Untersuchung zur „paulinischen Begrifflichkeit" von Leib und Leib Christi mit der Feststellung, „daß das von griechischen Einflüssen noch freie Alte Testament einen eigentlichen Leibbegriff nicht kennt." „Nicht weniger als 11 bzw. mit den Derivaten 14 verschiedene" hebräische Begriffe werden in der griechischen Bibelübersetzung aus dem dritten vorchristlichen Jahrhundert mit *soma* wiedergegeben, „ohne daß einer als wirkliches Adäquat für *soma* bezeichnet werden könnte."[62] Die meisten dieser hebräischen Ausdrücke bezeichnen nicht den Leib als hierarchisch gegliederte, funktional differenzierte Einheit und Ganzheit (Organismus), wie er in der griechischen Tradition verstanden wird, sondern das „allerkonkreteste Einzelleben", das „Fleisch" oder die „Fleischsubstanz" als „Träger der Individualität, des persönlichsten Lebens."[63] Dabei gibt „nicht das Gegeneinander von

---

59 Käsemann, Leib und Leib Christi, S. 133.
60 Vgl. dazu Legendre, Das Verbrechen des Gefreiten Lortie., S. 32.
61 Legendre, Das Verbrechen des Gefreiten Lortie, S. 21.
62 Käsemann, Leib und Leib Christi, S. 1.
63 Ebd. S. 5; 6.

Form und Stoff (...) die Möglichkeit einer Exposition des alttestamentlichen Fleischbegriffes, sondern das Verbundensein von Stoff und Leben“ im konkreten Einzelwesen.[64] Das „Leben“ freilich stammt von Gott, der dem „Erdenkloß“ Adam den Odem eingeblasen hat. Eben dadurch wird er zum „Fleisch“, das mit eigener Zeugungsmacht begabt ist.

Deshalb kann auch der Penis im besonderen als „Fleisch“ schlechthin gelten. Und eben deshalb besiegelt Gott seinen Bund mit dem „Fleisch“ – und nicht mit dem „Leib“ – der Abrahamskinder durch Beschneidung: zum Zeichen, daß die männliche Zeugungsmacht dem Gesetz Gottes unterworfen sei. Die scharfe christliche Antithetik von Fleisch und Leib ist der jüdischen Überlieferung ebenso fremd wie der damit verbundene Sexualekel und der Abstinenzgedanke. Die christliche Interpretation des Gesetzes kann dagegen gerade insofern „somatisch“ genannt werden, als sie nicht „fleischlich“ ist, ja sich vielmehr in scharfem Gegensatz zur jüdischen Interpretation etabliert. Sie ist deswegen noch keineswegs „spirituell“ im Sinne von „entmaterialisiert“, sondern bleibt *somatisch:* Der Leib-Gedanke, der griechischen Ursprungs ist, wird überhaupt erst von Paulus in Zusammenhang mit dem – nun freilich christlich verstandenen, d.h. aufs Liebesgebot reduzierten – Gesetz gebracht; erst im Christentum wird der Zusammenhalt der Gotteskinder nicht mehr als Unterwerfung jedes einzelnen „Fleisches“ unter das göttliche Gesetz durch Beschneidung, sondern als wechselseitige „Liebe“ der Glieder der als Leib Christi verstandenen Gemeinschaft gedacht. Die christliche Taufe beschneidet nicht das Fleisch, sondern sie *gibt einen neuen Leib:* ist dieser auch nicht „materiell“ im Sinne von „fleischlich“, so ist er doch ebensowenig rein „spirituell“. Was durch die paulinische Leib-Christi-Lehre ins Spiel gebracht wird, ist vielmehr das Bild eines unbeschnittenen, aus Geist *(pneuma)* erzeugten männlichen Körpers, der, in der Liebe seiner Glieder geeint, über das Gesetz dieser Welt erhaben ist. Dieses „Bild“ oder diese „Metapher“ wird in der Geschichte des Christentums aber keineswegs als „bloßes Bild“ verstanden, sondern, wie gezeigt, mythisch-realistisch (Gnosis) oder sakramental-realistisch (katholische Kirche) interpretiert, d.h. die Metapher führt zur Hypostasierung oder Ontologisierung ihres Bildgehalts, sie wird von der christlichen Gemeinschaft *inkorporiert.* „Die Verwendung von *soma* oder eines Äquivalents für soziale Gruppen im Sinne von ‚Einheit‘ oder ‚Ganzheit‘ war der jüdischen Überlieferung“ dagegen „unbekannt“.[65]

64 Ebd. S. 7.
65 Vgl. oben Fußnote 1.

2 Die Bedeutung der Organismus-Metapher für die Entstehung der Soziologie

„Wie soll man aber von dem Individuum eine soziale Ordnung ableiten, die die Individuen überschreitet? (...) Wenn das Gesetz ihr Werk ist, wie kann es sie dann binden?"[66]

2.1 Einleitung

Die Antithetik von „Gemeinschaft" und „Gesellschaft" prägt die politische Philosophie der Moderne von Rousseau bis in die jüngsten Verzweigungen der sogenannten Kommunitarismusdebatte. Ob es darum geht, die Emanzipation des Individuums von der Gemeinschaft im Namen der Gesellschaft zu feiern, oder umgekehrt darum (was der häufigere Fall ist), die Vereinzelung der einzelnen in der bürgerlichen Gesellschaft im Namen einer vergangenen oder zukünftigen Gemeinschaft zu beklagen – stets sind die Repräsentationen der Gesellschaft in der Gesellschaft auf die Entgegensetzung von „heute" und „gestern" (oder „morgen"), „Altem" und „Neuem", Seiendem und Seinsollendem angewiesen. Das erweist diese Repräsentationen zunächst als Produkte einer Gesellschaft, der die Kontingenz ihrer eigenen Ordnung – und damit ihre *perfectibilité* – bewußt geworden ist. Das erweist sie sodann jedoch auch als Produkte einer Gesellschaft, die an einem problematischen Glücksversprechen laboriert. Denn das Versprechen, das gleichzeitig eine Wette ist (was meist unterschlagen wird): Freiheit, Gleichheit, Brüderlichkeit – oder Tod, stellt die Versöhnung von Besonderem und Allgemeinem, die Verwirklichung der Gemeinschaft *in* der bürgerlichen Gesellschaft (oder *als* diese) in Aussicht. In dem Maß, in dem Gemeinschaft aussteht, das gesellschaftliche Feld als gespalten und inkonsistent erfahren wird, werden der modernen Gesellschaft daher auch ihre Selbstbeschreibungen problematisch.[67] Das autonome Individuum – frei,

66 Émile Durkheim, Erziehung, Moral und Gesellschaft, Neuwied am Rhein / Darmstadt 1973, S. 294.

67 Niklas Luhmann sieht genau darin, d.h. in der Veränderung gesellschaftlicher Semantiken bei (weitgehend) gleichbleibender Sozialstruktur, den Unterschied zwischen „Moderne" und „Postmoderne": „Während die, sagen wir: klassische, Moderne die Erfüllung ihrer Erwartungen in die Zukunft auslagerte und damit alle Probleme der Selbstbeobachtung und Selbstbeschreibung der Gesellschaft sich durch das ‚noch nicht' der Zukunft abnehmen ließ, ist ein Diskurs der Postmoderne ein Diskurs ohne Zukunft. Und hier muß folglich dasselbe Problem der Paradoxie der Beschreibung des Systems im System (der sich selbst mitbeschreibenden Beschrei-

seine Verträge zu schließen und frei, seine Verbrechen zu begehen – scheint sich mehr und mehr als Ursprung und Gewißheit nicht seiner Bindungen, sondern „einzig seines eigenen Todes“[68] zu erweisen. Eingesperrt ins ‚eherne Gehäuse‘ der Subjektivität, erfährt es sich schließlich als das, was bei der Auflösung der Gemeinschaft übrigbleibt. Aus diesem Umstand speist sich, allen „Individualisierungsthesen“ zum Trotz, seit jeher die Kritik des modernen Liberalismus, insofern dieser einseitig und unberechtigt, wie man längst weiß, auf die integrative Kraft des Marktes, den selbsttätigen Ausgleich der Privatinteressen oder auch schlicht auf die Fähigkeit der Subjekte zum „vernünftigen Konsens“ vertraut(e). Am Begriff des „ungebundenen Selbst“ als Ausgangspunkt des politischen und soziologischen Denkens setzt kommunitaristische Kritik auch heute wieder an, ohne freilich dem vermeintlichen „Atomismus“ der bürgerlichen Gesellschaft viel mehr oder anderes entgegensetzen zu können als nicht minder zweifelhafte Holismen verschiedener Provenienz. So richtig es ist, daß das „isolierte Individuum“ als empirisches Faktum nicht existiert und nie existiert hat, so wenig entsprechen oder entsprachen empirische Gemeinschaften jemals dem Bild vom „organischen Ganzen“, als das sie sich wollen oder sich träumen. „Die kommunitaristische These läßt sich“, wie Hinrich Fink-Eitel bündig formuliert, „empirisch nicht halten“.[69]

Das verbietet es, Gesellschaft und Gemeinschaft naiv als sozialontologische Kategorien zu verwenden, etwa in der Weise, daß man sagt, wir gehörten einerseits einer Gemeinschaft oder mehreren Gemeinschaften an (einer Familie, einem Volk, einer Nation, um hier nur die klassischen Formationen zu nennen), stünden andererseits aber auch in gesellschaftlichen Verhältnissen. Als Ursprung und Grund der Gesellschaft ist der Gesellschaftsvertrag in seiner Unvordenklichkeit genauso eine Fiktion wie die gemeinsame Herkunft, Verwandtschaft oder Ethnizität als Ursprung und Grund von Gemeinschaft. Nach dem Status solcher Fiktionen oder Repräsentationen bleibt allerdings, über den puren Nachweis ihrer Fiktionalität hinaus, zu fragen. Denn die konkreten Ausprägungen unseres Zusammenlebens stellen in grundlegender, wenngleich niemals widerspruchsfreier Weise stets Instituierungen und Inszenierungen solcher kulturtragenden Fiktionen oder „Modelle“ dar. Die Imagines (Metaphern) von Gesellschaft und Gemeinschaft, an denen wir unser Handeln orientieren, sind von zentraler Bedeutung für das, was wir schließlich füreinander darstellen, was

bung) anders gelöst werden“ – anders nämlich als durch die narrative Aufhebung gegenwärtiger Kontingenz in zukünftiger „Erfüllung“. (Niklas Luhmann, Das Moderne der modernen Gesellschaft, in: ders., Beobachtungen der Moderne, Opladen 1992, S. 11–50, hier S. 13.) Als Auseinandertreten von „Erfahrungsraum“ und „Erwartungshorizont“ hat auch Reinhart Koselleck die historisch-semantische Entwicklung der Neuzeit beschrieben. Vgl. Reinhart Koselleck, ‚Erfahrungsraum‘ und ‚Erwartungshorizont‘ – zwei historische Kategorien, in: ders., Vergangene Zukunft, 3. Aufl., Frankfurt/M. 1995, S. 364.

68 Jean Luc Nancy, Die undarstellbare Gemeinschaft, Stuttgart 1988, S. 15.

69 Hinrich Fink-Eitel, Gemeinschaft als Macht. Zur Kritik des Kommunitarismus, in: Micha Brumlik u. Hauke Brunkhorst (Hg.), Gemeinschaft und Gerechtigkeit, Frankfurt/M. 1993, S. 306–322, hier S. 309.

wir leben können.[70] In diesem Sinn insistiert auch Etienne Balibar darauf, daß *„jede soziale Gemeinschaft, die durch das Wirken von Institutionen reproduziert wird, (...) imaginär (ist)"*, weil sie „auf der Projektion der individuellen Existenz in das Geflecht einer kollektiven Geschichte (beruht), auf der Anerkennung eines gemeinsamen *Namens* und auf den Traditionen, die als Spuren einer unvordenklichen Vergangenheit erlebt werden (selbst wenn sie erst in jüngster Zeit geschaffen und den Menschen anerzogen wurden)." Dies jedoch, so Balibar, laufe auf die These hinaus, „daß unter bestimmten Bedingungen allein imaginäre Gemeinschaften real sind."[71]

Es genügt also nicht zu sagen, daß Gemeinschaft als substantielle Vereinigung, als „organisches Ganzes" oder als unmittelbares Einswerden ihrer selbst mit ihrem eigenen Wesen nicht existiert und nie existiert hat. Zu fragen ist vielmehr, warum die bürgerliche Gesellschaft an diesem imaginären Bild der Gemeinschaft so beharrlich festhält, warum sie seit Rousseau ihre zentrale Sorge als Sorge um die Gemeinschaft bestimmt. Im Rahmen welcher Erfahrungen einerseits, welcher imaginären Bildungen andererseits ist sie gezwungen, sich selbst permanent als das Feld der Entfremdung und des „Verlusts" der Gemeinschaft zu denken? „Um zu begreifen, was auf dem Spiel steht", schreibt Jean-Luc Nancy, „muß man zunächst auch den Horizont, der *hinter* uns liegt, freilegen. Man müßte also jene Auflösung der Gemeinschaft hinterfragen, die angeblich die entscheidende Erfahrung war, aus der das moderne Zeitalter entsprungen wäre." Ob die verlorene oder zerbrochene Gemeinschaft im Bild der natürlichen Familie, der attischen Polis, der römischen Republik, der urchristlichen Gemeinde oder der „glücklichen Wilden" gedacht wird – „immer", so Nancy,

> „geht es um ein verlorenes Zeitalter, in dem die Gemeinschaft sich noch aus engen, harmonischen und unzerreißbaren Banden knüpfte und in dem sie in ihren Institutionen, ihren Riten und Symbolen vor allem sich selbst das Schauspiel, ja sogar die lebendige Darbietung ihrer eigenen Einheit, der ihr immanenten Vertrautheit offenbarte."[72]

Mit anderen Worten: In den Metaphern der Gesellschaft als der verlorenen Gemeinschaft geht es um ein „verlorenes", am Ort des Anderen unterstelltes Genie-

---

70 Wenn Michael Sandel schreibt: „Unsere Praktiken und Institutionen sind Verkörperungen der Theorie. Sich an einer politischen Praktik zu beteiligen, bedeutet bereits, in Beziehung zur Theorie zu stehen", so scheint dies zunächst in dieselbe Richtung zu weisen. Allerdings würde die Kompatibilität der Ansätze vom zugrundegelegten Begriff der Theorie abhängen. Sandels Frage: „Welche politische Philosophie liegt unseren Praktiken und Institutionen zugrunde?" wäre zu transformieren in die Frage, welche Metaphern der Gesellschaft die politische Philosophie („Theorie") produziert und legitimiert. (Zitate aus: Michael Sandel, Die verfahrensrechtliche Republik und das ungebundene Selbst, in: Axel Honneth (Hg.), Kommunitarismus. Eine Debatte über die moralischen Grundlagen moderner Gesellschaften, Frankfurt/M. / New York 1995, S. 18–35, hier S. 18.)

71 Etienne Balibar / Immanuel Wallerstein, Rasse, Klasse, Nation. Ambivalente Identitäten, 2. Aufl., Hamburg 1998, S. 115.

72 Nancy, Die undarstellbare Gemeinschaft, S. 26–27.

ßen, das „Genießen der Brüderlichkeit“, das die moderne Gesellschaft in sich nicht zu realisieren vermag und das sie deshalb in die Vergangenheit oder in die Zukunft „auslagert“.[73] Die Gemeinschaft in dieser Form hat jedoch „nicht stattgefunden“, „weder bei den Guayaki-Indianern noch in irgendeinem Hütten-Zeitalter à la Rousseau, weder im ‚Geist eines Volkes‘ im Hegelschen Sinn noch in den Agapen der Christen“:

> „Die *Gesellschaft* und mit ihr Staat, Industrie und Kapital tauchten nicht auf, um eine bereits bestehende *Gemeinschaft* aufzulösen. (...) Die *Gesellschaft* ist nicht aus dem Zusammenbruch der *Gemeinschaft* entstanden. Sie entstand beim Verschwinden oder Bewahren dessen – Stämme oder Reiche –, was vielleicht ebensowenig mit dem, was wir ‚Gemeinschaft‘ nennen, zu tun hat wie mit dem, was wir als ‚Gesellschaft‘ bezeichnen. Die Gemeinschaft ist also keinesfalls das, was die Gesellschaft zerbrochen oder verloren hätte, sondern sie ist das, *was uns zustößt* – als Frage, Erwartung, Ereignis, Aufforderung –, was uns also *von* der Gesellschaft *ausgehend* zustößt. Nichts ging also verloren und daher ist auch noch nichts verloren. Verloren sind nur wir selbst, auf die unsere eigene Erfindung, das ‚gesellschaftliche Band‘ nämlich (die Verhältnisse, die Kommunikation), wie das Netz einer ökonomischen, technischen, politischen und kulturellen Falle erdrückend herabfällt. Da wir uns in seinen

---

73 Vgl. S. 101, Fußnote 67. Unter Umständen kann das „verlorene“ oder erst noch (wieder)zugewinnende Genießen dann auch als (vom Anderen) „gestohlenes“ Genießen erscheinen. Vgl. zum „Diebstahl des Genießens“ Slavoj Zižek, Genieße Deine Nation wie Dich selbst! Der Andere und das Böse – Vom Begehren des ethnischen ‚Dings‘, in: Vogl (Hg.), Gemeinschaften, S. 133–164, hier S. 134 ff. Zižek weist darauf hin, daß die meisten rassistischen Phantasmen um ein am Ort des Anderen unterstelltes exzessives Genießen organisiert sind (Legenden über die sexuelle Potenz der „Neger“ oder die „jüdische Weltverschwörung“), das dem „eigenen“ Genießen angeblich das Wasser oder die Objekte (Arbeitsplätze, Geld, Frauen) abgräbt. Auf den „Selbstgenuß“ als wesentliches Moment der Gemeinschaftsbildung weist, im Anschluß an Slavoj Zižek, auch Wolfgang Eßbach hin: „Gemeinschaften genießen sich in erster Linie selbst. Genauer gesagt: Sie genießen ihren Fetisch, ihr Symbol“, das in jedem Fall das „imaginäre Eine“ ihrer Identität darstelle, handle es sich nun um die Abstammung von denselben Vorfahren, um die Berufung auf einen gemeinsamen Gott, die Ausrichtung an einer gemeinsamen Lehre oder einer gemeinsamen Sprache. (Wolfgang Eßbach, Gemeinschaft – Rassismus – Biopolitik, in: Wolfgang Pircher (Hg.), Das Fremde – der Gast, Wien 1993, S. 19–35, hier S. 22; 23.) Eßbach beklagt (ebd.), daß „viele Soziologen (...) diese Imaginationen, diese Einbildungen, diese Träume als Bagatellen beiseiteschieben, weil es sich um Phantasmen handelt“, daß sie dabei jedoch „übersehen, daß die Imagination der Gemeinschaft der Hauptstoff sozialer Bindung ist.“ Um „den Komplex der Gemeinschaft aufzuklären“, müsse man sich daher mit den Phantasmen der Gemeinschaft „ernsthaft auseinandersetzen“, was wohl auch hier heißen soll, *das realitätskonstituierende Potential von Fiktionen oder Phantasmen nicht zu vernachlässigen.* Komplizierter, als Eßbach annimmt, wird die Lage allerdings dadurch, daß der als Verwirklichung der Gemeinschaft angestrebte Selbstgenuß ein unmöglicher ist, setzt er doch die totale Integration oder absolute Immanenz der Gemeinschaft voraus. Die Herstellung solcher Immanenz ist nun aber nicht nur faktisch unmöglich, sondern würde auch, wenn sie möglich wäre, nicht zum „Selbstgenuß“ führen, sondern „augenblicklich die Gemeinschaft oder auch die Kommunikation als solche vernichten.“ (Nancy, Die undarstellbare Gemeinschaft, S. 32.) Dies deswegen, weil Genuß, ebenso wie Kommunikation, auf die Differenz von Subjekt und Subjekt oder Subjekt und Objekt angewiesen bleibt. Die Immanenz, „d.h. die einheitsstiftende Verschmelzung, birgt“ daher „keine andere Logik in sich als die des Selbstmords der Gemeinschaft, die sich auf das Prinzip der Immanenz bezieht.“ (Ebd.)

> Maschen verfangen haben, haben wir uns das Phantasiegebilde von der verlorenen Gemeinschaft ersonnen."[74]

Am Leitfaden der Organismus-Metaphorik fragt der folgende Teil der Arbeit nach den Formen, in denen Gemeinschaft uns *von der Gesellschaft* ausgehend zustößt. Er geht also davon aus, daß die Frage der Gemeinschaft, die Gemeinschaft *als Frage,* sich auch nach dem sogenannten „Ende des Kommunismus", das manche gar für das „Ende der Geschichte" halten wollen, keineswegs erledigt hat. Im Gegenteil, vielleicht ist sie sogar dringlicher geworden denn je, in dem Maß, in dem der „Triumph" der liberalen Demokratie und der Marktwirtschaft die in ihn gesetzten Hoffnungen nicht erfüllt hat und nicht erfüllen wird.[75] Dringlich ist die Frage der Gemeinschaft aber auch, weil die Formen, in denen ‚Gemeinschaft' gegenwärtig propagiert wird, vom Substantialismus und von der „Ontopologie" einer Tradition belastet sind, deren Logik den Figuren der Selbstidentität folgt und die folglich die Logik des Krieges ist (und das gilt auch für einen Teil der kommunitaristischen Konzepte und für eine bestimmte Art, am marxistischen Erbe festzuhalten):

> „Die interethnischen Kriege (hat es je andere gegeben?) vermehren sich, geleitet von einem *archaischen* Phantasma und einem *archaischen* Begriff, von einem primitiven *begrifflichen Phantasma* der Gemeinschaft, des Nationalstaats, der Souveränität, der Grenzen, des Bodens und des Bluts. Der Archaismus ist kein Übel an sich, er stellt zweifellos eine irreduzible Ressource dar. Aber wer wollte leugnen, daß dieses begriffliche Phantasma in der *Ontopologie* selbst, die es voraussetzt, durch die tele-technische Dislozierung (...) überholt ist? Wir verstehen unter Ontopologie eine Axiomatik, die den ontologischen Wert des Anwesend-Seins *(on)* untrennbar an eine *Situation* (Situierung) bindet, an die stabile und präsentierbare Bestimmung einer Lokalität (den *topos* des Territoriums, des Bodens, der Stadt, des Körpers im allgemeinen)."[76]

Läßt sich ein nicht-archaischer (nicht manifest oder latent rassistischer oder sexistischer) Begriff der Gemeinschaft formulieren, auch wenn der „Archaismus" (alles, was sich auf den *topos* des Territoriums und des Körpers bezieht) „irreduzibel" ist? Läßt sich ein Begriff, lassen sich Metaphern und Imagines der Gemeinschaft denken, die die „Archaismen" des Bodens und des Körpers anders (nicht-

---

74 Nancy, Die undarstellbare Gemeinschaft, S. 30–31.

75 So gewiß der Kommunismus nicht mehr „der unüberschreitbare Horizont unserer Zeit" ist, wie Sartre gesagt hatte, so gewiß hat das Wort „Kommunismus" andererseits nicht aufgehört, einen Wunsch zu symbolisieren: „den Wunsch, einen Ort für die Gemeinschaft zu finden oder wiederzufinden; dieser Ort läge jenseits der sozialen Unterschiede, jenseits der Unterjochung unter eine techno-politische Herrschaft, folglich auch jenseits der Beschneidung der Freiheit, der Verkümmerung der Rede oder dem Schwinden des einfachen Glücks, was eben geschieht, sobald dies alles dem alleinigen Gesetz der Privatisierung unterworfen wird; er läge letztendlich ganz schlicht und unumstößlich jenseits dieses kümmerlichen Todes eines jeden einzelnen, der – da er nur noch der Tod des Individuums ist – zu einer erdrückenden Last wird und sich in Bedeutungslosigkeit auflöst." (Nancy, Die undarstellbare Gemeinschaft, S. 11–12.)

76 Jacques Derrida, Marx' Gespenster, Frankfurt/M. 1995, S. 134–135.

rassistisch, nicht-sexistisch) deklinieren? Diese Fragen bilden als durchaus offene den Hintergrund der folgenden Analysen. Um sie zu beantworten, muß zunächst ein Stück des „Horizonts" freigelegt werden, „der *hinter* uns liegt". Das geschieht im folgenden in zwei Etappen: Zunächst geht es um die Bedeutung der Organismus-Metaphorik für die Entstehung der Soziologie als Wissenschaft. Die frühen Soziologen behandeln Gesellschaft unter dem Titel ‚Organismus' durchgehend als Naturgegenstand, soziale Ordnung nicht als Resultat von Klassenkämpfen oder Herrschaftsverträgen, sondern als Naturordnung. Sie springen mit dieser biologistischen Ableitung in ein Legitimationsvakuum ein: Postabsolutistisch und postrevolutionär ließ sich soziale Ordnung nicht mehr als Schöpfungsordnung, Herrschaft nicht mehr als Gottesgnadentum plausibel machen. Die ‚neue' organische Metaphorik ist freilich alt: In der Soziologie des 19. Jahrhunderts verbindet sich der neue biologische Begriff des Organismus mit der auf Aristoteles und Paulus maßgeblich zurückgehenden Lehre von der (politischen) Gemeinschaft als *soma* bzw. als Leib Christi. Deshalb ist ‚Organismus' auch der Titel, unter dem im 19. Jahrhundert Gesellschaft als (Volks-)Gemeinschaft gedacht und eingefordert wird. Deren zunehmend biologistisches, und das heißt *à la limite* rassistisches, Verständnis, ist von den Soziologen nicht beabsichtigt, liegt aber in der Logik der von ihnen privilegierten Metapher. Am Beispiel von Durkheims Buch über die *Teilung der sozialen Arbeit* wird gezeigt, wie die wissenschaftsbegründende Metapher sich in der soziologischen Analyse selbständig macht, das heißt als Metapher vergessen wird. Gerade so, als vergessene, erfüllt sie aber ihren (ideologischen) Zweck, die soziale Spaltung und die Kontingenz sozialer Ordnung in allen ihren Formen zu verleugnen.

Der an Durkheims Text exemplarisch gezeigte *effet de réel* der Metapher (d.h. ihr Aufstieg zum Begriff) wird freilich gestützt oder erleichtert durch den juristischen Begriff der Körperschaft, der durch die Organismus-Metaphorik gleichsam nur einen naturalistischen Unterbau zu bekommen scheint. ‚Organizistisches' und ‚korporatistisches' Denken gehen hier nahtlos ineinander über. Darin bewährt sich allerdings umgekehrt nur die metaphorische Potenz des juristischen Begriffs: aus der paulinischen Leib-Christi-Lehre hervorgegangen, im Bereich der katholischen Kirche zuerst juridisch gefaßt und dann erst auf politische Verbände übertragen (vgl. oben Kap. 1.2), stellt er selbst nichts anderes dar als das Residuum der alten christlichen Gemeinschaftsmetaphorik.

2.2 Das funktionalistische Schema: Gesellschaft als Organismus bei Émile Durkheim

Die Soziologie entstand mit der Industrialisierung. Sie ist mit ihrer spezifischen Art, nach dem „Ganzen" der Gesellschaft und nach der Natur des sozialen Bandes zu fragen, an die Ereignisse des Zeitalters und an die tiefgreifenden Veränderungen der Lebensverhältnisse im 19. Jahrhundert gebunden. Das Hauptereignis ist die französische Revolution, die die Kontingenz der politischen und gesellschaftlichen Ordnung auf dem Kontinent unauslöschlich ins Bewußtsein hebt und bewirkt, daß „Erfahrungsraum" und „Erwartungshorizont" immer weiter auseinandertreten; sie erlaubt es, „den Untergang der alten Zeiten und die Entstehung der neuen Zeiten an ein *hic et nunc* anzuheften."[77] Industrialisierung und Vermassung, die bis dahin ungekannte Mobilisierung weiter Teile der Bevölkerung und die dadurch hervorgerufene Umwälzung aller alten vermittelnden Instanzen (Familie, Zünfte, Gemeinden) tun ein übriges, um den Glauben an den ungebrochenen Fortbestand *einer* gesellschaftlichen Welt zu erschüttern. „Wichtig ist die Feststellung", schreibt André Akoun, „daß die Soziologie in einer Gesellschaft entstand, und nur darin entstehen konnte, die sich selbst zum Gegenstand von Fragestellungen macht, ihre Normen in Frage stellt, ihre Existenz und ihr Funktionieren problematisiert; einer Gesellschaft, die sich nicht mehr einbildet, in einer ihr äußerlichen Ordnung verankert zu sein, und die ihre Institutionen nicht mehr als Naturgegebenheiten denkt."[78] Wo die traditionellen Erklärungsmuster versagen, die Ordnung der Gesellschaft nicht mehr als gott- oder naturgegeben und daher ein für allemal feststehend gedacht werden kann, entsteht Kontingenz und Anomie freilich nicht nur auf der Ebene der faktischen Lebensverhältnisse, sondern auch auf der Ebene der Repräsentationen: Nicht nur die herrschende Ordnung selbst ist strittig, sondern strittig sind auch die Modelle und Paradigmen, nach denen gesellschaftliche Ordnung überhaupt gedacht werden kann oder soll. Wird Ordnung zunächst im allgemeinsten Sinn als „geordnetes Verhältnis zwischen den Teilen eines Ganzen"[79], als „Gruppierung von Dingen an passenden und ihnen zukommenden Stellen"[80] oder „Zusammenstellung gleicher und ungleicher Dinge durch Zuweisung des einem jeden

77 André Akoun, Die Soziologie, in: François Chatelet (Hg.), Geschichte der Philosophie, Bd. VII: Die Philosophie der Sozialwissenschaften (1860 bis heute), Frankfurt/M. / Berlin / Wien 1975, S. 102–128, hier S. 104.

78 Ebd. S. 105.

79 So der klassische Ordnungsbegriff. Vgl. dazu den Artikel „Ordnung", in: Joachim Ritter u. Karlfried Gründer (Hg.), Historisches Wörterbuch der Philosophie, Bd. 6, Stuttgart 1984, Sp. 1249–1309, hier Sp. 1249.

80 Ebd. Sp. 1252.

zukommenden Standortes"[81] verstanden, so stellt sich im Bezug auf die Ordnung der Gesellschaft die Frage nach der *ratio* oder dem Grund, mithin auch der Legitimität, tradierter „Gruppierungen" ebenso wie die Frage nach der spezifischen Natur des „Verhältnisses zwischen den Teilen" im sozialen Verband. Wenn das für den einzelnen „Passende" oder die ihm zukommende „Stelle" im sozialen Gefüge nicht mehr aus der Geburt ableitbar ist, weil die Hierarchie der „Stellen", die Architektur des Gefüges selbst erschüttert ist, muß nicht nur Ordnung neu begründet, sondern sie muß als ‚neue Ordnung' *(nouvel ordre)* begründet werden. Am Begriff dieser „neuen Ordnung" arbeiten die ersten Soziologen als an einem neuen Begriff von Ordnung überhaupt. Die Soziologie tritt damit – zusammen mit anderen Wissenschaften – an jene Leerstelle, die die gesellschaftlich nicht mehr plausibilisierbaren theologischen und philosophischen Ableitungen von Ordnung hinterlassen hatten. „Wie ist soziale Ordnung möglich?" So lautet auch Niklas Luhmann zufolge die Problemstellung, die die Soziologie als wissenschaftliche Disziplin konstituiert.[82] Wie ist soziale Ordnung möglich, so müßte man allerdings fürs 19. Jahrhundert ergänzen, wenn bewußt geworden ist, daß Ordnung ihren Grund nicht „in Gott", d.h. nicht in einer *arche* oder einem *telos* außerhalb ihrer hat, die ihren Bestand garantieren? Wie läßt sich soziale Ordnung denken, herstellen oder wiederherstellen, wenn die traditionellen Metaphern und Sozialmodelle nicht mehr hinreichen, soziale Integration sicherzustellen? Wie, schließlich, ist je bestimmte soziale Ordnung durchsetzbar und legitimierbar, wenn nicht mehr vergessen werden kann, daß andere Ordnungen möglich und – anderswo, zu anderer Zeit – auch wirklich (gewesen) sind? Die Tragweite der Frage wird erst deutlich, wenn man sich vergegenwärtigt, daß sie keineswegs, wie Luhmann meint, „ein immer schon [politisch? gesellschaftlich? S.L.] gelöstes Problem (formuliert)"[83] und insofern auch nicht „rein wissenschaftlichen Charakters" ist.[84] Vielmehr wird die Frage nach den Bedingungen der Möglichkeit sozialer Ordnung überhaupt doch erst in einer Gesellschaft virulent, der die „alltägliche Evidenz" eben nicht mehr „ausreicht"[85], sich der Wirklichkeit – und insofern auch der Möglichkeit – sozialer Ordnung zu versichern: in einer Gesellschaft, die erstens ihren eigenen Zustand vorerst nur noch als ungeordnet oder anomisch begreifen kann, und die zweitens ihren Ausgang aus dieser Anomie nicht mehr, oder nur noch vorübergehend und illusorisch, als Wiederherstellung der alten Ordnung (also als Rückkehr zur Ordnung – aus der Un-Ordnung) projektieren kann. Das Ordnungsproblem, auf das die soziologischen Theorien antworten, ist also durchaus ein praktisch-politisches. Neu ist im 19. Jahrhundert freilich der Versuch, ein praktisch-politisches Problem wissenschaftlich zu lösen, also Ordnungsmodelle nicht mehr direkt der theologisch-politischen Tradition zu ent-

81 Ebd. Sp. 1253.
82 Vgl. Niklas Luhmann, Wie ist soziale Ordnung möglich?, in: ders., Gesellschaftsstruktur und Semantik. Studien zur Wissenssoziologie der modernen Gesellschaft Bd. 2, Frankfurt/M. 1993, S. 195–286, hier S. 195 ff.
83 Ebd. S. 203.
84 Ebd. S. 208.
85 Ebd.

nehmen, sondern sie wissenschaftlich zu mediatisieren. Die Wissenschaften – so auch die Soziologie – übernehmen im 19. Jahrhundert zunehmend den vakant gewordenen Platz von gesellschaftlichen Wahrheitsproduzenten[86]: Sie produzieren Diskurse, die als allgemein verbindlich gelten und die insofern gesellschaftliche Verhaltensweisen, politische Praktiken, Methoden der Erziehung oder des Umgangs mit Krankheiten usw. legitimieren können. Auch die soziologischen Antworten auf die Frage: „Wie ist soziale Ordnung möglich?" sind in diesem Sinne keineswegs „neutral". Die Repräsentationen der Gesellschaft, die die Soziologie der Gesellschaft im Auftrag der Gesellschaft liefert, sind, je nachdem, geeignet, bestehende Ordnungen und Ordnungsvorstellungen zu legitimieren oder zu delegitimieren; sie liefern der Gesellschaft Begriffe, Bilder und Metaphern des Sozialen, die politisch nutzbar sind und auch genutzt werden. Sie stellen wissenschaftlich legitimierte *Fiktionen* bereit, die, politisch vermittelt, realitätskonstituierende Wirkung entfalten. Die soziologische Wissenschaft ist also – was Luhmann vernachlässigt – integrativer und produktiver Bestandteil des sozialen Imaginären. Sie produziert Imagines der Gesellschaft in Gestalt von Ordnungsmodellen, die im gesellschaftlichen Feld *performative* Kraft entfalten und so zur Selbstkonstitution der Gesellschaft beitragen. Das setzt engagierte Zeitgenossenschaft der Soziologen ebenso voraus wie distinkt interpretierendes Verhalten zur Tradition der politischen Philosophie, die die Soziologie beerbt – von der sie sich zwar absetzen möchte, auf deren Bestand an Begriffen und Bildern sie aber dennoch nicht völlig verzichten kann.

Auffällig ist freilich, daß politische Philosophie und Soziologie überhaupt auf Metaphern oder Modelle angewiesen sind, um „soziale Ordnung" zur Darstellung zu bringen. Ob die Gemeinschaft als „großer Mensch" oder als „Organismus", die Gesellschaft als „Mechanismus" oder als „soziales System", der Staat als „künstliche Maschine" oder „fiktive Person" konstruiert werden – stets folgt das soziologische und politische Denken dem Muster der Analogiebildung: „Ohnehin – und das gehört zu den Aspekten aller Metaphorik der politischen Philosophie – scheint menschliches Zusammenleben jener Anschaulichkeit zu ermangeln, die der anschaulichen Welt erst abgeborgt werden muß."[87] Was genau der Anschaulichkeit ermangelt, ist indes weniger das *Leben* der Menschen selbst – dieses läßt sich beobachten – als vielmehr das „Zusammen", das je spezifische „Mit" und „Bezogen auf..." dieses Lebens. Was die Bilder und Modelle zur Darstellung bringen, ist denn auch vor allem dieser Bezug des „Zusammen", das *Band,* das die „Teile" (Individuen, Gruppen) untereinander und mit dem imaginären „Ganzen" verbindet. „Symbolisch" (im Sinn von: metaphorisch) nennt schon Kant eine Darstellung, wonach „einem Begriffe, den nur die Vernunft denken und dem keine sinnliche Anschauung angemessen sein kann, eine solche unterlegt wird"[88], und er nennt als Beispiel:

86 Vgl. dazu Michel Foucault, Die Ordnung des Diskurses, Frankfurt/M. 1991, S. 14–16.
87 Meyer, Mechanische und organische Metaphorik, S. 134.
88 Immanuel Kant, Kritik der Urteilskraft, Werkausgabe Bd. X, hg. v. Wilhelm Weischedel, Frankfurt/M. 1997, § 59.

> „So wird ein monarchischer Staat durch einen beseelten Körper, wenn er nach inneren Volksgesetzen, durch eine bloße Maschine aber (wie etwa eine Handmühle), wenn er durch einen einzelnen absoluten Willen beherrscht wird, in beiden Fällen aber nur *symbolisch* vorgestellt. Denn, zwischen einem despotischen Staate und einer Handmühle ist zwar keine Ähnlichkeit, wohl aber zwischen der Regel, über beide und ihre Kausalität zu reflektieren. (...) Unsere Sprache ist voll von dergleichen indirekten Darstellungen, nach einer Analogie, wodurch der Ausdruck nicht das eigentliche Schema für den Begriff, sondern bloß ein Symbol für die Reflexion enthält."[89]

Die Ausdrücke „beseelter Körper" oder „Maschine" können also als Symbole für die Reflexion über einen Staat insofern dienen, als das Ineinandergreifen der „Teile" (Institutionen, Klassen, Stände) eines solchen Staats und das Gesetz ihrer Bewegung analog zum Prinzip eines Organismus oder eines Mechanismus vorgestellt werden können.

Daß dergleichen „symbolische" Darstellungen nie ganz untendenziös, will sagen: nie ganz unpolitisch sind, zeigt dabei bereits Kants Konkretisierung der Maschinenmetapher zur „Handmühle", die ersichtlich darauf zielt, den „despotischen", i.e. den absolutistischen Staat der Lächerlichkeit preiszugeben. *Diese* Maschine ist zu klein und zu harmlos, um als Symbol für die Reflexion über das „große Ganze" einleuchten zu können, und kontrastiert insofern wirkungsvoll mit dem Hobbesschen Leviathan, der als „künstlicher Mensch" und „große Maschine" vor allem eins vermochte: nämlich Furcht einzuflößen. Eine Handmühle kann, im Unterschied zur Hobbesschen Staatsmaschine, offenbar jeder bedienen. Eine entsprechende Konkretisierung der Organismusmetapher – analog zur „Handmühle" etwa zum Hund oder zur Katze – unterbleibt, wie denn auch im weiteren Verlauf der Erörterung Kants politische Sympathien vollends deutlich werden: „Bei einer neuerlich unternommenen gänzlichen Umbildung eines großen Volks zu einem Staat", so Kant, habe man sich

> „des Worts *Organisation* [zu Kants Zeit noch gleichbedeutend mit *Organismus,* S.L.] häufig für Einrichtung der Magistraturen u.s.w. und selbst des ganzen Staatskörpers sehr schicklich bedient. Denn jedes Glied soll freilich in einem solchen Ganzen nicht bloß Mittel, sondern zugleich auch Zweck, und, indem es zur Möglichkeit des Ganzen mitwirkt, durch die Idee des Ganzen wiederum seiner Stelle und Funktion nach, bestimmt sein."[90]

Auch in diesem Zusammenhang spricht Kant von einer „Analogie", durch die „einer gewissen Verbindung", nämlich der Verbindung der Individuen im Staat, „Licht gegeben" werde. Daß diese Verbindung „aber auch mehr in der Idee als in der Wirklichkeit angetroffen wird", weil die Vorstellung eines „Naturzwecks" als eines „organisierten und sich selbst organisierenden Wesens" dem Staats- oder Volkskörper nur „untergelegt" ist, sagt bereits sehr viel über die Unerläßlichkeit einerseits, die politische Brisanz andererseits solcher „Analogien", Metaphern

89 Ebd.
90 Ebd. § 65.

oder Modelle. Sie bilden eine bestehende Wirklichkeit nicht einfach ab und sie „veranschaulichen" auch nicht nur, was unanschaulich, aber substantiell, schon wirklich wäre, sondern in dem Maß, in dem sie als „Repräsentationen des Ganzen innerhalb des Ganzen" Allgemeingut werden, ins kollektive Imaginäre eingehen, erzeugen sie rückwirkend erst ihre eigene Ursache: Das Volk oder die Nation, die sich selbst als „organische Ganzheit" repräsentieren, erzeugen sich erst auf dem Weg über den Metapherneffekt als eine solche, freilich imaginäre, Ganzheit. Mit anderen Worten: Begründet die „Unanschaulichkeit" des Zusammen(lebens) die Notwendigkeit indirekter Darstellungen, so sind es umgekehrt diese indirekten Darstellungen selbst, die das „Zusammen" des Zusammenlebens als je spezifisches Mit-Sein, als je spezifischen *way of life* erst formieren. In diesem sehr präzisen Sinn läßt sich sagen: Auch die Soziologie mit ihren „Repräsentationen" arbeitet mit an der Formation der modernen Gesellschaft – auch und gerade da, wo sie diese einfach zu beschreiben glaubt. Die Repräsentationen nicht nur der Soziologie, sondern auch der politischen Philosophie, der Literatur und Kunst, lassen sich dann freilich danach unterscheiden, wie sie sich zur Inkonsistenz des sozialen Feldes, zum Nichtidentischen der Gesellschaft mit ihrem Bild, d.h. zu ihrer „unmöglichen Homogenisierung und Schließung"[91] verhalten: ob und wie sie die Unmöglichkeit der Schließung in ihren Metaphern und Modellen mitbedenken oder ob, wie und aus welchen Gründen sie diese zentrale Unmöglichkeit gerade verleugnen. Ob auf diesem Wege eine „Systematik der Metaphern" zu erstellen ist, muß sich erweisen. Gegen die Möglichkeit einer solchen Systematik, zumindest im Ausgang von deren jeweiligem semantischem Gehalt, spricht sich Ahlrich Meyer aus:

> „Organische und mechanische Metaphern sind möglich als kritische, als normative oder affirmative, als apologetische; sie treffen oft nicht die eigene Aussage, sondern gewinnen ihr Profil erst in der Abwehr einer (unterstellten) anderen Metaphorik (im Rahmen mechanisch – organisch) oder eines falsch erscheinenden gesellschaftlichen Zustands. Es gibt eine Tradition metaphorischer Details (z.B. der Kompliziertheit oder Einfachheit einer Maschine). Die Metaphern evozieren Natürlichkeit oder Künstlichkeit der Gesellschaft, deren Konstruktion oder deren Naturgesetze; sie veranschaulichen den Bezug von Gesellschaft und Natur, die Herstellung der gesellschaftlichen Ordnung, den gesellschaftlichen Zusammenhalt, gesellschaftlichen oder staatlichen Zwang. Sie können sich am Ende selber revidieren oder sich preisgeben oder sich aufheben. Sie sind nicht an dezidierte Theoreme gefesselt, sondern variabel."[92]

Allerdings weist auch Meyer darauf hin, daß es Metaphern „mit sozusagen wissenschaftsbegründendem Charakter" gibt: „Ein biologisches Hintergrundmodell (...) war für die Begründung der Soziologie im 19. Jahrhundert Voraussetzung ihrer Formulierung als Wissenschaft. Nur durch die organische Methode meint die Soziologie sich ihres eigenen, abgegrenzten Gegenstandes versichern zu können;

91 Vgl. dazu Thanos Lipowatz, Politik der Psyche, Wien 1998, S. 171.
92 Meyer, Mechanische und organische Metaphorik, S. 133.

nur als Naturgegenstand soll die spezifische Realität der Gesellschaft wissenschaftlich erkennbar sein."[93] Um aber die Gesellschaft überhaupt als Naturgegenstand konstituieren zu können, „bedient sich die frühe Soziologie der Anschaulichkeit organischer Metaphern". Neben der zentralen Organismus-Analogie nennt Meyer zwei weitere soziologische Kategorienpaare, die der Biologie entlehnt sind: Comtes ‚Statik und Dynamik' und Spencers ‚Differenzierung und Integration':

> „Das lange vorher als genuin gesellschaftliches behandelte Problem der sozialen Differenzierung ist als eine in der Biologie ‚verwissenschaftlichte' (d.h. zur Naturgesetzlichkeit angehobene) Erscheinung in die Soziologie zurückübertragen worden (woran die zeitgenössische Biologie und deren Auffassung des biologischen Organismus als ‚kooperative Gesellschaft' oder als ‚Zellenstaat' nicht unschuldig sind). Noch Émile Durkheim nennt den aus der Arbeitsteilung entstehenden sozialen Zusammenhang ‚organisch' und erfaßt damit ein funktional-arbeitsteiliges Gesellschaftsgefüge metaphorisch."[94]

Das „Problem der sozialen Differenzierung" ist nun ersichtlich der Erbe des klassischen Ordnungsproblems; die Frage: „Wie ist soziale Ordnung möglich?" läßt sich überführen in die Frage: „Wie ist gesellschaftliche Differenzierung möglich?" – nämlich möglich in der Weise, daß die ‚Gruppierung' oder ‚Klassifizierung' der Individuen „durch Zuweisung des einem jeden zukommenden Standortes" (in der sozialen Hierarchie, im Produktionsprozeß, allgemein: in der Architektur des sozialen Gefüges) stabil, rational, für alle einsehbar vollzogen werden kann. Oder, anders gewendet: Wie ist soziale Differenzierung möglich, ohne daß das *Prinzip* der Differenzierung (die „Regel" im Sinne Kants) als Gegenstand eines permanenten (Klassen-)Kampfs gedacht werden muß? Das Problem, das im Hintergrund lauert, ist im (post)revolutionären 19. Jahrhundert ersichtlich, wie schon für Hobbes, das des Bürgerkriegs als des Kriegs um den Schematismus sozialer (politischer, kultureller, ethnischer) Differenzierung als solchen. Das „Hobbesian problem of order" (Talcott Parsons), das im Absolutismus des 18. Jahrhunderts eine vorläufige Lösung gefunden hatte, stellt sich in und nach der Französischen Revolution erneut und in verschärfter Weise. Die Grundfrage ist die, ob Recht und Staat und damit soziale Ordnung etwas bewußt zu *Machendes,* also Kontingentes und daher planmäßiger Veränderung Zugängliches darstellen, oder ob sie, „gegenrevolutionär", doch wieder als *Gegebenes,* wo nicht von Gott, so doch von der Natur, angesehen werden müssen. Wenn „die prinzipielle, gegenrevolutionäre Argumentation" darin besteht, „überall" den Gedanken abzulehnen, „Recht und Staat wären Dinge, die aus planmäßiger Tätigkeit der einzelnen Menschen entstehen"[95], dann steht die Option der frühen Soziologen für die Biologie als Leitwissenschaft und damit für das Organismus-Modell als Leitmetapher der Gesellschaft eindeutig im Dienst dieser „Ablehnung". Die „Verwissenschaftlichung" des

93 Ebd. S. 134.
94 Ebd.
95 Carl Schmitt, Politische Romantik, 5. Aufl., Berlin 1991, S. 153.

Begriffs sozialer Differenzierung, sprich: ihre „Anhebung" zur „Naturerscheinung" impliziert ja die Auffassung, die jeweils gültige soziale Klassifizierung sei nicht das kontingente Resultat eines Streits oder Kampfs, sondern das Ergebnis eines natürlichen Entwicklungsprozesses, der eine natürliche Ordnung der Gesellschaft als eines „organisierten und sich selbst organisierenden Wesens" (s.o.) prinzipiell garantiert. In welcher Kampfstellung sich die Soziologen – bis hin zu Luhmann – mit diesem biologischen Gesellschaftsmodell selbst befinden, kann dabei der Hinweis auf Durkheim und seinen Begriff der „organischen Solidarität" verdeutlichen: Es geht, im Namen der Gesellschaft als eines „sozialen Organismus", um die Zurückweisung des Vertragsmodells. Das Vertragsmodell wird dabei dem mechanistischen cartesianischen Weltbild zugeordnet, dessen „simplizistischen Rationalismus"[96] Durkheim anprangert. Das „Ideal" dieses Weltbilds sei es, „für jeden unteilbaren Bestandteil des Wirklichen ein eigenes und einziges Wort zu haben, und das Ganze, das dieses Ding bildet, mit einer einfachen mechanischen Verbindung dieser elementaren Bezeichnung auszudrücken." Was „das Aussehen dieses Ganzen als Ganzes und was die Einheit und die Lebensdauer" ausmache, daran sei das mechanistische Denken „in weitem Maße nicht interessiert".[97] Übertragen auf die Gesellschaft führe es zu einem „wahren sozialen Atomismus", für den es „in der Gesellschaft nichts Wirkliches gibt außer den Individuen"[98] und der folglich die soziale Ordnung nicht als „Ergebnis einer historischen Evolution" auffasse, sondern als einen „Akt individueller Willensäußerungen, die untereinander durch einen Kontrakt verbunden sind und als Klauseln frei ausgehandelt werden, dem *contrat social* oder Gesellschaftsvertrag."[99] Durkheims „Polemik gegen die Vertragstheorie"[100] bedient sich im folgenden eines doppelten Arguments, das auf der Unterscheidung zwischen einem „Grundvertrag (...), der sich auf die allgemeinen Prinzipien des politischen Lebens bezieht", und dem „Riesensystem der Privatverträge" beruht, „die die Menschen untereinander verbinden."[101] Der erste Teil des Arguments ist empirisch und betrifft das historisch nicht Nachweisbare eines gesellschaftlichen Grundvertrags: „Die Auffassung des Gesellschaftsvertrags (ist) schwer zu verteidigen, denn sie ist ohne Beziehung zu den Tatsachen. Der Beobachter begegnet ihr sozusagen nicht auf seinem Weg. Nicht nur, daß es keine Gesellschaften gibt, die einen derartigen Ursprung hätten, es gibt nicht einmal Gesellschaften, deren Struktur die geringste Spur einer Vertragsorganisation aufweisen, weder eine historische Tatsache noch

96 Durkheim, Erziehung, Moral und Gesellschaft, S. 287.
97 Ebd. S. 288.
98 Ebd. S. 291.
99 Ebd. S. 293. Das ist bereits dasselbe Argument, das die Kommunitaristen der Gegenwart gegen die Neuauflage des Vertragsmodells bei Rorty vorgebracht haben. Vgl. z. B. Michael Walzer, Die kommunitaristische Kritik am Liberalismus, in: Axel Honneth (Hg.), Kommunitarismus. Eine Debatte über die moralischen Grundlagen moderner Gesellschaften, Frankfurt a.M. / New York 1995, S. 157–180.
100 Luhmann, Wie ist soziale Ordnung möglich?, S. 211.
101 Émile Durkheim, Über die Teilung der sozialen Arbeit, Frankfurt/M. 1977, S. 243.

eine Tendenz, die sich aus der historischen Entwicklung herausgelöst hätte."[102] *Aus einer Fiktion aber sei die soziale Ordnung nicht abzuleiten.* Dieses Argument ist merkwürdig, denn es verkennt nicht nur, sondern verleugnet geradezu die ungeheure Bedeutung, die das Modell des originären Vertragsschlusses für das gesamte moderne Verfassungsdenken hat und auch zu Durkheims Zeit bereits hatte. Die Frage, ob und mit welchem Recht die französischen Verfassungen seit 1791 als „Gesellschaftsverträge" (politische Grund- oder Herrschaftsverträge) zu betrachten seien, wird aber von Durkheim noch nicht einmal angeschnitten (daß sich zumindest die Revolutionäre von 1791 an auf Rousseaus Modell beriefen, steht ja außer Frage).

Der zweite Teil des Arguments ist liberalismuskritisch und betrifft das Problem gesellschaftlicher Integration. Ist die Vorstellung eines politischen Grundvertrags einmal aufgegeben, bleibt vom Vertragsmodell einzig das empirische „Riesensystem der Privatverträge, die die Menschen untereinander verbinden". Dieses allein, so Durkheim, kann jedoch soziale Solidarität nicht erzeugen, denn die „Übereinstimmung der Interessen", eine Übereinstimmung, „deren natürlicher Ausdruck die Verträge sind", ist stets akzidentell: „Denn wenn das Interesse die Individuen auch näher bringt, so doch nur für einige Augenblicke; es kann aber zwischen ihnen *nur ein äußerliches Band* knüpfen. (...) Wenn man tiefer schaut, dann sieht man, daß jede Interessenharmonie einen schlummernden oder einfach vertagten Konflikt verdeckt. (...) Das Interesse ist in der Tat das am wenigsten Beständige auf der Welt."[103] Auch aus der spontanen Übereinstimmung von Interessen kann also soziale Ordnung als dauerhafte nicht abgeleitet werden. Sie läßt sich, so der Schluß, allein aus „nichtvertraglichen Beziehungen" erklären. Nur nichtvertragliche Beziehungen schaffen „organische Solidarität". Ihr Prinzip ist, wie man weiß, Durkheim zufolge die Arbeitsteilung, und zwar die Arbeitsteilung als „ein Phänomen der allgemeinen Biologie":

> „Die jüngsten Überlegungen der biologischen Philosophie haben uns endgültig in der Arbeitsteilung eine Tatsache von einer Allgemeinheit gezeigt, die die Volkswirtschaftler, die doch von ihr zum ersten Mal gesprochen haben, nicht einmal ahnen konnten. Seit den Arbeiten von Wolff, von Baer, Milne-Edwards wissen wir in der Tat, daß sich das Gesetz der Arbeitsteilung auch auf die Organismen wie auf die Gesellschaften bezieht; man hat sogar sagen können, daß ein Organismus einen um so höheren Platz im Tierreich einnimmt, je spezialisierter die Funktionen in ihm sind. Diese Entdeckung hat die Wirkung gehabt, den Aktionsradius der Arbeitsteilung übermäßig auszudehnen; auch ihr Ursprung wurde unendlich weit zurückverlegt, denn sie setzt fast gleichzeitig mit dem Erscheinen des Lebens in der Welt selbst ein. Es handelt sich also nicht mehr um eine soziale Einrichtung, die ihre Wurzeln in der Intelligenz und im Willen der Menschen hat, sondern um ein Phänomen der allgemeinen Biologie, dessen Bedingungen man anscheinend in den Wesenseigenschaften der organisierten Materie suchen muß. Die Teilung der

102 Ebd. S. 242.
103 Ebd. S. 243.

sozialen Arbeit erscheint damit nur mehr eine besondere Form des allgemeinen Prozesses zu sein, und die Gesellschaften scheinen sich, indem sie sich nach diesem Gesetz richten, einer Strömung zu überlassen, die weit vor ihnen entstanden ist und die die ganze lebendige Welt in die gleiche Richtung mitreißt."[104]

Das Problem, das Durkheims Text über die *Teilung der sozialen Arbeit* auf geradezu symptomatische Weise stellt, läßt sich wie folgt formulieren: Die Frage „Wie ist soziale Ordnung möglich?" erscheint bei Durkheim in Form der Frage: „Was bindet?" Was in der Gesellschaft wäre ein nicht „bloß äußerliches", sondern „innerliches" Band, das Solidarität erzeugen und machen könnte, daß wir die Gesellschaft „lieben", ja uns ihr „hingeben"?[105] Das Vertragsmodell der Gesellschaft scheint hier nicht hinzureichen. In seiner älteren Fassung (Hobbes) ist es ans mechanistische Weltbild und vor allem an den Absolutismus gebunden. In seiner neueren Fassung (Rousseau) baut es auf eine Theorie des (freien) Willens und der ‚Machbarkeit' des Gesetzes, der Durkheim mißtraut, weil er Autonomie als *Unterwerfung unter ein selbstgegebenes Gesetz* für unmöglich hält: „Wie soll man aber von dem Individuum eine soziale Ordnung ableiten, die die Individuen überschreitet? Wenn das Gesetz ihr Werk ist, wie kann es sie dann binden?"[106] Die Theorie der ‚Machbarkeit' des Gesetzes scheint ihm für die moralische und juridische Anomie des Zeitalters verantwortlich zu sein. Wie, so lautet die Frage, läßt die offenkundige Kontingenz der Verhältnisse sich bewältigen? Wie lassen die *Heteronomie* der Subjekte und damit die Bindungskraft des Gesetzes sich sicherstellen? Wie, nach welchen Modellen, läßt soziale Ordnung, läßt das Gesetz sich denken? Wie lassen Ordnung und Gesetz sich (erneut) *unverfügbar setzen,* wenn sie als „gottgegeben" nicht mehr gedacht werden können? Genau als Antwort auf diese Fragen, die nicht einfach die Fragen Durkheims, sondern die Fragen des Zeitalters sind, interveniert die Organismus-Metapher als eine *petitio principii:* Sie überspringt den Abgrund; sie setzt in einem Begriff (dem der organischen Solidarität) und in einer Metapher (der des sozialen Organismus) das Problem als gelöst voraus. Es gibt, so statuiert Durkheim, in der Gesellschaft nicht nur akzidentelle (Vertrags-)Solidaritäten, sondern substantielle Solidarität. Diese ist organisch und entsteht durch Arbeitsteilung. In der Arbeitsteilung fallen biologisches und soziales (moralisches) Gesetz ineins, weil die Gesellschaft *mit einem Organismus vergleichbar oder tatsächlich selbst ein Organismus ist.* Bezüglich des letzten Punkts ist Durkheim unentschieden, was *à la limite* heißt, daß er sich über den Status der von ihm verwendeten Bildersprache nicht im klaren ist. Das Buch über die Teilung der sozialen Arbeit liest sich passagenweise wie eine biologische Abhandlung. Es ist darin vom Staat als dem „zerebrospinalen System des sozialen Organismus" ebenso die Rede wie vom Recht als seinem „Nervensystem". Die Wissenschaftsfunktionen werden mit den „Eingeweiden des individuellen Orga-

104 Ebd. S. 80–81.
105 Vgl. dazu Durkheim, Erziehung, Moral und Gesellschaft, S. 291.
106 Ebd. S. 294.

nismus“ verglichen und die untergegangenen Handwerkszünfte mit dem „Knoten des großen Sympathikus“.[107] Die organische Solidarität heißt organisch, weil sie

> „jener (ähnelt), die man bei den höheren Tieren beobachten kann. Jedes Organ hat dort seine eigene Physiognomie und seine Autonomie, und trotzdem ist die Einheit des Organismus um so größer, als die Individualisierung stärker ausgeprägt ist. Aufgrund dieser Analogie schlagen wir vor, die Solidarität, die aus der Arbeitsteilung abgeleitet ist, organische Solidarität zu nennen.“[108]

Tatsächlich interveniert die Organismus-Metaphorik immer dort, wo z.B. von Geldtheorie, politischer Ökonomie, Macht, Herrschaft oder eben doch von Interessenkonflikten die Rede sein müßte. Heißt es nun einerseits, die „Sprache der Biologie“ sei zwar „nur metaphorisch“, aber „bequem“ (!)[109], so wird an anderen Stellen die Gesellschaft umstandslos als ein zwar besonders komplizierter, aber eben doch als ein Organismus dem „Reich der Natur“ zugeschlagen. So wird denn auch der „Unterricht in den Naturwissenschaften“, besonders in den „Wissenschaften des Lebens“, als hervorragendes Propädeutikum für die Moralerziehung angepriesen. Das Studium der Zelle könne das Kind lehren, „daß in einem Sinn ein Ganzes nicht mit der Summe seiner Teile identisch ist, und das führt es zum Verständnis, daß die Gesellschaft nicht einfach die Summe der Individuen ist, die sie zusammensetzen.“[110] Und weiter heißt es:

> „Ohne von den Wissenschaften der Moraldinge zu sprechen (...), haben wir gesehen, daß selbst die Wissenschaften der materiellen Welt eine Rolle in der Bildung des Moralcharakters spielen können. Sie könnten in der Tat nur unnütz sein, *wenn das Moralleben durch eine Unterbrechung, durch einen Graben von der anderen Natur getrennt wäre.* (...) Diese Dualität haben wir verworfen. Das Universum ist ungeteilt. Die Moraltätigkeit hat Wesen zum Ziel, die zweifellos dem Individuum überlegen sind, die aber trotzdem empirisch und im gleichen Maß natürlich sind wie die Minerale oder lebende Wesen: die Gesellschaften. Die Gesellschaften sind Teil der Natur. Sie sind nur eine spezielle, gesonderte Abteilung, eine besonders komplizierte Form; folglich können uns die Wissenschaften der physikalischen Natur darauf vorbereiten, das menschliche Reich richtig zu verstehen, und uns mit richtigen Begriffen und mit guten intellektuellen Gewohnheiten wappnen, die dazu dienen können, unser Verhalten zu leiten.“[111]

Die Organismus-Metapher kann „das Verhalten leiten“, wenn und weil sie den „Bruch“ zwischen den „zwei Naturen“, deren zweite eben keine ist, vergessen macht. Sie hat den „Graben“ zwischen Natur- und Kulturgesetz immer schon übersprungen und erledigt das Problem des Gesetzes, indem sie es für immer schon gelöst erklärt. Die soziologische Frage „nach den nichtvertraglichen

---

107 Durkheim, Über die Teilung der sozialen Arbeit, S. 257.
108 Ebd. S. 172.
109 Ebd. S. 259.
110 Durkheim, Erziehung, Moral und Gesellschaft, S. 298. Zur Metapher der Zelle vgl. Georges Canguilhem, La connaissance de la vie, Paris 1965, S. 48.
111 Durkheim, Erziehung, Moral und Gesellschaft, S. 299–300.

Grundlagen der Bindungswirkung von Verträgen“[112], nach dem „anderen Schauplatz des Rechts“ (Peter Goodrich), den Foucault später in den Instituten der Disziplinierung und der „Mikrophysik der Macht“ entdecken wird, wird unter einem Bild begraben, das suggeriert, wir seien in der Gesellschaft auf natürliche Weise immer schon gebunden. Das ist, so neu es sich gibt, im Grunde gute alte aristotelische Tradition. Sucht man im Text nach Synonymen für das „Natürliche“ dieser Bindung, so trifft man vor allem auf drei Ausdrücke: „spontan“, „harmonisch“ und „ohne Zwang“ – wie eben im Organismus die Organe „spontan, harmonisch und ohne Zwang“ zusammenarbeiten. Es versteht sich von selbst, daß anomische Erscheinungen wie Verbrechen, Selbstmord und Klassenkampf auf der Basis der Organismus-Analogie nur noch als pathologische Erscheinungen begriffen werden können. Während der „Beruf des Verbrechers und andere schädliche Berufe“ mit krankhaften Formen von Differenzierung wie Krebs und Tuberkulose verglichen werden[113] und das Ansteigen der Selbstmordrate als Symptom für eine moralische Erkrankung des sozialen Organismus gilt, stellt der Klassenkampf für Durkheim nicht etwa eine logische Folge der industriellen Arbeitsteilung dar, sondern lediglich eine „Anomalie“, die sich beheben läßt, wenn man die Arbeitsteilung nicht „äußeren Zwängen“ unterwirft, die sie „verfälschen“.[114] Zu diesen „äußeren Zwängen“ rechnet Durkheim vor allem „die Institution von Klassen oder Kasten“. Diese erst führe dazu, daß „die niedrigen Klassen nicht oder nicht mehr mit der Rolle zufrieden sind, die ihnen durch die Tradition oder durch das Gesetz zugefallen ist“, sodaß sie „Funktionen (begehren), die ihnen verboten sind, und (...) die auszubooten versuchen, die sie ausüben.“[115] Durkheim muß zugeben, daß man „Ähnliches (...) im Organismus nicht beobachten“ kann: „Zweifellos führen in Augenblicken der Krise die verschiedenen Gewebe Krieg, und die einen ernähren sich auf Kosten der anderen. Aber niemals versucht eine Zelle oder ein Organ eine andere Rolle zu übernehmen als die, die ihm zukommt.“[116] Anstatt nun aber hieraus auf die Unvergleichbarkeit sozialer Differenzierungskämpfe (die ihren Ausdruck ja eben in der Entstehung von Klassen oder Kasten finden) mit Erkrankungen des Organismus zu schließen, ergibt sich die „Lösung des Widerspruchs“ für Durkheim wiederum aus der allgegenwärtigen Metapher:

> „Die Arbeit teilt sich nur dann spontan, wenn die Gesellschaft so geschaffen ist, daß die sozialen Ungleichheiten genau die natürlichen Ungleichheiten ausdrücken. Dann (...) genügt es, daß die letzteren durch eine äußere Ursache weder hervorgehoben noch herabgewürdigt werden. (...) So entsteht von selbst die Harmonie zwischen der Konstitution eines jeden Individuums und seiner Lage. Man könnte sagen, daß das nicht immer genügt, um die Menschen zu befriedigen, da es Menschen gibt, deren Wünsche die Fähigkeiten

112 Luhmann, Wie ist soziale Ordnung möglich?, S. 262.
113 Vgl. Durkheim, Über die Teilung der sozialen Arbeit, S. 395.
114 Durkheim, Über die Teilung der sozialen Arbeit, S. 415.
115 Ebd. S. 416.
116 Ebd.

> übersteigen. Das ist wahr; aber das sind Ausnahmen und, so könnte man sagen, krankhafte Fälle. Normalerweise findet der Mensch sein Glück, wenn er seine Natur erfüllt; seine Bedürfnisse stehen in Beziehung zu seinen Mitteln. Im Organismus verlangt jedes Organ auch nur jene Nahrungsmenge, die seiner Bedeutung entspricht."[117]

Durkheims Ausführungen zum Klassenkampf zeigen sehr genau, worum es geht: Die Umstellung von „Gesetz und Tradition" auf „Natur" füllt ein legitimatorisches Vakuum. Gegen „Rollen", die einem durch Gesetz und Tradition – sprich: durch Autorität – zugewiesen werden, kann man aufbegehren; gegen Naturgesetze aufzubegehren ist dagegen sinnlos. Man muß, meint Durkheim, den Arbeiter nur lehren, daß er nicht „Rädchen in einer Maschine" ist, die „eine äußere Kraft in Bewegung setzt", sondern „eine lebende Zelle eines lebendigen Organismus", der nicht gemacht wird, sondern „sich selbst macht"[118] – dann „fühlt (er), daß er zu etwas dient"[119], verzichtet auf Klassenkämpfe und begnügt sich mit der „Nahrungsmenge, die seiner Bedeutung entspricht." Durkheim versucht, so könnte man sagen, die „soziale Frage" durch Umstellung der politischen Leitmetaphorik zu lösen: *Natura, non auctoritas – natura, non oeconomia facit legem.* Die Fragen *Quis judicabit? Quis interpretabitur?* sind dann immer schon im Sinne der „Selbstorganisation" der Gesellschaft beantwortet. So führt paradoxerweise gerade der Versuch, die Heteronomie der Subjekte sicherzustellen, zur Behauptung der totalen Immanenz des Gesetzes.

Trotzdem ist Durkheim nicht einfach der konservative Zyniker oder Sozialdarwinist, als welcher er, besonders im Anschluß an seine Ausführungen zum Klassenkampf, erscheinen kann. In seinem Werk mischen sich liberale und ‚kommunitaristische', patriarchale und ausgesprochen egalitäre Tendenzen. Dem „inoffiziellen Ideologen der Dritten Republik"[120] lagen sozialkonservative Optionen einerseits ebenso fern wie anarcho-syndikalistische und linke revolutionäre Doktrinen andererseits. Steven Lukes zufolge schwebte ihm eine demokratisch verfaßte Republik mit intakten Verfassungsinstitutionen und ein sozial gezähmter, auf Konfliktregulierung ausgerichteter Reformkapitalismus vor, in dem korporative Gruppen und Einrichtungen wie etwa paritätisch besetzte Wirtschafts- und Sozialkammern die industriellen Beziehungen regeln sollten.[121] In der Dreyfus-Affäre engagierte er sich auf der Seite der Verteidiger des jüdischen Hauptmanns. Er war aktives Mitglied der Liga zur Verteidigung der Menschenrechte und sympathisierte mit der von Jean Jaurès repräsentierten Strömung des französischen Sozialismus. Umso erstaunlicher ist die soziologische ‚Naivität', mit der Durkheim sich in seinen Schriften ins selbstgesponnene Netz seiner organischen Me-

117 Ebd. S. 418–419.

118 Ebd. S. 392.

119 Ebd. S. 415.

120 Robert Bellah, Introduction to Émile Durkheim, On Morality and Society, in: Émile Durkheim, Selected Writings, ed. R. Bellah, Chicago / London 1973, S. XVII.

121 Vgl. Steven Lukes, Émile Durkheim. His Life and Work. A Historical and Critical Study, London 1973, Kap. 17.

taphorik verstrickt. Denn es ist durchaus die Metaphorik, die bei Durkheim wie bei Comte oder Spencer „den Blickwinkel bestimmt, unter dem Gesellschaft gesehen wird: Sie soll gesetzmäßig sich verhalten." (Ahlrich Meyer) Ob die Metaphorik als Metaphorik gewußt wird oder nicht, ob Durkheim also versucht, mit rhetorischen Mitteln das politische Imaginäre seiner Zeit zu beeinflussen (und insofern das Gesetz zu ‚machen', indem er es als ‚gegeben' hinstellt), oder ob er tatsächlich ‚glaubt', die Gesellschaft sei ein von Naturgesetzen regierter Organismus (wofür manches spricht), ist dabei letzten Endes gleichgültig. Wichtig ist allein, daß er der Gesellschaft eine Repräsentation der Gesellschaft liefert, die zur zentralen Konfusion dieser Gesellschaft, der Verwechslung von Kultur- und Naturgesetzen, beiträgt.

Liest man andere Werke Durkheims, könnte es zwar den Anschein haben, daß Durkheim sich der „lebensweltlichen" Herkunft auch wissenschaftlicher Begriffe sehr wohl bewußt gewesen sei und insofern selbst einen Beitrag zur wissenssoziologischen Relativierung jeder Sozialontologie (also auch seiner eigenen) geleistet habe. Insbesondere *Die elementaren Formen des religiösen Lebens* scheinen zunächst eben jene epistemologische Selbstreflexion nachzuliefern, die im Buch über die Arbeitsteilung fehlt. „Die wesentlichen Begriffe der wissenschaftlichen Logik", heißt es dort, „(sind) religiösen Ursprungs."[122] Insbesondere die „Kategorien des Urteilsvermögens", die „unser ganzes intellektuelles Leben beherrschen" – Durkheim nennt Zeit und Raum, Substanz, Quantität und Qualität, Relation, Tätigkeit, Leiden, Verhalten und Befinden –, seien „in der Religion und aus der Religion entstanden."[123] Umgekehrt stellt aber auch die Religion selbst für Durkheim nichts anderes als eine Frühform der Wissenschaft dar: „Wenn die Philosophie und die Wissenschaften aus der Religion entstanden sind, so darum, weil die Religion selbst zuerst Wissenschaft und Philosophie gewesen ist."[124] Für Religion *und* Wissenschaft – damit aber auch für die zentralen Konzepte der wissenschaftlichen Logik – nimmt Durkheim nun in den *Elementaren Formen* einen „sozialen Ursprung" an: Es handle sich um „Kollektivvorstellungen", die vor allem „Kollektivzustände" ausdrückten und damit abhängig seien von der Art, wie Kollektive „zusammengesetzt und organisiert" seien, „von ihrer Morphologie, von ihren religiösen, moralischen, wirtschaftlichen usw. Einrichtungen."[125] So sind die Kategorien des Denkens für Durkheim nicht *a priori* gegeben, weder „angeboren" noch göttlichen Ursprungs, sondern es ist „die Autorität der Gesellschaft (...), die sich in bestimmten Denkweisen niederschlägt, die ihrerseits die unentbehrlichen Bedingungen jeder gemeinsamen Handlung sind."[126] Denken und Erkennen (auch soziologisches) erscheinen also hier als sozial kontrollierte Akte im Rahmen gesellschaftlich vorgegebener und überdies im *common sense* verankerter „Denknormen", deren Überschreitung mit Ausschluß geahndet wird:

---

122 Émile Durkheim, Die elementaren Formen des religiösen Lebens, Frankfurt/M. 1994, S. 574.
123 Ebd. S. 27–28.
124 Ebd.
125 Ebd. S. 26.
126 Ebd. S. 38–39.

„Sollte ein Mensch bewußt von diesen Denknormen abweichen, dann betrachtet sie [die Gesellschaft, S.L.] ihn nicht mehr als einen menschlichen Geist im vollen Sinn des Wortes und behandelt ihn entsprechend.“[127]

Hat nun zwar „jede Zivilisation (...) ihr organisiertes System von Begriffen, das sie charakterisiert“[128], so ist Durkheim doch weit davon entfernt, aus dieser kulturellen Standortgebundenheit des Wissens auf die Relativität oder, wie wir lieber sagen wollen, auf den konstruktiven Charakter wissenschaftlicher Erkenntnis zu schließen. Zwar „darf (man) nicht vergessen, daß noch heute die meisten Begriffe, deren wir uns bedienen, nicht methodisch gebildet wurden; wir entnehmen sie der Sprache, d.h. der allgemeinen Erfahrung, ohne daß sie einer vorhergehenden Kritik unterworfen worden wären.“[129] Auch bestehen in dieser Hinsicht zwischen wissenschaftlichen und vorwissenschaftlichen Begriffen „nur Gradunterschiede“, sodaß letztlich auch die Autorität der Wissenschaft nicht auf der Wahrheit ihrer Erkenntnisse, sondern auf der „öffentlichen Meinung“[130] beruht: „Es genügt nicht, daß sie [die wissenschaftlichen Begriffe, S.L.] wahr sind, um auch geglaubt zu werden. Wenn sie nicht mit den anderen Überzeugungen und den anderen Meinungen harmonieren, mit einem Wort, mit der Gesamtheit der kollektiven Vorstellungen, so werden sie abgelehnt.“[131] Doch hindert das Durkheim zufolge die kollektiven Vorstellungen, wie sie sich (auch) in wissenschaftlichen Begriffen niederschlagen, keineswegs daran, „objektiv“ zu sein: „Eine kollektive Vorstellung bietet, weil sie kollektiv ist, schon Garantien der Objektivität. Denn sie hat sich nicht ohne Grund verallgemeinert und mit einer genügenden Beständigkeit erhalten können. Hätte sie mit der Natur der Dinge nicht übereingestimmt, dann hätte sie die Geister nicht so umfangreich und so ausdauernd beschäftigen können. (...) Sie kann also ihrem Objekt nicht unangemessen sein.“[132] Kündigt sich in diesen Sätzen der Vorläufer einer Art „Konsenstheorie“ der Wahrheit an – was über einen längeren Zeitraum hinweg die meisten für wahr halten, kann nicht falsch sein –, so stellt sich doch noch das besondere Problem, auf welche Art von Objekten sich die kollektiven Vorstellungen denn beziehen? Hält man sich an die Formen der Anschauung Raum und Zeit, denen Durkheim die größte Aufmerksamkeit widmet, so ist ihr „sozialer Ursprung“ darin zu sehen, daß sie aus der Aufteilung des sozialen Raums und der Einteilung der sozialen Zeit abstrahiert wurden. Wenn sie aber „ursprünglich nur soziale Zustände ausdrücken“, folgt dann daraus nicht – wie Durkheim sich nun selbst entgegenhält –, „daß sie sich für den Rest der Natur nur metaphorisch anwenden lassen?“[133] Ist das Problem der Metaphorik wissenschaftlicher Beschreibungen, das uns hier interessiert, auf diese Weise immerhin angesprochen (wenn auch in der umgekehrten Blickrich-

127 Ebd. S. 38.
128 Ebd. S. 582.
129 Ebd. S. 585.
130 Ebd. S. 586.
131 Ebd.
132 Ebd. S. 585.
133 Ebd. S. 39.

tung einer Übertragung sozialer Kategorien auf den Bereich der Natur), so wird die in der selbstgestellten Frage anklingende Beunruhigung doch sogleich mit entschlossener Geste als unbegründet zurückgewiesen: Die scheinbare Übertragung sozialer Kategorien auf den Bereich der Natur ist in Wirklichkeit keine, weil – und das kann nach der Lektüre des Buchs *Über die Teilung der sozialen Arbeit* nicht mehr wundern – *die sozialen Kategorien selbst natürliche sind.* Die Gesellschaft ist selbst „ein Teil der Natur", ja sogar „deren höchste Äußerung. Der soziale Bereich ist ein natürlicher, der sich von den anderen Bereichen nur durch seine größere Kompliziertheit unterscheidet. (...) Begriffe, die nach dem Muster sozialer Sachverhalte ausgearbeitet worden waren, können uns demnach helfen, Dinge einer anderen Natur zu bedenken"[134] – ebenso, wie im Buch über die Arbeitsteilung ein biologischer Begriff dazu „helfen" sollte, soziale Sachverhalte „zu bedenken". Und wenn durch die Tatsache, daß es sich bei den derart über die Grenzen der jeweiligen Bereiche geschleusten Begriffen um „konstruierte Konzepte" handelt, „auch Künstliches hinzukommt, *dann handelt es sich doch um eine Künstlichkeit, die gleich hinter der Natur kommt und die sich bemüht, ihr immer näher zu kommen.*"[135] Und eine Fußnote präzisiert: „Für den Empirismus sind die Kategorien rein künstliche Konstruktionen; für den Apriorismus sind sie im Gegenteil natürliche Größen. Für uns sind sie in einem gewissen Maß Kunstwerke, aber *Werke einer Kunst, die die Natur mit einer Vollendung imitiert, die grenzenlos weiter verbessert werden kann.*"[136] So wird die Gesellschaft in den *Elementaren Formen* erneut zur „höchsten Äußerung" einer Natur, die sich gleichsam in Gestalt der Gesellschaft selbst imitiert. Und wenn die Gesellschaft auch „konstruiert", indem sie die Natur und sich selbst mit „Symbolen" und „künstlich" gebildeten Begriffen (also Metaphern) beschreibt, so handelt es sich bei dieser „Kunst" doch nur um eine „zweite Natur", die in der ersten immer schon ontologisch rückversichert ist. Daß diese infinitesimale Annäherung von Natur und Gesellschaft (und damit von Begriff und Sache) selbst durch den grenzüberschreitenden Verkehr der Begriffe und damit durch die *Konstruktion der Gesellschaft als Naturzusammenhang* induziert ist, entgeht Durkheim auch hier. So führt die unausgesprochene Voraussetzung auch in den *Elementaren Formen* dazu, daß die nur vermeintlich unterschiedenen Bereiche immer wieder ineinanderstürzen. Das sei hier abschließend nur noch an einem einschlägigen Beispiel demonstriert.

„Weil die Ideen der Zeit", schreibt Durkheim, „des Raumes, der Gattung, der Ursache, der Persönlichkeit aus sozialen Elementen aufgebaut sind, darf man nicht gleich schließen, daß sie keinen objektiven Wert hätten. Im Gegenteil: ihr sozialer Ursprung läßt eher darauf schließen, daß sie in der Natur der Dinge begründet sind."[137] So ist *zum Beispiel* „der Begriff der [biologischen, S.L.] Gattung nach dem Begriff der menschlichen Gruppe gebildet worden (...). Wenn aber die

134 Ebd. S. 40.
135 Ebd. [Hervorhebung S.L.].
136 Ebd. [Hervorhebung S.L.].
137 Ebd. S. 40–41.

Menschen natürliche Gruppen bilden, dann kann man schließen, daß es auch unter den Dingen Gruppen gibt, die sowohl ähnlich wie verschieden sind. Das sind die natürlichen Gruppen der Dinge: die Arten und Gattungen."[138] Erste Behauptung: Der Begriff der biologischen Gattung ist analog zum Begriff der menschlichen Gruppe gebildet worden, stellt also eines jener „konstruierten" und aus ihrer Herkunftssphäre exportierten Konzepte dar, die uns helfen können, Dinge einer „anderen Natur" zu bedenken. Ob das historisch zutrifft, kann hier dahingestellt bleiben. Zweite Behauptung (implizit): Diese „andere Natur" ist in Wirklichkeit dieselbe: Schon die Menschen selbst bilden natürliche Gruppen. Dritte Behauptung: Wenn aber die Menschen natürliche Gruppen bilden, dann kann man schließen, daß es auch unter den anderen Dingen natürliche Gruppen gibt (dies wiederum deshalb, weil die Gesellschaft ein Teil der Natur ist und die Natur „unmöglich" in dem, „was sie am wesentlichsten ausmacht, hier und dort radikal verschieden von sich selber" [139]sein kann.) Das ganze Gewicht des „Beweisgangs" ruht hier auf dem Begriff der „natürlichen Gruppe", der sich nun aber ersichtlich *nicht* der Übertragung der sozialen Kategorie aufs Reich der Natur, sondern der im Text selbst nicht explizit gemachten, *a priori* schon erfolgten (Rück)Projektion des biologischen Gattungsbegriffs auf die soziale Gruppe verdankt. Die behauptete Analogie der Reihen (der „natürlichen Gruppen der Dinge" in allen Bereichen der „Natur") verdankt sich also gerade jenem Metapherneffekt, den wir in dieser Arbeit analysieren wollen. Daß das gesellschaftliche Gefüge sich von einer zoologischen Klassifikation unterscheidet (und das selbst schon rein „biologisch" betrachtet, werden doch zoologisch Artgrenzen als Fortpflanzungsgrenzen definiert), kann auf diese Weise nicht mehr in den Blick kommen. Wir lesen: Die Gesellschaft „ist nur möglich, wenn die Individuen und die Dinge, die sie zusammensetzen, in verschiedene Gruppen aufgeteilt, d.h. klassifiziert sind, und wenn diese Gruppen selbst, in bezug aufeinander, in Klassen eingeteilt sind. Die Gesellschaft setzt also eine bewußte Organisation ihrer selbst voraus, die nichts anderes ist als eine Klassifizierung."[140] So verwirklicht sich die Gesellschaft in den *Elementaren Formen* ‚objektiv' als Organisation und räumliche Verteilung „natürlicher" sozialer Gruppen und gleichzeitig ‚subjektiv' als das kollektive Bewußtsein eben jener Klassifizierung. Ist sie ‚objektiv' „das Ganze, das alle Dinge umfaßt, die oberste Klasse, die alle anderen Klassen umschließt", sodaß „der Begriff der Totalität" schließlich „nur die abstrakte Form des Begriffs der Gesellschaft (ist)"[141], so ist sie ‚subjektiv' das „kollektive Bewußtsein" als das „Bewußtsein der Bewußtseine":

> „Außerhalb und über den individuellen und lokalen Zufälligkeiten stehend, sieht es die Dinge nur in ihrem permanenten und wesentlichen Zustand, den es in kommunizierbare Begriffe faßt. Da das kollektive Bewußtsein von oben

---

138 Ebd. S. 41, Fußnote.
139 Ebd. S. 40.
140 Ebd. S. 593.
141 Ebd. S. 590.

sieht, sieht es auch weit: zu jedem Zeitpunkt umfaßt es die ganze bekannte Wirklichkeit. Darum kann nur es dem Geist den Rahmen liefern, der sich auf die Gesamtheit der Dinge bezieht und der erlaubt, sie zu denken. Es erschafft diesen Rahmen nicht auf künstliche Weise; es findet ihn in sich; es braucht ihn sich nur zum Bewußtsein zu bringen."[142]

In einer fast Hegelschen Wendung wird so zwar nicht der Staat, wohl aber die Gesellschaft in den *Elementaren Formen* zuletzt zum ‚erscheinenden Gott', in dem Substanz und Subjekt, Natur und Gesellschaft, Erkenntnis und Gegenstand immer schon vermittelt sind: Gerade der „soziale" – und das heißt für Durkheim, wie wir gesehen haben, der weder transzendentale *noch* empirisch-individuelle – Ursprung des Wissens sichert so noch einmal seine Objektivität. Gleichzeitig innerhalb der Gesellschaft angesiedelt *und* die „blinden Flecken" der Einzelbewußtseine transzendierend („von oben" einsehend), stellt das „kollektive Bewußtsein" jenen (unmöglichen) „Standpunkt" dar, von dem aus die konkurrenzfreie Repräsentation der Gesellschaft in der Gesellschaft vermeintlich noch möglich ist.

Den frühen Soziologen muß die Behandlung von gesellschaftlicher Ordnung als Naturzusammenhang als die einzige Möglichkeit erschienen sein, erstens die Kontingenzkrise der Moderne zu bewältigen und zweitens die Soziologie als eine eigenständige, „positive" Wissenschaft zu begründen, was auch heißt, sie gegen politische Philosophie und Rechtstheorie abzugrenzen (mit denen sie freilich die Vorliebe des Zeitalters für organische Metaphorik teilt). Der Preis, den die Soziologie – und mit ihr die Gesellschaft – für diese „biologische Option" zahlt, ist allerdings (bis heute) hoch. Mit dem mechanistischen Weltbild und dem daran gekoppelten Vertragsmodell geht nämlich die Möglichkeit verloren, das Kulturgesetz als Symbolismus und damit die soziale Ordnung als symbolische Ordnung zu denken. Diese Möglichkeit immerhin hatte das Vertragsmodell offengehalten. Erst der *linguistic turn* des 20. Jahrhunderts, die Umstellung von der Biologie auf die Linguistik als neue „Leitwissenschaft" von Soziologie und Anthropologie, hat diese Möglichkeit erneuert: Saussures Interpretation der Sprache als „soziales Band" und „Kontrakt zwischen den Gliedern der Sprachgemeinschaft"[143] transponiert das Vertragsmodell und erlaubt es, die Logik der Unterscheidung (soziale Differenzierung) als Logik des Symbolismus zu denken.[144] Diese Spur wurde allerdings von der deutschen Soziologie bis heute nicht aufgenommen. Daß Luh-

142 Ebd. S. 593.

143 Saussure, Grundfragen der allgemeinen Sprachwissenschaft, S. 16;17.

144 Was nicht heißt, „daß man alle Unterschiede und noch weniger deren Totalität, angefangen mit ihrem ökonomischen Aspekt, auf symbolische Unterschiede reduziert; d.h. ebensowenig, daß Herrschaftsbeziehungen auf Bedeutungsbeziehungen reduziert werden, sondern besagt vielmehr, daß durch ausdrückliche Betonung zu heuristischen Zwecken und um den Preis einer Abstraktion (die als eine solche in Erscheinung treten muß) ein Profil der sozialen Realität erstellt wird, das oft unbemerkt bleibt oder, wenn man einmal darauf aufmerksam geworden ist, gewöhnlich aufhört, als ein solches wahrgenommen zu werden." (Pierre Bourdieu, Klassenstellung und Klassenlage, in: ders., Soziologie der symbolischen Formen, 6. Aufl., Frankfurt/M. 1997, S. 73.)

manns an der mittlerweile kybernetisch und informationstheoretisch überformten Biologie ausgerichtete Systemtheorie derzeit den hierzulande konkurrenzlos einzigen kohärenten Entwurf einer Gesellschaftstheorie darstellt, hat vor allem mit der Weigerung der deutschen Soziologie zu tun, den französischen Strukturalismus überhaupt auch nur zu rezipieren (von Poststrukturalismus und strukturaler Psychoanalyse ganz zu schweigen).

Indes zurück zu Durkheim. Er wurde hier stellvertretend behandelt, um aufzuzeigen, vor welchem grundlegenden Ordnungsproblem die moderne, postrevolutionäre Gesellschaft und mit ihr die Soziologie dieser Gesellschaft stehen und durch welche Option sie es zu lösen versuchen. Durkheims Werk, insbesondere seine Theorie der Arbeitsteilung, nimmt hier aber insofern eine zentrale Stelle ein, als es eine Art Relaisstation zwischen der frühen Differenzierungstheorie Spencers und den modernen Theorien sozialer Systeme (vor allem Parsons' und Luhmanns) darstellt: Wie Luhmann in seiner Einleitung zu *Über die Teilung der sozialen Arbeit* formuliert,

> „wählt (Durkheim), um den Begriff der Arbeitsteilung auf das Begriffsniveau einer soziologischen Gesellschaftstheorie zu bringen, den Weg der Generalisierung des Konzepts. Der Begriff wird (...) auf nicht-ökonomische Bereiche ausgedehnt, bis die Begriffskomponente ‚Arbeit' in der Vorstellung der ‚Teilung sexueller Arbeit' jede spezifische Kontur verliert. Die Nachfolger schlüpfen deshalb aus der Begriffshülse der Ökonomie und sprechen allgemeiner von sozialer Differenzierung, Rollendifferenzierung, Systemdifferenzierung."[145]

Zu den Nachfolgern Durkheims gehört (via Parsons) auch Luhmann selbst. Umso interessanter ist es, daß er in der Einleitung zu *Über die Teilung der sozialen Arbeit* und an anderen Stellen zwar das soziologisch noch „Unzureichende" von Durkheims Entwurf betont, jedoch die konstitutive Organismus-Metapher in seiner Kritik unterschlägt. So heißt es im Anschluß an die oben zitierte Stelle: „Für Durkheim hat jedoch die Beibehaltung des Begriffs der Arbeitsteilung den Vorteil einer *Gleitschiene,* die es ermöglicht, *Illustrationen und Argumente aus dem Bereich wirtschaftlicher Produktions- und Dienstleistungsprozesse in den Kontext der Gesellschaftstheorie einzubringen,* die allgemeine, alle Lebensbereiche übergreifende Geltung zu haben beansprucht."[146] Nun stammen aber Durkheims „Illustrationen und Argumente" nahezu gänzlich eben nicht aus dem Bereich der Wirtschaft, sondern aus der biologischen Theorie des Organismus. Da die Arbeitsteilung als biologisches Prinzip verstanden wird, verknüpft die „Gleitschiene" Arbeitsteilung nicht politische Ökonomie und allgemeine Gesellschaftstheorie, sondern Biologie und Soziologie; was sie in den Kontext der Gesellschaftstheorie einbringt, sind vor allem holistische Konnotationen, die selbst der hochgradig sublimierte Systembegriff Luhmanns, möglicherweise *malgré lui,* noch mit-

145 Niklas Luhmann, Arbeitsteilung und Moral. Durkheims Theorie. Einleitung zu: Durkheim, Über die Teilung der sozialen Arbeit, S. 17–35, hier S. 21.

146 Ebd. (Hervorhebungen S.L.).

schleppt. Es konnte Luhmann wohl nicht daran gelegen sein, diese prekäre Genealogie des soziologischen Systembegriffs allzusehr zu betonen.[147]

Im übrigen ist Durkheims Grundproblem dasselbe wie schon bei Comte oder Spencer. Der „geköpfte Leviathan", der als Titelvignette auf einigen Ausgaben von Rousseaus *Contrat social* zu sehen war, bot kein hinreichendes Modell, um das Denken des *nouvel ordre* zu orientieren: „Die Frage war, ob die moderne politische Philosophie, das Denken der Aufklärung und die Revolution, die Nation anders als negativ zu konzipieren verstehen würden, als einen enthaupteten Körper. (...) Das mechanische Modell der Macht war hier letztenendes genauso unzureichend wie die mystische Konzeption der Gemeinschaft."[148] Andererseits mag man sich fragen, was das biologische Modell, der Organismus als Metapher der Gesellschaft, anderes ist als ein von mechanistischen und theologischen Konnotationen gereinigter und säkularisierter Leviathan. Wo dieser bei Hobbes noch alles gleichzeitig war: ein aus einem Vertragsschluß hervorgegangener „sterblicher Gott", der gleichzeitig als großes Tier, großer Mensch und große Maschine gedacht werden konnte[149], streicht das biologische Modell den Gott, das Tier und die Maschine, behält allein den „großen Menschen" übrig und deutet diesen zum Organismus um. Was ist der ‚soziale Organismus' unter der Feder Comtes, Spencers oder Durkheims anderes als ein materialisiertes *corpus mysticum,* eine wörtlich genommene Metapher – ein *corps moral et collectif* (Rousseau), dem dann auch unter der Hand gleich wieder ein neuer Kopf zuwächst: der Staat als „zerebrospinales System" des sozialen Organismus? Vom Beginn des 19. Jahrhunderts bis heute „handelt (es) sich auf die eine oder andere Weise darum, der Macht eine substantielle Realität zu verleihen, das Prinzip *des* Gesetzes und *des* Wissens in die Umlaufbahn ihres Wirkungsbereichs zurückzuholen, die soziale Spaltung in all ihren Formen zu leugnen, der Gesellschaft wieder einen Körper zu geben."[150]

Die Permanenz des Theologischen in der Biosoziologie des 19. Jahrhunderts ist auch Claude Lefort zufolge in deren Holismus und der Fixierung auf die Ideen von Identität und Einheit des sozialen Organismus zu sehen. Eben das ist der Punkt, in dem die konstitutive Leitmetapher sich als unkontrollierbar erweist, in dem sie die, die sich ihrer bedienen, viel eher beherrscht als daß diese sie beherrschten – zumal sie im politischen Imaginären ohnehin mit der älteren *corpus-mysticum*-Tradition zusammenfließt. Der Vorwurf, den Adorno gegen Parsons erhebt: das „Ineinanderpassen der Menschen und des Systems" werde bei ihm

147 Vgl. zur wissenschaftsgeschichtlichen und -theoretischen Rekonstruktion der systemtheoretischen Sozialwissenschaft vor allem das hervorragende Buch von Klaus Müller, Allgemeine Systemtheorie. Geschichte, Methodologie und sozialwissenschaftliche Heuristik eines Wissenschaftsprogramms, Opladen 1996.

148 Juliette Grange, Du corps politique à l'organisme social. De la philosophie politique à la sociologie et la science politique, in: Revue Internationale de Philosophie I / 203 (1998), S. 95–110, hier S. 98–99 (Übersetzung S.L.).

149 Vgl. zu dieser charakteristischen Überdeterminierung des politischen Leitsymbols Carl Schmitt, Der Leviathan in der Staatslehre des Thomas Hobbes. Sinn und Fehlschlag eines politischen Symbols, Köln 1982, passim.

150 Claude Lefort, Fortdauer des Theologisch-Politischen?, Wien 1999, S. 62.

„zur Norm erhoben", die Integration der Gesellschaft „stillschweigend und generell als positiv unterstellt"[151], und zwar „positiv" im doppelten Sinn des Wortes von „zu wünschen" einerseits, „immer schon gegeben" andererseits – dieser Vorwurf wäre auch an Durkheim und einige andere zu adressieren. Es handelt sich in der Tat darum, „die soziale Spaltung in allen ihren Formen zu verleugnen", als Spaltung zwischen den sozialen Klassen, zwischen Individuum und Gesellschaft, zwischen Natur und Kultur oder, im Innern des Individuums, zwischen dem bewußten Ich und dem Subjekt des Unbewußten, und unabhängig davon, ob diese Spaltung als Antagonismus („Kampf"), Widerstreit (im Sinne Lyotards), Differenz oder anders gedacht wird. Soziologische Theorien wären also nicht zuletzt danach zu unterscheiden, ob sie es erlauben, die Spaltung des sozialen Feldes, das „Trennende im Verbindenden" zu denken oder nicht. Ein adäquater Begriff von Gemeinschaft läßt sich heute nur noch gewinnen, wenn es gelingt, das Denken der Gemeinschaft von allen holistischen Konnotationen, von jeder Metaphorik imaginärer Ganzheit und Einheit zu befreien.

151 Theodor W. Adorno, Zum Verhältnis von Soziologie und Psychologie, in: ders., Gesammelte Werke Bd. 8, Soziologische Schriften I, Frankfurt/M. 1972, S. 42–92, hier S. 45.

3 Vom ‚Geist' zum ‚Blut': Gemeinschaft als Organismus bei Ferdinand Tönnies

> *„Einige sagen (...), es sei der Erfolg meiner Theorie von Gemeinschaft und Gesellschaft, der in der NS-Ideologie vorliegt, und es ist dafür einiger Grund vorhanden.“*[152]

Auch die frühe deutsche Soziologie wurde, weit über die Wirkungsgeschichte von Tönnies' „Theorie“ hinaus, durch die Antithetik von Gemeinschaft und Gesellschaft geprägt: Es handelt sich um die Soziologie einer Gesellschaft, der „Erfahrungsraum“ und „Erwartungshorizont“ zu weit auseinandergedriftet waren, um noch in dem einen und einzigen Begriff der Gesellschaft vermittelbar zu erscheinen. Soziologie- *und* gesellschaftsgeschichtlich markiert *Gemeinschaft und Gesellschaft* dabei jenen Punkt, an dem Fortschrittsutopien in Verfallsgeschichten, progressive in regressive Phantasien umschlagen. Das zeigt sich schon an der umgekehrten Verwendung der Leitmetaphorik: Durkheim, der auf die Integrationskraft der modernen, arbeitsteiligen Gesellschaft noch vertraut, erzählt deren Genese als ein Fortschreiten von bloß mechanischer zu organischer Solidarität; in der als biologisches Prinzip (miß)verstandenen Arbeitsteilung scheinen ihm Differenzierung und Integration, Freiheit und Bindung vermittelt oder doch wenigstens vermittel*bar*. Tönnies umgekehrt, der die soziale Realität der modernen Gesellschaft als „ein bloßes Nebeneinander voneinander unabhängiger Personen“[153] erfährt, erzählt deren Genese als einen fortschreitenden Verlust organischer („substantieller“) zugunsten bloß mechanischer („künstlicher“, „nicht wesentlicher“) Verbindungen: „Gemeinschaft ist das dauernde und echte Zusammenleben, Gesellschaft nur ein vorübergehendes und scheinbares. Und dem ist es gemäß, daß Gemeinschaft selber als ein lebendiger Organismus, Gesellschaft als ein mechanisches Aggregat und Artefakt verstanden werden soll.“[154] Und in seiner *Einleitung in die Soziologie* definiert Tönnies:

> „Der Begriff ‚Gesellschaft' bezeichnet also den gesetzmäßig normalen Prozeß des Verfalls aller ‚Gemeinschaft'. Dies ist seine Wahrheit, um sie auszudrükken, ist er unentbehrlich, und müßte gebildet werden, wenn er nicht schon ausgebildet vorläge; obgleich seine Ausbildung ohne die Ahndung seiner Bedingtheit und echter Bedeutung geschehen ist.“[155]

---

152 Ferdinand Tönnies an seinen Sohn Gerrit am 20. April 1934, zit. nach: Karl Dietrich Erdmann, Wissenschaft im Dritten Reich, Kiel 1967, S. 13.

153 Tönnies, Gemeinschaft und Gesellschaft, S. 4.

154 Ebd.

155 Ferdinand Tönnies, Zur Einleitung in die Soziologie, in: ders., Soziologische Studien und Kritiken, Bd. I, Jena 1925, S. 65—74, hier S. 71.

Damit ist Gesellschaft als Verfallsbegriff von Gemeinschaft etabliert. Freilich sollte es eine Weile dauern, bis diese Definition Plausibilität erlangte; 1887 erschienen, war *Gemeinschaft und Gesellschaft* in der Gesellschaft des Kaiserreichs in Tönnies' eigenen Worten allenfalls ein „matter Achtungserfolg" beschieden. Erst die extremen Spannungen ausgesetzte Gesellschaft der Weimarer Republik griff Tönnies' „Normalbegriffe" auf und erkannte in seiner Schrift ihre Selbstbeschreibung: Der Erste Weltkrieg hatte die Konkurrenz der beiden ‚großen Erzählungen' endgültig gegen die Fortschritts-, für die Verfallsversion entschieden. Tönnies und Durkheim gemeinsam bleibt freilich, über alle Unterschiede in der Bewertung der modernen Gesellschaft hinweg, die Hochschätzung des „Organischen" gegenüber dem bloß „Mechanischen".[156] Die Semantik der Leitmetapher und ihre Wirkung, gerade auch in der Rezeptionsgeschichte von *Gemeinschaft und Gesellschaft,* gilt es daher im folgenden weiter auszuleuchten.

Tönnies selbst stand dem späten, aber durchschlagenden Erfolg seines Buches bekanntlich zwiespältig gegenüber, schien er doch auf einem grundsätzlichen Mißverständnis seiner beiden Hauptbegriffe zu beruhen: „Gemeinschaft" und „Gesellschaft", von ihm als „Idealtypen" oder „reine Konstruktionen" menschlicher Sozialformen begrifflich kontrastiert, wurden als empirische Kategorien aufgefaßt und kritisch gegen die ‚gemeinschaftsvernichtende' Gesellschaft der Weimarer Republik gewendet. Von solchen „sich klug dünkenden Nutzanwendungen"[157] hatte sich Tönnies schon in der Vorrede zur ersten (!) Auflage 1887 vorsorglich distanziert. Die Vorreden zu den folgenden sieben, zwischen 1912 und 1934 erschienenen Auflagen, zeigen den inzwischen zum „zentralen *intellectual leader* der frühen deutschen Soziologie"[158] avancierten Autor teils in gereizter Abwehr diverser, die Rezeption seiner Theorie betreffender Mißverständnisse, teils in gekränkter Autoreneitelkeit auf die Urheberschaft an dem sich selbständig machenden Begriffszwilling pochend. So beklagt er sich in der Vorrede zur vierten und fünften Auflage darüber, „daß nicht etwa nur von meiner Terminologie (...), sondern von den Begriffen selber, in ihren charakteristischen Merkmalen und Anwendungen, in einer Weise Gebrauch gemacht wird, die dem Urheber höchstens in einem beigefügten

156 Ethel Matala de Mazza hat in einer umfangreichen Studie die ästhetische Vorgeschichte des soziologischen Begriffs der Gemeinschaft bei Friedrich Schlegel, Novalis, Clemens von Brentano und Achim von Arnim rekonstruiert. Überzeugend weist sie nach, daß „an der Schwelle zum 20. Jahrhundert (...) der Begriff der Gemeinschaft (...) das Sehnsuchtsbild einer Romantik gegenwärtig (hält), die durch ihre ‚Tendenz zur Gemeinschaft' allererst den Vorrat an politischen Utopien anlegte, aus dem die soziologische Begriffsbildung knappe 100 Jahre später so reichlich schöpfen sollte." (Ethel Matala de Mazza, Der verfasste Körper. Zum Projekt einer organischen Gemeinschaft in der politischen Romantik, Freiburg 1999, S. 14.) Die romantischen Gemeinschaftsentwürfe konvergierten vor allem auch „in dem einen, von Tönnies so nachdrücklich bekräftigten Punkt: daß sie den ‚Körper' mit politischer Evidenz ausstatteten und aus ihm die einzig verbindliche ‚Constitution' des Sozialen, aus Staat und Volk aber die ‚Natur' des Menschen sprechen ließen." (Ebd. S. 15.)

157 Tönnies, Gemeinschaft und Gesellschaft, S. XXII.

158 Dirk Käsler, Erfolg eines Mißverständnisses? Zur Wirkungsgeschichte von „Gemeinschaft und Gesellschaft", in: Lars Clausen (Hg.), Hundert Jahre „Gemeinschaft und Gesellschaft". Ferdinand Tönnies in der internationalen Diskussion, Opladen 1991, S. 517–526, S. 519.

Verzeichnis der ‚Literatur' die Ehre der Erwähnung *inter multos alios* gönnt."[159] In der Vorrede zur sechsten und siebten Auflage gerät dann – stellvertretend? – Gerda Walther ins Kreuzfeuer der Kritik, Verfasserin einer Abhandlung *Zur Ontologie der sozialen Gemeinschaften*[160], „obgleich oder weil diese Schrift allem Anschein nach so verfaßt worden ist, als ob das vorliegende, doch erheblich ältere Werk nicht vorhanden wäre."[161] Nur „im Vorübergehen" und „bloß zum Beispiel" lasse die Verfasserin sich herab, „auch meinen Namen, zugleich mit dem des Amerikaners Giddings (der gar nicht dahin gehört und viel später als ich in der Literatur aufgetreten ist) zu nennen."[162] Während sie von Max Weber „doch mit gebührendem Distancegefühl und mit schuldiger Achtung" spreche, sei sie ihm gegenüber „den Gepflogenheiten (...), die im literarischen Verkehr bewährt und anerkannt sind", nicht gerecht geworden – ein schlimmer Vorwurf „für eine Anfängerin".[163] Unbeachtet bleibt dabei freilich, daß es der „Anfängerin" nicht um begriffliche Ausarbeitung der „Idealtypen", sondern um eine „Phänomenologie der sozialen Gemeinschaften" (so der Untertitel ihrer Abhandlung) zu tun war: aus dem soziologischen Fachbegriff war längst eine sozialontologische (Allerwelts)kategorie geworden, an der geistiges Eigentum zu beanspruchen ebensowenig mehr möglich war wie an jedem beliebigen anderen Wort der deutschen Sprache. Das Schicksal, das nicht nur Bücher, sondern auch Begriffe haben, erweist sich im Fall von *Gemeinschaft und Gesellschaft* einmal mehr als eben jener *effet de réel,* der die Konstruktion im Realen wiederkehren läßt und als Konstruktion vergessen macht. Daß auch in diesem Fall der metaphorische Hof der Begriffe, die ihnen unterlegten Anschauungen, als Katalysatoren oder „Gleitschiene" des Realitätseffekts fungieren, wird im folgenden zu zeigen sein. Bevor die, Tönnies' Intentionen zuwiderlaufenden, performativen Effekte seiner „Grundbegriffe" näher betrachtet werden, soll jedoch dargestellt werden, wie er selbst seine Theorie im Bezug auf die philosophische und rechtsgeschichtliche Tradition positioniert hat. Nur so wird die ‚falsche' Rezeption als Symptom einer Zeit entzifferbar, die, gleichsam im Sog ihrer organischen Leitmetaphorik, immer schon bei den „Sachen selbst" und damit über die Fragen ihrer sprachlichen Konstitution hinaus zu sein meinte.

159 Tönnies, Gemeinschaft und Gesellschaft, S. XXXVI.

160 Gerda Walther, Ein Beitrag zur Ontologie der sozialen Gemeinschaften mit einem Anhang zur Phänomenologie der sozialen Gemeinschaften, Halle a.d.S. 1922.

161 Tönnies, Gemeinschaft und Gesellschaft, S. XLIII.

162 Ebd.

163 Ebd. S. XLIV.

3.1 Verhältnis zur Tradition

Tönnies konstruiert seine Grundbegriffe aus dem im 19. Jahrhundert aufgebrochenen „Gegensatz der historischen gegen die rationalistische Auffassung“[164], genauer: der „historischen“ oder „organischen“ Rechtsschule gegen die älteren Naturrechtslehren. Der juristische Schulenstreit dreht sich im 19. Jahrhundert um die Frage, aus welchem Punkt das Recht der Gesellschaft zu konstruieren sei: aus der (staatlichen) Setzung dessen, was als vernünftige Ordnung für jedermann intelligibel und folglich auch akzeptabel sei (Naturrechtslehre), oder aus dem „Geist des Volkes“, der sich in der Geschichte offenbart und im Gewohnheitsrecht objektiviert hat (historische Rechtsschule). In diesem Gegensatz kehrt, wie man sieht, die im Zusammenhang mit Durkheim schon angesprochene Perspektivierung der sozialen Ordnung als „gegebene“ (oder „gewordene“) einerseits, als „gemachte“ andererseits wieder. Das Recht als „organischer“ Ausdruck des Volksgeistes steht dem Recht als rationalem Konstrukt („Vertrag“, gesatzte Verfassung) gegenüber:

> „Auch die an der mechanistischen Naturerkenntis sich emporrankende Philosophie hatte eine Rechtsphilosophie und eine Sozialtheorie, ja diese waren für sie die Hauptstücke der Ethik. Und die Tendenz dieser ‚praktischen‘ Philosophie war notwendig antitheologisch, antifeudal, antimittelalterlich, sie war individualistisch und darum (nach meinen Begriffen) gesellschaftlich. Ihre großen, historisch epochemachenden Leistungen sind das (rationalistische und spezifisch so genannte) Naturrecht und die mit ihm innerlich tief zusammenhängende (...) physiokratische, in der ‚klassischen‘ englischen Schule sich fortsetzende ‚politische Ökonomie‘. (...) Die ‚Restauration der Staatswissenschaften‘ – um unter diesem berufenen Titel die historische Rechtsschule miteinzubegreifen – wollte dem Naturrecht, und hier vor allem der rationalen individualistischen Staatskonstruktion (der Vertragstheorien) den Garaus machen, und das ist – zumal was die öffentliche ‚akademische‘ Vertretung solcher Doktrinen betrifft – gelungen; wenigstens in Deutschland.“[165]

Den „großen Sinn“ des rationalen Naturrechts findet Tönnies darin, „daß es die bis dahin überwiegend theologisch aufgefaßten Wesenheiten [Staat und Gesellschaft, S.L.] anthropologisch zu verstehen unternahm, die scheinbar übersinnlichen Gestalten als Gebilde menschlichen Denkens und Wollens erklärte.“[166] Und doch zweifelt der nach eigenem Bekunden von Hobbes ausgegangene Autor nicht daran, „daß es keine allgemeingültige Erklärung war“[167], ebensowenig allerdings

---

164 Ebd. S. XV.
165 Ebd. S. XXVI.
166 Ebd. S. XXXII.
167 Ebd.

wie die Lehre von der „organischen" Natur des Rechts. Deren Gegensatz versucht er nun dahingehend aufzulösen, daß erstere die Theorie der (modernen) Gesellschaft, letztere aber die Theorie der Gemeinschaft sei. Ablehnend steht er daher, und das mag zunächst verwirren, all jenen Doktrinen gegenüber, die Staat und Gesellschaft „organisch", d.h. als das Resultat einer „natürlichen" Entwicklung und insofern als notwendig seiend darstellen. „Organisch" ist ihm zufolge allein die Seinsweise der Gemeinschaft, der er die moderne Gesellschaft als willkürliches, i.e. „mechanisches", auf dem bloßen *Schein* der Notwendigkeit beruhendes Gebilde gegenüberstellt. Daher kann die moderne Gesellschaft nach Tönnies auch nicht aus dem Gegensatz zum Staat begriffen werden, sondern ist in ihrer Abhängigkeit vom Staat als dem alleinigen Garanten ihrer willkürlich gesatzten Ordnung recht eigentlich mit ihm identisch:

> „Insofern daher als dies die einfache Bestimmung der Gesellschaft ist: den friedlichen Verkehr der Menschen zu ermöglichen, so ist der Staat nichts als die Gesellschaft selber, welche sich als eine einzelne [juristische, S.L.] Person den (natürlichen) einzelnen Personen gegenüberstellt."[168]

Man versteht: Der wahre Gegensatz oder Kampf findet nicht, wie die Neueren „in ihrer Abhängigkeit von Hegel"[169] meinen, zwischen Gesellschaft und Staat, sondern zwischen Gemeinschaft und Gesellschaft statt.

Schon vielfach ist bemerkt worden, daß Tönnies sich über die Art dieses Gegensatzes, seine Entstehung und auch seine mögliche Überwindung nicht deutlich bzw. recht widersprüchlich erklärt. Heißt es einerseits, seine beiden Grundbegriffe seien als „reine Konstruktionen" zunächst einmal gleichermaßen indifferent gegen ihre Anwendbarkeit auf die Wirklichkeit[170], so legt er an anderer Stelle Wert darauf, daß „die begrifflichen Konstruktionen (...) durchaus getrennt und unabhängig voneinander" seien. „Theorie der Gemeinschaft" sei nämlich „eine genetische [i.e. historisch-empirische, S.L.] Klassifikation ihrer Gestalten" – genannt werden „in aufsteigender Reihe" Haus, Dorf und Stadt –; „Theorie der Gesellschaft" stelle hingegen ein „reines Gedankending" dar.[171] An wieder anderer Stelle vergleicht er sein Verfahren „vielmehr dem des Chemikers als dem der beschreibenden Naturwissenschaft", denn nicht um begriffliche Unterscheidung (also Klassifikation), sondern um Scheidung (also Trennung von Substanzen) sei es ihm gegangen: „Es gilt die Erscheinung des sozialen Verhältnisses in seine Elemente zu zerlegen und diese Elemente begrifflich darzustellen, unangesehen, ob ihre reine Gestalt in der Wirklichkeit vorkomme oder nicht."[172]

---

168 Tönnies, Zur Einleitung in die Soziologie, S. 70.
169 Ebd. S. 68.
170 So z. B. in einem Brief an Friedrich Paulsen, in: Olaf Klose u.a. (Hg.), Ferdinand Tönnies – Friedrich Paulsen. Briefwechsel 1876–1908, Kiel 1961, S. 273.
171 Tönnies, Zur Einleitung in die Soziologie, S. 67.
172 Ferdinand Tönnies, Das Wesen der Soziologie, in: ders., Soziologische Studien und Kritiken Bd. I, Jena 1925, S. 350–368, hier S. 353.

Als Quelle der Begriffsbildung kommt also eine quasi-platonische „Ideenschau“ ebenso in Betracht wie die empirische Beobachtung des „sozialen Verhältnisses“ der Gegenwart oder die Geschichtsbetrachtung.

Ähnliche Unklarheit herrscht im Bezug auf den „gesetzmäßig-normalen Prozeß“, der Gesellschaft als historisches Resultat und Zerfallsprodukt von Gemeinschaft ausweist, und in dem doch Naturgeschichte und Geistesgeschichte ebenso unvermittelt gegeneinanderstehen wie Gesellschaft und Gemeinschaft selbst. Wird sozialer Wandel evolutionstheoretisch als Naturprozeß verstanden, so bleibt unverständlich, wie aus „Organischem“ „Mechanisches“ hervorgehen soll. Auf diesen Widerspruch in Tönnies‘ Konstruktion hatte schon Durkheim hingewiesen. Wird sozialer Wandel umgekehrt als Kulturprozeß verstanden, leuchtet das „Gesetzmäßig-Normale“ des angeblichen „Verfalls“ nicht mehr recht ein:

> „Zwischen diesen beiden Seinsmodi [Gemeinschaft und Gesellschaft, S.L.] besteht ein derartiger Bruch, daß man nicht sieht, wie sie Teil einer gleichen Entwicklung sein sollten. Die Theorien von Aristoteles und Bentham in dieser Weise zu versöhnen, heißt nichts anderes, als Gegensätze nebeneinander zu stellen. Man muß sich entscheiden: Wenn die Gesellschaft ursprünglich eine Naturerscheinung ist, dann bleibt sie dies bis zum Ende ihres Lebenswegs.“[173]

Allerdings scheint Tönnies‘ ganze Theorie darauf angelegt, eben jene „Entscheidung“ zu vermeiden. Der „Bruch“, der Kultur von Natur, Gesellschaft von Gemeinschaft trennt, verläuft bei ihm mitten durch die Gesellschaft selbst. Darin mag man, kritisch-theoretisch, das „Wahrheitsmoment“ seiner Theorie der Moderne sehen. Bei ihm fällt (nun auch) begrifflich auseinander, was die moderne Gesellschaft der Sache nach nicht mehr vermitteln kann. Das sind freilich weniger Gemeinschaft und Gesellschaft als „Erfahrungsraum“ und „Erwartungshorizont“, Ideal und Wirklichkeit, „Weltmodell“ und „Lebenswelt“.[174]

Was daraus resultiert, wäre vielleicht am ehesten als eine Art soziologisches Biedermeier zu bezeichnen: „Mit Sturmesschnelle“, heißt es in Immermanns einschlägigem Roman *Die Epigonen,* „eilt die Gegenwart einem trockenen Mechanismus zu. Wir können ihren Lauf nicht hemmen, sind aber nicht zu schelten, wenn wir für uns und die Unsrigen ein grünes Plätzchen abzäunen und diese Insel so lange als möglich gegen den Sturz der vorbeirauschenden industriellen Wogen befestigen.“[175]

Die widersprüchliche Fassung des (scheinbaren) Gegensatzes von Gemeinschaft und Gesellschaft, der abwechselnd als historischer und als systematischer, als empirischer und als idealtypischer erscheint, kann indes nicht darüber hinwegtäuschen, daß auch für Tönnies die zentrale Frage die nach der Bindungswirkung sozialer Beziehungen und ihrer Auflösung ist. Der Gedanke zu seiner

---

173 Émile Durkheim, Gemeinschaft und Gesellschaft nach Tönnies, in: ders., Über Deutschland. Texte aus den Jahren 1887 – 1915, Konstanz 1995, S. 217–226, hier S. 225.

174 Hans Blumenberg, Beobachtungen an Metaphern, in: Archiv für Begriffsgeschichte XV (1971), S. 161–214, hier S. 162.

175 Karl Leberecht Immermann, Die Epigonen. Familienmemoiren in neun Büchern, Werke Bd. 2, hg. v. Benno v. Wiese, Frankfurt/M. 1971, S. 650.

Schrift kam ihm nach eigenem Bekunden zuerst, als er in Henry Sumner Maines *Ancient Law* auf die berühmt gewordene Formel stieß „that the movement of the progressive societies has hitherto been a movement *from Status to Contract.*"[176] „Status" und „Contract" sind die ersten, noch von Henry Maine übernommenen Antworten auf die Frage, was bindet („the tie between man and man"), wobei „Status" dann sogleich der Gemeinschaft, „Contract" der modernen Gesellschaft als wesentlicher Modus sozialer Beziehungen zugeordnet wird. Die Überformung von Maines Begriffsdoublette mit dem Metaphernpaar „organisch" – „mechanisch" dürfte dagegen vor allem Tönnies' früher und gründlicher Beschäftigung mit Thomas Hobbes geschuldet sein, den er einerseits als *den* Theoretiker der modernen Gesellschaft würdigt und verehrt, und dem er doch andererseits seine eigene Theorie als „moderne" Theorie der Gemeinschaft entgegenhält.

Die allgemeine Bedeutung der Hobbesschen Lehre vom Gesellschaftsvertrag liegt für Tönnies in der Negation der überlieferten theologischen Gesellschaftslehren. Können „diese überlieferten Lehren (...) einheitlich dahin charakterisiert werden, daß sie die Gebilde des sozialen Lebens als organische zu begreifen versuch(t)en"[177], so taten sie dies doch auf der Basis religiöser Doktrinen, die Tönnies wie Hobbes als Grundlegung politischer Philosophie zurückweisen. Hobbes' große und gerade dem 19. Jahrhundert besonders teure Leistung, die Umstellung von Theologie auf Anthropologie als *fundamentum inconcussum* der Staats- und Soziallehre, war freilich, wie Tönnies sehr genau sieht, nur im Rahmen des mechanistischen Weltbilds möglich, das auch die natürlichen – und das heißt für Tönnies: die „organischen" – Verhältnisse aus mechanischen Grundsätzen (der Bewegung und der Beharrung) erklärt. Organismus und Mechanismus, die Tönnies im Geist des 19. Jahrhunderts gegeneinanderstellt wie Tag und Nacht (Natur und Kunst, Eigenes und Fremdes, Gebrauchswert und Tauschwert), sind für Thomas Hobbes, wie übrigens auch für die antiken Autoren, noch kein Gegensatz. Deshalb kann die mechanische Naturerklärung an die Stelle der theologischen treten. Schon von Hobbes her ist mithin die politische Philosophie des Gesellschaftsvertrags an die mechanistische Auffassung und dadurch auch an die metaphorische Beschreibung des Staats als eines Mechanismus (künstliches Tier, künstlicher Mensch, Automat, wie Hobbes den Leviathan nennt) gebunden. Der Kontrakt, „als das typische Rechtsgeschäft zugleich charakteristisch für alle rationalen Rechtsverhältnisse", die ihrerseits „die beglaubigten Ausdrücke aller rationalen Sozialverhältnisse" sind[178], erscheint als der angemessene Ausdruck „einer solchen mechanischen, also künstlichen, also bloß äußerlichen" und mithin aufkündbaren Verbindung der Glieder einer Gesellschaft untereinander; „in solchem Sinne konsequent" sei es daher, „auch die Gesellschaft und den Staat als auf Verträgen der Individuen, diese auf ihren freien und bewußten Willen beruhend zu denken."[179] Und weiter:

---

176 Henry Sumner Maine, Ancient Law. Its Connection with the Early History of Society and its Relation to Modern Ideas, London 1931, S. 141.

177 Ferdinand Tönnies, Thomas Hobbes. Leben und Lehre, 3. Aufl., Stuttgart 1925, S. 265.

178 Tönnies, Gemeinschaft und Gesellschaft, S. XXXIII.

179 Ebd.

„Die Theorie des sozialen Kontraktes, in Anwendung auf den Staat, entspricht dem spezifischen Charakter des modernen Staates, wie die bewußten Staatsbürger ihn denken, entspricht den staatsbürgerlichen Rechten, je mehr diese frei entwickelt sind, entspricht endlich der Beschaffenheit dieses Staates, die ihren Kern in den Finanzen, daher in seiner zugleich privatrechtlichen Persönlichkeit als Fiskus hat. (...) Hobbes schält dies Element des Vertrages als das rationale heraus und gestaltet es damit zugleich dahin um, daß es als alleiniges Fundament zu dienen geeignet wird und so den neuen und mechanischen Charakter der Konstruktion bestimmt. Aus dem Vertrage zwischen Fürst und Volk macht er die Gesamtheit der Verträge aller mit allen, und diese bilden den einzigen Staatsvertrag, der den Staat nicht schafft, aber begründet."[180]

Das hier zugrundegelegte Verständnis des Vertrags als eines privatrechtlichen Instruments, das dem „Kürwillen" (i. e. der Willkür) der vertragschließenden Parteien unterliegt, die also paradoxerweise *als Rechtssubjekte schon konstituiert sein müssen, bevor* sie Verträge schließen (können), wird uns weiter unten (S. 167 ff.) noch beschäftigen. Festgehalten sei hier vorläufig nur, daß ein solches Verständnis dem Hobbesschen Gesellschaftsvertrag als einem *statusbegründenden Herrschaftsvertrag* nicht gerecht wird. Ähnlich wie Durkheim reduziert Tönnies den Gesellschaftsvertrag in letzter Instanz auf das „Riesensystem der Privatverträge" und die Gesellschaft selbst auf das schon genannte „mechanische Aggregat und Artefakt" der durch Privatverträge miteinander verbundenen Rechtssubjekte – um sodann zu konstatieren, daß der soziale Verband im Begriff dieses privatrechtlichen Aggregats nicht aufgeht:

„Aber keineswegs lassen sich alle rechtlichen Verhältnisse und Verbindungen nach dieser Formel [des Kontrakts, S.L.] konstruieren; gerade die ursprünglichen, immer fortwirkenden, familienhaften nicht. Sind sie nur Zwangsverhältnisse, wie sie Herbert Spencer erscheinen? Offenbar nicht. Auch sie werden bejaht (...). In welcher Weise? Das war nun mein Problem. Hieraus eben ist das Theorem von Gemeinschaft und Gesellschaft, und davon untrennbar das von Wesenwillen und Willkür, entstanden. Zwei Typen sozialer Verhältnisse – zwei Typen individueller Willensgestaltungen – beide doch aus einem Punkt zu begreifen, aus dem Verhältnisse zwischen einem Ganzen und seinen Teilen, dem alten aristotelischen Gegensatze des Organismus und des Artefakts."[181]

Wird das genuin (d.h. seit Aristoteles) mit der Organismus-Analogie verbundene Schema vom Ganzen und seinen Teilen sowohl auf die Gemeinschaft als auch auf die Gesellschaft angewendet (die Gesellschaft also nicht etwa dadurch von der Gemeinschaft unterschieden, daß sie im Gegensatz zu dieser kein Ganzes bilden würde), so stellt sich doch die in diesem modallogischen Begriff des Ganzen hypostasierte Einheit in beiden Fällen unterschiedlich dar: Ist sie im Fall der Gesellschaft das prekäre und widerrufliche Resultat der vertraglichen Einigung vieler

180 Tönnies, Thomas Hobbes, S. 266.
181 Tönnies, Gemeinschaft und Gesellschaft, S. XXXIII.

individueller „Kürwillen", die hier „wesentlich getrennt bleiben trotz aller Verbundenheiten", so liegt sie im Fall der Gemeinschaft „a priori und notwendigerweise" jeder individuellen Willensäußerung, diese erst ermöglichend, voraus und zugrunde. Gesellschaft und Gemeinschaft unterscheiden sich voneinander wie die atomistische und die holistische Variante des „Schemas der Koexistenz"[182].

Schon darin liegt eine, wenn nicht die zentrale Schwierigkeit, das Verhältnis von Gemeinschaft und Gesellschaft nach Tönnies zu bestimmen: Sind beide im dargelegten Sinn als „Ganze" angesetzt, so können sie weder in einem gemeinsamen, übergeordneten Gebilde koexistieren, noch kann das eine „Ganze" aus dem anderen „Ganzen" hervorgehen: Sowohl die Koexistenz als auch die Sukzession von Gemeinschaft und Gesellschaft setzen wesentlich Nicht-Ganzheit gemeinschaftlicher und gesellschaftlicher Verhältnisse voraus.

Was Tönnies unter den Titeln „Gemeinschaft" und „Gesellschaft" voneinander unterscheidet, sind so auch letztlich gar nicht real existierende soziale Formationen, seien diese nun als empirische Mischformen oder als historisch aufeinander folgende „Normaltypen" gedacht, sondern es sind konkurrierende Selbstbeschreibungen der Gesellschaft, die als „Gemeinschaft" und „Gesellschaft" hypostasiert und sozialontologisch gewendet werden. Der unvermittelte Dualismus von Gemeinschaft und Gesellschaft, der die Dualismen von

Organismus	vs.	Mechanismus
Wesenwillen	vs.	Kürwillen
Selbst	vs.	Person
Status	vs.	Kontrakt
Besitz, Gebrauch	vs.	Vermögen, Tausch
Naturalwirtschaft	vs.	Geldwirtschaft,

einbegreift, erklärt sich nur so, daß die moderne Gesellschaft unter dem Namen „Gemeinschaft" alles das aus sich heraussetzt, was sie nicht (mehr) zu sein glaubt, worin sie aber gleichwohl ihr ‚Eigentliches', den verlorenen, wiederzugewinnenden Kern ihres Wesens erblickt.

182 Vgl. dazu Castoriadis, Gesellschaft als imaginäre Institution, S. 300–301 und oben S. 48.

3.2 Semantik der Gemeinschaft

Gemeinschaft wird nach Tönnies „am vollkommensten begriffen (...) als metaphysische Verbundenheit der Leiber und des Blutes", die „*von Natur* ihren eigenen Willen und ihre eigene Kraft zum Leben" hat, „folglich ihr eigenes Recht in bezug auf die Willen ihrer Glieder, sogar daß diese [Willen, S.L.] (...) nur als Modifikationen und Emanationen jener organischen Gesamtsubstanz erscheinen dürfen."[183] Adäquater juristischer Ausdruck jener „metaphysischen Verbundenheit", die allerdings als jedem Rechtssystem *voraus*liegend gedacht wird, ist das Familienrecht, wie denn auch überhaupt die Familie, insonderheit das Verhältnis zwischen Mutter und Kind, als Keim jeder Gemeinschaft betrachtet wird. Von der „Gemeinschaft des Blutes" (Verwandtschaft) unterscheidet Tönnies die „Gemeinschaft des Ortes" (Nachbarschaft) und die „Gemeinschaft des Geistes" (Freundschaft), denen wiederum Haus, Dorf und (mittelalterliche) Stadt als soziale Organismen zugeordnet werden: „Das Studium des Hauses ist das Studium der Gemeinschaft, wie das Studium der organischen Zelle Studium des Lebens ist."[184] Als – wohl historisch gemeinte – Differenzierungen der drei Gemeinschaftstypen werden ferner Volk, Stamm und Clan (für die Gemeinschaft des Blutes), Land, Gau und Mark (für die Gemeinschaft des Ortes) sowie Gilden, Zünfte und religiöse Gemeinden (für die Gemeinschaft des Geistes) eingeführt.[185] Von der religiösen Gemeinde heißt es, daß „diese zugleich der letzte und höchste Ausdruck" sei, dessen „die Idee der Gemeinschaft fähig ist." Andererseits „kann aber, in gleicher Weise, auch die ganze Stadt, (...) ein Dorf, ein Volk, Stamm, Geschlecht, und endlich eine Familie als besondere Art von Gilde oder von religiöser Gemeinde sich darstellen oder begriffen werden. Und *vice versa:* in der Idee der Familie, als dem allgemeinsten Ausdruck für die Realität von Gemeinschaft, sind alle diese mannigfachen Bildungen enthalten und gehen daraus hervor."[186]

Verwandtschaft, und zwar Blutsverwandtschaft, gilt also für Tönnies als Grundlage jeder entwickelten Gemeinschaft, einschließlich der Religionsgemeinschaften und der des Volkes. „Blut" und „Geist", als die beiden entgegengesetzten Pole der Gemeinschaftsskala, finden sich dabei in der Kategorie des „Wesenwillens" vermittelt, von dem es in der Vorrede zur zweiten Auflage heißt: „Als Wesenwillen in sozialer Determination und als Gemeinschaft verstehe und zerlege ich, was Hegel die *konkrete Substanz* des Volksgeistes nennt."[187]

Die Gemeinschaft, verstanden aus der „organischen Gesamtsubstanz" des Wesenwillens, tritt damit als „Wirklichkeit der sittlichen Idee" an die Stelle, die in

183 Tönnies, Gemeinschaft und Gesellschaft, S. 154.
184 Ebd. S. 22.
185 Ebd. S. 19.
186 Ebd. S. 20.
187 Ebd. S. XXXIV.

Hegels System dem Staat vorbehalten war. Blut *und* Geist umfaßt sie insofern, als der Wesenwille „psychologischer Ausdruck des Bandes der Blutsverwandtschaft" ist, der dann auch in den „höheren Erscheinungsformen" Brauch, Sitte, (positives) Recht etc. sich niederschlägt.[188]

Setzt Tönnies die *Einheit* der Gemeinschaft so einerseits in die „psychische Realität" und „psychische Kausalität"[189] der in ihr verbundenen Wesenwillen, so bindet er diese subjektive Einheit, die er auch „Eintracht" oder „Verständnis" nennt, doch immer wieder an „objektive" Faktoren zurück. Solche „objektiven Verhältnisse", wie zum Beispiel das der Abstammung,

> „unterliegen auch den bedeutendsten sozialen Verhältnissen, wenigstens denen von gemeinschaftlichem Charakter; und sie reflektieren sich psychologisch in der notwendigen inneren Einheit und Harmonie von Mitteln und Zwecken, die nach meinem Begriffe den ‚Wesenwillen' bezeichnet. Solche objektiven Verhältnisse aber gehen tatsächlich auch in die hier als Gesellschaften konstruierten Verhältnisse und Verbindungen über und können ihnen auch etwas von gemeinschaftlichem Wesen erhalten; so ist bedeutsam die Wirkung der Abstammungs-Gemeinschaft – als Nationalität – auf den Staat."[190]

Gemeinschaft ist ferner „innerlich", weil sie „real", ebenso aber „real", weil sie „innerlich" ist. Macht ihre „psychologische Bedingtheit" das „Wesen" aller sozialen Verhältnisse, sozialen Werte und sozialen Verbindungen aus, „weil sie dadurch gleichsam von innen gesehen werden"[191], so lautet die „kardinale Frage", die an jede Körperschaft gestellt werden muß:

> „Was ist die Körperschaft an sich, d.h. für ihre eigenen Angehörigen und Mitglieder? Wird sie als etwas Reales oder als etwas Ideelles und bloß Fingiertes empfunden und gedacht? Als etwas Reales – dann wohl als ein wirklicher Körper oder Leib, sei es, daß diesem ein sinnlich-geistiges oder ein übersinnlich-übergeistiges Dasein zugeschrieben werde. Als etwas Fingiertes – dann am ehesten als „Person" in dem [juristischen, S.L.] Sinne, wie für irgendwelche Zwecke irgendwelche Summe von Beziehungen, besonders von subjektiven Rechten, personifiziert werden kann, ohne daß man an das wirkliche Dasein einer solchen Person zu glauben pflegt oder zu glauben geneigt ist."[192]

Charakteristisch für diese und andere Passagen bei Tönnies ist vor allem, wie er die Möglichkeit eines „wirklichen Daseins" juristischer Konstruktionen und Fiktionen bestreitet, während er gleichzeitig dem Realitätseffekt der eigenen Fiktion erliegt: Denn *fingiert* ist die Gemeinschaft als Organismus oder wirklicher Leib

188 Ebd.

189 Ebd. S. 74.

190 Ferdinand Tönnies, Gemeinschaft und Individuum, in: Soziologische Studien und Kritiken, Bd. II, Jena 1926, S. 200–208, hier S. 205–206.

191 Ferdinand Tönnies, Der Begriff der Gemeinschaft, in: Soziologische Studien Bd. II, S. 266–276, hier S. 268.

192 Tönnies, Gemeinschaft und Individuum, S. 204.

gewiß ebenso wie der Staat oder jede beliebige andere Körperschaft als juristische Person. Unterscheidbar werden aber so nicht real existierende soziale Formationen, sondern unterscheidbar wird hier nur, woran man glaubt und woran man nicht glaubt. „Man“, das ist gewiß in erster Linie Ferdinand Tönnies; das ist nach ihm aber auch ein großer Teil der Volksgenossen, die an ihrer neuen Gemeinschaft bauen. Tönnies hat mit seiner Schrift dazu beigetragen, der Gesellschaft der Weimarer Republik das affektive Kapital zu entziehen, das dann in die nationalsozialistische Volksgemeinschaft investiert wurde. Und wenn er auch später darauf hinwies, daß er „immer alle Versuche, durch Machtgebot oder Gesetz [wie z.B. durch Rassengesetze, S.L.] (...) sozusagen aus dem Handgelenk eine Volksgemeinschaft zu schaffen, für verfehlt und unbedacht gehalten“ habe[193], so hatte er doch in der Vorrede zur vierten Auflage von *Gemeinschaft und Gesellschaft* die Widmung der Schrift an die „schaffende deutsche Jugend“ – der er „das Verständnis für die soziale Baukunst“ zutraut, „dessen die Volksgemeinschaft so dringend bedarf“ – mit dem „Gedanken“ eingeleitet, „daß die von Christentum und Antike genährte, überwiegend nordeuropäische ‚Kultur‘ in ihrer glänzenden jüngeren Gestalt (der ‚Zivilisation‘) umso rascher und vollständiger sich erschöpfen wird, je weniger sie auf ihre sozialen Grundlagen, die der Gemeinschaft, sich zurückzubesinnen vermag; je mehr sie in eine reine Gesellschaft übergeht.“[194]

In Antike und Christentum war freilich die organische Lehre der Gemeinschaft mythologisch oder theologisch eingekleidet. Als ausgewiesenem Kenner der Tradition und eifrigem Rezipienten von Gierkes *Genossenschaftsrecht* war Tönnies dies durchaus bewußt. Die Frage war daher für ihn,

> „ob es möglich ist, daß der Mensch ohne Mythologie, Mystik oder Theologie, sein Verhältnis zu einer ‚Gemeinschaft‘ oder einem ‚Gemeinwesen‘ anders denke [d.h. anders als ein Vertragsverhältnis, S.L.], nämlich das Verhältnis oder die Korporation als ihrem Wesen nach wirklich lebendig, also ‚organisch‘, also ihn selber [den Menschen, S.L.] bedingend, wie ein Organismus als Ganzes seine Organe als Teile bedingt.“[195]

Im Anschluß daran folgt das schon bekannte Zitat aus Aristoteles‘ *Politik* (Buch I), demzufolge „die Hand nicht mehr Hand ist, außer dem Namen nach, wenn sie nicht in Verbindung mit dem lebenden Körper ist, dem sie angehört.“ Die Antwort auf die selbstgestellte Frage lautet dann, daß es sehr wohl möglich sei, das gemeinschaftliche Verhältnis jenseits von Mythologie und Theologie zu denken, „und zwar auch mit den Mitteln einer auf die alleinige natürliche Realität der Individuen gegründeten rationalistischen Wissenschaft.“[196] In dieser Formulierung kündigt sich die von Tönnies angestrebte Synthese von Naturrechtslehre und historischer Rechtsschule, die Idee eines „gemeinschaftlichen Naturrechts“,

---

193 Ferdinand Tönnies, Die Entstehung meiner Begriffe Gemeinschaft und Gesellschaft, in: Kölner Zeitschrift für Soziologie 7 (1955), S. 463–467, hier S. 465.
194 Tönnies, Gemeinschaft und Gesellschaft, S. XXXVIII u. S. LXXXVII.
195 Tönnies, Gemeinschaft und Individuum, S. 205.
196 Ebd.

wie er es nennt, schon an. Als „natürliche Realität", auf der die rationalistische Wissenschaft zu gründen habe, erweist sich nun aber für Tönnies nicht etwa, wie für die klassische Naturrechtslehre, die Natur der Vernunft *(lumen naturale* im Sprachgebrauch des 17. Jahrhunderts) und auch nicht die aristotelische Bestimmung des Menschen als *zoon logon echon* oder *zoon politikon,* sondern durchaus die *biologische* Realität des Menschen im Sinne des biologischen Organismus-Begriffs des 19. Jahrhunderts. (Vgl. dazu unten S. 146 ff.).

Daß Gemeinschaft „natürlicher" sei als Gesellschaft, die „ausschließlich an die berechnende und wägende Vernunft" sich wende, liegt daran, daß sie angeblich in biologischen Notwendigkeiten wurzelt:

> „Hier muß von den im biologischen Sinne und gemäß den biologisch begründeten Verhältnissen des Seelenlebens vorhandenen Zusammenhängen der Menschen, also insbesondere dem Aufeinanderangewiesensein von Mann und Weib, von Eltern und ihren Erzeugnissen, von an denselben Eltern und dadurch an denselben Gütern teilhabenden Individuen als den biologischen Fundamenten [eines gemeinschaftlichen Naturrechts, S.L.] ausgegangen werden."[197]

Ist hier einerseits der pneumatische Leib Christi, wie ihn die christliche Gemeinschaftslehre seit Paulus kennt, zur „Gemeinschaft des Blutes", zur *biologisch verstandenen Blutsverwandtschaft,* umgedeutet, so gewinnt dieses gemeinsame „Blut" der Verwandtschaft doch umgekehrt bei Tönnies pneumatische oder quasipneumatische Qualität: Die „Verhältnisse des Seelenlebens", insbesondere die notwendig gleichgerichteten „Wesenwillen" der gemeinschaftlich verbundenen Individuen, sollen biologisch, in der gemeinsamen Substanz des Blutes begründet sein. Bei aller Ablehnung von Theologie und Religion als Grundlagen der Soziallehre erweist sich Tönnies' Begriff der Gemeinschaft so letztlich doch als biologistisches Säkularisat der paulinischen Zentralmetapher. Daß Verwandtschaft nicht symbolische Ordnung, sondern materiale Ko-Substanzialität des „Blutes" und der „Leiber"[198] ist, ist dabei für Tönnies so selbstverständlich, daß er kein Wort darüber verliert.

---

197 Ferdinand Tönnies, Hegels Naturrecht. Zum Gedächtnis an Hegels Tod, in: Schmollers Jahrbuch 56 (1932), S. 71–85; wiederabgedruckt in: Helmut Reichelt (Hg.), G.W.F. Hegel, Grundlinien der Philosophie des Rechts, Frankfurt/M. / Berlin / Wien 1972, S. 779–795, hier S. 792.

198 Von der „einheitlichen Durchblutung der Individuen" als Leitidee des Gemeinschaftsgedankens spricht auch Helmuth Plessner in seiner unter dem Titel *Grenzen der Gemeinschaft* 1924 vorgetragenen Kritik an Ferdinand Tönnies: „Gemeinschaft bedeutet ihren Verfechtern den Inbegriff lebendiger, unmittelbarer, vom Sein und Wollen der Personen her gerechtfertigter Beziehungen zwischen Menschen. Echtheit und Rückhaltlosigkeit sind ihre wesentlichen Merkmale, Gebundenheit aus gemeinsamer Quelle des *Blutes* zunächst ihre einheitsstiftende Idee." (Helmuth Plessner, Grenzen der Gemeinschaft. Eine Kritik des sozialen Radikalismus, in: ders., Gesammelte Schriften Bd. V: Macht und menschliche Natur, Frankfurt/M. 1981, S. 44.) Freilich kann auch Plessner zufolge diese „blutsmäßige Verbundenheit der Glieder" nicht nur buchstäblich, als „biologische Verwandtschaft", sondern auch metaphorisch, als „geheimnisvollere Gleichgestimmtheit der Seelen" verstanden werden, „sodaß da, wo nicht ursprünglich-natürliche Gemeinsamkeit der Abkunft besteht, sie wenigstens in der Bereitschaft der Glieder

Konsequent ist es da nur, daß er denn auch die Ehe nicht als rechtliches (d.h. symbolisches), sondern als „sittliches", und das heißt in Tönnies' Terminologie „in ihrem Wesen (...) von dem Spruche eines Priesters oder Beamten, wie von der Zustimmung irgendwelcher anderer Personen unabhängiges Verhältnis"[199] ansieht. Die bürgerliche Gesellschaft dagegen habe, gestützt auf die Naturrechtslehre, aus der Ehe ein rein ‚gesellschaftliches', d.i. nach Tönnies ein Vertragsverhältnis gemacht, das dem ‚organischen' Wesen dieser Verbindung nicht angemessen sei. Das „gesellschaftliche Naturrecht" sei jedoch „immer unfähig" gewesen, „ge-

---

liegt, für einander und das Ganze zu opfern, oder die spirituelle Bindung überdies aus vergossenem Blute erwächst wie etwa das Christentum aus dem Opfertode des Herrn." (Ebd.) Wenn Plessner im weiteren „Blutsgemeinschaft" und „Sachgemeinschaft" voneinander unterscheidet, so hält er doch fest, daß auch die „*Geimeinschaft der Sache* durch Teilhaberschaft an ein und demselben Wert" (ebd. S. 50) auf den Gedanken einer gemeinsamen *Substanz* ihrer Glieder nicht verzichten kann: Gegen die Blutsgemeinschaft dürfe die Sachgemeinschaft nicht einwenden, „daß sie zu naturalistisch, zu biologisch gefaßt sei, denn Blut wird ja ausdrücklich in einem viel weiteren Sinne verstanden." (Ebd.) Leider teilt Plessner zu diesem „viel weiteren Sinn" keine näheren Überlegungen mit. Daß das Christentum in diesem Zusammenhang auch für Plessner kein Beispiel unter anderen ist, erhellt aber schon daraus, daß er im ersten Teil seines Texts die grundlegenden Merkmale des Gemeinschaftsbegriffs der 20er Jahre aus Luthers Reform des Urchristentums und der „protestantischen" Anthropologie des deutschen Idealismus ableitet. „Gemeinschaft" ist dieser Ableitung entsprechend für Plessner das Prinzip der „Innerlichkeit": ebenso unsichtbar wie unsinnlich, setzt Gemeinschaft nach Plessner auf Abstandslosigkeit (Intimität) ihrer Mitglieder untereinander und damit auf ebenso direkte wie gewaltfreie Kommunikation. Demgegenüber erscheint Gesellschaft als das Prinzip der „Äußerlichkeit" und Öffentlichkeit. Auf Gewalt basierend und auf sie angewiesen, setzt sie auf den Abstand ihrer Mitglieder untereinander und damit vor allem auf Mittel indirekter Kommunikation. Die Antithetik von Gemeinschaft und Gesellschaft bleibt also bei Plessner erhalten, wird aber nicht mehr in ein zeitliches Nacheinander projiziert, sondern als immanente Spannung sozialer Formationen interpretiert, an der letztlich vor allem *die Verwirklichung der Gemeinschaft ihre Grenze findet:* „Öffentlichkeit beginnt da, wo Liebe und blutsmäßige Verbundenheit aufhören. Sie ist der Inbegriff von Möglichkeitsbeziehungen zwischen einer unbestimmten Zahl und Art von Personen als ewig unausschreitbarer Horizont, der eine Gemeinschaft umgibt. *Sie ist gerade in dieser Negativität eine sozialformende Macht ersten Ranges.* Vor ihr sucht man sich zu schützen, durch engen Abschluß, Exklusivität, oder durch Einbeziehung ihrer Bezirke in die Sphäre gemeinschaftlicher Vertrautheit, durch Wirkung auf sie. Das Interesse an möglichster Minderung sozialen Risikos ist infolgedessen eine beständige Kraftquelle sozialer Gestaltung, die an die antithetische Spannung von Gemeinschaft und Gesellschaft (...) gebunden bleibt und nach zwei Seiten gemeinschaftsbildend und gesellschaftsbildend sich auswirkt. Gemeinschaft ohne diese Grenze ist keine Gemeinschaft mehr. *Paradox gesagt: wäre auch nur einen Augenblick das urchristliche Ideal, der ekstatische Gefühlskommunismus allverbindender Liebe zwischen allen Menschen verwirklicht, so hätte die Menschheit den äußersten Gegenpol dessen erreicht, was sie wollte.* Ohne Öffentlichkeitshintergrund, gegen den sie sich absetzt, gibt es keine abgeschlossene Gemeinschaft. Licht braucht Finsternis, um zu sein." (Ebd. S. 56; Hervorhebungen S.L.) Auf die metaphorische Überformung *seiner* Antithese von Gemeinschaft und Gesellschaft verzichtet Plessner (weswegen wir seinen Text in der vorliegenden Arbeit auch keiner eingehenden Analyse unterziehen), und auch zur Metaphorik von Gemeinschaft und Gesellschaft bei Tönnies nimmt er nicht Stellung. Es ist aber deutlich, daß für Plessners Begriff der „unsichtbaren Gemeinschaft" gerade der in dieser Arbeit aufgezeigte *Korporealismus* des Gemeinschaftsdenkens, wie er sich besonders in der organischen Metaphorik niederschlägt, keine Rolle spielt. „Körperlichkeit" ist für Plessner vielmehr gerade das Kennzeichen der Gesellschaft.

199 Tönnies, Gemeinschaft und Individuum, S. 203.

meinschaftliche Verhältnisse zu verstehen und zu konstruieren."[200] So begegne etwa im deutschen BGB „der nicht begründete Satz: ‚Ein uneheliches Kind und dessen Vater gelten als nicht verwandt', ein Satz, durch den das natürliche Verhältnis offenbar als unwesentlich hingestellt und nicht mehr als die Wurzel des rechtlichen Verhältnisses begriffen wird, wie es in einem gemeinschaftlichen Naturrecht unbedingt begriffen werden müßte."[201] Daß sich an dem kritisierten „Satz" bewahrheitet, was der römisch-rechtlichen wie auch der christlichen Tradition einst selbstverständlich war: daß nämlich ‚Verwandtschaft' ein symbolisches, kein biologisches Verhältnis ist, muß Tönnies entgehen. Der römischrechtliche Grundsatz *pater semper incertus est,* in dessen Tradition der Satz des deutschen BGB (eben sehr wohl) begründet ist, zeugt dagegen von der frühen Einsicht, daß das Biologische, das eben als ganzes ebenso *semper incertus* ist wie die biologische Verwandtschaft im besonderen, als Grundlage symbolischer Ordnung nicht taugt: Weder das Amt, noch der Status, noch auch nur das ‚Gefühl' der Vaterschaft ergeben sich in irgendeiner Weise aus der biologischen Tatsache der Zeugung. Die „natürlichen Verhältnisse" zur Wurzel der „rechtlichen Verhältnisse" zu machen, wie Tönnies es vorschlägt, würde dagegen Adoption z. B. ebenso ausschließen wie die Zuerkennung der Staatsbürgerschaft außerhalb des engen Rahmens eines *jus sanguinis.* Wenn Tönnies sagt, daß bei Voraussetzung der schlechten Alternative von Kirche und Staat „der Priester" der Idee der Ehe als Gemeinschaft immer noch angemessener sei als „der Standesbeamte", wie denn überhaupt „der geistlich-mystische Begriff eines Sakraments (...) dem des bürgerlichen Vertrags entgegen(steht)"[202], so wird vollends deutlich, daß unter dem Titel ‚Gemeinschaft' ein säkulares Surrogat jener sakramental vermittelten *unio mystica* in Rede steht. Gründete diese jedoch immerhin auf der sakramentalen Macht des *Wortes,* so verschwindet bei Tönnies mit den zustimmenden Sprüchen von Priestern, Beamten oder „anderen Personen" die Sprache überhaupt aus dem Begriff und aus dem Ideal der Gemeinschaft. Wie schon in der Fabel des Menenius Agrippa und überhaupt in der Tradition der klassischen Organismus-Analogie erweist sich als deren sentimental gewordener Inbegriff einmal mehr das „stillschweigende Einverständnis."[203] Dieses

> „kann wohl einer Verabredung, einem Vertrage *verglichen* werden; aber nur, um sogleich den Kontrast desto energischer hervorzuheben. Denn so kann man auch sagen: der Sinn von Worten sei gleich demjenigen verabredeter, willkürlicher Zeichen: und ist gleichwohl das Gegenteil. Verabredung und Vertrag ist Einigung, die gemacht, beschlossen wird; ausgetauschtes Versprechen, also Sprache voraussetzend und gegenseitige Auffassung und Annahme dargebotener zukünftiger Handlungen, welche in deutlichen Begriffen ausgedrückt werden müssen. Diese Einigung kann auch unterstellt werden, *als ob* sie geschehen sei, wenn die Wirkung von solcher Art ist; kann also *per acci-*

200 Tönnies, Hegels Naturrecht, in: Schmollers Jahrbuch, S. 794.
201 Ebd. S. 795.
202 Tönnies, Gemeinschaft und Individuum, in: Soziologische Studien Bd. II, S. 203.
203 Tönnies, Gemeinschaft und Gesellschaft, S. 18–19.

> *dens* stillschweigend sein. Aber Verständnis ist ihrem Wesen nach schweigend: weil ihr Inhalt unaussprechlich, unendlich, unbegreiflich ist."[204]

In einer kleinen Schrift über *Philosophische Terminologie*[205] unternimmt Tönnies dann ferner eine Unterscheidung von „natürlichen" und „künstlichen" Zeichen, die – das kann nun nicht mehr erstaunen – genau der Unterscheidung von Gemeinschaft und Gesellschaft entspricht.

Differenz, Vermittlung, Fremdheit, aber auch Dissens, Gewalt und Zwang sind so *per definitionem* aus der Gemeinschaft ausgeschlossen. Wo dergleichen auftritt – eine Möglichkeit, die Tönnies immerhin zugesteht –, hören gemeinschaftliche Verbindungen auf, solche zu sein, und werden ab sofort als rein gesellschaftliche Verhältnisse betrachtet. So kann z. B. eine Ehe, wenngleich „mit voller Begeisterung und wie um ihrer selbst willen" geschlossen, binnen kurzem abkühlen und von den Ehepartnern aus bloßen Vernunftgründen, als rein gesellschaftliches Verhältnis aufrechterhalten werden. Das gleiche gilt „von der Gemeinschaft der Abstammung (...); also von der Gemeinschaft, die ein Volk oder eine Nation bezeichnet." Auch hier ist nicht durch die bloße Form gewährleistet, daß die Gemeinschaft auch wirklich eine sei; erforderlich ist vielmehr, daß die äußere Gemeinschaft auch innerlich bejaht werde: „In diesem meinem Sinne hat man gesagt, das deutsche Volk wurde am 4. August 1914 eine Gemeinschaft."[206] So Ferdinand Tönnies 1926. Daß die Begeisterung, die am 4. August 1914 das deutsche Volk zur Gemeinschaft zusammenschweißte, Kriegsbegeisterung war und der Gegenstand der „innerlichen Bejahung" mithin nicht (nur) die Gemeinschaft selbst, sondern die gemeinsame Vernichtung des anderen, des ‚Feindes', übergeht der Soziologe stillschweigend.

Nimmt man noch zur Kenntnis, daß „Wollen (...) aus Wünschen (entspringt), das Wünschen aus Lust- oder Unlustgefühlen"[207], so erhellt, daß das „soziale Wollen", der Wesenwille, in dem die Gemeinschaft sich selbst innerlich bejaht, von Tönnies letztlich als reines, von keinem Realitätsprinzip gebremstes Lustprinzip gedacht wird. So wird ‚Gesellschaft' schließlich zum Namen alles dessen, was das regressive, sprachlos-narzißtische Genießen der Gemeinschaft stört. „Alles vertraute, heimliche, ausschließliche Zusammenleben (so finden wir) wird als Leben in Gemeinschaft verstanden. Gesellschaft ist die Öffentlichkeit, ist die Welt. (...) Man geht in die Gesellschaft wie in die Fremde."[208] Der hier sich andeutende Bildungsroman des Begehrens lastet der ‚Öffentlichkeit', lastet der ‚Welt' als Diebstahl des Genießens an, was doch schlicht Erwachsenwerden bedeutet: daß man vom Mutterleib der Gemeinschaft mit seiner „breiten Brust"[209] sich löse und selbständig werde.

---

204 Ebd.

205 Ferdinand Tönnies, Philosophische Terminologie in psychologisch-soziologischer Ansicht, Leipzig 1906.

206 Tönnies, Der Begriff der Gemeinschaft, S. 269; S. 271.

207 Ferdinand Tönnies, Die große Menge und das Volk, S. 277.

208 Tönnies, Gemeinschaft und Gesellschaft, S. 3.

209 Vgl. ebd. S. 186: „Schon die bewohnte Erde umgibt das Volk, wie das Kind von der Mutter Gestalt umhegt wird; und süße Nahrung entquillt als freie Gabe ihrer breiten Brust."

Die phantasmatische Substanz, das *pneuma,* in dessen gemeinsamem Besitz und Genuß sich die Gemeinschaft konstituiert, ist, wie wir gesehen haben, in erster Linie das „Blut" der Verwandtschaft. Und wenn Tönnies auch nirgendwo von einer „Stimme des Blutes" o. ä. spricht, so baut sein Begriff der Gemeinschaft doch auf das „Flüstern in uns"[210], das als „vorsprachliche Verwandtenerkennung" in der seit den 70er Jahren wieder aufblühenden Soziobiologie fröhliche Urständ feiert.

Der dabei zugrundegelegte Begriff der Verwandtschaft ist insofern in hohem Grad phantasmatisch, als biologische Verwandtschaft im Sinne einer (teilweisen) Übereinstimmung von Erbanlagen – seien diese nun in den Genen situiert oder, metaphorisch, als Gleichheit des „Blutes" tituliert – in keiner Weise geeignet ist, soziales Verhalten zu programmieren. Selbst den Theorien der Soziobiologie nicht grundsätzlich abgeneigte Autoren wie z. B. Gerhard Vowinckel kommen zu dem Ergebnis, daß für die „Verwandtenerkennung" nicht somatische („vorsprachliche") Mechanismen, sondern kulturelle Semantiken ausschlaggebend sind.[211] Zwar gibt es in der Tat keine menschliche Kultur ohne Verwandtschaftssystem und ohne Heiratsregeln (ein Tatbestand, der Claude Lévi-Strauss dazu veranlaßte, das Inzestverbot als dasjenige Schwellengesetz zu bezeichnen, das „Natur" und „Kultur" voneinander scheidet), jedoch weichen diese Systeme von der biologischen Verwandtschaft zum Teil erheblich ab. Daß Verwandtschaftsnamen keine „natürlichen" Terminologien im Sinne einer Abbildung vorsprachlicher Gegebenheiten sind, wird schon daran deutlich, daß häufig unterschiedliche Verwandtschaftstheorien im Umlauf sind und miteinander konkurrieren. Gerhard Vowinckel weist darauf hin, daß z. B. „während des ganzen europäischen Mittelalters die kirchliche Verwandtschaftstheorie mit bodenständigen Theorien rivalisiert (hat) und trotz einer bemerkenswerten Annäherung (...) bis heute unser juristischer Begriff der Verwandtschaft mit dem biologischen keineswegs überein(stimmt)."[212] Umgekehrt scheint aber der naturalistische Fehlschluß, die Verwechslung symbolischer Ordnung und biologischer Abstammung, für Europäer insofern besonders nahe zu liegen, als die europäischen Verwandtschaftsterminologien der biologischen Zählung immerhin relativ nahekommen. Die im 19. Jahrhundert erfolgte Reduktion der Familie und des „Hauses" auf die bürgerliche Kleinfamilie mit ihrer Identität von symbolischer und biologischer Trias (Vater-Mutter-Kind) hat wohl diesen Fehlschluß weiter begünstigt. Dabei ist

> „unsere eigene Terminologie vergleichsweise primitiv und folgt dem sogenannten Eskimo-System, das auf der Erde keineswegs das häufigste ist. Im

---

210 So der Titel eines Buchs des Verhaltensbiologen David Barast (Das Flüstern in uns. Menschliches Verhalten im Lichte der Soziobiologie, Frankfurt/M. 1981). In der Verhaltensbiologie als molekularbiologischer Fortschreibung von Darwins Evolutionstheorie flüstert freilich nicht mehr das Blut, sondern es flüstern die Gene.

211 Vgl. Gerhard Vowinckel, Verwandtschaft, Freundschaft und die Gesellschaft der Fremden. Grundlagen menschlichen Zusammenlebens, Darmstadt 1995, Kap. 4.2: Die Verwandtschaft der empirischen Verhaltensforschung, S. 58 ff.

212 Ebd. S. 74.

> Hawaii-System, das im malaiisch-polynesischen Raum und bei nordamerikanischen Indianern verbreitet ist, werden die Eltern und deren Geschwister, Onkel und Tanten nach unserer Eskimo-Terminologie, gleich bezeichnet; ebenso eigene Kinder und Geschwisterkinder, unsere Neffen und Nichten. Terminologisch besteht keine Möglichkeit, zwischen Mutter und Tante, Sohn und Neffe zu unterscheiden. Es gibt noch weitere Klassifikationssysteme. (...) Im Crow-System etwa wird der Sohn einer Schwester des Vaters – für uns ein Vetter – ebenso bezeichnet wie der Vater. Männer bezeichnen die Kinder von Brüdern der Mutter – für uns Vettern und Kusinen – ebenso wie eigene Kinder; ihre Schwestern hingegen haben für eigene Kinder auch eigene Bezeichnungen."[213]

Die an dieser Stelle immer wieder gerne zitierten Trobriander „glauben, daß Kinder mit sämtlichen Mitgliedern der mütterlichen Abstammungsgruppe von gleicher Substanz seien", während ihre Theorie „mit dem Vater und dessen Verwandten (...) gar keine Verwandtschaft vor(sieht)."[214] So mag es zwar wohl richtig sein, daß die Sozialsysteme vormoderner oder sogenannter primitiver Gesellschaften weitgehend auf den lokalen Verwandtschaftssystemen aufbauen oder mit ihnen identisch sind, ohne daß diese Gesellschaften darum jedoch auch nur einen Deut natürlicher, weniger entfremdet oder weniger rational strukturiert wären als unsere eigenen. Hingegen scheint das Bewußtsein der Arbitrarität und Konventionalität der Verwandtschaftssysteme bei manchen archaischen Gesellschaften sogar stärker ausgeprägt zu sein als bei uns:

> „Von australischen Gesellschaften, die gänzlich durch Verwandtschaft geordnet und zusammengehalten werden, hat man gesagt, sie seien geschlossene Gesellschaften. Doch sind sie exklusiv nur in demselben Sinne wie manche Klubs: Ausschließlich Verwandte haben Zutritt, aber darüber, wer verwandt ist, läßt sich reden."[215]

„Primitiv" kann dies nur aus der Perspektive der westlichen Zivilisation erscheinen, die glaubt, mit der ‚Objektivität' naturwissenschaftlicher Abstammungslehren den materiellen Kern der Wahrheit isoliert zu haben. „Zu reden" gibt es dann freilich nichts mehr, weder über Verwandtschaft noch über die Integration „artfremder Individuen" in die eigene Population. Der biologistische Fehlschluß, der Status und Natur bis zu dem Punkt verwechselt, daß z.B. Vaterschaft nur noch als biologisches Test-Problem behandelt wird[216], ist tatsächlich sehr viel primitiver als das Verwandtschaftsverständnis sogenannter primitiver Gesellschaften.

Unter dem Titel „Primitiver Verwandtschaftsbegriff" behandelt Vowinckel schließlich auch „die Vorstellung einer Identität und Kontinuität der Substanz", die für das organologische Modell der Gemeinschaft prägend ist.[217] Hier ist nun,

---

213 Ebd. S. 74–75.
214 Ebd. S. 70.
215 Ebd. S. 82.
216 Unter dem Titel „Vatertagsfest? – Vaterschaftstest!" warb z.B. die *biotix* GmbH Potsdam um den Valentinstag 2002 herum in der Berliner U-Bahn für preisgünstige Verwandtschaftstests.
217 Vowinckel, Verwandtschaft, S. 71.

wie bereits angedeutet, ersichtlich, daß das biologisch verstandene „Blut" und heute schließlich die Gene den Platz jener älteren Vorstellung einer Substanz einnehmen, die im Christentum unter dem Namen *pneuma,* in außereuropäischen Kulturen als „Mana" bekannt ist. Sowohl physische Kontinuität (in der Aufeinanderfolge der Generationen) als auch moralische oder sittliche Identität der Gruppe sollen durch diese gemeinsame Substanz gewährleistet werden. Wir haben gesehen, daß Tönnies' Begriff der Gemeinschaft ganz in der Tradition dieser substantialistischen Konstruktionen steht.

Während „organische Solidarität" bei Durkheim wesentlich Arbeitsteilung im Rahmen eines funktionalen Schemas bedeutete, das mit der Organismus-Analogie schon bei Aristoteles verbunden war, mobilisiert das Modell bei Tönnies also eher paulinisches Gedankengut. Im Rahmen des organologischen Modells kann mithin funktionale Differenzierung (Durkheim) ebenso konnotiert werden wie Konsubstantialität, „Identität der Wesenwillen" (d.i. funktionale Entdifferenzierung im Sinne Durkheims). Was bei Tönnies „mechanisch" heißt, heißt bei Durkheim „organisch" und umgekehrt. Dennoch gewinnt das „organologische" Modell der Gemeinschaft bei Tönnies über diesen Gegensatz zu Durkheim hinausgehende Bedeutung. Neben dem „Natürlichen", aus dem Gegensatz zum „Künstlichen" (Mechanischen) gedacht, bedeutet es nämlich vor allem *das Lebendige im Gegensatz zum Toten,* eine Konnotation, die bei Durkheim weitgehend fehlt. Hier macht sich wohl in erster Linie der Einfluß des biologischen Organismus-Begriffs sowie von Schellings Naturphilosophie auf Tönnies' Konstruktion geltend.

3.3 Ferdinand Tönnies, die Biologie und der Begriff des Lebens

Ebenso wie die Soziologie ist die Biologie als eigenständige Wissenschaft ein Kind des 19. Jahrhunderts. Erst mit ihrer Entstehung wurde es notwendig, das Lebendige als spezifischen Gegenstand dieser neuen Wissenschaft gegen die unbelebte Natur, das Organische gegen das Anorganische abzugrenzen.[218] Die mechanistische Deutung des Organismus wird dabei durch ein morphologisches und ein physiologisches Modell abgelöst.[219] Folgt man Heinz Penzlin, so ist jedoch die Definition des Lebendigen als spezifischem Gegenstand der Biologie, seine Abgrenzung gegen das Unbelebte und Tote, bis heute nicht gelungen:

> „Mit der Emanzipation der Disziplin ‚Biologie' im Kanon der Naturwissenschaften neben ihren älteren Geschwistern ‚Physik' und ‚Chemie', aber von vornherein mit dem deutlichen Anspruch auf Gleichrangigkeit, verschärfte sich das Problem, ob die Biologie tatsächlich ihren Anspruch auf Autonomie rechtfertige, oder ob nicht vielmehr die Biologie eines Tages in der Physik (und hier sei die Chemie eingeschlossen) aufgehe. Mit anderen Worten: Werden eines Tages alle Aussagen der Biologie aus der Physik ableitbar sein? Diese als ‚Reduktionismusproblem' in die Literatur eingegangene und heiß umstrittene Frage ist bis heute nicht entschieden."[220]

Ebenso wie die Soziologie- ist also auch die Biologiegeschichte durch den Gegensatz reduktionistischer (atomistischer) und holistischer (vitalistischer) Auffassungen ihres Gegenstandes gekennzeichnet. Dabei geht der (ontologische) Reduktionismus von den – nach Penzlin heute von der überwiegenden Zahl der Forscher bejahten – Prämissen aus, daß

1. alle Lebewesen, ebenso wie die anorganischen Gegenstände, aus Teilchen (Atomen, Molekülen) aufgebaut sind, die selber nicht lebendig sind, und daß
2. die physikalischen und chemischen Gesetze, die auf dem Niveau der Atome und Moleküle wirksam sind, uneingeschränkt auch im Lebewesen gelten.

Daraus wird dann, analog zum ontologischen Individualismus in den Sozialwissenschaften, gefolgert, „daß die Lebewesen *‚nichts anderes als'* Aggregationen von

---

218 Vgl. dazu Heinz Penzlin, Der Reduktionismus und das Lebensproblem, in: Wolfgang Maier u. Thomas Zoglauer (Hg.), Technomorphe Organismuskonzepte. Modellübertragungen zwischen Biologie und Technik, Stuttgart / Bad Cannstatt 1994, S. 47–66, hier S. 47 ff.

219 Vgl. dazu Hans-Jörg Rheinberger, Organismus und Organisation, in: Der Wunderblock. Zeitschrift für Psychoanalyse 17 (1987), S. 9–18.

220 Penzlin, Der Reduktionismus, S. 49.

Atomen und Molekülen und den sich zwischen ihnen abspielenden Wechselwirkungen seien, eine Position, für die Julian Huxley das schöne Wort ‚*Nothingelsebuttery*' geschaffen hat"[221] und die François Jacob noch 1972 in dem Satz zusammenfaßte: „So komplex er auch sein mag, ein Organismus stellt nie mehr als die Summe seiner Elementarteile dar."[222]

Wie sich nun unschwer erraten läßt, besteht die vitalistische Gegenposition darauf, daß das Ganze des Organismus durchaus „mehr" sei als die Summe seiner Teile. Was Organismen von Molekülhaufen unterscheide, sei eben gerade jene *qualitas occulta* des Lebendigen, die das 19. Jahrhundert zunächst in sogenannten „Vitalkräften", schließlich aber im Protoplasma vermutete:

> „Bis in unser Jahrhundert hinein, insbesondere in der zweiten Hälfte des vergangenen Jahrhunderts, waren Anschauungen verbreitet, die letzte molekulare Lebenseinheiten postulierten, sog. Verbindungs- oder Molekulartheorien des Lebens. Auch für Ernst Haeckel (1834) war das Plasma ‚die lebendige Substanz', die er sich als ‚eine stickstoffhaltige Kohlenstoffverbindung in flüssigem Aggregat-Zustand' von sehr verwickelter chemischer Zusammensetzung vorstellte. (...) Gegenüber dem großen Chemiker Emil Fischer (1852–1919) soll Haeckel einmal geäußert haben: Wenn er nur das richtige Eiweiß synthetisieren würde, so würde es auch anfangen ‚zu krabbeln'."[223]

Indes durchzieht auch „die Bemühung um einen angemessenen und methodisch fruchtbaren Organismus-Begriff (...) die ganze Geschichte der Biologie."[224] Das „biomorphe" Organismusmodell (im Gegensatz zum „mechanomorphen") entsteht dabei am Ende des 18. Jahrhunderts in Fortführung der von Caspar Friedrich Wolff (1734–1794) gegen den Präformationismus durchgesetzten Theorie der Epigenese. Der seit der Mitte des 18. Jahrhunderts vorherrschende „ovistische Präformationismus" war davon ausgegangen, daß „die Embryonen seit Anbeginn der Schöpfung eingeschachtelt in den weiblichen Eierstöcken logierten und vom männlichen Samen gleichsam nur ins Leben geschreckt würden." Diese Lehre „entsprach dem aufklärerischen Ideal mechanistischer Erklärbarkeit, um den Preis allerdings, den Ursprung der natürlichen Formen an die göttliche Hand zu delegieren."[225] Demgegenüber trat mit der Epigenese der Gedanke einer „wesentlichen Kraft" *(vis essentialis)* auf den Plan, die das artgemäße Wachstum und die Entwicklung der Organismen immanent steuert. Johann Friedrich Blumen-

---

221 Ebd. S. 52–53.

222 François Jacob, Die Logik des Lebendigen. Von der Erzeugung zum genetischen Code, Frankfurt/M. 1972, S. 199.

223 Penzlin, Der Reduktionismus, S. 50–51.

224 Wolfgang Maier, Erkenntnisziele einer organismischen Biologie – unter besonderer Berücksichtigung der Strukturforschung, in: Wolfgang Maier u. Thomas Zoglauer (Hg.), Technomorphe Organismuskonzepte. Modellübertragungen zwischen Biologie und Technik, Stuttgart / Bad Cannstatt 1994, S. 67–100, hier S. 74.

225 Helmut Müller-Sievers, Über Zeugungskraft. Biologische, philosophische und sprachliche Generativität um 1800, in: Hans-Jörg Rheinberger, Michael Hagner, Bettina Wahrig-Schmidt, Räume des Wissens. Repräsentation, Codierung, Spur, Berlin 1997, S. 145–164, hier S. 146–147.

bach (1752–1840) interpretierte in einer einflußreichen Schrift diese „wesentliche Kraft“ als „Bildungstrieb“ *(nisus formativus)* und nannte diesen „eine der ersten Ursachen aller Generation, Nutrition und Reproduktion.“[226] „Epigenesis“, so Helmut Müller-Sievers,

> „heißt: triebgeleitete Selbsterzeugung der Organismen aus organischem Stoff nach gesetzmäßiger Form. Blumenbachs Schrift über den Bildungstrieb, die 1871 den endgültigen Durchbruch der Epigenesis zumindest im deutschen Sprachraum ankündigt, setzt mit Hilfe von Seitenargumenten, wie z.B. dem Hinweis auf die im Präformationismus nicht erklärliche Ähnlichkeit der Kinder mit den beiden Eltern, einen Kraft- oder Triebbegriff durch, dem geistige Residuen, in diesem Fall zumindest eine Art Formengedächtnis, beigemischt sind. Da nun die Vorstellung der mechanischen Erweckung eines nur schlafenden Keims nicht mehr überzeugte, wird der Beitrag *beider* Eltern für die Erzeugung des Nachwuchses wesentlich, ohne daß damit aber angegeben werden könnte oder müßte, wie genau dieser Beitrag aussähe.“[227]

Mit den Merkmalen „Selbsterzeugung“ (bzw. -reproduktion) und „interne Steuerung“ (Selbstorganisation) sind in der Theorie der Epigenesis zwei wesentliche Komponenten des biomorphen Organismusbegriffs gewonnen, die im 19. Jahrhundert dazu dienen, den lebendigen Organismus gegen die „durch und durch tote“ Natur des Präformationismus abzugrenzen.

Lamarck unternimmt es dann in seiner *Philosophie zoologique* (1809) erstmals, die *Vielheit* der Organismen in ein System von Abstammungsbeziehungen zu bringen:

> „Wie Buffon verband er (...) die Stufenleiteridee mit dem dynamischen Prinzip der ‚Höherentwicklung‘ und lehnte eine permanente Beständigkeit der Arten wie auch die Realität jeder taxonomischen Gruppierung ab. Für ihn war die Kontinuität der Stufenleiter (...) und die graduelle Ähnlichkeit der Organismen durch Abstammung begründet, denn es zeige die Natur ‚absolut nur Individuen, welche durch die Fortpflanzung aufeinander nachfolgen und voneinander abstammen; ihre Arten aber haben eine nur relative Konstanz und sind nur zeitweise unveränderlich.‘“[228]

Als Ursache der Umgestaltungen der Lebewesen nahm Lamarck erstens einen ihnen innewohnenden „Vervollkommnungstrieb“ und zweitens sich verändernde Umweltbedingungen an. Die Natur habe erst die einfachsten und nacheinander dann die komplizierteren Tierarten, bis hin zum Menschen, hervorgebracht. Diese Entwicklung wäre geradlinig verlaufen, wenn die Umweltbedingungen konstant geblieben wären. Durch veränderte Umwelteinflüsse seien stattdessen verzweigte Stufenleitern entstanden.[229]

---

226 Johann Friedrich Blumenbach, Über den Bildungstrieb und das Zeugungsgeschäfte (1781), zit. nach Ilse Jahn, Grundzüge der Biologiegeschichte, Jena 1990, S. 277.

227 Müller-Sievers, Über Zeugungskraft, S. 150.

228 Jahn, Grundzüge der Biologiegeschichte, S. 257; 258; Jean Baptiste Lamarcks *Zoologische Philosophie* wird zitiert nach der Übersetzung von A. Lang, Jena 1876, S. 35.

229 Jahn, Grundzüge, S. 258.

Seit Lamarck gelten Vererbung und Anpassung als Ursachen für die Kontinuität wie auch für die Variabilität der Arten im Evolutionsprozeß. Die Lehre Darwins unterscheidet sich von den Vorstellungen Lamarcks hauptsächlich durch die Theorie der natürlichen Selektion, die als eher kausalmechanische Konzeption an die Stelle des „Vervollkommnungstriebs" tritt, und dadurch, daß nicht mehr Individuen, sondern *Populationen* (= Fortpflanzungsgemeinschaften) zum Zurechnungspunkt artspezifischer Merkmale gemacht werden. Genau hier liegt dann auch der Anknüpfungspunkt für Bevölkerungspolitiken.

Tönnies hat die biologische Theoriebildung des 19. Jahrhunderts sehr genau gekannt und verfolgt, wie schon die lange Reihe von Buchbesprechungen zeigt, die unter dem Titel *Zur naturwissenschaftlichen Gesellschaftslehre* in Schmollers Jahrbuch von 1905 bis 1911 erschienen sind. Selbst die gekürzte Wiedergabe dieser Besprechungen, die Tönnies 1924 unter dem Titel *Die Anwendung der Deszendenztheorie auf Probleme der sozialen Entwicklung* in sechs Teilen drucken ließ, umfaßt noch fast 200 Seiten.[230] Diese Besprechungen zeigen Tönnies in polemischer Auseinandersetzung mit Sozialdarwinisten und präfaschistischen Rassenhygienikern wie Albert Schäffle, Otto Ammon und vor allem Wilhelm Schallmayer, dessen Schrift über *Vererbung und Auslese im Lebenslauf der Völker* 1903 mit einem Preis gekrönt worden war.[231]

Den „Vertretern der soziologischen Erweiterung der Selektionstheorie" legt Tönnies zunächst „die Vergröberung der Darwinschen Lehre" zur Last. Sie verwechselten „die bessere Chance des Überlebens (...) mit dem ,Recht des Stärkeren' in der Natur." Namentlich sei der von Schallmayer vertretene „Gedanke nicht durchführbar, daß Staaten in derselben Weise, wie nach Darwin Individuen, Varietäten und Arten, von der Natur gezüchtet werden."[232] Dies aber nicht, weil soziale Institutionen generell, sondern weil speziell die staatlich verfaßte moderne Gesellschaft Produkt nicht natürlicher Entwicklung, sondern menschlicher Willkür sei. Schäffle und Schallmayer wirft Tönnies vor, daß sie „kritiklos und in verworrener Weise" die Begriffe des sozialen Körpers und des Organismus auf die verschiedensten sozialen Gebilde anwendeten:

> „Ich wiederhole, daß wir niemals erfahren, was unter sozialen Organismen zu verstehen sei? Ob nur Großstaaten, Großmächte (...) oder auch Einzelstaaten eines Reiches? Auch kommunale Körperschaften? Auch andere Korporationen? Vereine? Kirchen? Von denen einige durch eine so starke ,Organisation' sich auszeichnen? Von unserem Verf. [an dieser Stelle Schallmayer, S.L.] werden so schwierige Begriffe, wie die von Volk, Rasse, Staat, soziales Gebilde, Landfriedenskreis, Gesellschaftskörper, sozialer Organismus, ohne jede Un-

230 Vgl. Ferdinand Tönnies, Die Anwendung der Deszendenztheorie auf Probleme der sozialen Entwicklung, in: ders., Soziologische Studien und Kritiken, Bd. I, S. 133–330.

231 Zu den Lehren der genannten Autoren vgl. im einzelnen Heinz-Georg Marten, Sozialbiologismus. Biologische Grundpositionen der politischen Ideengeschichte, Frankfurt/M. 1983, v.a. Kap. 5 u. 6.

232 Tönnies, Die Anwendung der Deszendenztheorie, S. 241.

terscheidung verwendet, die Wörter werden *promiscue* gebraucht! Begriffswildnis überall! – Kein Wunder, daß die so auf der ‚soziologischen Erweiterung der Selektionstheorie' aufgebaute Ansicht der Geschichte in keiner Weise stichhaltig ist."[233]

Der fachwissenschaftliche Streit dreht sich hier also nicht darum, *ob überhaupt,* sondern nur darum, *in welcher Weise begrifflich korrekt* biologische Unterscheidungen auf soziale Gebilde anwendbar seien. Und hier war ja von Tönnies seit 1887 zu erfahren gewesen, daß organisch in der Natur verwurzelt allein „gemeinschaftliche", nicht aber „gesellschaftliche" (und schon gar nicht staatliche) Bildungen seien. Was Tönnies also eigentlich bekämpft, ist die sozialdarwinistische *Geschichtsauffassung,* insofern diese von der durch natürliche Zuchtwahl bewirkten steten *Höherentwicklung* der Menschheit ausgeht:

> „Bei meinen Studien habe ich die Bedeutung der Deszendenztheorie, deren Geltung mir immer festgestanden hatte, nicht aus den Augen verloren, sondern sehr oft mir die Frage vorgelegt, ob in den Geschicken der Menschheit, soweit ich sie zu erkennen vermochte, die Ausbildung eines veredelten Typus, der als solcher über die gemeinen Typen hinausrage und sie überlebe, wahrnehmbar sei, und ob aus diesen Wahrnehmungen eine einigermaßen sichere Prognose der zukünftigen Entwicklung dieses Typus sich ableiten lasse. (...) Die Prognose, daß nach etwa 500 Jahren die gesamte moderne Zivilisation ein Trümmerfeld hinterlassen wird, wie die in ihrer Art nicht minder glänzende antike Zivilisation es etwa im Jahre 600 n. Chr. darbot, gebietet unmittelbar die äußerste Vorsicht in der Anwendung biologischer Entwicklungsbegriffe auf die heutige Menschheit. Sie nötigt keinesfalls dazu, diese [Anwendung, S.L.] völlig aufzugeben; aber sie ist zermalmend für die naive Zuversicht, mit der Naturforscher anzunehmen pflegen, daß der ‚Kulturmensch' des 20. Säkulums etwa zum mittelalterlichen Pfahlbürger und Ritter sich verhalte, wie dieser zum Papua, und wie der Papua zum anthropoiden Affen."[234]

Es ist klar, daß letztere These Tönnies' Auffassung der Gesellschaft als Verfallsprodukt von Gemeinschaft direkt widerspricht. Tönnies eigene „Anwendung biologischer Entwicklungsbegriffe auf die heutige Menschheit" lautet dagegen folgendermaßen:

> „Ich hege die Meinung, daß wir jedenfalls das Menschengeschlecht betrachten müssen als in fortwährendem Ringen um die Existenz begriffen, und nicht nur die Rassen, sondern alle verschiedenen Gruppen als in mehr oder minder bewußtem Wetteifer, sich zu behaupten und sich zu vermehren; daß aber die natürliche Auslese alternierend zugunsten und zuungunsten des höher kultivierten Menschen wirkt. (...) Daß in diesem Wechsel allmählich doch ein dauernder höherer Typ sich entwickeln kann, in Wirklichkeit sich entwickelt hat und ferner entwickeln wird, haben wir alle Ursache als wahrscheinlich zu sehen. (...) Es wäre aber sehr voreilig zu schließen, daß die Stei-

233 Ebd. S. 247–248.
234 Ebd. S. 238–239.

gerung der äußeren Kultur, Fortschritt der Wissenschaft und Technik, *unmittelbar* die Ausbildung eines solchen höheren Typus begünstigen; das Gegenteil wird eher durch Beobachtung bestätigt."[235]

Tönnies ist zweifellos weder Antisemit noch Nationalsozialist gewesen. Dies aber weniger, weil das nationalsozialistische Ideal einer völkischen Gemeinschaft ihm fremd gewesen wäre, als weil er an der willkürlichen Konstruierbarkeit einer solchen Gemeinschaft, weil er an der *Herstellbarkeit* des „Natürlichen" zweifelte – und wohl auch, weil ihm die notwendige Voraussetzung solchen „Herstellens", nämlich der Ausschluß „volksfremder Elemente" aus der Abstammungsgemeinschaft, zu grausam erschien. Wir erinnern uns: „Ich habe immer alle Versuche, durch Machtgebot oder Gesetz (...) sozusagen aus dem Handgelenk eine Volksgemeinschaft zu schaffen, für verfehlt und unbedacht gehalten" (vgl. oben S. 138). Immer wieder weist er darauf hin, daß das „Volk" im politischen Sinn, die „Nation" oder das „Staatsvolk", etwas anderes sei als das Volk im biologischen Sinn, ohne daß er allerdings an der (zumindest potentiellen) Existenz des letzteren zweifeln würde. Der Gedanke ist der, daß mittels künstlicher Satzung, Fortschritt der Wissenschaft und Technik, daß per Dekret und Züchtung jenes ‚lebendige Ganze' sich nicht erzeugen lasse, das doch nur aus ‚unbewußtem Wachstum' und zur Einheit verbundenen ‚Wesenwillen' hervorgehen kann. Nicht wegen seines *Biologismus,* sondern wegen seines *Technizismus* wird der Nationalsozialismus abgelehnt; eine künstlich hergestellte Gemeinschaft muß Tönnies als ein hölzernes Eisen, bestenfalls als Totgeburt erschienen sein.

Was Tönnies in den 30 bis 40 Jahren nach der Erstveröffentlichung von *Gemeinschaft und Gesellschaft* erlebt, läßt sich als ein semantischer Prozeß der *Entmetaphorisierung* beschreiben, in dessen Verlauf die alte sozialphilosophische Organismus-Analogie unmittelbar positivistisch und „wissenschaftlich"-biologisch gewendet wird. Dadurch bekommen seine Begriffe einen ganz anderen Sinn, als er selbst ursprünglich mit ihnen verband, ohne daß er allerdings in der Lage gewesen wäre, die Differenz, um die es ihm geht, genau zu benennen. Vielleicht kann hier die auch von Tönnies mit der Qualität des Organischen verbundene Kategorie des „Lebendigen" näheren Aufschluß geben.

Das Zusammenleben in der Gemeinschaft wird von Tönnies, wie wir gesehen haben, durch eine Reihe von Adjektiven gekennzeichnet, deren wichtigste etwa die Reihe *vertraut, heimlich, ausschließlich, real, substanziell, dauernd, echt, lebendig, organisch* ergeben (Gesellschaft entsprechend: *unvertraut/fremd, nicht-ausschließlich, akzidentell, vorübergehend, scheinbar, artifiziell, leblos, mechanisch).* Verbürgt wird das Gemeinschaftliche der Gemeinschaft aber nicht durch die Äußerlichkeit einer (juridischen oder institutionellen) Form, wenngleich die Ehe ihr nähersteht als der Staat, die Religionsgemeinschaft näher als der bürgerliche Verein; verbürgt wird die Gemeinschaft durch die sie tragenden gleichgerichteten „Wesenwillen" ihrer Mitglieder. Gemeinschaft ist also eigentlich eine subjektive, und zwar „innerliche" Kategorie, deren Realität, Substantialität, Lebendigkeit etc.

235 Ebd. S. 138–139.

sich erst und nur daraus ergibt, daß sie von ihren Mitgliedern „gewollt“ und „bejaht“ wird. So muß man sagen: Die von Tönnies geltend gemachte Realität der Gemeinschaft ist eigentlich psychische Realität, Realität für ein sie wollendes und bejahendes Bewußtsein, so wie „Lebendigkeit“ der Gemeinschaft Lebendigkeit für ein sich auf sie beziehendes, von ihr „inspiriertes“ affektives Sein ist. Will sagen: *Das ‚Reale‘ der Gemeinschaft ist imaginär; ebenso ist aber das Imaginäre der Gemeinschaft ‚real‘.* Die Substanz der Gemeinschaft ist mithin physisch-metaphysisch im Sinne der paulinischen Tradition; sie ist ‚Blut‘, und sie ist ‚pneuma‘ im Sinne des paulinischen „Geistes, der lebendig macht“, während der Buchstabe, das Gesetz, die äußere Form etc. dasjenige ist, was „tötet“. Das ist, unter anderem, sehr protestantisch – und es ist einmal mehr der Traum von einem Gesetz, das der „Natur“ keinen Zwang antut, weil es mit ihr und sie mit ihm „von selbst“ übereinstimmt. Dieser psychische Vitalismus der Gemeinschaft – Tönnies „Wesenwille“ mutet fast an wie eine Übersetzung von Blumenbachs *vis essentialis* – wird nun historisch abgelöst von einem materialistischen Vitalismus, der den „Geist“ ebenso wie das „Blut“ der Gemeinschaft entmetaphorisiert und als „Substanz“ nur noch mit wissenschaftlichen (oder pseudo-wissenschaftlichen) Methoden experimentell nachweisbare Materiepartikel gelten läßt. Aus der psychischen (d.h. subjektiven) Realität der Gemeinschaft wird die „objektive“ Realität eines meßbaren Bestands gemeinsamer Erbanlagen[236], und auch das „Geheimnis“ des Lebens wird nicht mehr in der Seele vermutet, sondern im Protoplasma. Daß Tönnies mit seinem Gemeinschaftstheorem solch krudem Materialismus Vorschub geleistet hat, muß ihm wie ein böser Traum erschienen sein. *Daß* er es getan hat, läßt sich indes ebensowenig bezweifeln, wie heute nicht anders als naiv an der Opposition von „Gemeinschaft“ und „Gesellschaft“ sich festhalten läßt. Als symptomatisch kann das soziologiebegründende Theorem allerdings insofern gelten, als es Auskunft gibt über das „psychisch Tote“ in der modernen Gesellschaft, von dem, paradox genug, gerade ihr perennierender Biologismus und der Kult des Lebendigen in seinen verschiedenen Spielarten Zeugnis ablegen.

---

236 Vgl. dazu auch Evelyn Fox Keller, Das Leben neu denken. Metaphern der Biologie im 20. Jahrhundert, München 1998.

4 Die politische Lehre des Gesellschaftsvertrags (Thomas Hobbes)

4.1 Negative Anthropologie und Ontologie des Mangels bei Hobbes

Fast unbestritten gilt Thomas Hobbes – neben Niccolò Machiavelli – als Begründer der modernen Wissenschaft von der Politik. So sehr diese Auffassung von den Interpreten wiederholt und bestätigt wird, so unterschiedlich sind jedoch die Gründe, die dafür ins Feld geführt werden. Sehen die einen die spezifische Modernität des Hobbesschen Denkens in der Anwendung einer neuen Methode, der „resolutiv-kompositiven" Methode nämlich, „kraft deren zuvor Galilei die Physik in den Rang einer Wissenschaft erhoben hatte" [237], so legen die anderen das Gewicht eher auf methodenunabhängige (oder *scheinbar* methodenunabhängige) Positionen, wie etwa die Vorordnung des ‚Rechts' vor das ‚Gesetz', die Ausarbeitung des Begriffs der Souveränität oder, *last but not least,* die mit der Vertragsidee verbundene Unterordnung des Naturgegebenen unter das durch (menschliche) Kunst Hergestellte. „Die notwendige Bedingung dafür, daß Hobbes' Bedeutung endlich in gebührender Weise anerkannt und verstanden wird", sah Leo Strauss Mitte der 30er Jahre darin, „daß die fundamentale, von der Grundlegung der modernen Naturwissenschaft unabhängige (...) Differenz (...) zwischen der für Hobbes maßgebenden *Gesinnung* einerseits, und sowohl der antiken als auch der biblisch-christlichen Gesinnung andererseits zum Begriff gebracht wird."[238] Die für Hobbes maßgebliche Gesinnung, so Strauss in seinem für die neuere Hobbes-Rezeption grundlegenden Buch, sei „eigentümlich modern – wir möchten sagen, sie ist die unterste und tiefste Schicht des modernen Bewußtseins."[239] Hobbes habe „in dem Augenblick, da die aus der Antike stammende Tradition ins Wanken geraten war und sich noch nicht eine Tradition der modernen Naturwissenschaft gebildet und verfestigt hatte"[240]; in später nie wieder erreichter Klarheit versucht, „die Frage nach dem richtigen Leben des Menschen, und das heißt zugleich die Frage nach der richtigen Ordnung des menschlichen Zusammenlebens zusammenhängend und umfassend zu beantworten."[241] Strauss' Buch ist im folgenden dem Nachweis gewidmet, daß Hobbes' Politik ein „*moralisches* Fundament" habe, mithin „nicht von der Naturwissenschaft abge-

237 Leo Strauss, Hobbes' politische Wissenschaft, Neuwied am Rhein / Berlin 1965, S. 11.
238 Ebd. S. 14.
239 Ebd.
240 Ebd. S.15.
241 Ebd. S. 11.

leitet" sei, sondern „auf der *ursprünglichen* Erfahrung des menschlichen Lebens"[242] beruhe. Ohne Strauss' Frontstellung gegen die naturwissenschaftliche Ableitung der Politik Hobbes' vorbehaltlos zu unterschreiben, sei hier doch zunächst Wert auf die zutreffende Charakterisierung der Ausgangssituation gelegt: Hobbes schrieb in der Tat zu einer Zeit, zu der – zwischen „alter" und „neuer" Tradition – nicht nur diese oder jene inhaltliche Position, sondern die Voraussetzungen der Wissenschaft ebenso wie die der Politik insgesamt fraglich geworden waren. Es ist daher berechtigt, als erstes Merkmal seiner ‚Modernität' ein in dieser Radikalität bisher nicht vorhandenes Kontingenzbewußtsein geltend zu machen. Die Auflösung des mittelalterlichen Ordnungsgefüges mit seinem „hierarchisierten Ensemble von Orten"[243] wirft die Frage nach dem ontologischen und sozialen Ort des Menschen neu und anders auf als zuvor: Nicht nur die „Orte" selbst, sondern auch die Koordinaten, innerhalb derer überhaupt Orte bestimmt werden können, sind fraglich geworden. In einer Bewegung, die analog zu Descartes' hyperbolischem Zweifel verstanden werden kann, geht Hobbes daher zunächst daran, alles ‚wegzulassen', wovon nicht mehr mit Sicherheit ausgegangen werden kann; der Arbeit der *Konstruktion* (des Staates und der Gesellschaft) geht eine Arbeit der *Negation* oder der *Annihilation* voraus, die für die Konstruktion selbst grundlegend ist. Was Leo Strauss – ontologisierend – die „ursprüngliche Erfahrung des menschlichen Lebens" nennt, wäre dabei allerdings eher als die *historische* Erfahrung der Zerstörbarkeit nicht nur der sozialen Ordnung, sondern auch der Grundlagen ihres Verständnisses anzusprechen: Die konfessionellen und politischen Bürgerkriege der Epoche hatten nicht nur Gemeinwesen verwüstet, sondern auch die soziale Ordnung als Schöpfungsordnung radikal in Frage gestellt. So muß „Ordnung" zu Beginn der Neuzeit in vielfachem Sinne neu begründet werden: als Ordnung der Natur, als Ordnung der Gesellschaft *und als Ordnung des Denkens beider*. Die vielfach bemerkte Untrennbarkeit von theoretischer und praktischer Philosophie bei Hobbes hat hier ihre Wurzeln. Der ostentative Rückzug auf die „Methode" entspringt so – darin ist Leo Strauss zuzustimmen – tatsächlich weniger einem neuerwachten naturwissenschaftlichen Selbstbewußtsein als einem Verlorengehen der ‚Gegenstände': Bevor ‚Natur' und ‚Gesellschaft' gedacht werden können, ist zu klären, *wie überhaupt gedacht werden* und wovon das *Denken* seinen Ausgang nehmen kann. Dieser Ausgangspunkt des Denkens ist aber weder eine „Gesinnung" (Leo Strauss) noch ist es „die cartesianische Vorstellung vom Menschen als einem *Mechanismus mit einer Seele*", die Hobbes, wie Carl Schmitt interpretiert, lediglich auf den „großen Menschen", den Staat, übertragen habe. Schmitts Auffassung, „mit der Vorstellung des Staates als eines [...] Mechanismus" sei der für die Moderne „entscheidende metaphysische Schritt getan"; „alles weitere, z.B. die Entwicklung vom Uhrwerk zur Dampfmaschine, zum Elektromotor, zum chemischen oder biologischen Prozeß", ergebe sich „mit der weiteren Entwicklung der Technik und des naturwissenschaftlichen Denkens

242 Ebd. S. 36.
243 Vgl. dazu Michael Makropoulos, Modernität und Kontingenz, München 1997, S. 12.

von selbst“ und bedürfe „keines neuen metaphysischen Entschlusses“[244] mehr, greift ebenso zu kurz wie die von Strauss versuchte Ableitung der Staatsphilosophie aus einer neuen (bürgerlichen) Moral. Die „metaphysische Entscheidung“, von der Schmitt spricht, betrifft vielmehr gerade die *Wertung* der von Hobbes ins Spiel gebrachten Metaphern (neben dem „Staat als Mechanismus“ sind der titelgebende „Leviathan“ und die grundlegende Vertragskonstruktion zu nennen): die Frage nämlich, *ob die Metaphern für die Sache selbst genommen oder ob sie, in Ermangelung der Sache selbst, als Metaphern ins Spiel gebracht werden.* So richtig es ist, daß sich die soziale Metaphorik der Neuzeit analog zu den Konjunkturen der Naturwissenschaften entwickelt, so wenig ist damit präjudiziert, ob und in welchem Ausmaß der sozialphilosophische Diskurs den von ihm selbst erzeugten Metaphereffekten erliegt. Daß das *auch* mit der Art der gewählten Metaphern und ihren semantischen Potentialen zu tun hat – bzw. umgekehrt: daß die Wahl der konkreten Metaphern mit dem fehlenden oder vorhandenen Bewußtsein der *Rhetorizität* des eigenen Sprechens zu tun hat – wird im folgenden zu zeigen sein. Im Fall des Hobbesschen Diskurses ist hier jedenfalls zunächst auf den Grund zurückzufragen, aus dem der Staat als Mechanismus, als Vertrag und schließlich als mythisches Ungeheuer (und eben *nicht* als Naturprozeß) konnotiert wird. Dieser Grund, so die These, ist in der schon genannten historischen Erfahrung der Zerstörbarkeit sozialer Ordnung wie auch im Verlust der subjektiven Gewißheit zu suchen, daß Ordnung überhaupt verläßlich und dauerhaft ge- und begründet werden kann. Zum *fundamentum inconcussum* der Sozialphilosophie wird daher für Hobbes die „subjektiv“ erfahrene und ins Methodische gewendete Tatsache der Privation, des Mangels einer verläßlichen Grundlage für das „richtige Leben“. So wie für Descartes der hyperbolische Zweifel zur neuen Grundlage der Gewißheit wird, wird aber für Hobbes die zum methodischen Ausgangspunkt des Denkens erhobene Privation zur Grundlage einer neuen Anthropologie *und einer neuen Sozialethik.* Es ist dieses Denken vom Vorrang des Negativen, das Hobbes allen gegenteiligen Interpretationen zum Trotz zu einem liberalen und vor allem zu einem bis heute auch modernen Denker macht.

Der Gedanke eines nicht-akzidentellen, die gesellschaftliche Situation des Menschen grundlegend bestimmenden Mangels begegnet bei Hobbes zunächst schlicht als Vorstellung der Güterknappheit: „Am häufigsten wollen die Menschen einander verletzen, weil viele denselben Gegenstand zugleich begehren, der sehr oft weder gemeinsam genossen noch geteilt werden kann.“[245] Günter Nonnenmacher weist darauf hin, daß diese „Perzeption der Welt als Ort knapper Güter und Chancen keine historische Universalie ist, sondern typischerweise mit dem Beginn der Neu-

244 Carl Schmitt, Der Staat als Mechanismus bei Hobbes und Descartes, in: Archiv für Rechts- und Sozialphilosophie, Band XXX (1936/37), S. 630.

245 Thomas Hobbes, Vom Bürger, in: ders., Vom Menschen. Vom Bürger. Elemente der Philosophie II/III, hg. v. Günter Gawlick, 3. Aufl., Hamburg 1994, S. 81. Vgl. auch ders., Naturrecht und allgemeines Staatsrecht in den Anfangsgründen, hg. v. Ferdinand Tönnies, Neudruck Darmstadt 1976, S. 97 und ders., Leviathan oder Stoff, Form und Gewalt eines kirchlichen und bürgerlichen Staates, hg. v. Iring Fetscher, Frankfurt/M. 1984, S. 95.

zeit um sich greift."[246] Und auch Hans Blumenberg hebt hervor, „daß der Mensch seine Situation in der Welt über weite Strecken seiner Geschichte *nicht* als die des fundamentalen Mangels und der physischen Bedürftigkeit gesehen hat. Das Bild, das er sich von sich selbst gemacht hat, ist eher bestimmt durch die Züge eines von der Natur wohlversorgten, aber in der Verteilung ihrer Güter selbst versagenden Wesens."[247] Schon diese meist unbemerkt bleibende, weil für die Moderne selbstverständliche Voraussetzung der Güterknappheit als ‚trivialster' Form des Mangels weist Hobbes' Sozialphilosophie als spezifisch nicht mehr mittelalterliche aus: Das Vertrauen in die göttliche Vorsehung wie auch in die Integration des Menschen in den Naturzusammenhang ist ihr abhanden gekommen.

Ihre spezifisch moderne Zuspitzung erfährt diese Situation *objektiver* Knappheit freilich erst durch eine *subjektive* Dialektik des Begehrens, für die es ein natürliches Maß an Befriedigung nicht gibt: In Abwesenheit eines letzten Ziels oder höchsten Guts, „von welchen in den Schriften der alten Moralphilosophen die Rede ist", kann „Glückseligkeit" nach Hobbes nur verstanden werden als „ständiges Fortschreiten des Verlangens von einem Gegenstand zu einem anderen, wobei jedoch das Erlangen des einen Gegenstandes nur der Weg ist, der zum nächsten Gegenstand führt."[248] Ein Mensch, der keine Wünsche mehr hat, so Hobbes, kann „so wenig mehr weiterleben wie einer, dessen Empfindungen und Vorstellungen zum Stillstand gekommen sind."[249]

Für diese Auffassung allein die mechanistische Erklärung der Leidenschaften verantwortlich zu machen, griffe zu kurz – geht es doch eher darum, das „mechanistische Weltbild" selbst als Ausdruck einer gesellschaftlichen Dynamisierung zu begreifen, die auch im *Leviathan* ihren Niederschlag gefunden hat. Sie ist dadurch gekennzeichnet, daß der Einzelne eben nicht mehr gleichsam „von selbst" identisch ist mit dem, was er ist – mit der Lage, in der er sich jeweils findet –: daß der Mensch im 17. Jahrhundert als ein Wesen perzipierbar wird, das „sogar der zukünftige Hunger hungrig macht"[250], dessen gegenwärtiger Befriedigung also der zukünftige Mangel bereits als Differenz eingeschrieben ist. Die von Durkheim im Namen „organischer Solidarität" propagierte Vorstellung einer von selbst entstehenden Harmonie zwischen der „Konstitution eines jeden Individuums und seiner Lage" bzw. zwischen den „Mitteln eines Individuums und seinen

---

246 Günter Nonnenmacher, Die Ordnung der Gesellschaft. Mangel und Herrschaft in der politischen Philosophie der Neuzeit: Hobbes, Locke, Adam Smith, Rousseau, Weinheim 1989, S.19.

247 Hans Blumenberg, Säkularisierung und Selbstbehauptung. Erweiterte und überarbeitete Neuaufl. von „Die Legitimität der Neuzeit", erster u. zweiter Teil, Frankfurt/M. 1974, S. 159 f.

248 Hobbes, Leviathan, S. 75.

249 Ebd. Vgl. auch Thomas Hobbes, Vom Menschen, in: ders., Vom Menschen. Vom Bürger. Elemente der Philosophie II/III, hg. v. Günter Gawlick, 3. Aufl., Hamburg 1994, S. 29: „Das höchste Gut oder, wie man es nennt, die Glückseligkeit und das letzte Ziel kann man in diesem Leben nicht finden. Denn gesetzt, das letzte Ziel ist erreicht, so wird nichts mehr ersehnt, nichts erstrebt. Daraus folgt, daß es von diesem Zeitpunkt an für den Menschen kein Gut mehr gibt, ja, daß der Mensch überhaupt nicht mehr empfindet. Denn jede Empfindung ist mit einem Begehren oder Widerstreben verbunden, und nicht empfinden heißt: nicht leben."

250 Hobbes, Vom Menschen, S. 17.

Bedürfnissen"[251] ist bereits hier verabschiedet *und sie ist im Rahmen des mechanistischen Modells auch nicht zu denken.* Schon insofern ist es also keineswegs belanglos, ob Uhrwerk, Elektromotor *oder der biologische Prozeß* das Modell für die soziale Ordnung liefern.

Dem von Hobbes nicht weiter kommentierten Zustand der Güterknappheit in der Außenwelt entspricht also ein metonymisches Gleiten von Wunsch zu Wunsch, von Gegenstand zu Gegenstand, das weder durch eine natürliche Ordnung der Plätze noch durch ein natürliches Maß der Befriedigung arretiert wird. Erst das Ineinandergreifen von innerer („subjektiver") und äußerer („objektiver") Knappheit läßt aber die menschliche Situation als permanente Konkurrenz um Gegenstände und Chancen des Genießens erscheinen.[252] In den Bedingungen (wenngleich nicht im Ergebnis) dieser Konkurrenz, im Streben nach Selbsterhaltung, in der Sorge um die Zukunft und in der Ruhelosigkeit des Begehrens, sind die Menschen nach Hobbes *gleich*. Eine soziale Ungleichheit, die das konfliktlose Abbild natürlicher Ungleichheit wäre, gibt es in dieser Sicht der Dinge nicht; soziale Ungleichheit ist und bleibt das Resultat (wie immer staatlich gehegter) Verteilungs- und Differenzierungskämpfe.[253]

Privation begegnet aber bei Hobbes noch anders denn als äußere und innere Güterknappheit: nicht als *materiales*, sondern als formales Moment, das den Anfang der *philosophia prima* ebenso markiert wie den der *philosophia civilis*. Diese auffällige Strukturverwandtschaft zwischen theoretischer und praktischer Philosophie hat Manfred Riedel herausgestellt:

> „Die auffälligste und offenkundigste Übereinstimmung zwischen beiden ergibt sich (...) aus ihrem Anfang. Die *philosophia prima* beginnt mit der Idee einer allgemeinen Weltvernichtung, der (totalen) Privation der Natur, um im Ausgang davon die Frage zu erörtern, was einem Menschen (der allein von der Weltvernichtung ausgenommen sein soll) als Gegenstand der Erkenntnis übrigbliebe oder welche Materialien er zum Aufbau der Wissenschaft dann

---

251 Durkheim, Über die Teilung der sozialen Arbeit, S. 418–419; vgl. dazu oben S. 117–118.

252 Vgl. dazu auch Nonnenmacher, Die Ordnung der Gesellschaft, S. 25: „Knappheit konstituiert sich als nicht aufzuhebende Spannung zwischen unbegrenzten Bedürfnissen und den begrenzten Mitteln ihrer Befriedigung, sie wird durch die Projektion menschlicher Bedürfnisse auf die Welt erzeugt. In diesem Sinn ist sie anthropologisch verankert, oder, in Anlehnung an den eben gebrauchten Begriff, natürliche innere Knappheit."

253 Michel Foucault hat darauf hingewiesen, daß der Kriegszustand, der der Entstehung von Staatlichkeit bei Hobbes vorausliegt, die unmittelbare und logische Folge dieser natürlichen Gleichheit ist: „Der elementare Krieg, der Krieg aller gegen alle, ist ein Krieg unter Gleichen, der aus Gleichheit hervorgeht und sich im Element dieser Gleichheit entfaltet. Der Krieg ist die unmittelbare Wirkung einer Nicht-Differenz oder in jedem Fall unzureichender Differenzen. Denn wenn es, wie Hobbes sagt, große Unterschiede gegeben hätte, wenn es zwischen den Menschen wirklich sichtbare und zu beobachtende Abstände gegeben hätte, die ganz eindeutig und unumkehrbar sind, dann würde der Krieg unmittelbar verhindert. (...) Wenn es also [natürlichen, S. L.] Unterschied gäbe, gäbe es keinen Krieg. Der Unterschied befriedet." (Michel Foucault, In Verteidigung der Gesellschaft. Vorlesungen am Collège de France 1975–76, Frankfurt/M. 1999, S. 103–104.) Daß der natürliche Unterschied befriedet, wissen freilich auch die Vertreter „organischer" Gesellschaftslehren: Deren ideologisches Moment liegt eben darin, daß sie durch die Wahl ihrer Metaphorik bestrebt sind, Unterschiede zu naturalisieren, von denen man weiß, daß sie nicht natürlich sind.

> noch zu verwenden Anlaß hätte. Mit derselben Idee der Privation beginnt die *philosophia civilis*; um das Recht des ‚Staats' *(ius civitatis)* und die Pflichten der Bürger *(civium officia)* ermitteln zu können, muß die *civitas* zwar nicht (faktisch) aufgelöst, aber doch als aufgelöst betrachtet werden."[254]

Eben die Funktion einer Betrachtung der civitas, *als ob sie aufgelöst wäre*, erfüllt nach Riedel die Lehre vom Naturzustand:

> „Sie bezeichnet den Bruch mit dem Naturhorizont der klassischen Tradition, und vielleicht kann man sagen, daß die politische Theorie erst jetzt einen ‚Anfang' oder das Bewußtsein erhalten habe, daß sie in ihrer Begründung von ihm als solchen ausgehen müsse. Denn dieser Anfang ist weder eine mehr oder weniger willkürliche Voraussetzung noch relativ auf andere mögliche Weisen des Anfangens in der Theorie; er ist selbst absolut – als absolute Privation der Natur jenes ‚Chaos im Sittlichen', das Hegel als die Basis und fraglose Voraussetzung des neuzeitlichen Naturrechts entdeckte."[255]

Riedel weist zu Recht auch darauf hin, daß die Kategorie der Privation bei Hobbes und den Modernen gänzlich anders gedacht wird als in der klassischen aristotelischen Tradition, die Negation nicht als totale, sondern lediglich als „Ausfall" der Form, als „Beraubung" kennt. Die Negation *(steresis)* „ist nach der Aristotelischen Ontologie Mangel an Sein, Nichtvorhandensein eines Seienden und nicht dessen Vernichtung."[256] Form *(eidos)* und Ausfall der Form *(steresis)* sind dabei so aufeinander bezogen, daß im Horizont einer auch die Polis umfassenden natürlichen Ordnung des Werdens die Position (das *eidos)* stets früher ist als die Negation. Die Frage nach dem Anfang der Polis, die auch Aristoteles stellt, kann im Rahmen der klassischen Ontologie daher nie hinter das Sein der ersten Gemeinschaften *(protai koinoniai)* zurückführen: Die Vorstellung, daß eine Form aus ihrem Nicht-Sein hervorgeht, ist in diesem Horizont undenkbar.

Demgegenüber kennt die neuzeitliche Metaphysik einen Begriff von Negation, „der nicht, wie der Aristotelische, den Mangel an Sein, sondern den Verlust des Seienden, seine Vernichtung *(annihilatio)* meint."[257] Das Nicht-Sein ist hier nicht mehr weniger wirklich und weniger möglich als das Sein. Dieser ursprünglich biblisch-christliche Gedanke einer *creatio ex nihilo*[258] kulminiert „in dem privativen Naturbegriff (...), der das eigentliche Fundament der modernen Naturrechtstheorie ausmacht. Für Hobbes ist die *civitas* weder ‚gegeben' noch in einer

254 Manfred Riedel, Zum Verhältnis von Ontologie und politischer Theorie bei Hobbes, in: Reinhart Koselleck u. Roman Schnur (Hg.), Hobbes-Forschungen, Berlin 1969, S. 103–118, hier S. 108–109.

255 Ebd. S. 113; vgl. G.W.F. Hegel, Über die wissenschaftlichen Behandlungsarten des Naturrechts, seine Stelle in der praktischen Philosophie und sein Verhältnis zu den positiven Rechtswissenschaften, in: ders., Werke in zwanzig Bänden (Suhrkamp Theorie Werkausgabe), Bd. 2, Jenaer Schriften, Frankfurt/M. 1970, S. 444.

256 Riedel, Zum Verhältnis von Ontologie und politischer Theorie, S. 110.

257 Ebd. S. 111.

258 Dieser Gedanke ist bereits in der biblisch-christlichen Schöpfungslehre angelegt: Weil Gott die Welt aus Nichts geschaffen hat, kann sie jederzeit als ins Nichts zurückfallend betrachtet werden.

theologischen Bewegungsordnung der Natur befestigt. ‚Gegeben' ist die Privation des sittlichen Seins, der Einzelne im Naturzustand, die Unordnung einer wesentlich privativen Natur", in der „die Negation der Sache noch der Position vorhergeht."[259] Schließlich betont auch Riedel, daß es sich bei Hobbes' Lehre vom Anfang der *civitas* nicht „um ein primär methodisches Problem" handele. Die von Hobbes befolgte „resolutive" Methode habe vielmehr „ihren Leitfaden in der Ontologie, die ihre Tragfähigkeit und Reichweite bestimmt. Es ist die Kategorie der Privation, welche diesen Leitfaden abgibt und deren unterschiedliche Fassung die zwischen der klassischen Politik und dem modernen Naturrecht bestehende Differenz hinsichtlich der Lehre vom ‚Anfang' des Politischen erst voll verständlich werden läßt."[260]

Damit bleibt allerdings die Frage offen, worin diese Ontologie selbst ihren „Leitfaden" hat, und einmal mehr wäre hier wohl auf die *historische* Erfahrung der Zerstörbarkeit sozialer Ordnung wie auch als sicher geglaubter Grundlagen des Denkens zu verweisen, die Hobbes in der Lehre vom Naturzustand und in der Idee der Weltvernichtung idealtypisch übersteigert und methodisch radikalisiert. Es ist eben doch vor allem die spezifisch *moderne* Erfahrung der Fragilität aller menschlichen Verhältnisse, die sich hier niederschlägt. Das Verlorengehen der Gegenstände und Ordnungen wird dabei für Hobbes wie für Descartes zum Ausgangspunkt einer subjektiven Wende: Mit der Frage, *was bleibt*, wenn Welt und Gesellschaft vernichtet sind, werden Ontologie und politische Philosophie auf ihre ‚subjektiven' Fundamente zurückgeführt. Freilich liegen auch die Unterschiede zur cartesianischen Subjektphilosophie auf der Hand: Nicht ein körperloses „Ich" ist es, das sich bei Hobbes als Subjekt seines Zweifels entdeckt und so zur Gewißheit seines Seins (zurück)findet, sondern ein leibliches (körperliches) Individuum, dessen Weltbezug allein durch seine „Ideen" und „Phantasmen" vermittelt ist und bleibt. Die Vorstellung einer körperlosen Substanz, als welche Descartes das Subjekt begreift, hat Hobbes bekanntlich als ein hölzernes (scholastisches) Eisen stets ebenso abgelehnt, wie er Descartes' Schluß von der Idee Gottes auf seine Existenz zurückgewiesen hat.

Mit der Idee Gottes als „Schlußstein" der ontologischen Konstruktion ist aber auch der Garant einer zuverlässigen *adaequatio rei et intellectus* (bei richtiger Anwendung der „Methode") aus dem System gestrichen: Fällt die Freisetzung der menschlichen Einbildungskraft und die Entdeckung des Menschen als eines *seine Welt herstellenden* Wesens bei Hobbes radikaler aus als bei Descartes, so fehlt dem Hobbesschen Materialismus andererseits auch die Gewißheit einer verbindlichen Ordnung der Dinge und ihrer fraglosen Erkennbarkeit.

Das Gedankenexperiment der Weltvernichtung begegnet in Hobbes' Werk einmal in den *Elements of law* (1640), und dann, ausführlicher, in *De corpore* (1655). Hier beginnt der zweite Teil unter dem Titel „Erste Philosophie" (Kap. VII: „Ort und Zeit") folgendermaßen:

---

259 Riedel, Zum Verhältnis von Ontologie und politischer Theorie, S. 113.
260 Ebd. S. 109.

> „Den Eingang in die Naturlehre [die im System der Philosophie auf die Logik folgt, S.L.] werden wir am besten von der Privation aus nehmen, d.h. von einer ersonnenen Aufhebung des Weltalls aus. Unterstellen wir aber eine solche Vernichtung der Welt, so wird vielleicht jemand die Frage aufwerfen, was denn ein Mensch (den allein wir von diesem allgemeinen Weltuntergang ausnehmen) übrig behielte, um darüber zu philosophieren oder überhaupt um Schlußfolgerungen anzustellen, oder welchem Ding er irgendwie einen Namen zum Zwecke des Schlußfolgerns beilegen könnte."[261]

Das heißt aber nichts anderes, als daß für den Menschen als denkendes und schließendes Wesen die Welt als fraglos gegebene immer schon „vernichtet" ist. Allein der Wahrnehmungsglaube macht, daß seine Ideen und Phantasmen, „die nur in seiner Einbildung existieren", ihm als äußerliche erscheinen, „als ob sie in keiner Weise von seinem Geiste abhängig wären." Der Mensch als denkendes und vorstellendes Wesen bewegt sich in einem „imaginären Raum" und einer „imaginären Zeit", die es nicht erlauben, über die Dinge der Welt letztgültige (d.h. von ihrer Wahrnehmung unabhängige) Aussagen zu treffen. Daran ändert nichts, daß sich im Geist des Menschen für den Sensualisten Hobbes nur Vorstellungen befinden, die durch die Sinne in ihn eingetreten sind. Obwohl die Objekte der Welt als mechanische Ursachen der Empfindungen angenommen werden können, bleibt der Rückschluß von der Wirkung auf den „möglichen Entstehungsgrund" hypothetisch. Und wenn auch jedes Lebewesen, das das „Urteil der Sinne" nicht durch die Vernunft berichtigt, „von Natur beim ersten Anblick" eines Gegenstandes das von diesem ausgelöste „Bild für den gesehenen Gegenstand selbst oder doch wenigstens für einen Körper (hält), der den Gegenstand in gleicher Lage der Teile genau abbildet" [262], so beruht dieser Eindruck doch auf Täuschung, und das Sehen bleibt unhintergehbar perspektivisch. Nicht umsonst beginnt der zweite Teil des Systems („Vom Menschen") mit einer längeren Abhandlung über Optik und den „scheinbaren Ort des Objekts" in der sinnlichen Wahrnehmung: Der Mensch „projiziert" seine Phantasmen ebenso auf die Welt wie seine Bedürfnisse, und man könnte sagen, daß er in dieser Projektion den „Entzug" der Welt, ihre Privation, immer aufs Neue realisiert. Die „Ontologie", die aus dieser erkenntnistheoretischen Grundstellung resultiert, wäre so allenfalls als *Ontologie des Mangels* anzusprechen, die Hobbes konsequent aus einer negativen Anthropologie entwickelt: der Mensch als dasjenige Wesen, dem *das Reale fehlt*, sieht sich auf seine subjektiven Vermögen zurückverwiesen, um sich den Zugang zur Welt und zum Anderen erst zu erschließen. Nicht als „Krone der Schöpfung", sondern als herstellendes – und insonderheit sich selbst und sein Gemeinwesen herstellendes – Wesen ragt er aus dem Naturzusammenhang heraus, ja ist ihm sogar entgegengesetzt. Beruht „jede Einteilung der Wissenschaften (...) auf einer Einteilung des Seienden", so beruht „Hobbes' Einteilung der Wissenschaften [in Naturwissenschaft einerseits, politische Wissenschaft andererseits, S.L.] auf der Einteilung des Seienden in das von Natur und das durch Kunst Seiende." Zwar

261 Thomas Hobbes, Der Körper. Elemente der Philosophie, Erste Abteilung, hg. v. Karl Schuhmann, Hamburg 1997, S. 99.

262 Hobbes, Vom Menschen, S. 8.

> „entspricht diese Einteilung seiner Intention nicht völlig; denn die meisten künstlich hergestellten Dinge, insbesondere alle Maschinen u. dgl., sind Gegenstand der Naturwissenschaft. Nicht so sehr die künstlich hergestellten *Dinge*, als [vielmehr, S.L.] das Herstellen, die menschliche Tätigkeit selbst, d.h. aber der Mensch als wesentlich herstellendes Wesen, vorzüglich als das Wesen, das aus seiner Natur durch seine Kunst den Bürger, bzw. den Staat herstellt, das sich selbst zum Bürger macht, ist grundsätzlich von allen natürlichen Dingen unterschieden. Der Mensch ist, sofern er es mit sich *selbst* zu tun hat (...) *kein* natürliches Wesen. (...) ‚Manners of men' sind etwas anderes als ‚natural causes'".[263]

Die dritte und populärste Variante der Privationsthese stellt schließlich die Lehre vom Naturzustand als „absolutem Anfang" der *philosophia civilis* dar. Über den Status dieses Naturzustands sind die verschiedensten Thesen vorgebracht worden. Man hat den „Krieg aller gegen alle" als Theoretisierung des konfessionellen Bürgerkriegs gefaßt, der England im 17. Jahrhundert erschütterte.[264] Crawford Macpherson hat ihn als Modell der frühkapitalistischen Konkurrenzgesellschaft gedeutet und daraus geschlossen, daß Hobbes' Sozialphilosophie jegliche anthropologische oder universale Dimension abzusprechen sei.[265] Philosophisch hat man den Naturzustand als Theorie der modernen Subjektivität interpretiert, deren Begriff der reine Selbstbezug oder die Freiheit sei.[266] Günter Nonnenmacher hat aus dieser Pluralität von Deutungsmöglichkeiten gefolgert, daß der Naturzustand „weniger ein ‚Konzept' denn ein Symbol, eine sprachliche ‚Verweisung'" sei, die „voneinander abgesonderte Wirklichkeitssphären überspannt" und „verschiedene Erfahrungsschichten integriert."[267] Das alle semantischen Schichten verbindende Element sei jedoch die Annahme eines „worst case". Der Naturzustand sei daher

> „Symbol und Konzept zugleich für eine Gesellschaft und die Situation des Einzelnen in dieser Gesellschaft, die jeglichen Innen- und Außenhalt verloren hat, für eine Gesellschaft ohne verbindliche Ordnung und Wertekonsens, ohne selbst auferlegte Restriktionen oder transzendente Bindungen, eine Gesellschaft also, in der – locker formuliert – alle Sicherungen durchgebrannt sind."[268]

Nonnenmacher schlägt deshalb vor, den Naturzustand als Idealtypus im Sinne Max Webers aufzufassen, und zwar konkret als „Idealtypus des Ausnahmezustands". Hobbes sei „der erste Theoretiker, der Politik konsequent vom Ausnahmezustand her" begreift, und der *Leviathan* sei „die erste Staatskonstruktion für eine Gesell-

263 Strauss, Hobbes' politische Wissenschaft, S. 17–18.

264 Vgl. dazu Reinhart Koselleck, Kritik und Krise. Eine Studie zur Pathogenese der bürgerlichen Welt, Frankfurt/M. 1973.

265 Crawford B. Macpherson, Die politische Theorie des Besitzindividualismus. Von Hobbes bis Locke, Frankfurt/M. 1967.

266 Bernard Willms, Die Angst, die Freiheit und der Leviathan, in: Udo Bermbach u. Klaus Kodalle, Furcht und Freiheit. Leviathan-Diskussion 300 Jahre nach Thomas Hobbes, Opladen 1982, S. 83.

267 Nonnenmacher, Die Ordnung der Gesellschaft, S.35.

268 Ebd. S. 36–37.

schaft im Ausnahmezustand."[269] So plausibel diese Deutung ist (zumal wenn, wie Michael Makropoulos gezeigt hat[270], Modernität schlechthin als „ontologischer Ausnahmezustand" begriffen werden kann) – im juridisch-politischen Begriff des Ausnahmezustands scheint unnötig verengt, was Nonnenmacher selbst unter diesem Titel als das „universale Modell für eine Ungesellschaft" beschreibt, „in der alle strukturbildenden und regulierenden Kräfte, die normalerweise funktionieren, ausgefallen sind."[271] Gerade weil im Begriff des Naturzustands „alles negiert" ist, „was – wie immer die Definition angesetzt sei – Gesellschaft ausmacht"[272], scheint er weit über das hinauszugehen, was – wie immer die Definition angesetzt sei – den Ausnahmezustand ausmacht. Bleibt dieser doch immer noch positiv bezogen auf jenen anderen Zustand, *von dem* er „Ausnahme" ist, und bleibt er außerdem – sofern man den Begriff nicht ins Ontologische wenden, also selbst zum Symbol machen will – *Rechtszustand*, so mutet Hobbes dem Leser im Begriff des Naturzustands dagegen die Vorstellung einer *absoluten* Privation der Gesellschaft zu, die Vorstellung ihres schlechthinnigen Nicht-Seins. Eine solche Vorstellung ist, darin hat Nonnenmacher recht, nicht nur dem Inhalt nach „monströs", sondern auch „logisch absurd" und „als Konzept zur Erfassung von Wirklichkeit hyperrealistisch", mit einem Wort: fiktiv. Das wurde Hobbes denn auch von Rousseau bis Durkheim und darüber hinaus immer wieder vorgeworfen und wirft die Frage nach dem Zweck der Übung auf. Denn mag der Begriff *als Begriff* auch durchaus idealtypisierend gewonnen sein, nämlich „durch einseitige Steigerung eines oder einiger Gesichtspunkte und durch Zusammenschluß einer Fülle von diffus und diskret (...) vorhandenen Einzelerscheinungen"[273], so ist sein Realitätsbezug doch ein anderer als der Weberscher Idealtypen: Er ist als *Fiktion* ausgewiesen, die die Negation einer „positiven Seinsweise"[274], der Seinsweise der bürgerlichen Gesellschaft, zur Vorstellung bringt.

---

269 Ebd. S. 38.

270 Michael Makropoulos, Modernität als ontologischer Ausnahmezustand. Walter Benjamins Theorie der Moderne, München 1989.

271 Nonnenmacher, Die Ordnung der Gesellschaft, S. 38.

272 Ebd. S. 37.

273 Max Weber, Die „Objektivität" sozialwissenschaftlicher und sozialpolitischer Erkenntnis, in: ders., Gesammelte Aufsätze zur Wissenschaftslehre, hg. v. Johannes Winckelmann, 7. Aufl., Tübingen 1988, S. 146–214, hier S. 191.

274 Riedel, Zum Verhältnis von Ontologie und politischer Theorie, S. 114. Riedel weist auch darauf hin, daß die „Annihilation" der Gesellschaft auch bei Hobbes „Privation in dem Sinne (bleibt), daß sie auf die positive Seinsmöglichkeit des bürgerlichen Zustands bezogen ist." Man könne das „recht gut an Hobbes' Sprachgebrauch erkennen; die Worte, mit denen er die Regellosigkeit und die Nachteile des Naturzustandes umschreibt, sind nichts anderes als die Negationen jener Werte, welche die Regeln und Vorteile des Bürgerlichen zum Ausdruck bringen." (Ebd.) Vgl. dazu beispielsweise Hobbes, Leviathan, S. 96: „In einer solchen Lage ist für Fleiß kein Raum, da man sich seiner Früchte nicht sicher sein kann; und folglich gibt es keinen Ackerbau, keine Schiffahrt, keine Waren, die auf dem Seeweg eingeführt werden können, keine bequemen Gebäude, keine Geräte, um Dinge, deren Fortbewegung viel Kraft erfordert, hin- und herzubewegen, keine Kenntnis von der Erdoberfläche, keine Zeitrechnung, keine Künste, keine Literatur, keine gesellschaftlichen Beziehungen, und es herrscht, was das Schlimmste von allem ist, beständige Furcht und Gefahr eines gewaltsamen Todes – das menschliche Leben ist einsam, armselig, ekelhaft, tierisch und kurz." Hieraus auf einen ontologischen Vorrang des

Von dieser Ungesellschaft konzediert Hobbes nämlich selbst, man könne „die Ansicht vertreten, daß es eine solche Zeit und einen Kriegszustand wie den beschriebenen niemals gab", und er glaube, „daß er so niemals allgemein auf der ganzen Welt bestand."[275] Daß es dennoch, wie Hobbes sogleich fortfährt, „viele Gebiete gibt, wo man jetzt noch so lebt"[276], bleibt nicht nur ein vager Verweis, sondern ist auch kein Argument im Sinne des zu Demonstrierenden: Hobbes geht es nämlich ausdrücklich *nicht* um die Entstehung dieser oder jener konkreten Gesellschaft und ihrer Gesetze, sondern um die Entstehung von Gesellschaftlichkeit überhaupt; die ganze Konstruktion des Naturzustands und des ihn beendenden Gesellschaftsvertrags ist durchaus *nicht historisch* zu verstehen, sondern *struktural.*

Das erhellt schon daraus, daß Hobbes zwischen den „Staaten durch Einsetzung", d.h. durch freiwillige Zustimmung, und den „Staaten durch Aneignung", d.h. durch Eroberung und Unterwerfung, keinen kategorischen Unterschied macht. Für die Wirksamkeit der Gesetze ist es unerheblich, auf welche Weise der Gesellschaftsvertrag zustande kam:

> „Ein Staat durch Aneignung liegt vor, wenn die souveräne Macht mittels Gewalt erworben wurde. Mittels Gewalt wurde sie angeeignet, wenn die Menschen entweder einzeln oder viele zusammen durch Stimmenmehrheit aus Furcht vor Tod oder Knechtschaft alle Handlungen des Menschen oder der Versammlung als eigene anerkennen, die ihr Leben und ihre Freiheit in Gewalt haben.
> Und diese Art der Herrschaft oder Souveränität unterscheidet sich von der Souveränität durch Einsetzung nur darin, daß die Menschen, die ihren Souverän wählen, dies aus Furcht voreinander tun und nicht aus Furcht vor demjenigen, den sie einsetzen. Hier unterwerfen sie sich aber dem, vor dem sie Angst haben. In beiden Fällen handeln sie aus Furcht, was sich solche Leute merken sollten, die alle Verträge, die aus Furcht vor Tod oder Gewalttätigkeit abgeschlossen wurden, für ungültig halten."[277]

Hobbes macht, so will es scheinen, keinen Unterschied zwischen auf dem bloßen Recht des Stärkeren beruhender Herrschaft und auf freier Zustimmung beruhender Souveränität. Dies deswegen,

> „weil die Besiegten ab dem Moment, da sie sich für das Leben und den Gehorsam entscheiden, eine Art Souveränität wiederherstellen, aus den Siegern ihre Repräsentanten machen und einen Souverän an die Stelle desjenigen setzen, der den Krieg verloren hat. Nicht die Niederlage begründet auf brutale und außerrechtliche Weise eine Gesellschaft der Beherrschung, der Versklavung, der Knechtschaft, sondern das, was sich in dieser Niederlage vollzieht, nach Ausgang der Schlacht, nach der Niederlage und unabhängig von ihr: et-

---

Seienden vor dem Nicht-Seienden zu schließen, ist jedoch unberechtigt (vgl. dazu abermals Riedel, Zum Verhältnis von Ontologie und politischer Theorie, S. 114).

275 Hobbes, Leviathan, S. 97.

276 Ebd. Hobbes selbst führt neben „den wilden Völker(n) verschiedener Gebiete Amerikas", die „überhaupt keine Regierung (besitzen)", und dem Bürgerkrieg auch das Verhältnis zwischen den Staaten an, sofern es nicht völkerrechtlich pazifiziert ist (ebd.).

277 Hobbes, Leviathan, S. 155.

> was, was mit Angst und dem Vermeiden von Angst und dem Vermeiden von Lebensgefahr zu tun hat. Das ermöglicht den Eintritt in die Ordnung der Souveränität und in die Rechtsordnung der absolutistischen Macht. Der Wille, das Leben dem Tod vorzuziehen, begründet die Souveränität, eine Souveränität, die ebenso rechtlich und legitim ist wie jene, die sich auf den Modus der Einsetzung und der wechselseitigen Übereinkunft gründet."[278]

Das aber heißt nichts anderes, als daß Souveränität sich nie „von oben" bildet, sondern daß sie „immer von unten (entsteht), kraft des Willens derjenigen, die Angst haben. (...) Ob es nun um eine Übereinkunft, eine Schlacht, das Verhältnis Eltern/Kind[279] geht, immer begegnet man derselben Serie: Wille, Angst, Souveränität."[280] *Der Eintritt in die Gesellschaft vollzieht sich immer in Form einer erzwungenen Wahl.* „Im Grunde", so folgert Foucault, „vollzieht sich alles, als habe Hobbes (...) den Krieg als historische Realität abschaffen, als habe er ihn aus der Entstehungsgeschichte der Souveränität entfernen wollen."[281] Hobbes erkläre den *realen* und *historischen* Krieg, „die Tatsache des Krieges, das allein in der Schlacht manifestierte Kräfteverhältnis für gleichgültig bezüglich der Konstitution der Souveränität. (...) Ob es Krieg gibt oder nicht, die Konstitution vollzieht sich immer auf dieselbe Weise."[282] An die Stelle der realen Kriege, und um die Beziehungen zwischen Krieg und politischer Macht zu verschleiern, habe Hobbes daher jenen imaginären „Krieg aller gegen alle" gesetzt, den er den Naturzustand nennt. „Imaginär" ist dieser Krieg freilich, wie Foucault richtig konstatiert, in doppeltem Sinn: zum einen, weil es ihn, wie Hobbes selber sagt, „niemals gab"; zum anderen, weil es kein ‚heißer' Krieg der realen Schlachten, sondern eher ein ‚kalter' Krieg der Vorstellungen und wechselseitigen Unterstellungen ist. „Denn *Krieg*", so Hobbes,

> „besteht nicht nur in Schlachten oder Kampfhandlungen, sondern in einem Zeitraum, in dem der Wille zum Kampf genügend bekannt ist. Und deshalb gehört zum Wesen des Krieges der Begriff *Zeit,* wie zum Wesen des Wetters. Denn wie das Wesen des schlechten Wetters nicht in ein oder zwei Regenschauern liegt, sondern in einer Neigung hierzu während mehrerer Tage, so besteht das Wesen des Kriegs nicht in tatsächlichen Kampfhandlungen, sondern in der bekannten Bereitschaft dazu während der ganzen Zeit, in der man sich des Gegenteils nicht sicher sein kann."[283]

In einer Zeit außerhalb der bürgerlichen Gesellschaft, „während der die Menschen keine andere Sicherheit als diejenige haben, die ihnen ihre eigene Stärke und Erfindungskraft bieten "[284], müssen sie (im Interesse ihrer Selbsterhaltung) einander die Bereitschaft zu Kampfhandlungen unterstellen und ihr Verhalten darauf einrichten:

---

278 Foucault, In Verteidigung der Gesellschaft, S. 109.

279 Hobbes' drittes Beispiel für Herrschaft, neben „Einsetzung" und „Aneignung": Herrschaft durch Zeugung. Vgl. ders., Leviathan, S. 156–157.

280 Foucault, In Verteidigung der Gesellschaft, S. 110;111.

281 Ebd. S. 111.

282 Ebd.

283 Hobbes, Leviathan, S. 96.

284 Ebd.

Der „Krieg aller gegen alle" ist ein Krieg der wechselseitigen Unterstellungen. „Wir befinden uns", so wiederum Foucault, „auf dem Theater des Austauschs von Repräsentationen, in einem zeitlich unbestimmten Angstverhältnis."[285] Dort gibt es weder Schlachten, noch Blut, noch Leichen, sondern „Vorstellungen, Bekundungen, Zeichen, emphatische, listige, lügenhafte Ausdrucksformen; es gibt Lockungen und Willensäußerungen, die in ihr Gegenteil verkehrt werden, Ungewißheiten, die als Gewißheiten ausgegeben werden."[286] Der Kriegszustand ist „ein gewisser Stand wechselseitiger Vorstellungen"[287], eine Anarchie nicht symbolisch stabilisierter Differenzen, die durch den Gesellschaftsvertrag beendet werden soll.

Foucault versucht im weiteren Verlauf seiner Interpretation zu zeigen, daß Hobbes' wahrer Gegner der „Diskurs der Eroberung" sei und damit eine bestimmte Art, historisches Wissen im politischen Kampf einzusetzen. Die ganze Mauer des *Leviathan,* der ganze rechtlich-philosophische Diskurs des Staates, sei gegen das Bewußtsein der Spaltung errichtet, das England im 17. Jahrhundert aufgrund der historischen Tatsache der normannischen Eroberung beherrscht habe. Und tatsächlich haben sich im englischen Bürgerkrieg konfessionelle, politische und ‚ethnische' Differenzen, nämlich die zwischen Normannen (oder ihren Rechtsnachfolgern, den englischen Königen) und Angelsachsen in einer Weise überblendet und wechselseitig verstärkt, die diesen Krieg zu einem besonders grausamen machte. Diesem sich in vielfacher Weise auf angebliche oder tatsächliche historische Rechte berufenden „Diskurs des Kampfes und des permanenten Bürgerkriegs" habe Hobbes Einhalt geboten, indem er „den Vertrag hinter jeden Krieg und jede Eroberung gesetzt und solchermaßen die Theorie des Staates gerettet" habe.[288]

Foucault wäre freilich nicht Foucault, würde er sich diesen juridisch-politischen Diskurs des Staates nicht seinerseits zum Gegner nehmen. Der englische Diskurs rund um den Bürgerkrieg, den er in der radikalen Variante der *Diggers* übernimmt, dient ihm dazu, seine eigene Analytik der Macht zu umreißen, eine Analytik, „die den Krieg als durchgängigen Strang der gesellschaftlichen Beziehungen, als roten Faden oder Geheimnis der Institutionen und Machtsysteme herausstellt."[289]

Das „Kriegsmodell" der Gesellschaft – und darin liegt eine indirekte Bestätigung Hobbes' – ist dem „Vertragsmodell" genau entgegengesetzt. Freilich bleibt auch das Kriegsmodell der Gesellschaft *Modell,* und auch *seine* Wahrheit bleibt die einer Ideologie und einer metaphorischen Beschreibung: Der Krieg, in dessen Termini Foucault die Gesellschaft – *unsere,* letztlich aber *jede* Gesellschaft – beschreiben will, ist genauso imaginär wie der Hobbessche Naturzustand.[290]

---

285 Foucault, In Verteidigung der Gesellschaft, S. 105.

286 Ebd.

287 Ebd. S. 106.

288 Ebd. S. 114.

289 Ebd. S. 130–131.

290 Vgl. z.B. ebd. S. 61: „Recht, Frieden und Gesetze werden im Blut und im Schlamm der Schlachten geboren. (...) das Gesetz kommt nicht aus der Natur und aus Quellen, aus denen die ersten Hirten trinken; das Gesetz ergibt sich aus wirklichen Schlachten, Siegen, Massakern, Eroberungen, die ihr genaues Datum und ihre Schreckensfiguren haben; es geht aus angezündeten

Wenn Hobbes also nicht den realen Anfang einer realen Gesellschaft beschreibt, was beschreibt er dann? Aus dem Naturzustand als absolutem Anfang der *philosophia civilis* läßt Hobbes den Gesellschaftsvertrag hervorgehen als den absoluten Anfang von Gesellschaftlichkeit überhaupt. Bemerkenswert an diesem doppelten Anfang ist zunächst, daß sich in ihm „Erfahrung und Theorie berühren: Wo die Gesellschaft versagt, hört auch die Gesellschaftstheorie auf, und das Versagen der Gesellschaftstheorie bestimmt präzise den Zustand, in dem Gesellschaft nicht mehr möglich ist."[291] Das heißt umgekehrt aber auch: Wo die ‚Theorie' beginnt, beginnt auch die Gesellschaft – keine Gesellschaft ohne (sie entwerfende) Theorie; dann allerdings auch: keine Theorie ohne (sie hervorbringende) Gesellschaft. Insofern Hobbes den Selbstentwurf der Gesellschaft wie die Gesellschaft selbst als Vertragsverhältnis aus der radikalen Privation des Naturzustands (und also nicht aus einem realen Krieg oder einer anderen Gesellschaft) hervorgehen läßt, muß sein Entwurf mythisch genannt werden – nicht umsonst vergleicht er in der Einleitung zum *Leviathan* „die Verträge und Übereinkommen, durch welche die Teile dieses politischen Körpers zuerst geschaffen, zusammengesetzt und vereint wurden, jenem ‚Fiat' oder ‚Laßt uns Menschen machen', das Gott bei der Schöpfung aussprach."[292] So bezeichnet der Abschluß des Gesellschaftsvertrags den radikalen (Ur-)Sprung aus der Kontingenz des Naturzustands (und dem infiniten Regreß der realen Schlachten und unterscheidbaren Rechtsansprüche) in die Konsistenz einer gemeinsamen Fiktion. Der Gesellschaftsvertrag ersetzt den realen Anfang der Gesellschaft, der sich im Dunkel der Vergangenheit verliert, durch einen künstlichen Ursprung. Die Lehre vom Naturzustand kann daher im exakten Sinn als ein säkularer Ursprungsmythos bezeichnet werden.

Mit dem Anfang der *philosophia prima* steht dieser Ursprungsmythos so auch nicht bloß in einem Verhältnis strukturaler Analogie. Ist die Hypothese der „Weltvernichtung" als Verlust der *adaequatio rei et intellectus* lesbar, der den Zugang zur Welt und zum Anderen auf das Medium der „Ideen" und „Phantasmen" zurückverweist, so antwortet die Lehre vom Naturzustand auf diesen ontologisch-anthropologischen Mangel im Realen mit einer politischen Phantasie, die zugleich eine Politik der Phantasie zum Inhalt hat. Die *philosophia civilis* schreibt sich so gleichzeitig als eine Theorie der menschlichen Einbildungskraft.

Städten und verwüsteten Landschaften hervor und wird mit jenen berühmten Unschuldigen geboren, die im heraufziehenden Tag im Todeskampf liegen.

Das heißt aber nicht, daß die Gesellschaft, das Gesetz und der Staat gleichsam der Waffenstillstand in diesen Kriegen oder die definitive Sanktion der Siege sind. Das Gesetz bedeutet nicht Befriedung, denn unterhalb des Gesetzes wütet der Krieg in allen Machtmechanismen, selbst den geregeltsten, weiter. Der Krieg ist der Motor der Institutionen und der Ordnung, und selbst der Friede erzeugt in seinen kleinsten Räderwerken stillschweigend den Krieg. Anders gesagt: Man muß aus dem Frieden den Krieg herauslesen: Der Krieg ist nichts anderes als die Chiffre des Friedens. Wir stehen miteinander im Krieg; eine Schlachtlinie zieht sich durchgängig und dauerhaft durch die gesamte Gesellschaft, und diese Schlachtlinie ordnet jeden von uns dem einen oder anderen Lager zu. Es gibt kein neutrales Subjekt. Man ist zwangsläufig immer jemandes Gegner."

291 Nonnenmacher, Die Ordnung der Gesellschaft, S. 37.

292 Hobbes, Leviathan, S. 5.

4.2 Die Struktur des Gesellschaftsvertrags und das Spiel der Metaphern

Gegen die Konstruktion des Gesellschaftsvertrags sind – naheliegenderweise – ähnliche Einwände vorgebracht worden wie gegen die Lehre vom Naturzustand. Den ersten Einwand, das empirische Argument, haben wir schon bei Durkheim kennengelernt:

> „Die Auffassung des Gesellschaftsvertrags (ist) schwer zu verteidigen, denn sie ist ohne Beziehung zu den Tatsachen. Der Beobachter begegnet ihr sozusagen nicht auf seinem Weg. Nicht nur, daß es keine Gesellschaften gibt, die einen derartigen Ursprung hätten, es gibt nicht einmal Gesellschaften, deren Struktur die geringste Spur einer Vertragsorganisation aufweisen, weder eine historische Tatsache noch eine Tendenz, die sich aus der historischen Entwicklung herausgelöst hätte."[293]

Dieser Einwand wurde in gleicher oder ähnlicher Form auch von anderen Autoren erhoben.

Der zweite Einwand betrifft, unabhängig vom empirischen Gehalt, die Struktur der Gründung selbst als eine *paradoxe,* i.e. logisch unmögliche: Der Gesellschaftsvertrag, so wird argumentiert, setzt voraus, was durch ihn doch erst möglich werden soll. Das ist zum einen die Existenz von Rechtssubjekten, die in der Lage sind, Vertragsbeziehungen miteinander einzugehen; das ist sodann aber auch (für jeden einzelnen) irgendeine Art von Vertrauen in die Einhaltung des Gesellschaftsvertrags (durch die anderen), ein Vertrauen, das nach Hobbes doch erst im Rahmen des bürgerlichen Staats mit seiner Zwangsgewalt sinnvoll und möglich sein soll. Heißt es im 17. Kapitel des *Leviathan*, daß „Verträge ohne das Schwert (...) bloße Worte (sind) und (...) nicht die Kraft (besitzen), einem Menschen auch nur die geringste Sicherheit zu bieten"[294], so stellt sich die Frage, wie aus dem (schwert-, d.h. zwangsgewaltlosen) Naturzustand als einem Stand wechselseitigen Mißtrauens unvermittelt das Vertrauen in die wechselseitige Bereitschaft zur Vertragserfüllung hervorgehen soll, das gegeben sein muß, soll der Gesellschaftsvertrag überhaupt (und nicht bloß zum Schein) geschlossen werden. Dieser Einwand kann auch so formuliert werden, daß der „Anfang" der Gesellschaft wie auch, ununterscheidbar davon, ihrer Theorie auf der Rückprojektion eines oder mehrerer Elemente der schon bestehenden rechtlich-staatlichen Ordnung in ihren Ursprung beruht, einen „Ursprung", der sich damit als absoluter selbst durchstreicht.

---

293 Durkheim, Über die Teilung der sozialen Arbeit, S. 242; vgl. oben S. 113 f.
294 Hobbes, Leviathan, S. 131.

Beide Einwände, der empirische und der „gründungslogische" oder strukturale, kommen im übrigen stillschweigend darin überein, den Gesellschaftsvertrag nach dem Muster des Vertrags im bürgerlichen Privatrecht als einen Kauf- oder Tauschvertrag zu verstehen, der eine grundsätzliche Ordnung der Reziprozität nicht begründen kann, sondern eine solche ebenfalls schon voraussetzt. Auf diesem Verständnis beruht auch Hegels, für das 19. Jahrhundert maßgebliche Ablehnung der Figur des Gesellschaftsvertrags:

> „Ebensowenig liegt die Natur des *Staats* im Vertragsverhältnisse, ob der Staat, als ein Vertrag aller mit allen oder als ein Vertrag dieser aller mit dem Fürsten und der Regierung genommen werde. – Die Einmischung dieses, sowie der Verhältnisse des Privateigentums überhaupt, in das Staatsverhältnis, hat die größten Verwirrungen im Staatsrecht und in der Wirklichkeit hervorgebracht."[295]

Die „Verwirrung" liegt nach Hegel darin, daß im (privatrechtlich gedachten) Vertrag, im Gegensatz zum Staat, „zwei identische Willen" sind, „die beide Personen sind und Eigentümer bleiben wollen"; „der identische Wille, der durch den Vertrag in das Dasein tritt, ist nur *ein durch sie gesetzter*, somit nur *gemeinsamer*, nicht an und für sich ein allgemeiner."[296] Der ausgehend von der „Willkür der Person" gedachte Staat würde aber auch bei der „Willkür der Person" enden: Er wäre kündbar wie jedes andere privatrechtliche Verhältnis auch, wenn die (im Gegensatz zur wirklichen Allgemeinheit immer nur zufällige, akzidentelle) Gemeinsamkeit der beiden oder mehreren Willen ein Ende hätte; er wäre daher, wie noch Durkheim meinte, nicht geeignet, die Gesellschaft zusammenzuhalten. Privatrechtlich gedacht ist die Vertragstheorie bei Hegel aber einmal mehr unter dem Vorzeichen der „organischen" Staatslehre, die die Unkündbarkeit des Sozialverhältnisses nur als Naturnotwendigkeit verstehen kann:

> „Beim Staat aber ist dies gleich anders, denn es liegt nicht in der Willkür der Individuen, sich vom Staate zu trennen, da man schon Bürger desselben nach der Naturseite hin ist. (...) Es ist falsch, wenn man sagt, es sei in der Willkür aller, einen Staat zu gründen: es ist vielmehr für jeden absolut notwendig, daß er im Staate sei."[297]

Von diesen Einwänden ist der empirische am leichtesten zu entkräften, da der Gesellschaftsvertrag schon von Hobbes selbst nicht als historisches Faktum gemeint war. Georg Jellinek begreift die Lehre vom Gesellschaftsvertrag daher als „eine Rationalisierung des Vorgangs der Staatengründung, der an keinen Ort und an keine Zeit gebunden ist."[298] „Rationalisierung" meint dabei, im Sinne der resolutiv-kompositiven Methode, die Auflösung und Wiederzusammensetzung des Staats aus seinen elementaren Bestandteilen mit dem Ziel, „dem Individuum den Staat als

---

295 G.W.F. Hegel, Grundlinien der Philosophie des Rechts, hg. v. Helmut Reichelt, Frankfurt/M. / Berlin / Wien 1972, § 75.

296 Ebd. und Zusatz.

297 Ebd. Zusatz.

298 Georg Jellinek, Allgemeine Staatslehre, 3. Aufl., Berlin/Zürich 1966, S. 209–210.

vernünftiges Produkt seines eigenen Willens aufzuzeigen."[299] Der Vertrag kommt in dieser Lesart in dem Augenblick zustande, in dem das Individuum dem, was (möglicherweise) ohnehin ist, ausdrücklich (oder stillschweigend) zustimmt. Eben deshalb

> „hat man die Vertragstheorie mitnichten widerlegt, wenn man sie als unhistorisch nachweist – für viele das in mancherlei Form wiederkehrende Hauptargument gegen sie. (...) Selbst wenn man jegliche atomistische Begründung des Staates energisch zurückweist und ihn als unmittelbares Produkt natürlicher und geistiger Kräfte, als Organismus irgendwelcher Art, auffaßt, kann man nicht ohne weiteres den Gedanken ablehnen, daß das objektiv Notwendige als vernünftig auch gewollt werden könne."[300]

Die Wahrheit der Lehre vom Gesellschaftsvertrag reiche daher mindestens so weit wie die Wahrheit des Satzes, „daß Sein und Anerkennung des Seienden zwei ganz verschiedene Dinge sind." Daher sei „mit Schlagwörtern wie Atomismus, Mechanismus, Individualismus hier gar nichts widerlegt."[301]

Jellinek macht hier also, ganz ähnlich wie Hobbes selbst, eine Art „Überblendungsargument" geltend, das besagt: Ganz egal, wie die Staaten wirklich zustande gekommen sind, durch Krieg oder Unterwerfung, durch Aneignung oder Landnahme – die *Anerkennung* der bestehenden politischen Ordnung, der Akt der Zustimmung, transformiert diese, wie immer nachträglich, in ein Vertragsverhältnis.

Den nicht-empirischen Charakter des Sozialvertrags hatte, mehr im Anschluß an Rousseau als an Hobbes, allerdings auch Kant bereits betont.

> „Der Akt, wodurch sich das Volk selbst zu einem Staate konstituiert, *eigentlich aber nur die Idee desselben, nach der die Rechtmäßigkeit desselben allein gedacht werden kann,* ist der ursprüngliche Kontrakt, nach welchem alle *(omnes et singuli)* im Volk ihre äußere Freiheit aufgeben, um sie als Glieder eines gemeinen Wesens, d.h. des Volkes als Staat betrachtet *(universi),* sofort wieder aufzunehmen. (...) Der Geschichtsurkunde dieses Mechanismus nachzuspüren, ist vergeblich, d.i. man kann zum Zeitpunkt des Anfangs der bürgerlichen Gesellschaft nicht herauflangen (denn die Wilden errichten kein Instrument ihrer Unterwerfung unter das Gesetz, und es ist auch schon aus der Natur roher Menschen abzunehmen, daß sie es mit der Gewalt angefangen haben werden)."[302]

Der Gesellschaftsvertrag erscheint hier als regulative Idee, nach der – in Unkenntnis des wirklichen Anfangs der bürgerlichen Gesellschaft oder kontrafaktisch zu seiner Gewaltförmigkeit – die *Rechtmäßigkeit* der bürgerlichen Verhältnisse gedacht werden kann. Man soll, heißt das, diese Verhältnisse so betrachten,

---

299 Ebd. S. 214.
300 Ebd. S. 215.
301 Ebd.
302 Immanuel Kant, Die Metaphysik der Sitten, Werkausgabe Bd. VIII, hg. v. Wilhelm Weischedel, Frankfurt/M. 1977, §§ 47 und 52, Hervorhebung S.L.

als ob sie aus einem ursprünglichen Kontrakt hervorgegangen seien.[303] Ähnlich wie der „beseelte Körper" (Organismus) und die „Handmühle" (Mechanismus)[304] gibt also auch der Gesellschaftsvertrag „eine Regel" an die Hand, über den Staat (die Gesellschaft) und seine (ihre) Kausalität „zu reflektieren": Das soziale Band, der Zusammenhalt der Gesellschaft, kann *analog* zu einem Vertragsverhältnis vorgestellt werden. Damit tritt der Vertrag als Metapher der Gesellschaft gleichberechtigt neben „Organismus" und „Mechanismus".[305] Anders als in mechanischer und organischer Metaphorik ist allerdings in der Vertragsmetapher das Moment des *Ursprungs* akzentuiert: Das Sozialverhältnis kann als Vertragsverhältnis betrachtet werden, *weil es auf die Idee eines ursprünglichen Kontrakts zurückzuführen ist.* Auf die Idee eines ursprünglichen Kontrakts ist es aber wiederum nur zurückzuführen, weil man zum realen Anfang der bürgerlichen Gesellschaft „nicht herauflangen" kann: Als künstlicher Ursprung tritt der Gesellschaftsvertrag an die Stelle, an der das Reale fehlt oder unentscheidbar ist. Als absolute Metapher sistiert dieser künstliche Ursprung den infiniten Regreß der realen Ursachen und Wirkungen, um ihn im Akt einer symbolischen Gründung aufzuheben.

Greift das empirische Argument gegen den Gesellschaftsvertrag zu kurz, weil es dessen notwendig fiktionalen Charakter von vorne herein verkennt, so erweist sich bei näherem Hinsehen auch das „gründungslogische" Argument als unhaltbar. Dies deswegen, weil die monierte Ursprungsparadoxie, die Rückprojektion gewisser späterer Momente in den Anfang der Gesellschaft wie auch ihrer Theorie, ganz einfach *unvermeidlich* ist. Wie schon aus Jellineks „Überblendungsargument", vollends aber aus Kants Behandlung des ‚ursprünglichen Kontrakts' als einer regulativen Idee deutlich wird, kann die Setzung des Ursprungs, *als Setzung*, immer erst *nachträglich* erfolgen: Der Ursprung der Gesellschaft ist der Gesellschaft immer nur auf dem Umweg über nachträgliche Repräsentanzen zugänglich. Als „Nabel der Theorie" (um Freuds Bild wiederaufzugreifen), als organisierendes und strukturierendes Gravitationszentrum der Hobbesschen Konstruktion, stellt der Mythos vom Gesellschaftsvertrag die ursprüngliche metaphorische Substitution eines Ursprungs dar, der als realer fehlt.[306] Ähnlich wie die Freudschen Urphantasien ist darüber hinaus auch der Mythos vom Gesellschaftsvertrag eine „Strukturphantasie". Dies deswegen, weil er nicht vom Ursprung dieser oder jener konkreten Gesellschaft berichtet, sondern vom *Einfügen einer im radikalsten Sinne gesellschaftsbegründenden Symbolik ins Reale des Naturzustands, und zwar mittels eines Szenariums des Imaginären, das vorgibt, sich dieses Einfügens wieder zu bemächtigen.*[307] Die Zirkularität dieses Verfahrens ist weder absichtlich noch zu-

---

303 Anders als Hobbes geht Rousseau, dem Kant hier folgt, vom Volk als einer präpolitischen Einheit aus. An die Stelle der im Naturzustand vereinzelten Einzelnen treten so die Volksgenossen als Partner des Gesellschaftsvertrags.

304 Immanuel Kant, Kritik der Urteilskraft, § 59; vgl. oben S. 110.

305 Zum Verhältnis dieser drei konkurrierenden Bildfelder bei Hobbes vgl. unten, S. 173 ff.

306 Vgl. dazu oben Teil I, Kap. 4.1.

307 Vgl. oben S. 68.

fällig, sondern unvermeidlich. Trägt doch einzig sie der Nachträglichkeit jeder Selbstrepräsentation der Gesellschaft in der Gesellschaft gegenüber ihrem Immer-schon-Angefangenhaben Rechnung. Das „naive *hysteron proteron*", das schließlich auch Jellinek[308] nicht nur Hobbes, sondern allen (Natur-)Rechtslehren der Gesellschaft zum Vorwurf macht, kann darum naiv auch nur genannt werden nach der Maßgabe eines Denkens, das immer noch glaubt, der Kontingenz des Anfangs entrinnen zu können.

Nicht, daß Hobbes' Begründung der Gesellschaft (und ihrer Theorie) zu rational, sondern daß sie nicht rational genug sei, wäre in dieser Perspektive der Vorwurf. Und in der Tat stellen die imaginativen und metaphorischen Anteile der Theorie jene Momente dar, an denen die „resolutiv-kompositive Methode" und ihr naturwissenschaftlicher Gestus ihre Grenzen finden.[309] Die mythischen Bestandteile sind aber für Thomas Hobbes' Begründung des Politischen so konstitutiv, daß man sie nicht weglassen kann, ohne das ganze Theoriegebäude zum Einsturz zu bringen.

Freilich ist der Gang der Argumentation – oder vielmehr der Narration – bei Hobbes selbst so angelegt, daß der Gesellschaftsvertrag mit (anscheinend) zwingender Logik aus den Aporien des Naturzustands folgt – wie eine Wirkung aus ihren bekannten Ursachen. Ist nämlich der Naturzustand einerseits durch die größtmögliche Freiheit aller im Bezug auf die Verwirklichung ihrer Zwecke – Streben nach Sicherheit und Vermeidung von Mangel – gekennzeichnet, so führt gerade diese grenzenlose Freiheit der Mittel dazu, daß schließlich keiner seinen Zweck erreicht: Das Recht aller auf alles, das im Naturzustand herrscht, führt zur Perpetuierung von Mangel und Unsicherheit für alle. So ist der menschliche Naturzustand zunächst deutlich vom tierischen Zustand unterschieden: Weder gibt es hier eine natürliche Rangordnung, da „durch Hinterlist oder durch ein Bündnis mit anderen" selbst „der Schwächste stark genug (ist), den Stärksten zu töten"[310], noch kann der Krieg aller gegen alle als menschliches Schicksal einfach hingenommen werden. Letztlich ist es die unerträgliche Diskrepanz zwischen Sicherheits*anspruch* und realer Unsicherheit – allgemeiner formuliert: zwischen Sein und Sollen, Wunsch und Wirklichkeit –, die zur Beendigung des Naturzustands im voluntaristischen Akt des Vertragsschlusses führt. Erst aus der Einsicht in die Abhängigkeit der eigenen Sekurität von der Sekurität der anderen[311] ergeben sich das Friedensgebot als erstes Naturgesetz und der Rechtsverzicht als *Mittel zu seiner Verwirklichung:*

> „Aus diesem grundlegenden Gesetz der Natur, das den Menschen befiehlt, sich um Frieden zu bemühen, wird das zweite Gesetz der Natur abgeleitet:

308 Jellinek, Allgemeine Staatslehre, S. 216.

309 Die „Untersuchung von Wirkungen aufgrund der Kenntnis ihrer Ursachen oder von Ursachen aufgrund der Kenntnis ihrer Wirkungen" (Hobbes, Der Körper, S. 75) scheitert notwendig, wo es um den Ursprung als die absolute Ur-Sache der Gesellschaft geht.

310 Hobbes, Leviathan, S. 94. Die aristotelische Ansicht, daß es von Natur aus Herrscher und Beherrschte gebe, weist Hobbes ausdrücklich zurück. Vgl. ders., Leviathan, S. 117–118.

311 Negativ formuliert: aus der Einsicht in die Chancenlosigkeit, das eigene unbegrenzte Begehren unbegrenzt durchzusetzen.

> Jedermann soll freiwillig, wenn andere ebenfalls dazu bereit sind, auf sein Recht auf alles verzichten, soweit er dies um des Friedens und der Selbstverteidigung willen für notwendig hält, und er soll sich mit so viel Freiheit gegenüber anderen zufrieden geben, wie er anderen gegen sich einräumen würde."[312]

Der Gesellschaftsvertrag tut zunächst nichts anderes, als diesen allgemeinen Rechtsverzicht, den das natürliche Gesetz befiehlt, in positives Recht umzuwandeln; er bezeichnet mithin präzise den Augenblick, in dem die Autonomie der vereinzelten Einzelnen in die Heteronomie aller umschlägt.

Freilich fallen Gesellschaftsvertrag und Herrschaftsvertrag bei Hobbes ineins. So hat der Gesellschaftsvertrag denn auch nicht nur den Verzicht aller auf ihr natürliches Recht zum Inhalt, sondern gleichzeitig die Übertragung dieses natürlichen Rechts auf einen Dritten, der sich *in diesem* und *durch diesen* Akt der Übertragung als der Souverän aller konstituiert. Erst in der Konstituierung dieses künstlichen Dritten, der, wiewohl selbst nicht Vertragspartner, bei sich alle Macht akkumuliert, auf die die anderen verzichtet haben, konstituiert sich die Gesellschaft selbst als politische Einheit:

> „Dies ist mehr als Zustimmung oder Übereinstimmung: Es ist eine wirkliche Einheit aller in ein und derselben Person, die durch Vertrag eines jeden mit jedem zustande kam, als hätte jeder zu jedem gesagt: Ich autorisiere diesen Menschen oder diese Versammlung von Menschen und übertrage ihnen mein Recht, mich zu regieren, unter der Bedingung, daß du ihnen ebenso dein Recht überträgst und alle ihre Handlungen autorisierst. Ist dies geschehen, so nennt man diese zu einer Person vereinte Menge *Staat*, auf lateinisch *civitas*. Dies ist die Erzeugung jenes großen *Leviathan* oder besser, um es ehrerbietiger auszudrücken, jenes *sterblichen Gottes*, dem wir unter dem *unsterblichen Gott* unseren Frieden und Schutz verdanken."[313]

Damit sind Gesellschaftsvertrag und staatliche Herrschaft enggeführt. Kein Staat ohne (ihn konstituierende) Gesellschaft, aber auch: keine (zivilisierte) Gesellschaft ohne sie in Schach haltende staatliche Zwangsgewalt, die selbst absolut, dem Gesetz nicht unterworfen ist – kein Bestandteil der Lehre Hobbes' hat mehr dazu beigetragen, ihn als Apologeten des Absolutismus, als „Tyrannenanwalt" und Vordenker des modernen Totalitarismus in Verruf zu bringen. Das individualistische, vom Recht des Einzelnen auf die Verwirklichung seiner Lebenszwecke ausgehende Moment des Gesellschaftsvertrags wird, so scheint es, vom mythischen Ungeheuer Staat im Moment seines Entstehens sogleich wieder verschlungen; gleichzeitig fällt der Rationalismus der resolutiv-kompositiven Methode in mythologisches Blendwerk zurück. Und in der Tat ist mit der Erzeugung des Leviathan in Hobbes' Werk ein merkwürdiger metaphorischer Überschuß verbunden: Nicht nur wird hier ein mythisches Seeungeheuer zum Namenspatron vorgeblich ganz rationaler staatlicher Veranstaltung, nein, Hobbes bemüht außerdem

312 Hobbes, Leviathan, S. 100.
313 Ebd. S. 134.

die Metaphern des künstlichen Tiers, des künstlichen Menschen, der großen Maschine und nicht zuletzt des sterblichen Gottes, um die aus dem Gesellschaftsvertrag hervorgehende Schöpfung zu bezeichnen. Es ist zweifellos diese eigentümliche Mischung aus Rationalismus und Mythologie, die die Hobbes-Interpretation immer wieder vor Schwierigkeiten gestellt und die zu den divergierendsten Deutungen seines Werks Anlaß gegeben hat. „Die Verwirrung", meint Carl Schmitt,

> „ist deshalb so groß, weil Hobbes in Wirklichkeit drei verschiedene, miteinander nicht in Einklang zu bringende Vorstellungen seines ‚Gottes' verwendet. Im Vordergrund steht auffällig das berüchtigte mythische Bild vom *Leviathan*. Daneben dient eine juristische Vertragskonstruktion dazu, eine durch Repräsentation zustande kommende souveräne *Person* zu erklären. Außerdem überträgt Hobbes (...) die cartesianische Vorstellung vom Menschen als einem *Mechanismus mit einer Seele* auf den ‚großen Menschen', den Staat, den er zu einer von der souverän-repräsentativen Person beseelten Maschine macht."[314]

Der Gang der Interpretation hängt nun entscheidend davon ab, *welche* dieser divergierenden Metaphern vom Interpreten selbst zum Leitfaden seiner Lektüre gemacht wird. Carl Schmitt privilegiert klar die Vorstellung von der ‚beseelten Maschine', die ihm der „Kern" von Hobbes' Staatsphilosophie zu sein scheint, während ihm das Bild des Leviathan „nicht mehr als ein aus gutem englischen Humor geborener, halbironischer, literarischer Einfall ist."[315]

Für Jacob Taubes steht dagegen ebenso deutlich das Bild des *Magnus Homo* und mit ihm die genuin theologische Körperschafts-Metaphorik im Vordergrund:

> „Vergegenwärtigt man sich das Emblem des Leviathan, das Hobbes seinem Werk beigegeben hat, so gewinnt an dieser Stelle der Vergleich des Leviathan als sterblichen Gottes mit Christus als sterblichem Gott an Evidenz. Man braucht nur Schwert und Bischofsstab des *magnus homo* zu vertauschen, also ihm den Bischofsstab in die Rechte und das Schwert in die Linke zu geben, so gewinnt man eine perfekte Symbolisierung der mittelalterlichen Lehre von der *societas christiana* als einem einzigen Corpus, dessen Haupt Christus ist und dem beide Gewalten, die geistliche wie die weltliche, unterstehen."[316]

Beide Interpretationen berücksichtigen jedoch nicht oder kaum die *Stelle*, an der Hobbes die verschiedenen Metaphern staatlicher Allmacht – denn um solche handelt es sich – ins Spiel bringt: Es ist der Gesellschaftsvertrag, der sie generiert und der ihnen insofern im Gang des Textes (narrato)logisch vorgeordnet ist. Carl Schmitt sieht zwar den Zusammenhang, versucht jedoch, der Tendenz seiner Interpretation entsprechend, ihn abzuschwächen: „Seit langem", hält er fest, sei

314 Schmitt, Der Staat als Mechanismus, S. 624.

315 Ebd. S. 625.

316 Jacob Taubes, Statt einer Einleitung: Leviathan als sterblicher Gott, in: ders. (Hg.), Der Fürst dieser Welt. Carl Schmitt und die Folgen. Religionstheorie und Politische Theologie Bd. 1, 2., verbesserte Aufl., München / Paderborn 1985, S. 9–15, hier S. 13.

> „die Unentschiedenheit bemerkt worden, die sich in dem sonst so sicheren Gedankengang des Hobbes am juristisch entscheidenden Punkt, nämlich bei der rechtlichen Erklärung des Staates aus einem vom Individuum geschlossenen Vertrage, einstellt. Der Vertrag wird ganz individualistisch aufgefaßt; alle Bindungen und Gemeinschaften sind aufgelöst; atomisierte Einzelne finden sich in ihrer Angst zusammen, bis das Licht des Verstandes aufleuchtet und ein Konsens zustandekommt. Sieht man diese Konstruktion von ihrem Ergebnis, vom Staate her, so zeigt sich, daß dieses Ergebnis mehr und etwas anderes ist, als ein individualistischer Vertrag bewirken könnte. Es kommt zwar zu einem Konsens Aller mit Allen; aber das ist kein eigentlicher Staats-, sondern ein Gesellschaftsvertrag. Was weiter entsteht, die souverän-repräsentative Person, kommt nicht durch, sondern nur anläßlich dieses Konsenses zustande. Die souverän-repräsentative Person ist unverhältnismäßig mehr als die summierte Kraft aller beteiligten Einzelwillen bewirken könnte. Die angehäufte Angst der um ihr Leben zitternden Individuen ruft allerdings eine neue Macht auf den Plan, aber sie beschwört diesen neuen Gott mehr, als daß sie ihn schafft."[317]

Die von Schmitt vorgenommene Trennung der Metaphern ist jedoch um den Preis der Trennung von Gesellschafts- und Herrschaftsvertrag erkauft, die sich bei Hobbes ganz eindeutig nicht findet. Nehmen wir demgegenüber ernst, daß die souverän-repräsentative Person tatsächlich *durch* den Gesellschaftsvertrag zustande kommt, ja daß der wesentliche Inhalt des Vertrags darin besteht, eine solche Person zu konstituieren. Der Vertrag bezieht sich damit wesentlich auf die Errichtung einer gemeinsamen Rechtsfiktion, durch die allererst der Naturzustand beendet wird. So läßt der Vertrag sich schließlich auch als ein symbolischer (Sprech-)Akt darstellen, durch den der „Stand wechselseitiger Vorstellungen", als welchen wir mit Foucault den Kriegszustand begriffen hatten, in die Institution sozialisierter und sozialisierender Bilder überführt wird. Seine Problematik ist, so möchte ich zeigen, ganz wesentlich die einer symbolischen Regulierung des Imaginären, damit aber die für jede politische Theorie zentrale Problematik der Verschränkung von Kultur und Subjektivität.

Im Naturzustand, so hatten wir gesehen, sind die vereinzelten Einzelnen ihren von Natur aus unbegrenzten Begierden ausgeliefert. Das metonymische Gleiten von Wunsch zu Wunsch, von Gegenstand zu Gegenstand, verstrickt alle in narzißtische Rivalität um Lebens- und Genußchancen. Von Anfang an wird in diesem Kampf jedoch nicht nur um materielle, sondern auch um imaginäre Güter gestritten. Von den drei im Naturzustand maßgeblichen Konfliktursachen, die Hobbes nennt (Konkurrenz um knappe Güter, Mißtrauen gegen den lediglich als Rivalen wahrgenommenen anderen und Ruhmsucht[318]), ist in diesem Zusammenhang besonders die letztere interessant, führt sie doch zu „Übergriffen der Menschen (...) wegen Kleinigkeiten wie ein Wort, ein Lä-

317 Schmitt, Der Staat als Mechanismus, S. 628–629.
318 Hobbes, Leviathan, S. 95.

cheln, eine verschiedene Meinung oder jedes andere Zeichen von Geringschätzung, das entweder direkt gegen sie selbst gerichtet ist oder in einem Tadel ihrer Verwandtschaft, ihrer Freunde, ihres Volks, ihres Berufs oder ihres Namens besteht."[319] Als Ursache von Konflikten weist „Ruhmsucht" also den Krieg aller gegen alle wesentlich auch als Kampf um Anerkennung aus. Im Naturzustand wird jedoch auch Anerkennung zur „knappen Ressource". Als „sozial gemachte" Knappheit tritt der Mangel an Anerkennung, wie Nonnenmacher ausführt, zu den beiden natürlichen Knappheiten – der Güterknappheit und der aus der prinzipiellen Grenzenlosigkeit der Begierden resultierenden – hinzu.[320]

> „Ruhmsucht ist in gewisser Beziehung das Komplement des Mißtrauens: Führt dieses dazu, daß ein Mensch dem anderen unterstellt, er habe oder wolle ‚mehr', so äußert sich Ruhmsucht im Streben nach gesellschaftlicher Anerkennung: Jeder sieht darauf, ‚daß ihn sein Nebenmann ebenso schätzt, wie er sich selbst einschätzt.'[321] Mißtrauen macht den Vergleich notwendig, Ruhmsucht führt dazu, daß jeder im Vergleich als der Bessere, Mächtigere gelten will. Ist das vergleichende Mißtrauen gewissermaßen defensiv [nämlich Teil der Vorbeugung gegen Übergriffe, S.L.], so ist der ruhmsüchtige Vergleich aggressiv. Nicht nur, daß jeder mehr haben muß, um den Wettlauf im Naturzustand zu bestehen; die Menschen wollen auch mehr haben als die anderen, um ihr Bedürfnis nach Anerkennung zu befriedigen."[322]

Da nun aber *jeder* der vereinzelten Einzelnen die anderen zwingen will, ihn als den Besseren, Mächtigeren etc. anzuerkennen, hat wiederum keiner die Chance, aus diesem Kampf dauerhaft als Sieger hervorzugehen: Von sich aus kommt die narzißtische Dynamik zu keinem Ende. Der maximale Einsatz – die Behauptung der Position narzißtischer Allmacht und Vollkommenheit – und die minimale ‚Erzwingungschance' bedingen sich gegenseitig und lassen den psychischen Naturzustand als eine Art intersubjektive Endlosschleife erscheinen, als exakt jene „Quadratur der Ich-Prüfungen", die Lacan unter dem Namen „Spiegelstadium" beschrieben hat. Der „dem Individuum aufgezwungene Wettlauf", so wiederum Nonnenmacher,

> „dessen ausschließlicher Sinn es ist, an der Spitze zu liegen (denn ein Endziel gibt es nicht), wird in Gang gehalten vom Vergleich – und zwar völlig unabhängig davon, wie gut oder schlecht der Einzelne oder die Gesellschaft mit Gütern und Lebenschancen versorgt sind. Die soziale Knappheitsproduktion bewirkt, daß sich die Perzeption von Knappheit vollkommen von einer ‚objektiven' oder ‚natürlichen' Grundlage lösen kann: *als knappes Gut ist zu definieren, was der andere hat* [oder zu haben *scheint*, S.L.] *und man selbst nicht besitzt.*"[323]

---

319 Ebd. S. 96.
320 Nonnenmacher, Die Ordnung der Gesellschaft, S. 25.
321 Hobbes, Leviathan, S. 95.
322 Nonnenmacher, Die Ordnung der Gesellschaft, S. 25.
323 Ebd. S. 26.

Und zwar gilt das nach Hobbes bemerkenswerterweise *auch für die Macht selbst,* für die es ebensowenig ein objektives Maß gibt wie für alle anderen Güter. Im zehnten Kapitel des Leviathan, das *Von Macht, Wert, Würde, Ehre und Würdigkeit* handelt, unterscheidet Hobbes zwischen den materialen und den imaginären Aspekten der Macht. Bei ersteren handelt es sich um „ursprüngliche" oder „natürliche" Macht, d.h. „das Herausragen der körperlichen oder geistigen Fähigkeiten, wie außerordentliche Stärke, Schönheit, Klugheit, Geschicklichkeit, Beredsamkeit, Freigebigkeit und Vornehmheit."[324] Hier erscheint Macht als Ausdruck oder Resultat natürlicher Ungleichheit, die jedoch, wie wir gesehen haben, nie groß genug ist, um Herrschaft – und damit soziale Ordnung – dauerhaft zu begründen. Darüber hinaus gibt es jedoch imaginäre Ungleichheit, die ihrerseits Ausdruck oder Resultat einer Macht ist, die Hobbes zweckdienlich nennt. Diese Macht wird nicht unmittelbar für den Erwerb von Gütern eingesetzt, sondern dient ausschließlich „als Mittel oder Instrument zum Erwerb von mehr Macht."[325] Die Natur der Macht, so Hobbes, „ist in diesem Falle dem Gerücht ähnlich", das – unabhängig von seinem Wahrheitsgehalt – „mit seiner Verbreitung zunimmt."[326] Deswegen gilt: „Im Ruf von Macht stehen ist Macht, weil dies die Anhängerschaft von Schutzbedürftigen nach sich zieht."[327] Macht in dieser Form ist also „symbolisches Kapital" im Sinne Bourdieus, dessen Besitz dann freilich auch die Akkumulation von realer Macht nach sich zieht:

> „Der Illustration dieser These, daß Machtakkumulation als Folge des Rufes, mächtig zu sein, nahezu automatisch vonstatten gehe, dient das gesamte Kapitel. Alle möglichen Eigenschaften, Dinge und Tugenden – wie Volkstümlichkeit, Reichtum, Erfolg, Klugheit, Beredsamkeit, Schönheit – führen zu dem Ruf (oder können zumindest zu ihm führen), mächtig zu sein. Der Glaube der Schutzbedürftigen verschafft dem im Ruf von Macht stehenden weitere Anhängerschaft – und dadurch wird, was ursprünglich nur ein Ruf, ein Gerücht war, zur sozialen Tatsache."[328]

Die „Geltung" oder die Position eines Menschen im sozialen *ranking* „ist deshalb nicht absolut, sondern von dem Bedarf und der Einschätzung eines andern abhängig."[329] Der Mächtigste ist der, den alle oder die meisten für den Mächtigsten halten und der es versteht, aus dem Glauben der anderen Kapital zu schlagen. Wie wir gesehen haben, ist jedoch die Konkurrenz um diese imaginäre Position der Allmacht im Naturzustand nicht dauerhaft zu entscheiden: Die *Pluralität der Einschätzungen* führt dazu, daß sich allenfalls lokale Hordenführer etablieren könnten, die weiterhin im permanenten Kampf untereinander ihre Position verteidigen müßten. Die Gesellschaft im Naturzustand erweist sich einmal mehr als eine solche, die an das Gottgewollte ihrer einmal etablierten Machtverhältnisse

324 Hobbes, Leviathan, S. 66.
325 Ebd.
326 Ebd.
327 Ebd.
328 Nonnenmacher, Die Ordnung der Gesellschaft, S. 54.
329 Hobbes, Leviathan, S. 67.

ebensowenig mehr glauben kann wie an die Integriertheit oder wenigstens Integrierbarkeit sozialer Ordnung in eine umfassend gedachte Schöpfungsordnung: Unwiderruflich ist ihr der Maßstab oder der perspektivische „Augpunkt" verlorengegangen, von dem aus eine absolute, und das heißt konkurrenzfreie Repräsentation der Gesellschaft in der Gesellschaft noch konstruierbar wäre.

Damit wird nun aber deutlich, warum *erstens* Gesellschaftsvertrag und Herrschaftsvertrag bei Hobbes nicht zu trennen sind (wie Carl Schmitt es tut) und warum *zweitens* der Konsens aller mit allen ganz wesentlich die Erzeugung einer souverän-repräsentativen Person betrifft: Besteht das zu lösende Problem in der Sistierung narzißtischer Rivalität, des unentscheidbaren Kampfs um die imaginäre Position der Allmacht, so besteht der Gesellschaftsvertrag vorrangig in der kollektiven Übertragung dieses für jedes Subjekt individuellen *Bezugs zur Allmacht* auf einen fiktiven Dritten, der sich erst *durch* diese und in dieser Übertragung als souveräne Macht konstituiert. Erst diese qua Rechtsfiktion geschaffene künstliche Allmacht vermag dann aber auch, das Repräsentationsproblem – und damit das Ordnungsproblem – zu lösen: Ihre Aufgabe besteht, wie auch Foucault betont, nicht nur (oder noch nicht einmal in erster Linie) in der Gewährleistung von Schutz (im Austausch gegen Gehorsam), sondern vielmehr in der Identitätsrepräsentation für jedes einzelne der an seiner Erzeugung beteiligten Individuen:

> „Nun, die Menschen werden entscheiden. Aber worüber? Weniger darüber, ob sie jemandem – oder mehreren – einen Teil ihrer Rechte und ihrer Macht abtreten. Sie entscheiden im Grunde nicht einmal darüber, ob sie alle ihre Rechte abtreten. Sie entscheiden vielmehr darüber, ob sie jemandem – der auch mehrere oder eine Versammlung sein kann – das Recht, sie zu repräsentieren, vollständig oder integral zugestehen. Es geht nicht um ein Verhältnis des Überlassens oder Abtretens von etwas, das den Individuen gehört, sondern um die Selbstrepräsentation der Individuen."[330]

Es geht, mit anderen Worten, *um die soziale Identität der Individuen in ihrer Abhängigkeit von der symbolischen Institution eines kollektiven Imaginären.*

Denn die souveräne Macht selbst ist in diesem Stadium der Dinge – d.h. *bevor* ein konkreter Monarch oder ein konkretes Parlament sie verkörpern – nichts als die symbolische Setzung eines fiktiven Subjekts der Allmacht, das, dem Krieg der privaten Selbstrepräsentationen enthoben, das Spiel der Repräsentationen für alle zu regeln hat. In dieser Funktion ist der Staat dann allerdings tatsächlich ein säkularer, also selbstgeschaffener Ersatzgott, „gegenüber allen einzelnen Vertragspartnern und auch gegenüber ihrer Summe transzendent", freilich „nur in einem juristischen, nicht in einem metaphysischen Sinne."[331] Und das ist letzten Endes der entscheidende Punkt. Denn was oben von der Macht der vereinzelten Einzelnen im Naturzustand gesagt wurde, gilt in letzter Instanz auch für den Leviathan: Auch seine Macht ist nicht absolut, sondern von Bedarf und „Einschätzung" der ihn konstituierenden Individuen abhängig. Dazu noch einmal Günther Nonnenmacher:

330 Foucault, In Verteidigung der Gesellschaft, S. 107.
331 Schmitt, Der Staat als Mechanismus, S. 629.

„Die Gefahr, die diesem fiktionalen Charakter der Macht inhärent ist, liegt (...) auf der Hand: Verfällt die ‚reputation of power' (...), so schwindet auch der Glaube an die Macht. Sobald Macht aber nicht mehr geglaubt wird, löst sie sich wie ein Schemen auf: Die illusionäre Übersteigerung bricht zusammen. Was übrig bleibt, ist die natürliche Macht, und das sind die stets beschränkten Fähigkeiten und Qualitäten, die der einzelne besitzt.
Wie steht es nun angesichts dieser prekären Situation mit der ‚größten menschlichen Macht', der Macht des Leviathan? (...) Auch die Macht des Leviathan beruht auf dem ‚Ruf', der ‚Reputation', also in letzter Instanz auf dem Glauben der Betroffenen. (...) Da auch der Souverän nur deshalb mächtig ist, weil die Untertanen an seine Macht glauben, muß er – genau wie alle anderen, die nach Macht streben – versuchen, den Glauben an seine Macht zu wecken, zu erhalten und zu festigen. Sein einziger Vorteil besteht darin, daß die Darstellung der souveränen Macht im gesamtgesellschaftlichen Interesse liegt. Denn nur wenn die Macht des Leviathan von allen, zumindest von der überwältigenden Mehrzahl, geglaubt wird, kann der Staat seine Funktion, den Naturzustand zu beenden, erfüllen."[332]

Der Schluß liegt nahe, daß die mythische Aufladung des „Leviathan", seine metaphorische Drapierung als „große Maschine" und „sterblicher Gott" keinen anderen Zweck hat, als den fragilen Charakter der Macht, den der *Text* des *Leviathan* schonungslos aufdeckt, durch Bilder und Embleme wieder zu verhüllen. Wer fühlte sich nicht an das Märchen von des Kaisers neuen Kleidern erinnert?[333] Als Beleg für die hier vertretene Auffassung von der performativen Kraft politischer Metaphorik darf freilich gelten, daß die Lektüren des *Leviathan,* erst recht aber die politische Praxis, sich – ob bewußt oder nicht – stets mehr an die aufdringlichen Metaphern vollendeter Macht als an die Metapher ihres prekären Ursprungs gehalten haben. Nur zu gerne haben die absolutistischen Herrscher vergessen, daß sie ihre Position nicht realer Gottähnlichkeit, sondern ihrer imaginären Investitur durch den Glauben der Untertanen verdankten. Wird Thomas Hobbes zurecht als „Theoretiker des Absolutismus" bezeichnet, so doch nur, weil er zugleich der Theoretiker seiner Zerstörbarkeit war. Daran, daß die Macht der Monarchen nur auf Vertrag (Übertragung) beruht und daß dieser Vertrag kündbar ist (die Übertragung aufhören kann), haben Rousseau und die französischen Revolutionäre die europäischen Monarchien erinnert.

332 Nonnenmacher, Die Ordnung der Gesellschaft, S. 55.
333 Zur Analyse dieses Märchens und seiner politischen Implikationen vgl. Thomas Frank, Albrecht Koschorke, Susanne Lüdemann u. Ethel Matala de Mazza, Des Kaisers neue Kleider. Über das Imaginäre politischer Herrschaft, Frankfurt/M. 2002.

Teil III

Meditationen zur Biopolitik

1 Einleitung

Nach Foucault gibt es Biopolitik im modernen Sinn bekanntlich von dem Augenblick an, in dem das alte Recht des Souveräns, „sterben zu *machen* oder leben zu *lassen*" abgelöst wurde von einer „Macht, leben zu *machen* oder in den Tod zu *stoßen*."[1] Konkret habe sich die Macht zum Leben seit dem 17. Jahrhundert „in zwei Hauptformen entwickelt, die keine Gegensätze bilden, sondern eher zwei durch ein Bündel von Zwischenbeziehungen verbundene Pole":

> „Zuerst scheint sich der Pol gebildet zu haben, der um den Körper als Maschine zentriert ist. Seine Dressur, die Steigerung seiner Fähigkeiten, die Ausnutzung seiner Kräfte, das parallele Anwachsen seiner Nützlichkeit und seiner Gelehrigkeit, seine Integration in wirksame und ökonomische Kontrollsysteme – geleistet haben all das die Machtprozeduren der *Disziplinen: politische Anatomie des menschlichen Körpers.* Der zweite Pol, der sich etwas später – um die Mitte des 18. Jahrhunderts – gebildet hat, hat sich um den Gattungskörper zentriert, der von der Mechanik des Lebenden durchkreuzt wird und den biologischen Prozessen zugrundeliegt. Die Fortpflanzung, die Geburten- und die Sterblichkeitsrate, das Gesundheitsniveau, die Lebensdauer, die Langlebigkeit mit allen ihren Variationsbedingungen wurden zum Gegenstand eingreifender Maßnahmen und *regulierender Kontrollen: Bio-Politik der Bevölkerung.*"[2]

Foucault interpretiert diesen Prozeß als „Eintritt des Lebens in die Geschichte":

> „Was sich (...) im 18. Jahrhundert im Zusammenhang mit der Entwicklung des Kapitalismus in einigen Ländern des Okzidents abgespielt hat, ist (...) nichts geringeres als der Eintritt des menschlichen Lebens in die Geschichte. (...) Zum ersten Mal in der Geschichte reflektiert sich das Biologische im Politischen. Die Tatsache des Lebens ist nicht mehr der unzugängliche Unterbau, der nur von Zeit zu Zeit, im Zufall und in der Schicksalhaftigkeit des Todes ans Licht kommt. Sie wird zum Teil von der Kontrolle des Wissens und vom Eingriff der Macht erfaßt. Diese hat es jetzt nicht mehr bloß mit Rechtssubjekten zu tun, die im äußersten Fall durch den Tod unterworfen werden, sondern mit Lebewesen, deren Erfassung sich auf dem Niveau des Lebens halten muß. (...) Natürlich ist es nicht so, daß das Leben in die es beherrschenden und verwaltenden Techniken völlig integriert worden wäre – es entzieht sich ihnen ständig. (...) Aber die ‚biologische Modernitätsschwelle' einer Gesellschaft liegt dort, wo es in ihren politischen Strategien um die Existenz der Gattung selber geht. Jahrtausende hindurch ist der Mensch das geblieben, was er für Aristoteles war: ein lebendes Tier, das auch einer politi-

1 Michel Foucault, Sexualität und Wahrheit, Bd. 1: Der Wille zum Wissen, Frankfurt/M. 1977, S. 165.

2 Ebd. S. 166.

> schen Existenz fähig ist. Der moderne Mensch ist ein Tier, in dessen Politik sein Leben als Lebewesen auf dem Spiel steht."[3]

Das Fazit: „Die alte Mächtigkeit des Todes, in der sich die Souveränität symbolisierte, wird nun überdeckt durch die sorgfältige Verwaltung der Körper und die rechnerische Planung des Lebens."[4]

Erst mit dem „Eintritt des menschlichen Lebens in die Geschichte" sieht Foucault auch das hier interessierende Phantasma des Gesellschaftskörpers heraufkommen. War die Gesellschaft des 17. Jahrhunderts um den Körper des Königs zentriert, der im Absolutismus „nicht bloß eine Metapher, sondern eine politische Realität" gewesen sei, so werde

> „der Körper der Gesellschaft dagegen (...) im Verlauf des 19. Jahrhunderts das neue Prinzip. Diesen Körper wird man auf quasi medizinische Weise schützen müssen: anstelle der Rituale, durch die man die Integrität des Körpers des Monarchen wiederherstellte, wird man Rezepte und Therapien anwenden wie Eliminierung der Kranken, Kontrolle der von ansteckenden Krankheiten Befallenen, Ausschluß der Delinquenten. Die Eliminierung durch Marter wird so durch Methoden einer Aseptik ersetzt: Kriminologie, Eugenik, Aussondern der ‚Entarteten'. (...) Ich glaube, daß die Vorstellung eines Gesellschaftskörpers, der durch die Universalität der Willen konstituiert sein soll, das große Phantasma ist. Nun, es ist nicht der Konsensus [sprich: der Vertrag, S.L.], der den Gesellschaftskörper erscheinen läßt, es ist vielmehr die Materialität der Macht über die Körper der Individuen."[5]

Eine der wichtigsten Konsequenzen, die Foucault aus dieser Diagnose zog, war bekanntlich, sich mehr für das „Funktionieren der Norm" als für das „juridische System der Gesetze" zu interessieren: „Eine Normalisierungsgesellschaft ist der historische Effekt einer auf das Leben gerichteten Machttechnologie. Verglichen mit den Gesellschaften vor dem 18. Jahrhundert befinden wir uns jetzt in einer Phase, in der das Rechtliche im Rückgang ist."[6] Die Einführung geschriebener Verfassungen, die „unaufhörliche und lärmende Gesetzgebungstätigkeit" der Moderne erscheint aus dieser Perspektive nur noch als das großangelegte Täuschungsmanöver einer Macht, die ihre wahren Grundlagen verschleiern will.[7]

Zu unterscheiden sind nach Foucault also erstens das historisch Reale bestimmter Machttechnologien, die auf die Verwaltung und Regulierung, schließlich auch auf die Züchtung des Lebens gerichtet sind; zweitens das diesen Technologien korrespondierende kollektive Phantasma eines Gesellschaftskörpers; und drittens ein symbolisches Ablenkungsmanöver, das sich zu den Technologien und Phantasmen einzig im Modus der Verleugnung verhielte.

---

3 Ebd. S. 169–171.

4 Ebd. S. 166–167.

5 Michel Foucault, Macht und Körper. Ein Gespräch mit der Zeitschrift Quel Corps?, in: Mikrophysik der Macht. Michel Foucault über Strafjustiz, Psychiatrie und Medizin, Berlin o.J., S. 91–98, hier S. 91.

6 Foucault, Sexualität und Wahrheit, Bd. 1, S. 172.

7 Ebd.

Diese Sicht der Dinge ist in neuerer Zeit insbesondere von Giorgio Agamben in Frage gestellt worden. Seine auf vier Bände angelegte, noch nicht abgeschlossene Untersuchung zur abendländischen Biopolitik ist dem bei Foucault ausgesparten „verborgenen Kreuzpunkt zwischen dem juridisch-institutionellen Modell und dem biopolitischen Modell der Macht"[8] gewidmet. Agambens These ist, daß „die beiden Analysen nicht getrennt werden können und daß die Einbeziehung des bloßen Lebens in den politischen Bereich den ursprünglichen – wenn auch verborgenen – Kern der souveränen Macht bildet."[9] Politik, so Agamben, sei daher, zumindest im Abendland, immer schon Biopolitik gewesen:

> „*Man kann sogar sagen, daß die Produktion eines biopolitischen Körpers die ursprüngliche Leistung der souveränen Macht ist.* In diesem Sinn ist die Biopolitik mindestens so alt wie die souveräne Ausnahme. Indem der moderne Staat das biologische Leben ins Zentrum seiner Kalküls rückt, bringt er bloß das geheime Band wieder ans Licht, das die Macht an das bloße Leben bindet, und knüpft auf diese Weise (gemäß einer hartnäckigen Entsprechung zwischen Modernem und Archaischem, die man in den verschiedensten Bereichen antrifft) an das Unvordenkliche der *arcana imperii* an."[10]

Bestritten wird hier also einerseits die Irrelevanz des „Rechtlichen" für das Verständnis moderner Bevölkerungsstaaten und ihrer Gesellschaften; andererseits die Möglichkeit, die Zeit seit dem 18. Jahrhundert (also die Moderne im weitesten Sinn) als ‚biopolitisches Zeitalter' gegen die vorangegangenen Epochen („seit Aristoteles") abzugrenzen. Das bedeutet nicht nur, das „alte Recht des Souveräns", sterben zu *machen* oder leben zu *lassen,* als integralen Bestandteil, wo nicht als *Inbegriff* jeglicher Biopolitik aufzufassen, sondern auch, die Bedeutung dieses Rechts *(à la limite* des Rechts zur straffreien Tötung menschlichen Lebens) für das Verständnis der modernen, scheinbar ganz der Steigerung des Lebens verschriebenen Gesellschaften zu behaupten. Wenn Agamben in einem späteren Kapitel seines Buchs die Konzentrationslager den „*Nomos* der Moderne" nennt (wir kommen darauf zurück), dann geschieht das, um in diesem Sinne – mit und gegen Foucault – moderne Biopolitik als „Thanatopolitik" zu erweisen.

---

8 Giorgio Agamben, Homo sacer. Die souveräne Macht und das nackte Leben, Frankfurt/M. 2002, S. 16.

9 Ebd. Die deutsche Übersetzung von Hubert Thüring gibt „la nuda vita" mit „das nackte Leben" wieder und kappt damit sprachlich den von Agamben explizit hergestellten Bezug zu Walter Benjamins Begriff des „bloßen Lebens", um, wie Thüring im Nachwort schreibt, „die eigenständige Entwicklung und Prägung des Begriffs" durch Agamben zu unterstreichen. Da es im vorliegenden Zusammenhang jedoch gerade auf die Herleitung des Begriffs von Benjamin ankommt, wird Thürings Übersetzung in diesem einen Punkt in den folgenden Zitaten durchgehend und ohne weitere Anmerkung verändert.

10 Ebd.

2 Die Logik der Ausnahme

In seiner berühmten Definition, der gemäß „Souverän ist, wer über den Ausnahmezustand entscheidet“[11], hatte bereits Carl Schmitt den Gipfel souveräner Verfügungsmacht nicht darin gesehen, die Ordnung des Rechts zu *setzen,* sondern darin, ihre Geltung *suspendieren* zu können. Das macht den Souverän zur juridischen Grenzfigur, denn es positioniert ihn gleichzeitig innerhalb und außerhalb der Rechtsordnung: Er ist der einzige, der sich auf legale Weise außerhalb des Gesetzes stellen kann. Wer über den Ausnahmezustand entscheidet, muß so – vom Standpunkt der Rechtsordnung aus – selbst als Ausnahme erscheinen: In Gestalt des Souveräns ist das Recht, wie Agamben formuliert, „‚außerhalb seiner selbst‘, oder: ‚Ich, der Souverän, der ich außerhalb des Rechts stehe, erkläre, daß es kein Außerhalb des Rechts gibt.‘“[12]

Agamben interessiert an dieser paradoxen Struktur jedoch mehr als bloß die Position des Souveräns in der Rechtsordnung. Es interessiert ihn die Figur einer ausschließenden Einschließung oder einer einschließenden Ausschließung, die auf der anderen Seite der Rechtsordnung, an ihrem „unteren Ende“, wenn man so will, dem Souverän gegenüber, vor allem die Tatsache dessen betrifft, was er das „bloße Leben“ *(la nuda vita, la vie nue)* nennt. Darunter versteht er zunächst „die einfache Tatsache“ der biologischen Existenz (gr. *zoé*), insofern sie von der „einem Einzelnen oder einer Gruppe eigenen Form oder Art zu leben“ (gr. *bios*) unterschieden wird.[13]

In *Homo Sacer* wird der Begriff des „bloßen Lebens“ allerdings unter Bezugnahme auf das römische Rechtsinstitut der *sacratio* definiert, worunter die „Überlassung“ des Menschen an eine Gottheit zu verstehen ist, aber nicht im Sinne seiner Opferung, sondern im Sinne seiner straffreien Tötbarkeit – analog etwa zum mittelalterlichen Vogelfreien. Gemäß der Ambivalenz des lateinischen Terminus *sacer (heilig)*[14], der sowohl das „Unantastbare“ als auch das „Ausgestoßene, außerhalb des politischen Raumes Stehende“ bedeuten kann, bezeichnet Agamben das „bloße“ Leben daher auch als „geheiligtes Leben“ *(vita sacra, vie sacrée).* Dieser „Umweg“ über ein archaisches Institut des römischen Rechts ist notwendig, um zu verdeutlichen, worin oder warum sich das „bloße“ Leben trotz allem von einer Naturtatsache unterscheidet: Gemeint ist nicht die ‚animalische‘ Existenz des Menschen in einem Naturzustand, der als jeder rechtlichen und gesellschaftlichen Ordnung vorausliegend gedacht wird, sondern gemeint ist die

11 Carl Schmitt, Politische Theologie. Vier Kapitel zur Lehre von der Souveränität, 4. Aufl., Berlin 1985, S. 11.

12 Agamben, Homo sacer, S. 23.

13 Giorgio Agamben, Mittel ohne Zweck. Noten zur Politik, Freiburg / Berlin 2001, S. 13.

14 Vgl. dazu Giorgio Agamben, Die Ambivalenz des Heiligen, in: ders., Homo Sacer, S. 85–90.

„Nacktheit“ eines Lebens, von dem die Rechtsordnung sich zurückgezogen hat, das sie nicht mehr schützt und das daher der straffreien Tötung preisgegeben ist. Es ist dies kein kreatürliches, vorsymbolisches Leben, sondern „Inbegriff einer Nacktheit, die *nachträglich* zustande kommt und Effekt einer Privation ist – einer doppelten Ausschließung, die als Aussetzung gleichwohl ein symbolisch kontrollierter Setzungsakt bleibt und das Ausgeschlossene nun erst recht im Machtraum des souveränen Gebietens einschließt.“[15] Und eben in dieser Eigenschaft, „Effekt einer Privation“ zu sein, findet sich das bloße Leben zutiefst auf die Souveränität des Souveräns verwiesen:

> „Souverän ist die Sphäre, in der man töten kann, ohne einen Mord zu begehen und ohne ein Opfer zu zelebrieren, und heilig, das heißt tötbar, aber nicht opferbar, ist das Leben, das in diese Sphäre eingeschlossen ist. (...) Heilig (...) ist ursprünglich das Leben im souveränen Bann, und die Produktion des bloßen Lebens ist in diesem Sinn die ursprüngliche Leistung der Souveränität. Die Heiligkeit des Lebens, die man heute gegen die souveräne Macht als Menschenrecht in jedem fundamentalen Sinn geltend machen möchte, meint ursprünglich gerade die Unterwerfung des Lebens unter eine Macht des Todes, seine unwiderrufliche Aussetzung in der Beziehung der Verlassenheit *[abbandono]*.“[16]

Insofern der Souverän die Rechtsordnung „als Ganzes in ihrer Totalität (garantiert)“[17], ist jedoch umgekehrt auch er zutiefst darauf angewiesen, das „bloße Leben“ als das Andere der von ihm getragenen Gesamtsituation hervorzubringen, denn

> „es ist nicht die Ausnahme, die sich der Regel entzieht, es ist die Regel, die, indem sie sich aufhebt, der Ausnahme stattgibt; und die Regel setzt sich als Regel, indem sie mit der Ausnahme in Beziehung bleibt. Die besondere ‚Kraft‘ des Gesetzes rührt von dieser Fähigkeit her, mit einem Außen in Beziehung zu bleiben. Die äußerste Form der Beziehung, die etwas einzig durch seine Ausschließung einschließt, nennen wir *Ausnahme-Beziehung*. (...) Sie [die Ausnahme, S.L.] ist in diesem Sinn die fundamentale *Ortung**, die sich nicht darauf beschränkt, zwischen dem, was außen, und dem, was innen ist, zwischen normaler Situation und Chaos zu unterscheiden; sie zieht dazwischen eine Schwelle (...), von der aus Innen und Außen in jene komplexen topologischen Beziehungen treten, welche die Gültigkeit der Rechtsordnung ermöglichen.“[18]

Es ist nun nach Agamben nichts geringeres als das Konstituens abendländischer Politik schlechthin, daß sie das bloße Leben in die Position dieser fundamentalen Ausnahme bringt. Wenn jedoch die Ausnahme in diesem Sinn die „Struktur der Souveränität“ ist, dann „ist die Souveränität weder ein ausschließlich politischer

---

15 Diese Formulierung verdanke ich Ethel Matala de Mazza (unveröffentlichtes Sitzungsprotokoll der Projektgruppe „Poetologie der Körperschaften“ am Zentrum für Literaturforschung (Berlin) vom 11./12. Januar 2001).

16 Agamben, Homo Sacer, S. 93.

17 Schmitt, Politische Theologie, S. 20.

18 Agamben, Homo Sacer, S. 28–29.

noch ein ausschließlich juridischer Begriff (...): Sie ist die originäre Struktur, in der sich das Gesetz auf das Leben bezieht und es durch die eigene Aufhebung in sich einschließt."[19]

Diese Analyse erlaubt es, das Verhältnis von „Leben" und „Recht", „Naturzustand" und „Gesellschaftszustand", (biologisch) Realem und symbolischer Ordnung noch differenzierter zu fassen, als wir es bisher getan haben. Hatten wir bisher (nach Blumenberg) Staats- und Gesellschaftslehren, die „auf der Basis einer gesicherten, zumindest unbefragten biologischen Existenz Schicht um Schicht das Kulturgehäuse der ‚symbolischen Formen' emporwachsen" lassen und die Kultur mithin als ‚organischen' Ausdruck eines natürlichen, der symbolischen Form invariant je schon vorgegebenen Substrats begreifen[20], von jenen anderen unterschieden, die Staat und Gesellschaft gerade aus dem Gegensatz zur „Natur" konstruieren, so läßt sich nun präzisieren, daß auch in der Konstruktion aus dem Gegensatz (exemplarisch aufgezeigt an Hobbes' *Leviathan)* Leben und Recht, biologische und politische Existenz des Menschen durch die „Logik der Ausnahme" chiasmatisch ineinander verschränkt bleiben. Agamben rekurriert zur näheren Charakterisierung dieser Logik auf das „alte germanische Wort" *Bann* und definiert:

> „Diese Potenz (...) des Gesetzes, sich im eigenen Entzug zu unterhalten, sich in der Abwendung anzuwenden, nennen wir, einem Hinweis von Jean-Luc Nancy folgend, *Bann.* (...) Die Ausnahmebeziehung ist eine Beziehung des Banns. Tatsächlich ist der Verbannte ja nicht einfach außerhalb des Gesetzes gestellt und von diesem unbeachtet gelassen, sondern von ihm *verlassen* [*abbandonato*], das heißt ausgestellt und ausgesetzt auf der Schwelle, wo Leben und Recht, Außen und Innen verschwimmen. Von ihm läßt sich in einem buchstäblichen Sinn nicht sagen, ob er außerhalb oder innerhalb der Ordnung ist. (...) Die unüberbietbare Macht des *nómos*, seine originäre ‚Gesetzeskraft', besteht darin, daß er das Leben in seinem Bann hält, indem er es verläßt."[21]

In diesem Sinne will Agamben auch den Hobbesschen Gesellschaftsvertrag als einen *Bann* verstanden wissen und den Naturzustand entsprechend (ähnlich wie Günter Nonnenmacher) als eine Art „Ausnahmezustand, in dem der Staat für einen Augenblick (der zugleich ein chronologisches Intervall und ein atemporales Moment ist) *tamquam dissoluta* erscheint."[22] Hobbes' Gedankenexperiment der Welt- und Gesellschaftsvernichtung wird hier also weder als methodischer Kunstgriff noch als Konsequenz aus der historischen Erfahrung des Bürgerkriegs begriffen, sondern als ‚Drohung mit dem Ausnahmezustand', in der sich nicht der Verfall, sondern im Gegenteil die unüberbietbare Souveränität des Souveräns ankündigt. Und in der Tat wird ja die Angst vor dem im Naturzustand jederzeit drohenden Tod von Hobbes als einer der Hauptgründe dafür genannt, sich im

---

19 Ebd. S. 39.
20 Vgl. dazu Blumenberg, Anthropologische Annäherung, S. 114; oben S. 72.
21 Agamben, Homo Sacer, S. 39.
22 Ebd. S. 118.

Gesellschaftsvertrag der Autorität des Souveräns zu unterwerfen. Insofern der Akt der Tötung als souveräner Akt *par excellence* begriffen wird, läßt sich dann auch sagen, daß durch den Gesellschaftsvertrag ein Zustand beendet wird, in dem jeder für jeden „bloßes Leben“[23], in der Konsequenz dann aber auch jeder der (potentielle) Souverän eines jeden ist. Hieraus zu folgern, „sämtliche Vorstellungen vom originären politischen Akt als Vertrag oder Übereinkunft, der den Wechsel von der Natur zum Staat eindeutig und endgültig markieren würde“, seien „rückhaltlos zu verabschieden“[24], heißt jedoch, das Kostbarste an Hobbes‘ Konstruktion vorschnell zu opfern. Nicht Vertrag *oder* Bann lautet hier die Alternative, sondern es läßt sich der *als Bann verstandene Vertrag* hier einmal mehr dem Vertrag im privatrechtlichen Sinn eines Instruments der freien Einigung schon konstituierter Rechtssubjekte gegenüberstellen.[25] Nur für die privatrechtliche Lesart gilt, daß „die Mißdeutung des Hobbesschen Mythologems in Begriffen des *Vertrags* anstatt des *Banns* (...) die Demokratie jedesmal, wenn es sich dem Problem der souveränen Macht zu stellen galt, zur Ohnmacht verurteilt (hat).“[26] Dagegen konnten wir zeigen, daß es im Gesellschaftsvertrag, wie Hobbes ihn konzipiert, tatsächlich darum ging, den Bezug zur Allmacht, der im Naturzustand jeden zum (potentiellen) Souverän und *homo sacer* eines jeden macht, zu *bannen* und ihn auf einen fiktiven Dritten, eben den Staat, zu übertragen.[27]

Größere Aufmerksamkeit gebührt hier allerdings noch Agambens Einschränkung, man müsse sich von allen Darstellungen des ursprünglichen politischen Akts als eines Vertrags lossagen, der den Übergang vom Naturzustand zum Staat „eindeutig und endgültig“ markierte. Wird hier doch einmal mehr auf jene Logik der Ausnahme Bezug genommen, die macht, daß „Außen“ und „Innen“, „Natur“ und „Gesellschaft“, Physis und Nomos sich nicht einfach und klar voneinander trennen:

> „Statt dessen gibt es hier [beim Übergang vom Naturzustand zum Staat, S.L.] eine weitaus komplexere Zone der Ununterscheidbarkeit zwischen *phýsis* und *nómos,* in der das staatliche Band in der Form des Banns immer schon Nichtstaatlichkeit und Pseudonatur ist und die Natur immer schon als *nómos* und Ausnahmezustand erscheint.“[28]

Die hier als Einwand gegen Hobbes geltend gemachte Kontamination von Natur- und Gesellschaftszustand verweist uns noch einmal zurück auf die weiter oben[29] schon diskutierten Gründungsparadoxien. Hatten wir festgestellt, daß der ‚Anfang‘ der Gesellschaft (wie auch ihrer Theorie) sich immer nur um den Preis der Rückprojektion eines oder mehrerer Elemente der schon bestehenden recht-

23 Vgl. ebd. S. 116.
24 Ebd. S. 119.
25 Vgl. dazu oben S. 167 ff.
26 Agamben, Homo Sacer , S. 119.
27 Vgl. oben S. 177.
28 Agamben, Homo Sacer, S. 119.
29 Vgl. oben S. 170–171

lich-staatlichen Ordnung in ihren Ursprung konstruieren läßt, so erweist sich Agambens Logik der Ausnahme nurmehr als besonderer Fall dieser allgemeinen Struktur: Da der Gesellschaft (wie jedem anderen ‚System') ihr eigenes Außen nur nachträglich und nur von innen her zugänglich – und damit unzugänglich – ist, bleibt sie darauf angewiesen, ihr ‚Außen' und ‚Vorher' mit den Mitteln des Systems zu fingieren. Albrecht Koschorke hat hieraus auf die „genuin ästhetische Beschaffenheit von Systemen" geschlossen.[30] Kein soziales System könne „eingesetzt und in Gang gebracht werden, ohne daß ‚Kunstgriffe' verwendet werden, die sich systemimmanent weder herleiten noch rechtfertigen lassen."[31] Auch Agambens „Ausnahmezustand" stellt so nichts anderes dar als die nachträgliche Repräsentanz eines Ursprungs, der als realer fehlt, oder umgekehrt: Der Ausnahmezustand ist hier diejenige Metapher, unter der sich die Gesellschaft ihr eigenes Nicht-Sein, den Naturzustand als Krieg aller gegen alle, vorstellbar machen kann. Insofern ist es richtig, daß die ‚Natur' des Menschen sich innerhalb der Gesellschaft nie als einfaches biologisches Substrat, sondern immer schon als „*nómos* und Ausnahmezustand" präsentiert: „Der ‚von innen' rekonstruierbare Anfang bleibt mit logischer Notwendigkeit hinter dem ‚äußeren', funktionellen Anfang zurück."[32] Die nachträglich rekonstruierte ‚Natur des Menschen' ist „bloßes Leben", insofern dieses vom natürlichen Leben unterschieden werden muß.

Die Verallgemeinerbarkeit dieser Struktur legt Agamben nun selbst nahe, wenn er Recht und Sprache als analog arbeitende Medien charakterisiert:

> „Die Gültigkeit einer Rechtsnorm stimmt nicht mit ihrer Anwendung auf den einzelnen Fall, etwa in einem Prozeß oder im Vollzug, überein; im Gegenteil muß die Norm, gerade weil sie allgemein ist, unabhängig vom Einzelfall gelten. Hier zeigt die Sphäre des Rechts ihre Wesensnähe zu jener der Sprache. So wie ein Wort im tatsächlichen Vollzug der Rede die Macht, einen Ausschnitt der Wirklichkeit zu bezeichnen, nur insofern erlangt, als es auch jenseits dieses Vollzugs Bedeutung hat (das heißt als Element der *langue* im Unterschied zur *parole*, als Wort in seinem schieren lexikalischen Bestand, unabhängig von seinem konkreten Einsatz in der Rede), so kann auch eine Norm sich nur deshalb auf einen Einzelfall beziehen, weil sie in der souveränen Ausnahme als reine Potenz gilt, in der Aufhebung jeglichen aktuellen Bezugs. Und so wie die Sprache das Nichtsprachliche als dasjenige voraussetzt, mit dem sie in virtueller Beziehung bleiben muß (...), um es dann im Vollzug der Rede bezeichnen zu können, so setzt das Gesetz das Nichtrechtliche (zum Beispiel die schiere Gewalt im Naturzustand) als das voraus, womit sie im

30 Albrecht Koschorke, System. Die Ästhetik und das Anfangsproblem, in: Robert Stockhammer (Hg.), Grenzwerte des Ästhetischen, Frankfurt/M. 2002, S. 148.

31 Ebd. „Man könnte die These aufstellen", fährt Koschorke fort, „daß das Scheinhafte der Gesellschaft in dem Maße zunimmt, in dem die Kunst ihren Sonderstatus als privilegierte Scheinwelt verliert. Nur daß der Schein im gesellschaftlichen Normalbetrieb unsichtbar wird, weil er sich in den Ritzen des Funktionierens, in den halb unsichtbaren Randzonen, hinter der unwegsamen Schwelle zwischen Innen und Außen verbirgt. Und – zuallererst – in den Anfängen, die immer zugleich erschlichene Anfänge sind: fiktionale Anfangsbehauptungen, die irgendwo ins Grundlose hineinverlegt wurden." (Ebd.)

32 Ebd. S. 153.

> Ausnahmezustand potentiell verbunden bleibt. *Die souveräne Ausnahme (als Zone der Ununterschiedenheit von Natur und Recht) ist die Voraussetzung der juridischen Referenz in der Form ihrer Aufhebung.* Jeder Norm, die etwas gebietet oder verbietet (zum Beispiel dem Tötungsverbot) ist als vorausgesetzte Ausnahme die reine und unsanktionierbare Figur des Tatbestandes eingeschrieben, der im Normalfall gegen diese Norm verstößt (zum Beispiel die Tötung eines Menschen nicht als natürliche Gewalt, sondern als souveräne Gewalt im Ausnahmezustand).“[33]

Setzt das Symbolische das Reale als dasjenige voraus, mit dem es in einer „virtuellen Beziehung“ bleiben muß, um als Symbolisches funktionieren zu können (d.h. denotative und/oder normative Kraft entfalten zu können), so stellt sich allerdings die Frage nach dem Status der so beschriebenen Logik: Erscheint doch hier fast als Anthropologicum, daß dem Menschen als dem sprechenden und Recht sprechenden Wesen seine eigene Natur nur in Gestalt des „bloßen Lebens“, d.h. auf dem Umweg über die souveräne Ausnahme zugänglich und also im strengen Sinne unzugänglich ist – ein Sachverhalt, dem schon die griechische Unterscheidung von *zoé* und *bios* in gewisser Weise Rechnung tragen würde. Nun ist es aber gerade diese Unterscheidung, die Agamben inkriminiert und die er mit dem Konzept der Lebens-Form *(forma di vita)* zu überwinden strebt. So charakterisiert er einmal in einem Interview sein Unternehmen im Anschluß an Foucault:

> „Gerade im Moment arbeite ich (...) an einem Versuch, Foucaults Überlegungen zum Verhältnis Mensch-Tier fortzuführen [die der Unterscheidung *bios-zoé* entspricht, S.L.]. Ich sehe diese Unterscheidung nicht in Bezug auf ein äußeres Tier, sondern als eine, die *im* Menschen verläuft, die im Körper selbst unser animalisches Leben von unserem intellektuellen und humanen trennt. (...) Ich glaube, daß der Mensch zuallererst durch die Trennung zwischen dem Tier und dem Menschen in seinem Innern hervorgebracht wurde [d.h. indem er sich *mittels der Sprache und als sprechendes Wesen* von sich selbst als ‚bloßem Leben‘ unterschied, S.L.]. (...)
>
> In unserer Kultur wurde der Mensch immer als Zusammenführung eines Körpers mit einer Seele gedacht, von etwas Lebendem mit der Sprache, einem natürlichen mit einem sozialen, übernatürlichen oder göttlichen Element. Wir müssen hingegen lernen, das zu denken, was aus der Trennung dieser Elemente entsteht, und nach der Praxis und Politik dahinter fragen. Was ist der Mensch, wenn er das Feld von Teilungen und unaufhörlichen Trennungen ist? (...) Mein Problem ist zuallererst, eine Position zu finden, die dieser Trennung widerstehen könnte. Ich habe sie ‚Lebens-Form‘ genannt.“[34]

Hier scheint Agamben sich einem romantischen Naturverständnis anzunähern – ein Eindruck, der sich verstärkt, wenn man liest, daß „ein politisches Leben, also eines, das auf die Idee des Glücks hin orientiert und in einer Lebens-Form zu-

---

33 Agamben, Homo Sacer, S. 30–31 [Übersetzung leicht verändert, S.L.].

34 Hanna Leitgeb u. Cornelia Vismann, Das unheilige Leben. Gespräch mit dem italienischen Philosophen Giorgio Agamben, in: Literaturen 1 (Januar 2001), S. 21.

sammengehalten ist, (...) allein ausgehend von der Emanzipation von dieser Spaltung, von der unwiderruflichen Abwendung von jeder Souveränität denkbar (ist.)"[35] An wieder anderer Stelle ist gar von der „natürlichen Sanftmut" der *zoé* die Rede, die es zur Grundlage des Politischen zu machen gälte.[36] Eva Geulen, die Agambens Begriff der Lebens-Form einer eingehenden Untersuchung unterzogen hat, sieht an dieser Stelle Bezüge zu der „proto-christlichen Überzeugung, daß allein die Armen und Entrechteten (...) uns von den Übeln souveräner Politik befreien können", und sie kommt zu dem Schluß, Agambens historisch-theoretische Analysen seien „in letzter Instanz ein Projekt der Rückgewinnung."[37] Anders als Hannah Arendt, auf die Agamben sich ebenso häufig bezieht wie auf Foucault, gehe es ihm jedoch nicht um die Wiederherstellung „vergessener politischer Unterscheidungen", sondern eher um die Wiedereinsetzung einer „phantasmagorischen ursprünglichen Einheit".[38] Das bringt ihn freilich in fatale Nähe zu dem, was er kritisiert: Die Frage ist nämlich, ob sich die von Agamben angestrebte Überwindung der Spaltung von *zoé* und *bios* von deren inkriminierter Ununterscheidbarkeit in der souveränen Ausnahme unterscheidet. Um diese Frage zu beantworten, muß man, Eva Geulen zufolge, die Geschichte vom Ende her lesen, und das heißt in Agambens Fall: ausgehend von seiner Analyse der Konzentrationslager als *ultima ratio* abendländischer Biopolitik.

---

35 Agamben, Mittel ohne Zweck, S. 17.

36 Vgl. z.B. Agamben, Homo Sacer, S. 21.

37 Eva Geulen, Form-of-Life / Forma-di-vita. On a Distinction in Agamben (unveröff. Typoskript), S. 7. (Übers. S.L.)

38 Ebd. S. 5.

3 Die Entdifferenzierungsthese

Nach Hannah Arendt bildet die Verneinung innergesellschaftlicher Differenzierung, die ‚Gleichschaltung' der Menschen bis hin zu ihrer Reduktion auf eine „sich immer gleichbleibende Identität von Reaktionen"[39], ein wesentliches Kennzeichen totaler Herrschaft. In diesem Sinn hat sie die Konzentrationslager „die eigentliche zentrale Institution des totalen Macht- und Organisationsapparats" genannt.[40] So schwer es nämlich falle, totalitäre Bewegungen zu verstehen, solange man sie nach Kriterien des Interesses und der Zweckmäßigkeit bewerte, so leicht falle es, „das, was sie tun, zu begreifen, wenn man den Totalitätsanspruch ernst nimmt und einmal annimmt, daß totale Herrschaft keine Utopie ist. Dann erweist sich, daß die in den Lagern etablierte Gesellschaft des Sterbens die einzige Form ist, in der es gelingen kann, sich des Menschen total zu bemächtigen." Und weiter:

> „Der Pawlowsche Hund, das auf die elementarsten Reaktionen reduzierte Exemplar der Tierspezies Mensch, das jederzeit liquidiert und durch andere, sich identisch verhaltende Reaktionsbündel abgelöst werden kann, ist das außerhalb der Lager immer nur unvollkommen verwirklichte Modell des ‚Bürgers' eines totalitären Staats."[41]

Agamben greift diese Analyse auf, wenn er die Lager „den absolutesten biopolitischen Raum" nennt, „der je geschaffen wurde und in dem die Macht nur noch das bloße Leben vor sich hat, ohne jede Vermittlung." Deswegen sei das Lager „das Paradigma des politischen Raums selbst, und zwar genau in dem Punkt, wo die Politik zur Biopolitik wird und der *homo sacer* sich virtuell mit dem Bürger vermischt."[42] Wir haben jedoch gesehen, daß dieser „Punkt" für Agamben in gewisser Weise immer schon gegeben war oder sich angekündigt hatte, seit die Griechen das „bloße Leben" eines Menschen von seiner politischen Existenz, der Existenz als Bürger, unterschieden hatten. Und in der Tat stellen die Lager nach

---

39 Hannah Arendt, Elemente und Ursprünge totaler Herrschaft, München / Zürich 1986, S. 676.

40 Ebd. S. 677.

41 Ebd. S. 697. Daß die totale Bemächtigung schließlich selbst im Konzentrationslager ihre Grenze findet, bezeugen dagegen die folgenden Zeilen aus Robert Antelmes Bericht über seine Gefangenschaft: „Je mehr die SS glaubt, uns zu einer unterschiedslosen und verantwortungslosen Masse zu machen, was wir dem Anschein nach auch unbestreitbar sind, umso mehr Unterscheidungen gibt es in unserer Gemeinschaft tatsächlich und umso schärfer werden diese Unterschiede. Der Mensch im Lager ist nicht die Aufhebung dieser Unterschiede. Im Gegenteil, er ist ihre tatsächliche Verwirklichung." (Robert Antelme, Das Menschengeschlecht, München 1987, S. 122.)

42 Agamben, Homo Sacer, S. 180.

Agamben nichts anderes dar als die massenhafte Exekution der souveränen Ausnahme, die die „verborgene, originäre Struktur" des *nomos* bildet:

> „Der Nexus von *Ortung** und *Ordnung**, der den ‚*Nomos* der Erde' konstituiert, ist mithin noch komplexer, als ihn Schmitt beschreibt; es wohnt ihm eine fundamentale Doppeldeutigkeit inne, eine nicht zu lokalisierende Zone der Ununterschiedenheit oder der Ausnahme, die als Prinzip der unendlichen Verschiebung letzten Endes gegen ihn selbst agiert. Eine der Thesen dieser Untersuchung ist die, daß gerade der Ausnahmezustand als fundamentale politische Struktur in unserer Zeit immer mehr in den Vordergrund rückt und letztlich zur Regel zu werden droht. Als man in unserer Zeit versucht hat, diesem Unlokalisierbaren eine dauerhafte sichtbare Lokalisierung zu geben, kam das Konzentrationslager dabei heraus. Das Lager, und nicht das Gefängnis, ist der Raum, der dieser verborgenen, originären Struktur des Nomos entspricht."[43]

So ist es gleich eine ganze Reihe von Unterscheidungen, die nach Agamben in den Lagern kollabieren: Neben der grundlegenden Unterscheidung von *bios* und *zoé* ist das vor allem die Unterscheidung von Recht und Tatsache und, wichtiger noch, die Unterscheidung von Regel und Ausnahme. Ist es nach Agamben ein wesentliches Merkmal der Moderne, daß die souveräne Ausnahme, früher gleichsam nur an den Rändern und in den Ritzen des Gemeinwesens eine untergeordnete Rolle spielend, in dessen Zentrum rückt, so bilden die Lager den Fluchtpunkt, in dem die Extreme schließlich ineinsfallen. Eben das ist auch der Ansatz für Agambens Kritik an Foucault:

> „Die Foucaultsche These muß mithin berichtigt oder wenigstens ergänzt werden: Was die moderne Politik auszeichnet, ist nicht so sehr die an sich uralte Einschließung der *zoé* in die *pólis* noch einfach die Tatsache, daß das Leben als solches zu einem vorrangigen Gegenstand der Berechnungen und Voraussicht der staatlichen Macht wird; entscheidend ist vielmehr, daß das bloße Leben, ursprünglich am Rand der Ordnung angesiedelt, im Gleichschritt mit dem Prozeß, durch den die Ausnahme überall zur Regel wird, immer mehr mit dem politischen Raum zusammenfällt und auf diesem Weg Ausschluß und Einschluß, Außen und Innen, *zoé* und *bios*, Recht und Faktum in eine Zone irreduzibler Ununterscheidbarkeit geraten."[44]

Bildet der Ausnahmezustand im juristischen Sinn diejenige Form, in der sich die souveräne Ausnahme, die ursprünglich nur die freie Tötbarkeit eines Menschen meint, institutionalisiert, so ist auch die These, nach der die Konzentrationslager denjenigen Raum konstituieren, in dem der Ausnahmezustand zur Regel wird, durchaus unmetaphorisch, im juristischen Sinn zu verstehen. Wie schon Hannah Arendt, legt auch Agamben großes Gewicht darauf, daß das Lager als juridisch-politische Struktur seine Wurzeln nicht im „gewöhnlichen Recht" – im Gegensatz zu dem, was man leicht glauben könnte, auch nicht im Strafrecht – hat, son-

---

43 Ebd. S. 29–30.
44 Ebd. S. 19.

dern im Ausnahmezustand und im Kriegsrecht. Die juridische Basis der Internierung war, wie auch Hannah Arendt betont, die sogenannte *Schutzhaft*, die es im Belagerungszustand oder im Fall einer gravierenden Störung der öffentlichen Ordnung dem Reichspräsidenten schon in der Weimarer Republik ermöglichte, die persönlichen Freiheitsrechte außer Kraft zu setzen und Personen „vorsorglich" zu internieren, auch wenn ihnen kein konkretes Vergehen nachzuweisen war. In gewissem Sinn bilden die Konzentrationslager nichts als die massenweise Anwendung dieses Instituts, das in sich schon den Weg zu jener Dekomposition der Persönlichkeit weist, die an den Insassen der Lager vollzogen wurde. Die „Tötung der juristischen Person" (durch die *Schutzhaft*) und die „Ermordung der moralischen Person" (durch die „Schaffung von Lebensbedingungen, in denen Gewissen schlechthin nicht mehr ausreicht und das Gute unter keinen Umständen mehr getan werden kann") bilden hier nur Stationen auf dem Weg zur vollständigen Auslöschung der Individualität, die in der Präparierung lebendiger Leichname und schließlich in der Gaskammer endet.[45]

Der so beschriebene Entdifferenzierungsprozeß stellt nun jedoch nach Agamben nichts anderes dar als die totalitäre Kehrseite der Demokratie und ihrer ungedachten Voraussetzungen. Wie wiederum bereits Hannah Arendt diagnostizierte, besteht das grundlegende demokratische Paradox darin, das bloße Leben zum Träger von Rechten machen zu wollen, während diese sogenannten Menschen-Rechte doch gleichzeitig nur innerhalb konkreter Gemeinwesen, als Bürger-Rechte, verwirklicht und garantiert werden können. War es „die Paradoxie, die von Anfang an in dem Begriff der unveräußerbaren Menschenrechte lag (...), daß dieses Recht mit einem ‚Menschen überhaupt' rechnete, den es nirgends gab", so konnte die in diesem Begriff eskamotierte Pluralität *der* Menschen „nur wiederaufgeholt werden im Sinne der politischen Gegebenheiten des achtzehnten Jahrhunderts, indem man den ‚Menschen überhaupt' mit dem Glied eines Volkes identifizierte."[46] Die damit gegebene Naturalisierung des Volks als einer präpolitisch-politischen Einheit (‚natürlicher' Träger von Rechten) stellt gleichzeitig die Einfallsstelle der Abstammung, der biologischen oder quasi-biologischen Zugehörigkeit, in die Rechtsordnung des Nationalstaats dar:

> „Jenes bloße Leben (die menschliche Kreatur), das im *ancien régime* Gott angehörte und in der antiken Welt (als *zoé*) klar vom politischen Leben *(bios)* unterschieden war, tritt nun in den Vordergrund des Staatsinteresses und wird, sozusagen, dessen irdischer Grund. National-Staat *(Stato-nazione)* bedeutet: ein Staat, der aus der Abstammung bzw. der ‚Gebürtigkeit' *(natività)*, der Geburt *(nascita)*, also dem bloßen menschlichen Leben, den Grund seiner Souveränität macht. (...) Das Geburtsprinzip und das Souveränitätsprinzip, im *ancien régime* getrennt, vereinigen sich jetzt unwiderruflich, um den Grund des neuen Nationalstaats zu bilden. Die darin implizierte Fiktion besagt: Die Geburt *(nascita)* wird unmittelbar *Nation*, einen Bruch zwischen den beiden Momenten kann es nicht geben. Rechte, heißt das, kommen dem

45 Vgl. Arendt, Elemente und Ursprünge, S. 687–696.
46 Ebd. S. 454–455.

> *Menschen* nur in dem Maße zu, indem er die unmittelbar sich verflüchtigende Voraussetzung für den *Bürger* ist (als die er, mehr noch, niemals in Erscheinung treten darf).“[47]

Im Begriff des Volks sind also die Naturalisierung des Politischen und die Politisierung des bloßen Lebens unentwirrbar aneinander gebunden, oder anders gesagt: Im naturalisierten Begriff des Volks als *arche* und *telos* von Souveränität verleugnet der moderne Nationalstaat den „fundamentalen biopolitischen Bruch“, den er doch zugleich unablässig in seinem Innern erneut hervorbringt. Die totalitäre Versuchung, als ungedachte biopolitische Erblast gleichsam in die Fundamente der modernen Volksdemokratien eingelassen, tritt immer dann auf den Plan, wenn der Gesellschaftskörper, nach Foucault das „große Phantasma des 19. Jahrhunderts“, beginnt, sich über dem Bruch in seinem Innern zu schließen und jene Elemente auszustoßen, die die biopolitische Einheit von Staat, Nation und Territorium durch ihre bloße Existenz in Frage stellen. Das sind die Juden und Zigeuner im Dritten Reich; es sind aber nach Agamben (und schon nach Arendt) ebenso die Flüchtlinge und Staatenlosen unserer Tage. Als „bloßes Leben“ erscheint hier jenes Leben, das innerhalb des biologisch verstandenen *Stato-nazione* nicht politisch repräsentiert werden kann und das folglich als Träger von Bürgerrechten nicht in Betracht kommt.

Der Konsequenz aus dieser Analyse – nämlich auf der Nichtidentität von biologischem und politischem Leben, von natürlicher und sozialer Geburt zu bestehen – verschließt sich Agamben allerdings. Anstatt zu fragen, ob und wie auch den aufs bloße Leben Reduzierten diesseits oder jenseits der geschlossenen Ordnungen der Nationalstaaten zu politischer Repräsentation und folglich zum Status eines Subjekts wie auch immer elementarer Rechte verholfen werden könnte, sucht er die Spaltung selbst im sozialromantischen Begriff der Lebens-Form zu überwinden. Darunter kann nach allem Gesagten nur ein Leben zu verstehen sein, das mit seiner eigenen Repräsentation („Form“) zusammenfällt und folglich von ihr nicht getrennt werden kann – also genau ein solches Leben, wie es einerseits der Idee der Menschenrechte, andererseits der nationalstaatlichen Ideologie des Volks als einer gleichzeitig natürlichen und politischen Einheit zugrundeliegt. Dieser merkwürdige Zirkelschluß in Agambens Theorie der Souveränität deutet auf eine konstitutive Unklarheit im Begriff des „bloßen Lebens“ hin, der hier abschließend analysiert werden soll.

---

47 Agamben, Mittel ohne Zweck, S. 27–28.

4 Der Begriff des Lebens und der Sinn politischer Repräsentation

Agamben bezieht den Begriff des „bloßen Lebens" aus Walter Benjamins umstrittenem Essay *Zur Kritik der Gewalt* von 1920. Der Begriff taucht unvermittelt auf den letzten Seiten dieses Essays auf, die der Gegenüberstellung von „mythischer" (rechtsetzender) und „göttlicher" (rechtsvernichtender) Gewalt gewidmet sind:

> „Ist die mythische Gewalt rechtsetzend, so die göttliche rechtsvernichtend, setzt jene Grenzen, so vernichtet diese grenzenlos, ist die mythische verschuldend und sühnend zugleich, so die göttliche entsühnend, ist jene drohend, so diese schlagend, jene blutig, so diese auf unblutige Weise letal."[48]

Es ist der „blutige" Charakter der mythischen Gewalt, der es erlaubt, sie als Gewalt über das „bloße Leben" zu verstehen, denn Blut, so Benjamin, sei dessen „Symbol".[49] Mit dem „bloßen Leben" – Benjamin spricht auch vom „leiblichen, durch Mitmenschen verletzlichen Leben" des Menschen – „hört" denn auch „die Herrschaft des Rechts über den Lebendigen auf."[50] Findet sich Agambens Behauptung einer topologischen Verschränkung von Leben und Recht dergestalt bei Benjamin vorformuliert, so kommt der Charakter der „Heiligkeit" nach Benjamin jedoch allenfalls jenem Leben „im" Menschen zu, das von den leiblichen Zuständen seines Trägers unabhängig ist:

> „Der Mensch fällt eben um keinen Preis zusammen mit dem bloßen Leben des Menschen, so wenig mit dem bloßen Leben in ihm wie mit irgendwelchen andern seiner Zustände und Eigenschaften, ja nicht einmal mit der Einzigkeit seiner leiblichen Person. So heilig der Mensch ist (oder auch dasjenige Leben in ihm, welches identisch in Erdenleben, Tod und Fortleben liegt), so wenig sind es seine Zustände, so wenig ist es sein leibliches, durch Mitmenschen verletzliches Leben."[51]

So wenig „heilig" ist für Benjamin die leibliche Existenz des Menschen, daß sie von der „göttlichen Gewalt" um der „Seele des Lebendigen" willen sogar vernichtet werden darf: „Insofern ist es zwar berechtigt, diese Gewalt auch vernichtend zu nennen; sie ist dies aber nur relativ, *in Rücksicht auf Güter, Recht, Leben und dergleichen* [Hervorhebung S.L.], niemals absolut in Rücksicht auf die Seele des Lebendigen."[52]

---

48 Walter Benjamin, Zur Kritik der Gewalt, in: Gesammelte Schriften, hg. v. Rolf Tiedemann u. Hermann Schweppenhäuser, Bd. II.1, Frankfurt/M. 1980, S. 179–203, hier S. 199.

49 Ebd.

50 Ebd. S. 200.

51 Ebd. S. 201–202.

52 Ebd. S. 200.

Auf die äußerste Ambivalenz dieser Geringschätzung des „bloßen Lebens“ und auf das gespenstische Zwielicht, in dem Benjamins Begriff der „göttlichen Gewalt“ nach Auschwitz nicht *nicht* erscheinen kann, hat Jacques Derrida hingewiesen.[53] Die an Derridas Kritik anschließende Debatte soll hier nicht fortgeführt werden.[54] Es mag genügen, noch einmal an den „messianisch-marxistischen“ oder „archeo-eschatologischen“[55] Charakter von Benjamins *Kritik* zu erinnern, die den Anbruch eines „neuen geschichtlichen Zeitalters“ nach der Vernichtung von Staat und Recht durch „reine“ (sprich: „göttliche“, sprich: „wahre“ revolutionäre, weil katastrophale) Gewalt noch für möglich hält. Wichtig in unserem Zusammenhang ist, daß auch Agambens Begriff der Lebens-Form ohne diese messianische Reminiszenz nicht zu denken ist. Mit Benjamins achter geschichtsphilosophischer These stellt er dem „Ausnahmezustand, in dem wir leben“ und der seine Interpretation des „bloßen Lebens“ inspirierte, einen „wirklichen Ausnahmezustand“ gegenüber. Ist ersterer durch die „Unmöglichkeit“ gekennzeichnet, Recht und Fakt, Gesetz und Leben voneinander zu unterscheiden, so „(tritt) im wirklichen Ausnahmezustand (...) dem Gesetz, das sich im Unbestimmten des Lebens verliert, (...) ein Leben entgegen, das sich in einer symmetrischen, aber umgekehrten Bewegung vollständig in Gesetz verwandelt.“ Der „Undurchdringbarkeit“ eines Gesetzes, das „gilt, ohne zu bedeuten“ – einer „Schrift, die unentzifferbar geworden ist und sich als Leben darbietet“ –, soll „die absolute Intelligibilität eines in Schrift aufgelösten Lebens“ antworten. „Erst an diesem Punkt heben die beiden Glieder, welche die Bann-Beziehung unterschied und zusammenhielt (das bloße Leben und die Gesetzesform) einander auf und treten in eine neue Dimension ein“[56] – eben jene Dimension jenseits von Staat und Recht, der Agamben den Namen „Lebens-Form“ gibt. Wie ein solches in Schrift aufgelöstes Leben im politischen Maßstab aussehen soll, bleibt freilich offen. Zeigen läßt sich aber, daß die in dieser Vorstellung anvisierte „Verbuchstäblichung“ des bloßen Lebens, sein Aufgehen in Lesbarkeit, den Sinn politischer Repräsentation (besser: den politischen Sinn von Repräsentation) ebenso verfehlt wie die von Agamben zurecht inkriminierte Naturalisierung des Gesetzes.

In klarem Gegensatz zu Benjamins *Kritik* scheint Agamben zunächst das Attribut der „Heiligkeit“ vom „Menschen“ auf das „bloße Leben in ihm“ zu verschieben. Während Benjamin unter „Heiligkeit“ jedoch die „Unantastbarkeit“ oder (geforderte) Unverletzlichkeit des Lebens im Sinne der Menschenrechte versteht, führt Agamben den Term auf seine (angeblichen oder wirklichen) Wurzeln im römischen Rechtsinstitut der *sacratio* zurück: Erst in der Verschmelzung mit der Figur des *homo sacer* wird das „bloße Leben“ in seiner Tötbarkeit diesseits oder jenseits der Opferbarkeit zum Gegenpol souveräner Macht. Die weitere Konstruktion ist ganz darauf angelegt, die am *homo sacer* exemplifizierte Bann-

---

53 Jacques Derrida, Gesetzeskraft. Der ‚mystische Grund der Autorität‘, Frankfurt/M. 1991, S. 120–125.

54 Vgl. dazu v.a. Anselm Haverkamp (Hg.), Gewalt und Gerechtigkeit. Derrida – Benjamin, Frankfurt/M. 1994.

55 So die Kennzeichnung Derridas; vgl. ders., Gesetzeskraft, S. 124.

56 Agamben, Homo sacer, S. 65–66.

Beziehung (die ausschließende Einschließung des bloßen Lebens in den Bereich der Macht) als kontinuierliche Grundfigur abendländischer Biopolitik zu erweisen. Eine wichtige Scharnierstelle dieser Konstruktion bildet die Auseinandersetzung mit Kantorowicz' Interpretation der Lehre von den „zwei Körpern des Königs". War Kantorowicz zu dem Schluß gekommen, daß „ungeachtet einiger Ähnlichkeit mit zusammenhanglosen heidnischen Begriffen (...) die ‚zwei Körper des Königs' ein Produkt christlichen theologischen Denkens (sind) und (...) folglich einen Markstein christlicher politischer Theologie (bilden)"[57], so versucht Agamben zu zeigen, daß die christliche Lehre ihren Ursprung in der heidnischen Kaiserkonsekration hat. Damit verbunden ist die Umdeutung des politischen *Körpers* des Königs, der nach Kantorowicz die unsterbliche *dignitas* der souveränen Macht repräsentiert, zum heiligen *Leben* des Königs, das beim Tod seines natürlichen Trägers gleichsam freigesetzt wird und in einem speziellen Ritus, dem römischen *funus imaginarium* bzw. der französischen Bildbestattung, gebannt werden muß. Die dem Bestattungszeremoniell der französischen Könige entstammenden Formeln *Le mort saisit le vif* und *Le Roi ne meurt jamais*, auf die Kantorowicz seine Interpretation stützt, müssen nach Agamben

> „viel buchstäblicher verstanden werden, als man zu denken pflegt: Beim Tod des Souveräns ist es das heilige Leben, auf das sich die souveräne Macht gründet, mit der die Person des Nachfolgers bekleidet wird. Die beiden Formeln sprechen nur in dem Maß von der Kontinuität der souveränen Macht, wie sie mittels der dunklen Bindung an ein tötbares und nicht opferbares Leben deren Absolutheit ausdrücken."[58]

Sowohl das Leben des *homo sacer* wie auch das Leben des Souveräns stehen dieser Auffassung zufolge außerhalb der Rechtsordnung. Der sowohl in Rom als auch in Frankreich bekannte Ritus, bei dem das wächserne Abbild eines verstorbenen und bereits auf gewöhnliche Weise bestatteten Amtsträgers zuerst wie eine lebende Person behandelt und nach Ablauf einer bestimmten Frist feierlich verbrannt wurde, weist nach Agamben in eine „dunklere und ungewissere Zone", in der „der politische Körper des Königs sich dem tötbaren und nicht opferbaren Körper des *homo sacer* anzunähern" scheint, „um beinahe mit ihm zu verschmelzen."[59]

Es ist nun gleich eine ganze Reihe von Ritualen und Rechtsfiguren aus verschiedenen Epochen und Regionen, die Agamben im Sinne seiner Generalthese unter dem Stichwort des tötbaren und nicht opferbaren Lebens versammelt. Neben dem *homo sacer* selbst und den schon erwähnten römischen und französischen Bestattungszeremonien sind vor allem noch der römische *devotus,* der „Todgeweihte", und der griechische *kolossos* zu nennen, ein Stein, der den Platz eines fehlenden Leichnams bei einer Bestattung *per imaginem* einnahm.[60] Außer

---

57 Kantorowicz, Die zwei Körper des Königs, S. 496.
58 Agamben, Homo sacer, S. 111.
59 Ebd. S. 104.
60 Vgl. zum griechischen *kolossos* ausführlich Jean-Pierre Vernant, Du double à l'image, in: ders., Mythe et pensée chez les Grecs, Paris 1965, S. 325–351; zum römischen *funus imaginarium*

dem *homo sacer* haben alle diese Figuren die merkwürdige Tatsache der Stellvertretung eines lebenden oder toten, anwesenden oder abwesenden Körpers durch ein steinernes oder wächsernes Abbild gemein, das einem symbolischen Bestattungsritual unterzogen wird. Handelt es sich im Fall der römischen und französischen Herrscher um eine *zweite* Bestattung, die erst vollzogen wird, wenn der natürliche Körper schon im Grab liegt, so vertritt der „Koloß" dagegen in einer Art ‚ursprünglichen Ersatzhandlung' den Körper eines Verschollenen oder in der Ferne Verstorbenen. In gewisser Weise am interessantesten ist aber der Fall des *devotus,* der sein Leben vor einer Schlacht den Göttern weiht, um die Stadt vor einer Niederlage zu bewahren: Die Bestattung *per imaginem* muß hier vorgenommen werden, falls der Todgeweihte die Schlacht dennoch überleben sollte. Der „Koloß" vertritt also hier einen lebendigen Körper, der sich aber dem Tod verschrieben hat. Das Ritual erfüllt den Zweck, ihn dem Leben wiederzugeben. Am interessantesten ist dieser Fall deshalb, weil er am deutlichsten zeigt, daß die in den beschriebenen Ritualen entfaltete Logik der Stellvertretung nicht nur unabhängig von der Realität, sondern im Extremfall sogar im Gegensatz zu den „Fakten" ihr Recht behält: Sie betrifft *Repräsentationen* eines Körpers oder eines Lebens, nicht diese selbst. Es muß schon deshalb erstaunen, daß Agamben den *homo sacer* mit den erwähnten Figuren in eine Reihe stellt, zeichnet jener sich doch gerade dadurch aus, daß für ihn eine solche Stellvertretung nicht mehr möglich ist: Er kann nicht mehr *per imaginem*, sondern nur noch real getötet werden. Wie Agamben selbst im Anschluß an eine Passage bei Macrobius (Saturnalien III 7,6) bemerkt, die er zitiert, „ist der *homo sacer* sozusagen eine lebende Statue, das Doppel oder der Koloß seiner selbst."[61] Als *Rechtsfigur* exemplifiziert er freilich die bedingungslose Tötbarkeit des menschlichen Lebens ebenso, wie der politische Körper des Königs, am anderen Ende des Spektrums, die Unsterblichkeit der Repräsentation(en) symbolisiert. Ist der Körper des *homo sacer* tatsächlich „bloßes Leben" im Sinne Agambens, tötbares Fleisch, jeglicher Repräsentation im symbolischen Universum der *polis* beraubt, so ist der politische Körper des Souveräns umgekehrt reines Zeichen, Repräsentant des symbolischen Universums als solchen. In diesem Sinne weist auch Foucault darauf hin, daß es im Hobbesschen Gesellschaftsvertrag für die ihn schließenden Individuen nicht in erster Linie darum geht, einem Dritten ihre Rechte abzutreten, sondern um ihre Repräsentation im symbolischen Universum der bürgerlichen Gesellschaft:

> „Es geht nicht um ein Verhältnis des Überlassens oder Abtretens von etwas, das den Individuen gehört, sondern um die Selbstrepräsentation der Individuen. Das heißt, daß der solchermaßen [d.h. durch Gesellschaftsvertrag, S.L.] konstituierte Souverän vollständig für die Individuen zu stehen hat. Er hat nicht einfach nur einen Teil ihrer Rechte inne; er tritt wirklich an ihre Stelle, mit der Totalität ihrer Macht. Wie Hobbes sagt: ‚Die solchermaßen konsti-

Florence Dupont, The Emperor-Gods Other Body, in: Michel Feher (Hg.), Fragments for a History of the Human Body, New York 1990, S. 397–419.

61 Agamben, Homo Sacer, S. 109.

> tuierte Souveränität nimmt die Persönlichkeit aller an.' Unter der Bedingung dieser Verschiebung sind die solchermaßen repräsentierten Individuen in ihrem Repräsentanten präsent; und was der Repräsentant – d.h. der Souverän – tut, sieht jeder von ihnen eben deswegen sich selber tun. Als Repräsentant der Individuen ist der Souverän den Individuen genau nachgebildet. Er ist also eine künstlich hergestellte und dennoch reale Individualität. Auch wenn dieser Souverän natürlich ein individueller Monarch ist, ist er als Souverän deswegen nicht weniger künstlich fabriziert; und selbst wenn es sich um eine Versammlung handelt (...), handelt es sich dennoch um eine Individualität."[62]

Auch wenn Foucault an dieser Stelle nicht auf Kantorowicz zu sprechen kommt, läßt sich die zitierte Passage doch als Interpretation der Zwei-Körper-Lehre begreifen: Wenn der politische Körper des Königs zum „unsterblichen" erklärt wird, geht es nicht allein um die Fortdauer der Souveränität über den Tod des individuellen Monarchen hinaus (Kantorowicz) und auch nicht um die Freisetzung eines Überschusses an heiligem Leben, das in speziellen Riten gebannt werden muß (Agamben), sondern um die Selbstrepräsentation der Individuen – um die Kontinuität des symbolischen Universums der Polis, das sich zwischen dem „Nullpunkt" der Repräsentation auf der Seite des bloßen Lebens und dem Exzess der Repräsentation auf der Seite des Souveräns aufspannt. Eben die Notwendigkeit, sprich: die Unverzichtbarkeit solcher, durch einen fiktiven Dritten vermittelten Repräsentation ist es, die anti-institutionelle Denker wie Benjamin und Agamben nicht anerkennen wollen.

62 Foucault, In Verteidigung der Gesellschaft, S. 107.

5 Die zwei Körper der Gesellschaft

Die Selbstrepräsentation der Individuen ist freilich in den Gesellschaften alten Typs anders geregelt als in den modernen Demokratien. Wie Claude Lefort – ebenfalls unter Bezug auf Kantorowicz – ausführt,

> „repräsentierte sich die Gesellschaft des *Ancien Régime* ihre Einheit, ihre Identität, als die eines Körpers – eines Körpers, der seine Darstellung im [politischen, S.L.] Körper des Königs fand, oder besser gesagt: der sich mit dem Körper des Königs identifizierte, dem als seinem Kopf er sich gleichzeitig angliederte. (...) Das *Ancien Régime* ist aus einer unendlichen Anzahl kleiner Körper(schaften) zusammengesetzt, die den Individuen die Anhaltspunkte für ihre Identifizierungen liefern. Und diese kleinen Körper(schaften) ordnen sich im Inneren eines großen imaginären Körpers an, dessen Replik der Körper des Königs bildet und dessen Integrität er garantiert."[63]

Noch lange, nachdem die christologischen Bezüge dieser doppelten Körperlichkeit unkenntlich geworden waren, habe der König die Macht besessen, die politische Gemeinschaft des Königreichs zu verkörpern. Erst im Verlauf des 18. Jahrhunderts sei dieser Modus der Identitätsrepräsentation unterminiert worden, ein Prozeß, der in der Französischen Revolution kulminierte:

> „Unterirdisch schon lange wirksam, explodiert die demokratische Revolution in dem Augenblick, in dem der Körper des Königs zerstört wird: wenn der Kopf des politischen Körpers rollt und mit demselben Streich die Körperlichkeit des Sozialen sich auflöst. Von diesem Augenblick an vollzieht sich, was ich eine *Desinkorporation* der Individuen nennen würde – ein außergewöhnliches Phänomen, dessen Konsequenzen nicht nur den Konservativen, sondern auch vielen Liberalen in der ersten Hälfte des 19. Jahrhunderts absurd, ja monströs erschienen: diese Individuen könnten zu zählbaren Einheiten für ein allgemeines Wahlrecht werden, das den Platz jenes anderen Allgemeinen einnähme, mit dem der politische Körper ausgestattet war. Die Hartnäckigkeit, mit der die Idee des allgemeinen Wahlrechts bekämpft wurde, ist nicht nur Indiz eines Klassenkampfs. Im höchsten Grade instruktiv ist vielmehr die Unfähigkeit, dieses Wahlrecht anders zu denken denn als Auflösung des Sozialen. Die Gefahr der großen Zahl ist mehr als die Gefahr des Erscheinens der Massen auf der politischen Bühne; es ist die Idee der großen Zahl als sol-

63 Claude Lefort, L'image du corps et le totalitarisme, in: ders., L'invention démocratique. Les limites de la domination totalitaire, Paris 1994, S. 171–172 (Übersetzung S.L.). Wie man sieht, geht Lefort hier von einem ‚genossenschaftlichen' Modell aus, in dem die ‚kleinen Körper' der indirekten Gewalten noch zwischen den Individuen und dem ‚großen Körper' des Reichs vermitteln.

che, die der Idee einer Substanz der Gesellschaft entgegensteht. Die große Zahl zerstört die Einheit, vernichtet die Identität."[64]

Der politische Körper der alten Gesellschaft löst sich auf in die vielen Körper der Bevölkerung *(peuple)*, *à la limite* der Massen, die keiner gemeinsamen Identitätsrepräsentation mehr fähig sind. Daß die politische Macht nicht mehr an einen Körper gebunden ist – *point de pouvoir lié à un corps* –, erscheint aus dieser Perspektive als hervorragendes Kennzeichen der Demokratie, die sich um den „leeren Platz" herum organisiert, den der Körper des Königs hinterlassen hat. Daß es kein Gesetz mehr gibt, dessen Aussagen nicht angefochten, dessen Grundlagen nicht in Frage gestellt werden können; daß Zentrum und Peripherie der Gesellschaft nicht mehr repräsentiert werden können; daß schließlich die soziale Spaltung nicht mehr dauerhaft durch das Bild einer imaginären Einheit überblendet werden kann – all dies macht die demokratische Gesellschaft in der Sicht Leforts zu einer ungreifbaren, unbeherrschbaren Gesellschaft; all dies macht die Demokratie zu derjenigen politischen Form, in der sich die Gesellschaft die für sie konstitutive Unbestimmtheit nicht mehr „verbirgt", in der sie ihrer Nichtidentität auf Unbestimmtheit *offenhaltende* Weise Rechnung trägt.[65] Die Integrität ihrer Form hängt dann allerdings davon ab, ob es ihr gelingt, diese Öffnung auf die Unbestimmtheit ihres ‚Grundes' zu wahren, das heißt ihre Konflikte zu institutionalisieren und somit die soziale Spaltung selbst in symbolischer und ritualisierter Form auf der politischen Bühne zu repräsentieren. Nach Lefort erfordert das den radikalen Verzicht auf jeden Versuch, das Prinzip ihrer Einheit (das „Band der Teilung" in den Worten Nicole Loraux') erneut an die Gestalt eines Körpers – sei es der des Volks oder der des Staats – zu binden, weil im Bild des Körpers *per se* soziale Heterogenität unterschlagen sei. Und in der Tat haben wir gesehen, daß organische Metaphorik in der Geschichte der Politik und des politischen Denkens – von der Fabel des Menenius Agrippa über Paulus bis zu den Klassenkämpfen des 19. Jahrhunderts – immer dann bemüht wird, wenn es darum geht, einen real existierenden Konflikt durch das *Bild* einer hypostasierten Einheit zu überblenden. Dies geschieht zudem immer dann, wenn die ritualisierten Formen der Konfliktlösung nicht mehr ausreichen, „der gesellschaftlichen Spaltung Sinn und Form zu geben", wenn mithin „der Konflikt als

64 Ebd. S. 172. Folgt man Dietmar Kamper, so wird diese „Desinkorporation der Individuen" – ihre Freisetzung aus dem Kollektivkörper – in der Moderne allerdings dadurch beantwortet, daß nun umgekehrt der Körper des Königs durch die Individuen „verinnerlicht" wird: „Mit der politischen Abschaffung der Monarchie, mit dem historischen Einsatz der Macht des Bürgertums, mit der sexuell betonten Köpfung des erigierten Königs in der französischen Revolution wird die ‚mystische Realität des Körpers' aus der Öffentlichkeit in die Privatheit der Seele des einzelnen Menschen verschoben. Sie macht seitdem, grob formuliert, die ‚Innerlichkeit' aus." (Dietmar Kamper, Der Körper des Königs. Über einen dauernden Effekt der symbolischen Ordnung im Abendland, in: ders., Zur Geschichte der Einbildungskraft, Reinbek bei Hamburg 1990, S. 205–225, hier S. 219.) In der Imago des eigenen Körpers als ‚Königskörper', sprich: als phallischer Einheit und Ganzheit, sieht Kamper – ähnlich wie Foucault – eine ‚Mikrophysik der Macht' am Werk, die gerade den Narzißmus der Individuen, und das heißt ihre Wunschproduktion, als Einfallsstelle benutzt.

65 Vgl. dazu oben Teil I, Kap. 3 und Kap. 4.1.

de facto-Konflikt in der ganzen Breite der Gesellschaft (erscheint)"[66] und diese in Anomie oder Bürgerkrieg aufzulösen droht. Erfolgt in solchen „Grenzsituationen (...) eine unglaubliche Besetzung derjenigen Vorstellungen, die das Indiz einer sozialen Identität und einer sozialen Einheit liefern"[67], so gebührt dem Bild des Körpers unter diesen Vorstellungen sicher der erste Platz. Dies zum einen, weil es einen unmittelbareren „Zugriff der Institutionalität auf die Triebe" gewährleistet als jede andere Vorstellung (zumal die eines wie immer gearteten Gesellschaftsvertrags, der die Möglichkeit seiner Auflösung bereits im Namen führt); zum anderen, weil zumindest dem christlichen Europa mit der Vorstellung des fleischgewordenen Gottes ein Modell der Verkörperung zur Verfügung steht, das Symbolisches und Reales auf ganz besondere Weise verschränkt. Konnotiert organische Metaphorik in allen ihren Varianten (das heißt im Kontext der vorliegenden Untersuchung vor allem: auch in der griechischen und römischen Antike) die Vorstellung einer präsymbolischen (substantiellen) sozialen Einheit, die ihr Prinzip durch alle Differenzierungen und Schismen der Gesellschaft hindurch aufrechterhält, so besteht die Besonderheit der paulinischen Umdeutung des antiken Gleichnisses darin, daß sie den sozialen Körper als Körper eines Gottes setzt, der zugleich als das ‚Haupt' der sozialen Gemeinschaft figuriert. *Vor* jeder Verfassung und jedem Herrschaftsvertrag hat sich also der symbolische Pol der Gemeinschaft, die Quelle ihres Gesetzes, im Christentum immer schon ‚pneumatisch' in den Leib der Gemeinschaft eingesenkt (eben darin besteht die christliche ‚Überwindung' des Gesetzes). Insofern Christus das ‚Haupt' der Gemeinde bleibt, ist diese freilich trotzdem in seinem (individuellen) Leib repräsentiert – eine modallogische Lösung des Herrschaftsproblems, die der Absolutismus mit der Lehre von den zwei Körpern des Königs für die weltlichen Gemeinwesen übernimmt. So kann man sagen, daß sich in der paulinischen Leib-Christi-Lehre wie auch in ihren säkularen Umschreibungen das Gesetz zwar verkörpert und sich so dem Realen einprägt, daß seine Verkörperungen aber dennoch der Immanenz der Gemeinschaft gegenüber transzendent bleiben und so die Schließung der Gemeinschaft in sich selbst verhindern. Es ist (auch) diese Exteriorität der Gemeinschaft zu sich selbst, die die Französische Revolution, ineins mit dem politischen Körper des Königs, beseitigt. Wenn Carl Schmitt in der *Politischen Romantik* schreibt, daß es „nicht das Gleiche" sei, „ob ein absoluter Monarch sagt, er selbst sei der Staat, oder wenn ein Jakobiner so handelt, daß er tatsächlich sagen könnte: la patrie c'est moi"[68], dann hat er genau den Unterschied im Sinn, der auch uns hier interessiert: „Der [absolute Monarch, S.L.] repräsentiert den Staat mit seiner individuellen Person; der [Jakobiner, S.L.] unterschiebt sich mit seiner Person dem Staat."[69] Ist das monarchische Prinzip mit seinem christologischen Hintergrund erst einmal beseitigt, ist jeder Versuch, die Gemeinschaft zu verkörpern, *eben weil er der Gemeinschaft immanent bleibt,* per se despotisch, *à la limite* totalitär.

66 Lefort, Fortdauer des Theologisch-Politischen?, S. 61.
67 Ebd.
68 Schmitt, Politische Romantik, S. 88.
69 Ebd.

Repräsentationslogisch gesehen stellt die Französische Revolution also sehr wohl einen Bruch dar, der es nicht erlaubt, von einer Kontinuität abendländischer Politik zu sprechen. Und auch Biopolitik ändert nach der Französischen Revolution ihren Sinn. Läßt sich gegen Foucault zeigen, daß Politik immer schon „Biopolitik“ in dem Sinn gewesen ist, daß das menschliche Leben, um gelebt werden zu können, instituiert werden muß[70] – eine Tatsache, die sich bereits in der griechischen Unterscheidung von *zoé* und *bios* niederschlägt –, so ist es genau diese Differenz von „bloßem“ und politisch instituiertem Leben, die im 19. Jahrhundert nicht mehr dargestellt werden kann. Reflektiert sich nach Foucault im 19. Jahrhundert „zum ersten Mal in der Geschichte (...) das Biologische im Politischen“[71], so galt das Interesse der vorliegenden Untersuchung allerdings mehr dem umgekehrten Vorgang: der insbesondere an den Texten Durkheims und Tönnies‘ aufgezeigten Reflexion des Politischen im Biologischen. Verstehen konnten wir so die in den soziologischen und politischen Texten entfaltete Metaphorik als den Versuch, der *desinkorporierten* Gesellschaft wieder einen Körper zu geben. Wird das Bild des Körpers im 19. Jahrhundert vom ‚Körper des Königs‘ auf neue Entitäten (Volk, Staat, Gesellschaft) übertragen, so wird es bei dieser Übertragung aber zugleich um eine wesentliche Dimension verkürzt: Ist nämlich in der gleichzeitig juridischen und politisch-theologischen Fiktion von den zwei Körpern des Königs die Differenz von Realem und Symbolischem (natürlichem und politischem Körper des Königs) in die politische Repräsentation selbst eingeschrieben, so verschmilzt der politische Körper des Volks im 19. Jahrhundert zunehmend mit seinem vorgeblich biologischen Substrat. Unter der Ägide der Biologie als neuer Leitwissenschaft vollzieht sich ein Prozeß der Entmetaphorisierung, der die symbolische Dimension des Politischen kassiert und in jener von Agamben beschriebenen Situation mündet, wo politische Macht und bloßes Leben einander vermittlungslos gegenüberstehen. Exemplarisch ablesbar wurde dieser Prozeß der Entmetaphorisierung an den soziologischen Texten und ihren von den Autoren oft nicht durchschauten und nicht kontrollierten Realitätseffekten. Was Claude Lefort als totalitäre Schließung der Gesellschaft beschreibt – den Versuch, die Macht zu materialisieren, das Symbolische im Realen ‚dingfest‘ zu machen – erscheint auf textueller Ebene als Buchstäblichnehmen der Metapher, als Naturalisierung der symbolischen Konstruktion der wissenschaftlichen Texte: Politischer Totalitarismus und wissenschaftlicher Positivismus arbeiten Hand in Hand an der Substantialisierung des gesellschaftlichen Gefüges, dessen Gesetz zunehmend nicht mehr als juridische Norm erscheint, sondern als Naturgesetz hypostasiert wird. Wird tatsächlich „der Körper der Gesellschaft (...) im Verlauf des 19. Jahrhunderts das neue Prinzip“[72], so spaltet sich dieser Körper freilich immer wieder auf in die „vielen Körper“ einer nie homogenen und nie mit sich identischen Bevölkerung einerseits und den imaginären und ganzheitlichen Kör-

70 Vgl. dazu oben Teil I, Kap. 4.2.

71 Foucault, Sexualität und Wahrheit Bd. 1, S. 169; vgl. oben S. 181.

72 Foucault, Macht und Körper, S. 91 (vgl. oben S. 182).

per des Volks andererseits. Das von der französischen Revolution in Aussicht gestellte „Genießen der Brüderlichkeit“ (Jean-Luc Nancy), das die bürgerliche Gesellschaft in sich nicht zu realisieren vermag, verschmilzt im zeitgenössischen politischen Imaginären unauflöslich mit dem Bild des Volkskörpers und seiner biopolitischen Durchsetzung. In dieser Verschmelzung bewahrt sich, was Jacques Derrida die „Ontopologie“ der Gemeinschaft genannt hat, jene „Axiomatik, die den ontologischen Wert des Anwesend-Seins *(on)* untrennbar (...) an die stabile und präsentierbare Bestimmung einer Lokalität [bindet] (den *topos* des Territoriums, des Bodens, der Stadt, des Körpers im allgemeinen).“[73]

Wenn es stimmt, daß das Imaginäre des Menschen „am Körper“ ansetzt, wie Lacan sagt, dann ist freilich die Frage, wie dieses Imaginäre sich (politisch) begrenzen, ob der Archaismus jener Ontopologie sich überwinden läßt. Voraussetzung dafür wäre sicher, jenen Vorgang der *Nationalisierung* erneut zu analysieren, den schon Georg Simmel als Überblendung räumlicher und seelischer (soziologischer) Grenzen beschrieben hat.[74] Unter Bezug auf Simmel und Carl Schmitt weist auch Friedrich Balke auf die „Fiktionalisierungsfunktion des Raum-Denkens“ und ihren Wert für den Prozeß des *nation-building* hin:

> „Die Funktion des vom Staat eingehegten Raums ist es, die Bevölkerung mit einem (imaginären) Körper auszustatten, der ihr erlaubt, sich als ‚Volk‘ zu erleben und als ‚Volk‘ zu handeln. Darin besteht der Vorgang der Nationalisierung. Wie der König nach Kantorowicz hat nämlich auch das Volk zwei Körper, einen dispersen (zusammengesetzt aus den ‚empirischen‘ Körpern der das Volk ‚tragenden‘ Bevölkerung eines historisch kontingent abgegrenzten Territoriums) und einen homogenen, der sich als Effekt der imaginären, fiktionalen Vereinheitlichungsfunktion des umhegten Raumes (...) herstellt.“[75]

Erst wenn die staatlichen Grenzen zu seelischen Grenzen geworden sind, wenn der Körper des einzelnen psychosomatisch, via Körperbild, mit dem imaginären Volkskörper verkoppelt ist, wird die Ontopologie der Gemeinschaft *vital.* Erst dann hat auch die Forderung, fürs Vaterland zu sterben, Aussicht auf Erfolg – verteidigt doch fortan, wer sein Vaterland verteidigt, zugleich die Integrität seiner eigenen Körperimago. Nicht zufällig bemißt sich der Grad erreichter nationaler Identifizierung an der Fähigkeit, sich kollektiv dem Tod auszusetzen. Und nicht zufällig herrscht an den politischen Grenzen des 19. und 20. Jahrhunderts nicht die Neutralität, mit der etwa zwei Raumstücke aneinandergrenzen, sondern eine

---

73 Derrida, Marx‘ Gespenster, S. 135; vgl. oben S. 105.

74 Vgl. dazu Georg Simmel, Der Raum und die räumlichen Ordnungen der Gesellschaften, in: ders., Gesamtausgabe 11: Soziologie. Untersuchungen über die Formen der Vergesellschaftung, Frankfurt/M. 1992 und Susanne Lüdemann, Die Solidarität von Staat und Raum. Politische Grenzen, soziologische Grenzen, Körpergrenzen, in: Ästhetik & Kommunikation 29 (1998), H. 103, S. 77–82; wiederabgedruckt in: Grenzenlose Gesellschaft? Verhandlungen des 29. Kongresses der Deutschen Gesellschaft für Soziologie in Freiburg i. Br. 1998, hg. v. Claudia Honegger, Stefan Hradil u. Franz Traxler, Opladen 1999, S. 359–369.

75 Friedrich Balke, Die Figur des Fremden bei Carl Schmitt und Georg Simmel, in: Sociologia Internationalis 30 (1992), S. 39–59, hier S. 47.

Spannung, die Simmel als prekären „Indifferenzzustand von Defensive und Offensive"[76] beschrieben hat. So steht die von Foucault analysierte „Mikrophysik der Macht", die politische Anatomie des menschlichen Körpers, sicherlich nicht ausschließlich im Dienst des Lebens. Unstreitig leisten aber die Disziplinen jene psychosomatische Integration, durch die die Körper der einzelnen in die kollektiven Großkörper, die „Mannschaften" des imaginären Volkskörpers eingeschmolzen werden. „Der historische Augenblick der Disziplinen", schreibt Foucault, „ist der Augenblick, in dem eine Kunst des Körpers das Licht der Welt erblickt. (...) Der menschliche Körper geht in eine Machtmaschinerie ein, die ihn durchdringt, zergliedert und wieder zusammensetzt."[77] Auch die Nationalisierung, das *nation-building* oder die politische Konstruktion des Volks ist eine solche *Kunst des Körpers.* Sie funktioniert über die mit den Disziplinierungstechniken verbundene Produktion und Manipulation von Körperbildern.

Die Tradition, in deren Zeichen sich diese Naturalisierung und Vitalisierung nationaler Grenzen im 19. Jahrhundert vollzieht, ist freilich, wie wir gesehen haben, alt. Sie wieder ins Bewußtsein zu heben, ist die Bedingung der Möglichkeit ihrer Überwindung.

---

76 Simmel, Der Raum, S. 695.

77 Michel Foucault, Überwachen und Strafen. Die Geburt des Gefängnisses, Frankfurt/M. 1976, S. 176.

Literaturverzeichnis

Adorno, Theodor W.: Zum Verhältnis von Soziologie und Psychologie, in: ders., Gesammelte Werke, Bd. 8, Soziologische Schriften I, Frankfurt/M. 1972, S. 42-92.

Agamben, Giorgio: Homo sacer. Die souveräne Macht und das nackte Leben, Frankfurt/M. 2002.

Agamben, Giorgio: Mittel ohne Zweck. Noten zur Politik, Freiburg / Berlin 2001.

Akoun, André: Die Soziologie, in: François Chatelet (Hg.), Geschichte der Philosophie, Bd. VII: Die Philosophie der Sozialwissenschaften (1860 bis heute), Frankfurt/M. / Berlin / Wien 1975, S. 102-128.

Aland, Barbara: Was ist Gnosis? Wie wurde sie überwunden? Versuch einer Kurzdefinition, in: Jacob Taubes (Hg.), Religionstheorie und Politische Theologie, Bd. 2: Gnosis und Politik, München / Paderborn / Wien / Zürich 1984, S. 54-65.

Antelme, Robert: Das Menschengeschlecht, München 1987.

Arendt, Hannah: Elemente und Ursprünge totaler Herrschaft, München / Zürich 1986.

Aristoteles: Politik, übers. u. hg. v. Olof Gigon, 8. Aufl., München 1998.

Artikel „Ordnung", in: Joachim Ritter u. Karlfried Gründer (Hg.), Historisches Wörterbuch der Philosophie, Bd. 6, Stuttgart 1984, Sp. 1249-1309.

Balibar, Etienne u. Wallerstein, Immanuel: Rasse, Klasse, Nation. Ambivalente Identitäten, 2. Aufl., Hamburg 1998.

Balke, Friedrich: Die Figur des Fremden bei Carl Schmitt und Georg Simmel, in: Sociologia Internationalis 30 (1992), S. 39-59.

Barast, David: Das Flüstern in uns. Menschliches Verhalten im Lichte der Soziobiologie, Frankfurt/M. 1981.

Barthes, Roland: Die Lust am Text, Frankfurt/M. 1974.

Barthes, Roland: L'effet de réel, in: Communications 11 (1968), S. 84-89.

Bellah, Robert: Introduction to Émile Durkheim, On Morality and Society, in: Émile Durkheim, Selected Writings, ed. R. Bellah, Chicago / London 1973.

Benjamin, Walter: Zur Kritik der Gewalt, in: ders., Gesammelte Schriften, hg. v. Rolf Tiedemann u. Hermann Schweppenhäuser, Bd. II.1, Frankfurt/M. 1980, S. 179-203.

Black, Max: Die Metapher, in: Anselm Haverkamp (Hg.), Theorie der Metapher, 2. Aufl., Darmstadt 1996, S. 55-79.

Black, Max: Mehr über die Metapher, in: Anselm Haverkamp (Hg.), Theorie der Metapher, 2. Aufl., Darmstadt 1996, S. 379-413.

Bloch, Ernst: Geist der Utopie, bearbeitete Neuauflage der 2. Fassung von 1923, in: ders., Gesamtausgabe der Werke, Bd. 3, Frankfurt/M. 1964.

Blumenbach, Johann Friedrich: Über den Bildungstrieb und das Zeugungsgeschäfte (1781), zit. nach Ilse Jahn, Grundzüge der Biologiegeschichte, Jena 1990.

Blumenberg, Hans: Anthropologische Annäherung an die Aktualität der Rhetorik, in: ders., Wirklichkeiten, in denen wir leben, Stuttgart 1993, S. 104-136.

Blumenberg, Hans: Ausblick auf eine Theorie der Unbegrifflichkeit, in: ders., Schiffbruch mit Zuschauer, Frankfurt/M. 1979, S. 77-93.

Blumenberg, Hans: Beobachtungen an Metaphern, in: Archiv für Begriffsgeschichte XV (1971), S. 161-214.

Blumenberg, Hans: Paradigmen zu einer Metaphorologie, Frankfurt/M. 1998.

Blumenberg, Hans: Säkularisierung und Selbstbehauptung. Erweiterte und überarbeitete Neuaufl. von „Die Legitimität der Neuzeit“, erster u. zweiter Teil, Frankfurt/M. 1974.

Böckenförde, Ernst Wolfgang u. Dohrn-van Rossum, Gerhard: Artikel „Organ, Organismus, politischer Körper“, in: Otto Brunner, Werner Conze u. Reinhart Koselleck (Hg.), Geschichtliche Grundbegriffe. Historisches Lexikon zur politisch-sozialen Sprache in Deutschland, Bd. 4, Stuttgart 1978, S. 519-621.

Bolz, Norbert: Stop Making Sense, Würzburg 1989.

Bourdieu, Pierre: Klassenstellung und Klassenlage, in: ders., Zur Soziologie der symbolischen Formen, 6. Aufl., Frankfurt/M. 1997, S. 42-74.

Bousset, W.: Kyrios Christos. Geschichte des Christusglaubens von den Anfängen bis zur Gegenwart, 4. Aufl., Göttingen 1935.

Canguilhem, Georges: La connaissance de la vie, Paris 1965.

Castoriadis, Cornelius: Durchs Labyrinth, Frankfurt/M. 1981.

Castoriadis, Cornelius: Gesellschaft als imaginäre Institution. Entwurf einer politischen Philosophie, Frankfurt/M. 1990.

Dahl, Nils A.: Das Volk Gottes, Oslo 1941.

David-Ménard, Monique: Les constructions de l'universel. Psychanalyse, philosophie, Paris 1997.

de Man, Paul: Epistemologie der Metapher, in: Anselm Haverkamp (Hg.), Theorie der Metapher, 2. Aufl., Darmstadt 1996, S. 414-437.

de Man, Paul: Semiologie und Rhetorik, in: ders., Allegorien des Lesens, Frankfurt/M. 1988, S. 31-51.

de Man, Paul: The Resistance to Theory, in: ders., The Resistance to Theory, Minneapolis 1986, S. 3-20.

Demandt, Alexander: Metaphern für Geschichte. Sprachbilder und Gleichnisse im historisch-politischen Denken, München 1978.

Derrida, Jacques: Der Entzug der Metapher, in: Anselm Haverkamp (Hg.), Die paradoxe Metapher, Frankfurt/M. 1998, S. 197-234.

Derrida, Jacques: Die weiße Mythologie. Die Metapher im philosophischen Text, in: ders., Randgänge der Philosophie, Wien 1988, S. 205-258.

Derrida, Jacques: Gesetzeskraft. Der ‚mystische Grund der Autorität‘, Frankfurt/M. 1991.

Derrida, Jacques: Marx‘ Gespenster, Frankfurt/M. 1995.

Diels, Hermann u. Kranz, Walther (Hg.), Die Fragmente der Vorsokratiker, 3 Bde., 10. Aufl., Berlin 1961.

Dolto, Françoise: Das unbewußte Bild des Körpers, Weinheim / Berlin 1987.

Dupont, Florence: The Emperor-Gods Other Body, in: Michel Feher (Hg.), Fragments for a History of the Human Body, New York 1990, S. 397-419.

Durand, Gilbert: Le Grand Changement ou l'après-Bachelard, in: Cahiers de l‘imaginaire 1 (1988), S. 5-14.

Durkheim, Émile: Die elementaren Formen des religiösen Lebens, Frankfurt/M. 1994.

Durkheim, Émile: Erziehung, Moral und Gesellschaft, Neuwied am Rhein / Darmstadt 1973.

Durkheim, Émile: Gemeinschaft und Gesellschaft nach Tönnies, in: ders., Über Deutschland. Texte aus den Jahren 1887 – 1915, Konstanz 1995, S. 217-225.

Durkheim, Émile: Über die Teilung der sozialen Arbeit, Frankfurt/M. 1977.

Erdmann, Karl Dietrich: Wissenschaft im Dritten Reich, Kiel 1967.

Eßbach, Wolfgang: Gemeinschaft – Rassismus – Biopolitik, in: Wolfgang Pircher (Hg.), Das Fremde – der Gast, Wien 1993, S. 19-35.

Fink-Eitel, Hinrich: Gemeinschaft als Macht. Zur Kritik des Kommunitarismus, in: Micha Brumlik u. Hauke Brunkhorst (Hg.), Gemeinschaft und Gerechtigkeit, Frankfurt/M. 1993, S. 306-322.
Foucault, Michel: Die Ordnung der Dinge, Frankfurt/M. 1974.
Foucault, Michel: Die Ordnung des Diskurses, Frankfurt/M. 1991.
Foucault, Michel: In Verteidigung der Gesellschaft. Vorlesungen am Collège de France (1975-76), Frankfurt/M. 1999.
Foucault, Michel: Macht und Körper. Ein Gespräch mit der Zeitschrift Quel Corps?, in: Mikrophysik der Macht. Michel Foucault über Strafjustiz, Psychiatrie und Medizin, Berlin o.J., S. 91-98.
Foucault, Michel: Sexualität und Wahrheit, Bd. 1: Der Wille zum Wissen, Frankfurt/M. 1977.
Fox Keller, Evelyn: Das Leben neu denken. Metaphern der Biologie im 20. Jahrhundert, München 1998.
Frank, Thomas; Koschorke, Albrecht; Lüdemann, Susanne u. Matala de Mazza, Ethel: Des Kaisers neue Kleider. Über das Imaginäre politischer Herrschaft, Frankfurt/M. 2002.
Freud, Sigmund: Das Unbewußte, in: Sigmund Freud Studienausgabe, Bd. III: Psychologie des Unbewußten, Frankfurt/M. 1975, S. 119-174.
Freud, Sigmund: Der Mann Moses und die monotheistische Religion, in: Sigmund Freud Studienausgabe, Bd. IX: Fragen der Gesellschaft / Ursprünge der Religion, Frankfurt/M. 1974, S. 455-584.
Freud, Sigmund: Die Traumdeutung, Sigmund Freud Studienausgabe, Bd. II, Frankfurt/M. 1972.
Freud, Sigmund: Die Verdrängung, in: Sigmund Freud Studienausgabe, Bd. III: Psychologie des Unbewußten, Frankfurt/M. 1975, S. 103-118.
Freud, Sigmund: Drei Abhandlungen zur Sexualtheorie, in: Sigmund Freud Studienausgabe, Bd. V: Sexualleben, Frankfurt/M. 1972, S. 37-145.
Freud, Sigmund: Entwurf einer Psychologie, Frankfurt/M. 1987.
Freud, Sigmund: Über einen autobiographisch beschriebenen Fall von Paranoia, in: Sigmund Freud Studienausgabe, Bd. VII: Zwang, Paranoia und Perversion, Frankfurt/M. 1973, S. 133-204.
Fuchs, Peter: Die Erreichbarkeit der Gesellschaft. Zur Konstruktion und Imagination gesellschaftlicher Einheit, Frankfurt/M. 1992.
Fuchs, Peter: Die Metapher des Systems. Studien zu der allgemein leitenden Frage, wie sich der Tänzer vom Tanz unterscheiden lasse, Weilerswist 2001.
Gasché, Rodolphe: Eine sogenannte „literarische Erzählung“. Derrida über Kafkas „Vor dem Gesetz“, in: Bernhard Waldenfels u. Hans-Dieter Gondek (Hg.), Einsätze des Denkens. Zur Philosophie von Jacques Derrida, Frankfurt/M. 1997, S. 256-286.
Geulen, Eva: Form-of-Life / Forma-di-vita. On a Distinction in Agamben, unveröff. Typoskript, 15 S.
Gierke, Otto von: Das Wesen der menschlichen Verbände. Rede bei Antritt des Rektorats am 15. Okt. 1902, Leipzig 1902.
Grange, Juliette: Du corps politique à l'organisme social. De la philosophie politique à la sociologie et la science politique, in: Revue Internationale de Philosophie I, 203 (1998), S. 95-110.
Haverkamp, Anselm (Hg.): Die paradoxe Metapher, Frankfurt/M. 1998.
Haverkamp, Anselm (Hg.): Gewalt und Gerechtigkeit. Derrida – Benjamin, Frankfurt/M. 1994.

Haverkamp, Anselm (Hg.): Theorie der Metapher, 2., um ein Nachwort zur Neuausgabe und einen bibliographischen Nachtrag ergänzte Auflage, Darmstadt 1996.

Haverkamp, Anselm: Einleitung in die Theorie der Metapher, in: ders. (Hg.), Theorie der Metapher, 2. Aufl., Darmstadt 1996, S. 1-30.

Hegel, Georg Wilhelm Friedrich: Grundlinien der Philosophie des Rechts, hg. v. Helmut Reichelt, Frankfurt/M.-Berlin-Wien 1972.

Hegel, Georg Wilhelm Friedrich: Jenenser Realphilosophie II, hg. v. Johannes Hoffmeister, Leipzig 1931.

Hegel, Georg Wilhelm Friedrich: Über die wissenschaftlichen Behandlungsarten des Naturrechts, seine Stelle in der praktischen Philosophie und sein Verhältnis zu den positiven Rechtswissenschaften, in: ders., Werke in zwanzig Bänden (Suhrkamp Theorie Werkausgabe), Bd. 2, Jenaer Schriften, Frankfurt/M. 1970, S. 434-532.

Heidegger, Martin: Der Satz vom Grund, 6. Aufl., Pfullingen 1986.

Heidegger, Martin: Die Selbstbehauptung der deutschen Universität/Das Rektorat 1933/34, Frankfurt/M. 1983.

Heidegger, Martin: Einführung in die Metaphysik, 4. Aufl., Tübingen 1976.

Hobbes, Thomas: Der Körper. Elemente der Philosophie, Erste Abteilung, hg. v. Karl Schuhmann, Hamburg 1997.

Hobbes, Thomas: Leviathan oder Stoff, Form und Gewalt eines kirchlichen und bürgerlichen Staates, hg. v. Iring Fetscher, Frankfurt/M. 1984.

Hobbes, Thomas: Naturrecht und allgemeines Staatsrecht in den Anfangsgründen, hg. v. Ferdinand Tönnies, Neudruck, Darmstadt 1976.

Hobbes, Thomas: Vom Menschen. Vom Bürger. Elemente der Philosophie II/III, hg. v. Günter Gawlick, 3. Aufl., Hamburg 1994.

Hofmann, Hasso: Repräsentation. Studien zur Wort- und Begriffsgeschichte von der Antike bis ins 19. Jahrhundert, Berlin 1974.

Hume, David: Treatise on human nature (1738), New York 1963.

Immermann, Karl Leberecht: Die Epigonen. Familienmemoiren in neun Büchern, Werke Bd. 2, hg. v. Benno v. Wiese, Frankfurt/M. 1971.

Iser, Wolfgang: Das Fiktive und das Imaginäre. Perspektiven literarischer Anthropologie, Frankfurt/M. 1993.

Jacob, François: Die Logik des Lebendigen. Von der Erzeugung zum genetischen Code, Frankfurt/M. 1972.

Jahn, Ilse: Grundzüge der Biologiegeschichte, Jena 1990.

Jakobson, Roman: Der Doppelcharakter der Sprache und die Polarität zwischen Metaphorik und Metonymik, in: Anselm Haverkamp (Hg.), Theorie der Metapher, 2. Aufl., Darmstadt 1996, S. 163-174.

Jellinek, Georg: Allgemeine Staatslehre, 3. Aufl., Berlin/Zürich 1966.

Joas, Hans: Institutionalization as a Creative Process: The Sociological Importance of Cornelius Castoriadis's Political Philosophy. Review Essay, in: American Journal of Sociology 94, 5 (1989), S. 1184-1190.

Kamper, Dietmar: Der Körper des Königs. Über einen dauernden Effekt der symbolischen Ordnung im Abendland, in: ders., Zur Geschichte der Einbildungskraft, Reinbek bei Hamburg 1990, S. 205-229.

Kamper, Dietmar: Zur Soziologie der Imagination, München / Wien 1986.

Kant, Immanuel: Die Metaphysik der Sitten, Werkausgabe Bd. VIII, hg. v. Wilhelm Weischedel, Frankfurt/M. 1977.

Kant, Immanuel: Kritik der Urteilskraft, Werkausgabe Bd. X, hg. v. Wilhelm Weischedel, Frankfurt/M. 1977.

Kantorowicz, Ernst H.: Die zwei Körper des Königs. Eine Studie zur politischen Theologie des Mittelalters, München 1994.
Käsemann, Ernst: Leib und Leib Christi. Eine Untersuchung zur paulinischen Begrifflichkeit, Tübingen 1933.
Käsler, Dirk: Erfolg eines Mißverständnisses? Zur Wirkungsgeschichte von „Gemeinschaft und Gesellschaft", in: Lars Clausen (Hg.), Hundert Jahre „Gemeinschaft und Gesellschaft". Ferdinand Tönnies in der internationalen Diskussion, Opladen 1991, S. 517-526.
Klauck, Hans-Josef: Herrenmahl und hellenistischer Kult. Eine religionsgeschichtliche Untersuchung zum ersten Korintherbrief, Münster 1982.
Koschorke, Albrecht: System. Die Ästhetik und das Anfangsproblem, in: Robert Stockhammer (Hg.), Grenzwerte des Ästhetischen, Frankfurt/M. 2002, S. 146-163.
Koselleck, Reinhart: ‚Erfahrungsraum' und ‚Erwartungshorizont' - zwei historische Kategorien, in: ders., Vergangene Zukunft, 3. Aufl., Frankfurt/M. 1995, S. 349-375.
Koselleck, Reinhart: Kritik und Krise. Eine Studie zur Pathogenese der bürgerlichen Welt, Frankfurt/M. 1973.
Kuhn, Thomas S.: Die Struktur wissenschaftlicher Revolutionen, 2. Aufl., München 1995.
Lacan, Jacques: Das Spiegelstadium als Bildner der Ich-Funktion, wie sie uns in der psychoanalytischen Erfahrung erscheint, in: ders., Schriften I, Olten/Freiburg 1973, S. 61–70.
Lacan, Jacques: Die Ethik der Psychoanalyse. Das Seminar Buch VII, Weinheim / Berlin 1996.
Lacan, Jacques: Die vier Grundbegriffe der Psychoanalyse. Das Seminar Buch XI, 4. Aufl., Weinheim / Berlin 1996.
Lacan, Jacques: Funktion und Feld des Sprechens und der Sprache in der Psychoanalyse, in: ders., Schriften I, Olten / Freiburg 1973, S. 71-170.
Lamarck, Jean Baptiste: Zoologische Philosophie, Jena 1876.
Lang, Herrmann: Die Sprache und das Unbewußte, Frankfurt/M. 1986.
Laplanche, Jean u. Pontalis, Jean-Bertrand: Urphantasie. Phantasien über den Ursprung, Ursprünge der Phantasie, Frankfurt/M. 1992.
Lefort, Claude: Fortdauer des Theologisch-Politischen?, Wien 1999.
Lefort, Claude: L'image du corps et le totalitarisme, in: ders., L'invention démocratique. Les limites de la domination totalitaire, Paris 1994, S. 159-176.
Legendre, Pierre: Das Verbrechen des Gefreiten Lortie. Abhandlung über den Vater, Freiburg/Br. 1998.
Legendre, Pierre: L'image ou la division sacré/profane, in: Quantara. Magazine des cultures arabe et méditerranéenne 15 (1995).
Legendre, Pierre: Le désir politique de Dieu, Leçons VII, Paris 1988.
Legendre, Pierre: Les Enfants du Texte. Étude sur la fonction parentale des États, Leçons VI, Paris 1992.
Leitgeb, Hanna u. Vismann, Cornelia: Das unheilige Leben. Gespräch mit dem italienischen Philosophen Giorgio Agamben, in: Literaturen 1 (Januar 2001), S. 16-22.
Lévi-Strauss, Claude: Die Struktur der Mythen, in: ders., Strukturale Anthropologie I, Frankfurt/M. 1991, S. 226-254.
Lévi-Strauss, Claude: Die Strukturanalyse in der Sprachwissenschaft und in der Anthropologie, in: ders., Strukturale Anthropologie I, Frankfurt/M. 1991, S. 43-67.
Lévi-Strauss, Claude: Mythos und Bedeutung. Vorträge, Frankfurt/M. 1980.
Lipowatz, Thanos: Politik der Psyche, Wien 1998.
Livius, Titus: Ab urbe condita, Liber II / Römische Geschichte, 2. Buch, Lateinisch / Deutsch, übers. u. hg. v. Marion Giebel, Stuttgart 1987.

Loewenberg, Ina: Identifying Metaphors, in: Foundation of Language 12 (1975), S. 315-338.
Loraux, Nicole: Das Band der Teilung, in: Joseph Vogl (Hg.), Gemeinschaften. Positionen zu einer Philosophie des Politischen, Frankfurt/M. 1994, S. 31-64.
Lubac, Henri de: Corpus mysticum, 2. Aufl., Paris 1949.
Lüdemann, Susanne: Die Solidarität von Staat und Raum. Politische Grenzen, soziologische Grenzen, Körpergrenzen, in: Ästhetik & Kommunikation, 29 (1998), H. 103, S. 77-82; wiederabgedruckt in: Grenzenlose Gesellschaft? Verhandlungen des 29. Kongresses der Deutschen Gesellschaft für Soziologie in Freiburg i. Br. 1998, hg. v. Claudia Honegger, Stefan Hradil u. Franz Traxler, Opladen 1999, S. 359-369.
Lüdemann, Susanne: Jenseits des Realitätsprinzips. Struktur und Funktion des Phantasmas, in: Stephan Porombka u. Susanne Scharnowski (Hg.), Phänomene der Derealisierung, Wien 1999, S. 155-166.
Lüdemann, Susanne: Mythos und Selbstdarstellung. Zur Poetik der Psychoanalyse, Freiburg 1994.
Luhmann, Niklas: Arbeitsteilung und Moral. Durkheims Theorie. Einleitung zu: Émile Durkheim, Über die Teilung der sozialen Arbeit, Frankfurt/M. 1977, S. 17-35.
Luhmann, Niklas: Das Moderne der modernen Gesellschaft, in: ders., Beobachtungen der Moderne, Opladen 1992, S. 11-50.
Luhmann, Niklas: Soziale Systeme. Grundriß einer allgemeinen Theorie, Frankfurt/M. 1987.
Luhmann, Niklas: Tautologie und Paradoxie in den Selbstbeschreibungen der modernen Gesellschaft, in: ders., Protest. Systemtheorie und soziale Bewegungen, hg. v. Kai-Uwe Hellmann, Frankfurt/M. 1996, S. 79-106.
Luhmann, Niklas: Wie ist soziale Ordnung möglich, in: ders., Gesellschaftsstruktur und Semantik. Studien zur Wissenssoziologie der modernen Gesellschaft, Bd. 2, Frankfurt/M. 1993, S. 195-286.
Lukes, Steven: Émile Durkheim. His Life and Work. A Historical and Critical Study, London 1973.
Lyotard, Jean-François: Das postmoderne Wissen, Wien 1994.
Macpherson, Crawford B.: Die politische Theorie des Besitzindividualismus. Von Hobbes bis Locke, Frankfurt/M. 1967.
Maier, Wolfgang: Erkenntnisziele einer organismischen Biologie – unter besonderer Berücksichtigung der Strukturforschung, in: ders. u. Thomas Zoglauer (Hg.), Technomorphe Organismuskonzepte. Modellübertragungen zwischen Biologie und Technik, Stuttgart / Bad Cannstatt 1994, S. 67-100.
Maine, Henry Sumner: Ancient Law. Its Connection with the Early History of Society and its Relation to Modern Ideas, London 1931.
Makropoulos, Michael: Modernität als ontologischer Ausnahmezustand. Walter Benjamins Theorie der Moderne, München 1989.
Makropoulos, Michael: Modernität und Kontingenz, München 1997.
Mannheim, Karl: Ideologie und Utopie, 8. Aufl., Frankfurt/M. 1995.
Marquard, Odo: Das gnostische Rezidiv als Gegenneuzeit. Ultrakurztheorem in lockerem Anschluß an Blumenberg, in: Jacob Taubes (Hg.), Religionstheorie und Politische Theologie, Bd. 2: Gnosis und Politik, München / Paderborn / Wien / Zürich 1984, S. 31-36.
Marten, Heinz-Georg: Sozialbiologismus. Biologische Grundpositionen der politischen Ideengeschichte, Frankfurt/M. 1983.
Matala de Mazza, Ethel: Der verfasste Körper. Zum Projekt einer organischen Gemeinschaft in der politischen Romantik, Freiburg 1999.

Meuzelaar, Jacobus Johannes: Der Leib des Messias. Eine exegetische Studie über den Gedanken vom Leib Christi in den Paulusbriefen, Assen 1961.
Meyer, Ahlrich: Artikel „Organismus", in: Joachim Ritter u. Karlfried Gründer (Hg.), Historisches Wörterbuch der Philosophie, Bd. 6, Stuttgart 1984, Sp. 1330-1357.
Meyer, Ahlrich: Mechanische und organische Metaphorik politischer Philosophie, in: Archiv für Begriffsgeschichte XIII (1969), S. 128-199.
Müller, Klaus: Allgemeine Systemtheorie. Geschichte, Methodologie und sozialwissenschaftliche Heuristik eines Wissenschaftsprogramms, Opladen 1996.
Müller-Sievers, Helmut: Über Zeugungskraft. Biologische, philosophische und sprachliche Generativität um 1800, in: Hans-Jörg Rheinberger, Michael Hagner, Bettina Wahrig-Schmidt (Hg.), Räume des Wissens. Repräsentation, Codierung, Spur, Berlin 1997, S. 145-164.
Münkler, Herfried: Politische Bilder, Politik der Metaphern, Frankfurt/M. 1994.
Nancy, Jean-Luc: Die undarstellbare Gemeinschaft, Stuttgart 1988.
Nietzsche, Friedrich: Über Wahrheit und Lüge im außermoralischen Sinn, in: Werke Bd. III, hg. v. Karl Schlechta, München 1969, S. 309-322.
Nonnenmacher, Günter: Die Ordnung der Gesellschaft. Mangel und Herrschaft in der politischen Philosophie der Neuzeit: Hobbes, Locke, Adam Smith, Rousseau, Weinheim 1989.
Papageorgiou-Legendre, Alexandra u. Legendre, Pierre: Filiation. Fondement généalogique de la psychanalyse, Leçons IV, suite 2, Paris 1990.
Parsons, Talcott: The Structure of Social Action, London / New York 1966.
Peil, Dietmar: Der Streit der Glieder mit dem Magen. Studien zur Überlieferungs- und Deutungsgeschichte der Fabel des Menenius Agrippa von der Antike bis ins 20. Jahrhundert, Frankfurt/M. / Bern / New York 1985.
Peil, Dietmar: Untersuchungen zur Staats- und Herrschaftsmetaphorik in literarischen Zeugnissen von der Antike bis zur Gegenwart, München 1983.
Penzlin, Heinz: Der Reduktionismus und das Lebensproblem, in: Wolfgang Maier u. Thomas Zoglauer (Hg.), Technomorphe Organismuskonzepte. Modellübertragungen zwischen Biologie und Technik, Stuttgart / Bad Cannstatt 1994, S. 47-66.
Platon: Politeia, übers. v. Friedrich Schleiermacher, Sämtliche Werke Bd. 3, 11. Aufl., Reinbek bei Hamburg 1967.
Platon: Timaios, übers. v. Friedrich Schleiermacher, Sämtliche Werke Bd. 5, 6. Aufl., Reinbek bei Hamburg 1966.
Plessner, Helmuth: Abwandlungen des Ideologiegedankens, in: ders., Gesammelte Schriften, Bd. X: Schriften zur Soziologie und Sozialphilosophie, hg. v. Günter Dux, Odo Marquard u. Elisabeth Ströker, Frankfurt/M. 1985, S. 41-70.
Plessner, Helmuth: Die Stufen des Organischen und der Mensch, Gesammelte Schriften, Bd. IV, hg. v. Günter Dux, Odo Marquard u. Elisabeth Ströker, Frankfurt/M. 1981.
Plessner, Helmuth: Grenzen der Gemeinschaft. Eine Kritik des sozialen Radikalismus, in: ders., Gesammelte Schriften, Bd. V: Macht und menschliche Natur, hg. v. Günter Dux, Odo Marquard u. Elisabeth Ströker, Frankfurt/M. 1981.
Plessner, Helmuth: Zur Anthropologie des Schauspielers, in: ders., Gesammelte Schriften, Bd. VII: Ausdruck und menschliche Natur, hg. v. Günter Dux, Odo Marquard u. Elisabeth Ströker, Frankfurt/M. 1982, S. 399-418.
Rancière, Jacques: Die Gemeinschaft der Gleichen, in: Joseph Vogl (Hg.), Gemein schaften. Positionen zu einer Philosophie des Politischen, Frankfurt /M. 1994, S. 101-132.
Rheinberger, Hans-Jörg: Organismus und Organisation, in: Der Wunderblock. Zeitschrift für Psychoanalyse 17 (1987), S. 9-18.

Richards, Ivor Armstrong: Die Metapher, in: Anselm Haverkamp (Hg.), Theorie der Metapher, 2. Aufl., Darmstadt 1996, S. 31-54.

Ricoeur, Paul: Die Metapher und das Hauptproblem der Hermeneutik, in: Anselm Haverkamp (Hg.), Theorie der Metapher, 2. Aufl., Darmstadt 1996, S. 356-378.

Riedel, Manfred: Zum Verhältnis von Ontologie und politischer Theorie bei Hobbes, in: Reinhart Koselleck u. Roman Schnur (Hg.), Hobbes-Forschungen, Berlin 1969, S. 103-118.

Rigotti, Francesca: Die Macht und ihre Metaphern. Über die sprachlichen Bilder der Politik, Frankfurt/M. 1994.

Sandel, Michael: Die verfahrensrechtliche Republik und das ungebundene Selbst, in: Axel Honneth (Hg.), Kommunitarismus. Eine Debatte über die moralischen Grundlagen moderner Gesellschaften, Frankfurt/M. / New York 1995, S. 18-35.

Saussure, Ferdinand de: Grundfragen der allgemeinen Sprachwissenschaft, 2. Aufl., Berlin 1967.

Schmithals, Werner: Neues Testament und Gnosis, Darmstadt 1984.

Schmitt, Carl: Der Leviathan in der Staatslehre des Thomas Hobbes. Sinn und Fehlschlag eines politischen Symbols, Köln 1982.

Schmitt, Carl: Der Staat als Mechanismus bei Hobbes und Descartes, in: Archiv für Rechts- und Sozialphilosophie, Bd. XXX (1936/37), S. 622-632.

Schmitt, Carl: Politische Romantik, 5. Aufl., Berlin 1991.

Schmitt, Carl: Politische Theologie. Vier Kapitel zur Lehre von der Souveränität, 4. Aufl., Berlin 1985.

Schneider, Manfred: Luther mit McLuhan, in: ders. u. Samuel Weber (Hg.), Diskursanalysen 1. Medien, Opladen 1987, S. 13-25.

Shannon, Claude u. Weaver, Warren: Mathematische Grundlagen der Informationstheorie, München 1976.

Simmel, Georg: Der Raum und die räumlichen Ordnungen der Gesellschaften, in: ders., Gesamtausgabe, Bd. 11: Soziologie. Untersuchungen über die Formen der Vergesellschaftung, Frankfurt/M. 1992, S. 687-790.

Soeffner, Hans-Georg: Interaktion und Interpretation. Überlegungen zu Prämissen des Interpretierens in der Sozial- und Literaturwissenschaft, in: ders. (Hg.), Interpretative Verfahren in den Sozial- und Textwissenschaften, Stuttgart 1979, S. 328-351.

Strauss, Leo: Hobbes' politische Wissenschaft, Neuwied am Rhein / Berlin 1965.

Taubes, Jacob: Die politische Theologie des Paulus: Vorträge, gehalten an der Forschungsstätte der Evangelischen Studiengemeinschaft in Heidelberg, 23.-27. Feb. 1987, 2. Aufl., München 1995.

Taubes, Jacob: Statt einer Einleitung: Leviathan als sterblicher Gott, in: ders. (Hg.), Der Fürst dieser Welt. Carl Schmitt und die Folgen. Religionstheorie und Politische Theologie, Bd. 1, 2., verbesserte Aufl., München / Paderborn 1985, S. 9-15.

Theweleit, Klaus: Das Land, das Ausland heißt. Essays, Reden, Interviews zu Politik und Kunst, München 1995.

Tönnies, Ferdinand: Das Wesen der Soziologie, in: ders., Soziologische Studien und Kritiken, Bd. I, Jena 1925, S. 350-368.

Tönnies, Ferdinand: Der Begriff der Gemeinschaft, in: ders., Soziologische Studien und Kritiken, Bd. II, Jena 1926, S. 266-276.

Tönnies, Ferdinand: Die Anwendung der Deszendenztheorie auf Probleme der sozialen Entwicklung, in: ders., Soziologische Studien und Kritiken, Bd. I, Jena 1925, S. 133-333.

Tönnies, Ferdinand: Die Entstehung meiner Begriffe Gemeinschaft und Gesellschaft, in: Kölner Zeitschrift für Soziologie 7 (1955), S. 463-467.

Tönnies, Ferdinand: Die große Menge und das Volk, in: ders., Soziologische Studien und Kritiken, Bd. II, Jena 1926, S. 277-303.
Tönnies, Ferdinand: Ferdinand Tönnies – Friedrich Paulsen. Briefwechsel 1876-1908, hg. v. Olaf Klose u.a., Kiel 1961.
Tönnies, Ferdinand: Gemeinschaft und Gesellschaft. Grundbegriffe der reinen Soziologie, Neudruck auf der Grundlage der letzten – achten – Auflage von 1935, Darmstadt 1979.
Tönnies, Ferdinand: Gemeinschaft und Individuum, in: ders., Soziologische Studien und Kritiken, Bd. II, Jena 1926, S. 200-208.
Tönnies, Ferdinand: Hegels Naturrecht. Zum Gedächtnis an Hegels Tod, in: Schmollers Jahrbuch 56 (1932), S. 71-85; erneut abgedruckt in: Helmut Reichelt (Hg.), Georg Wilhelm Friedrich Hegel, Grundlinien der Philosophie des Rechts, Frankfurt/M. / Berlin / Wien 1972, S. 779-795.
Tönnies, Ferdinand: Philosophische Terminologie in psychologisch-soziologischer Ansicht, Leipzig 1906.
Tönnies, Ferdinand: Thomas Hobbes. Leben und Lehre, 3. Aufl., Stuttgart 1925.
Tönnies, Ferdinand: Zur Einleitung in die Soziologie, in: ders., Soziologische Studien und Kritiken, Bd. I, Jena 1925, S. 65-74.
Vaihinger, Hans: Die Philosophie des Als-Ob. System der theoretischen, praktischen und religiösen Fiktionen der Menschheit auf Grund eines idealistischen Positivismus. Nachdruck, Aalen 1986.
Vernant, Jean-Pierre: Du double à l'image, in: ders., Mythe et pensée chez les Grecs, Paris 1965, S. 325-351.
Vogl, Joseph (Hg.): Gemeinschaften. Positionen zu einer Philosophie des Politischen, Frankfurt /M. 1994.
Vowinckel, Gerhard: Verwandtschaft, Freundschaft und die Gesellschaft der Fremden. Grundlagen menschlichen Zusammenlebens, Darmstadt 1995.
Walther, Gerda: Ein Beitrag zur Ontologie der sozialen Gemeinschaften mit einem Anhang zur Phänomenologie der sozialen Gemeinschaften, Halle a.d.S. 1922.
Walzer, Michael: Die kommunitaristische Kritik am Liberalismus, in: Axel Honneth (Hg.), Kommunitarismus. Eine Debatte über die moralischen Grundlagen moderner Gesellschaften, Frankfurt/M. / New York 1995, S. 157-180.
Weber, Max: Die „Objektivität" sozialwissenschaftlicher und sozialpolitischer Erkenntnis, in: ders., Gesammelte Aufsätze zur Wissenschaftslehre, hg. v. Johannes Winckelmann, 7. Aufl., Tübingen 1988, S. 146-214.
Weber, Samuel: Rückkehr zu Freud. Jacques Lacans Ent-stellung der Psychoanalyse, Frankfurt/M. / Berlin / Wien 1978.
Weinrich, Harald: Münze und Wort. Untersuchungen an einem Bildfelde, in: ders. u. Heinrich Lausberg (Hg.), Romanica. Festschrift f. Gerhard Rohlfs, Halle 1958, S. 508-521.
Willms, Bernard: Die Angst, die Freiheit und der Leviathan, in: Udo Bermbach u. Klaus Kodalle, Furcht und Freiheit. Leviathan-Diskussion 300 Jahre nach Thomas Hobbes, Opladen 1982, S. 79-90.
Žižek, Slavoj: Genieße Deine Nation wie Dich selbst! Der Andere und das Böse – Vom Begehren des ethnischen ‚Dings', in: Joseph Vogl (Hg.), Gemeinschaften. Positionen zu einer Philosophie des Politischen, Frankfurt/M. 1994, S. 133-164.